500 Jahre Orgeln
in Berliner Evangelischen Kirchen
Band I

500 Jahre Orgeln in Berliner Evangelischen Kirchen Band I

Herausgegeben von Berthold Schwarz
Zusammengestellt von Uwe Pape
unter Mitarbeit von Stefan Behrens, Ernst Bittcher,
Matthias Hoffmann-Tauschwitz, Christhard Kirchner,
Christoffer Köbke und Ulrich Schmiedeke

Pape Verlag Berlin

134. Veröffentlichung der Gesellschaft der Orgelfreunde

Gedruckt mit Unterstützung durch

Evangelische Landeskirche Berlin Brandenburg
Deutsche Bank AG, Frankfurt/Main
Pandasoft Dr.-Ing. Eden, Berlin
Carl Giesecke & Sohn, Göttingen
Otto Heuss, Lich
Sietec Systemtechnik, Berlin

CIP-Kurztitelaufnahme der Deutschen Bibliothek

Schwarz, Berthold [Hrsg.]:
NE: Pape, Uwe
500 Jahre Orgeln in Berliner Evangelischen Kirchen.
Pape Verlag Berlin, 1991.
ISBN 3-921140-34-X.

Konzept und Koordination: Uwe Pape, Berlin
Graphische Gestaltung: atelier: müller, Berlin
Layout und Gesamtherstellung: Bernd Fischer, Berlin
Fotos: Angelika Fischer, Berlin
Satz: Nagel Fototype, Berlin (Berthold Garamond)
Lithographien im Duplexverfahren: O.R.T. Offset Repro Technik, Berlin
Druck: Ludwig Vogt, Berlin
Buchbinderische Verarbeitung: Lüderitz & Bauer, Berlin

ISBN 3-921140-34-X.

Inhalt

Einzeldarstellungen

Band I

Band II

Grusswort

Dieses Buch ist mehr als ein schöner Bildband. Es kann in vielfältiger Weise ein Begleiter für alle sein, die sich mit der Berliner Orgellandschaft in Geschichte und Gegenwart näher befassen wollen.

Eine solche Publikation gab es bisher nicht. Umso erfreulicher ist es, daß sich eine Gruppe Engagierter die Aufgabe gestellt hat, die Orgeln in den Berliner Kirchen durch die Zeit umfassend darzustellen. Die Beteiligten haben jahrelang Zeit und Kraft investiert und manche Schwierigkeit zu meistern gehabt. Die Gunst der Stunde ermöglichte es, daß nach der Wende auch Archivmaterial berücksichtigt werden konnte, das vorher nicht zur Verfügung stand. Es ist uns ein Anliegen, allen für diesen Einsatz Dank zu sagen.

In diesen Dank werden sich nicht zuletzt diejenigen einreihen, die sich wissenschaftlich mit der »Königin der Instrumente« beschäftigen. Denn die Dokumentation der Orgeln geht über den Rahmen eines Nachschlagewerks hinaus. Sie bietet dem Interessierten auch die Grundlage für weitergehende Forschungen.

Die Kirchenmusik ist in Berlin bis auf den heutigen Tag in besonderer Weise gepflegt worden. Damit verbindet sich ja nicht nur ein künstlerischer Anspruch. Denn die Kirchenmusik verkündet auf ihre Weise das Evangelium, sie ist Lob Gottes. Und es gehört zu ihrem Wesen, Freude zu wecken. Aller Musik »Finis und Endursache soll anders nicht als nur zu Gottes Ehre und Recreation des Gemüts sein«, konnte Bach sagen. Die Orgel hat in der Kirchenmusik stets eine herausragende Rolle gespielt. So gesehen ist diese Publikation auch mehr als eine geschichtliche Darstellung und Dokumentation. Sie ist in einem besonderen Sinne »Kirchengeschichte«.

Der Zugang zu diesem Werk mag also für den einzelnen recht unterschiedlich sein. Aber jeder wird für sich Erkenntnis und Bereicherung daraus beziehen.

Gottfried Forck   Martin Kruse

Bischof Dr. Gottfried Forck   Bischof Dr. Martin Kruse

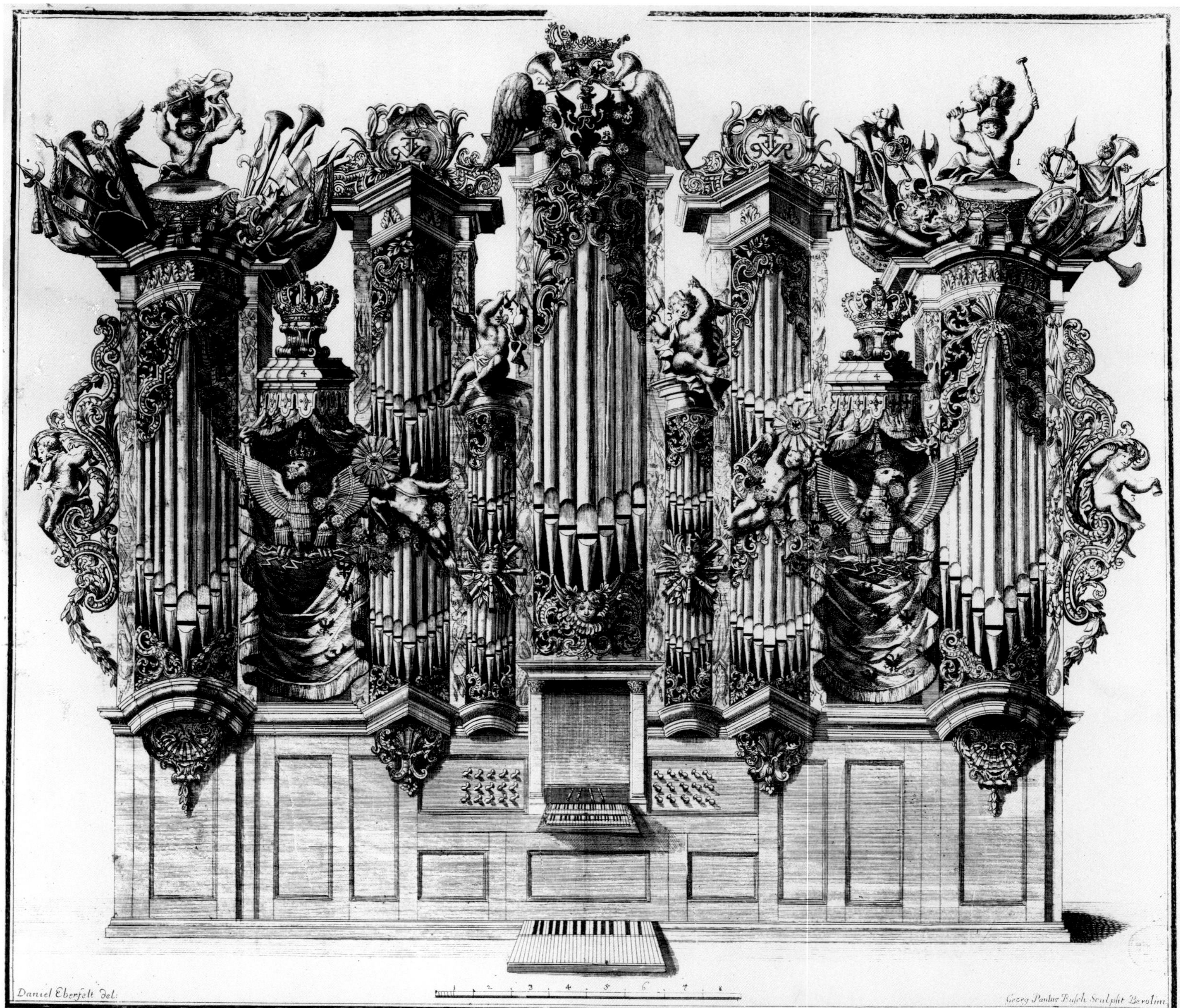

Vnter der Regierung Friderici Wilhelmi deß II Königs von Preußen &c. ist dieser Prospect in der Königlichen Guarnison Kirch in Berlin Von Johann Michael Röder Orgelmacher daselbst Gestellet worden Anno. 1713.

N. 1 Sind die Zweÿ Tropheen welche auß Kllingenden Trompetten und Naturellen Kupfern Paucken, die durch Zwey engel effectiv geschlagen werden, bestehen. 2 Ist ein Schild worauff der Preußisch Adler vorgestellet. 3 sind 4 Engel welche in einer hand Glocken in der anderen aber hammer halten und wann das Orgelwerck gespielet wird, Eine Harmonie aufs g̅ h̅ d g̅ auff denen in händen habenden Glocken mit ihren hammeren anschlagen. 4. Zwey Trohne, in welchen sich Zweÿ Adler auß lauter Klingenden Pfeiffen praesentiren welche Adler iedemoch, ob sie schon ein ieder auss 300. Pfeiffen bestehen nach der Zeichnung und Natürlichen figur wohl proportionirt sind. 5. Zwey Engel mit Ordens Stern in der hand, welche bey Spielung deß Orgelwercks herum Lauffen und durch Zymbel mit denen 4 Glocken welche die anderen vier Engel anschlagen Einen Lieblichen Klang von sich hören Lassen. 6 Zwey Ordens Ketten welche von den Zwey Engeln und denen Adleren Gehalten werden. 7 Zwey Sonnen, an welchen Gleichfalls die Strählen aus Pfeiffen Bestehen.

Vorwort

Die Geschichte Berlins kennt keine kontinuierliche Entwicklung. Mittelalterliche Traditionen blieben für die Stadt bedeutungslos. Auffallend sind vielmehr spontane Entwicklungssprünge. Mittelalter und Neuzeit stehen seltsam unverbunden nebeneinander, und seit 300 Jahren äußert sich jede Jahrhunderthälfte durch ein ihr eigenes, persönliches Gepräge. In Berlin sind die vielseitigen Formen der Vergangenheit gegenwärtig wie in kaum einer anderen Stadt.

Heinrich Heine formulierte 1828: »Berlin ist gar keine Stadt, sondern Berlin gibt bloß den Ort dazu her, wo sich eine Menge Menschen, und zwar darunter viele Menschen von Geist, versammeln, denen der Ort ganz gleichgültig ist ...« Diese Feststellung gilt auch heute noch; man wird nicht nur Berliner durch Geburt, sondern vor allem, weil man sich für Berlin entscheidet. Berlin ist immer eine ausgeprägt multikulturelle Stadt gewesen und gewinnt gerade jetzt wieder durch Zuwanderungen an Attraktivität. Theater, Musik und Wissenschaft haben einen wesentlichen Anteil daran.

Wenn in den letzten Jahren eine Veröffentlichung über die Geschichte der Orgeln in Berliner Evangelischen Kirchen erarbeitet wurde, widerspricht dies geradezu der Mentalität Berlins. Geschichtsbewußtsein, Tradition, Kontinuität sind nicht in Einklang zu bringen mit der Spontanietät der immer offenen und immer modernen Stadt, wo Standes- und Rangunterschiede gering geachtet wurden und in der politische und soziale Protest- und Reformbewegungen gedeihen konnten. Dieser Widerspruch vereitelt deshalb auch jedes Bemühen, dem Facettenreichtum der Berliner Kultur-, Bau- und Orgelgeschichte auch nur annähernd eine homogene Gestalt zu geben. Dies ist sicher auch ein Grund dafür, daß es nie ein Buch über Berliner Orgeln gegeben hat.

Die Idee eines solchen Buches liegt mehr als zehn Jahre zurück und ist Oskar Söhngen zu verdanken. Gedacht war ursprünglich an eine Übersicht über die Instrumente in evangelischen Kirchen aus der Zeit nach dem Zweiten Weltkrieg. Die Bedeutung liegt aber nicht in einer bestimmten Epoche, sondern in der Vielfalt und Vielschichtigkeit der Strömungen von den Anfängen bis heute. Mit einer Darstellung dieses Spektrums ist aber ein Autor überfordert. So bildete sich im Laufe der Zeit eine kleine Arbeitsgemeinschaft heraus, die die gestellte Aufgabe gemeinsam zu bewältigen versuchte.

Eine Beschreibung der heute noch vorhandenen Instrumente, von Berthold Schwarz für eine Publikation zur 450jährigen Wiederkehr der Reformation in Berlin zusammengestellt, wurde als Grundlage einer umfassenderen Publikation genommen: Eine unwiederbringliche Chance wäre vertan, würde man nicht auch verloren gegangene Instrumente und damit den gesamtgeschichtlichen Zusammenhang berücksichtigen. Das schloß bereits vor der Wende eine Beschränkung auf den Westteil der Stadt aus, denn die wichtigsten Orgeln standen auf der Ostseite der Mauer. Aus diesem Anspruch ergab sich ein völlig neues Konzept mit drei Schwerpunkten: sieben einführende Beiträge zu stilistisch abgrenzbaren Zeiträumen, Einzeldarstellungen von Orgeln und ein historisches Inventar, das, nach Bezirken gegliedert, einen Überblick über die Entwicklung vom 15. Jahrhundert bis 1990 vermittelt.

Das Autorenteam war zunächst mit einer Materialsammlung beschäftigt, die sich zwar als sehr schwierig und zeitraubend gestaltete, aber schließlich zu guten Ergebnissen führte: fast alle verloren geglaubten Pfarrarchiv-Bestände hatten den Zweiten Weltkrieg überstanden. Nach der Wende waren plötzlich Archive der ehemaligen DDR zugänglich, darunter die Bauakten im Staatsarchiv Potsdam, das Archiv der Firma Alexander Schuke in Potsdam und die Bestände des preußischen Königshauses in Merseburg.

Die sieben Kapitel wurden im einzelnen von folgenden Autoren bearbeitet:

I. Christhard Kirchner
II. Stefan Behrens und Uwe Pape
III. Stefan Behrens und Christhard Kirchner
IV. Ulrich Schmiedeke, Stefan Behrens und Uwe Pape
V. Ulrich Schmiedeke und Stefan Behrens
VI. Uwe Pape
VII. Berthold Schwarz, Ernst Bittcher und Uwe Pape.

Wesentliche Teile der Kapitel II bis VII steuerte Matthias Hoffmann-Tauschwitz bei. Er schrieb neben der Einführung in die Baugeschichte der Berliner Kirchen die einleitenden Texte über die Gebäude in den Einzeldarstellungen.

Eine Vereinheitlichung der Texte wurde angestrebt, doch blieb der Stil jedes Autors erhalten. Die Verfassernamen stehen als Kürzel unter den zugehörigen Beiträgen. Hier zeichnen Stefan Behrens mit SB, Ernst Bittcher mit EB, Matthias Hoffmann-Tauschwitz mit MHT, Christhard Kirchner mit CK, Uwe Pape mit UP, Ulrich Schmiedeke mit US und Berthold Schwarz mit BS. Die Beiträge von Matthias Hoffmann-Tauschwitz über die Baugeschichte der Kirchen wurden nicht gesondert gekennzeichnet; die Autorschaft ergibt sich aus dem Zusammenhang.

Das historische Inventar mit über 850 Instrumenten entstand aus einer Erhebung der Forschungsstelle für Orgeldokumentation am Institut für Angewandte Informatik der TU Berlin unter Leitung von Uwe Pape. Die Erfassung und Bearbeitung der Datenbestände lag in den Händen von Christoffer Köbke. Ihm oblag auch in Zusammenarbeit mit Stefan Behrens die Erstellung des Literaturverzeichnisses. Die Werkverzeichnisse von Joachim Wagner, Ernst Marx, Johann Friedrich Wilhelm Grüneberg und der Familie Buchholz wurden von Stefan Behrens erarbeitet.

Das Buch hätte nicht ohne die Unterstützung von Archiven entstehen können. Für die Erschließung und Bereitstellung der bisher weitgehend ungenutzten Quellen sei den Mitarbeitern der folgenden Institutionen Dank gesagt:
Stiftung Preußischer Kulturbesitz, Berlin,
Geheimes Staatsarchiv, Berlin-Dahlem,
Kupferstichkabinett, Berlin,
Staatl. Institut für Musikforschung, Berlin,
Kunstbibliothek, Berlin,
Staatsbibliothek, Berlin,
Bildarchiv Preußischer Kulturbesitz,

Ägyptischen Museum, Berlin,
Stadtgeschichtliches Museum Spandau,
Schloß Charlottenburg,
Staatsarchiv Potsdam,
Staatsarchiv Merseburg,
Landesarchiv Berlin,
Domstiftsarchiv Brandenburg,
Evangelisches Zentralarchiv, Berlin,
Landeskonservator, Berlin,
Institut für Denkmalpflege, Meßbildstelle, Berlin,
Ratsbibliothek, Berlin,
Landesbildstelle, Berlin,
Deutsche Staatsbibliothek, Berlin,
Akademie der Künste, Berlin,
Berlin-Museum, Berlin,
Nationalgalerie, Sammlung der Zeichnungen, Berlin,
und den Herren Dr. Franz Bullmann, Berlin, Andreas Kitschke, Potsdam, E. von Garnier, Berlin, und C. P. Schulze. Gedankt sei ferner den Orgelbauern, Sachverständigen, Organisten, Pfarrern, den Mitarbeitern der Berliner Pfarrämter sowie allen, die am Gelingen dieses Buches ihren Anteil haben und namentlich nicht genannt werden können. Frau Daniela Berck ist für die Erstellung der Register zu danken.

Die Abbildungen aus der Zeit vor 1945 stammen aus Bildarchiven, die im Fotonachweis genannt werden. Die Fotos der noch erhaltenen Orgeln wurden zum größten Teil eigens für dieses Buch angefertigt. Wir danken Frau Angelika Fischer für die Sorgfalt und Umsicht bei den Aufnahmen.

Dieser Band will nicht allein den Orgelspezialisten, sondern auch den kultur- und landesgeschichtlich interessierenden Leser und Betrachter ansprechen. Ziel der Veröffentlichung ist die Erstinformation; angesichts der fast unüberschaubaren Fülle des Materials mußten mancher historische Hinweis und viele orgelbautechnische Details entfallen. Umfassendere Publikationen, beispielsweise über Joachim Wagner, Ernst Marx und Carl August Buchholz, stehen noch aus.

Das Buch mag auch als Bildband bestehen können. Die Orgellandschaft Berlin rechtfertigt nur in wenigen Ausnahmefällen die Verwendung von Farbbildern, zum Beispiel bei kolorierten Kupferstichen und Zeichnungen, bei einigen historischen Gehäusen und bei nur wenigen neuzeitlichen Orgeln. Insgesamt wären es kaum 10 Abbildungen gewesen, die eine vierfarbige Reproduktion gerechtfertigt hätten. Autoren und Verlag haben daraufhin eine Technik gewählt, die im Schwarz-Weiß-Druck höchsten Ansprüchen genügt, den Duplexdruck. Auf diese Weise konnte auch bei aller Inhomogenität des Wertes der Instrumente eine Konsistenz in der Darstellung des Bildmaterials erzielt werden. Herrn Bernd Fischer ist in diesem Zusammenhang für die fachliche Beratung und die sorgfältige Gestaltung der Druckvorlagen zu danken.

Die Evangelische Kirche Berlin-Brandenburg, einige Firmen sowie Institutionen, die nicht namentlich genannt werden möchten, haben durch ihre Druckkostenzuschüsse das Zustandekommen des Buches wesentlich erleichtert.

Möge dieses Buch dazu beitragen, Wert und Wertschätzung der Orgel als Königin der Instrumente stärker ins Bewußtsein zu rücken, damit sie wieder jenen Rang erhält, der dem geistigen Gewicht ihres Wesens und ihrer Literatur entspricht.

Berthold Schwarz — Uwe Pape

Stadtansicht von JOHANN BERNHARD SCHULTZ (1688, Ausschnitt)

Berlin konnte und kann nicht für sich in Anspruch nehmen, als Orgelstadt zu gelten, wenn der Maßstab für diese Charakterisierung durch Städte wie *Lübeck*, *Hamburg* oder *Dresden* als gesetzt gilt. Zudem wurde die wissenschaftliche Aufbereitung, ja sogar die umfassende Beschreibung der Berliner Orgellandschaft bislang unterlassen. Lediglich Werner David schrieb vor mehr als vierzig Jahren eine Broschüre über Berliner Orgeln und skizzierte die Geschichte einiger Pretiosen des Orgelbaus.[1]

Die Gründe für die geringe Reflexion des Orgelbaus in Berlin sind vielfältig; sie sind allerdings eher dem spezifischen Verlauf der Orgelbaugeschichte als dem mangelnden Interesse aus Kunst und Wissenschaft zuzuschreiben. So stand das Schaffen der Berliner Orgelbauer des 18. Jahrhunderts stets im Schatten dessen der großen norddeutschen und sächsischen Meister, wenngleich auch an Spree und Havel in der Mitte des jungen preußischen Königreichs hervorragende Orgeln gebaut wurden. Der Orgelbau der Frühromantik erfuhr erst in den sechziger Jahren unseres Jahrhunderts angemessene Aufmerksamkeit; nur waren die erhaltenen zahlreichen Instrumente aus dieser Zeit in unserer Region durch die politische Teilung nicht mehr in der Zusammenschau zu würdigen. Die Vorstellung eines konfektionierten, in gewisser Weise minderwertigen »Industrie-Orgelbaus«, die sich mit der Zeit der Industrialisierung, der Reichsgründung und der Jahrhundertwende verbindet, also mit dem Zeitraum des umfangreichsten Wachstums Berlins, war - zumindest bis zum Zweiten Weltkrieg - an die Mehrzahl der Berliner Orgeln gebunden. Schließlich schien nach 1945 eine wissenschaftliche Bearbeitung des Berliner Orgelbaus und der Berliner Orgellandschaft vor dem Hintergrund der unübersehbaren Verluste und Schäden an den Instrumenten, an den sie bergenden Kirchen und an Archivalien unmöglich.[2]

Bis in das 18. Jahrhundert gab es keine ausgeprägte Berliner Orgellandschaft mit eigener Charakteristik. Die Gründe sind sicher einerseits in den wirtschaftlichen Verhältnissen zu suchen. Das Kurfürstentum Brandenburg umfaßte die ärmliche Mark, die »Streusandbüchse des Heiligen Römischen Reiches Deutscher Nation«, und die Handels- und spätere Residenzstadt Berlin-Cölln. Sie hatte es bis zur Proklamierung des Königreichs Preußen nicht annähernd zu solchem Wohlstand gebracht, wie er die angeführten deutschen Orgelstädte im späten Mittelalter und bis in das 17. Jahrhundert begünstigte.[3] Andererseits war eben diese Staatsgründung Preußens geeignet, dem sich seitdem entwickelnden politischen und kulturellen Zentrum Berlin neben wirtschaftlicher Kraft auch inhaltliches Gewicht zu verleihen; beides sind essentielle Grundlagen zum Entstehen einer eigenständigen Kultur- und Orgellandschaft.

Die Kunst- und Musikpflege war nicht erst seit der Reformationszeit eng von der persönlichen Bildung, den individuellen Neigungen und dem Wohlwollen des jeweiligen Herrschers abhängig; seine finanziellen Möglichkeiten setzten den einzig möglichen Rahmen für ein wirksames Mäzenatentum. Kurfürst Joachim II. beispielsweise vermochte es, sich eine Hofkapelle mit mehreren Organisten zu halten; andere brandenburgische Landesherren lösten, verursacht durch eigenes Desinteresse oder wirtschaftliche Zwänge, die Hofkapelle gleich nach der Thronbesteigung auf.[4] So waren diese Bedingungen natürlich auch nicht sonderlich

1. Davi-1949.
2. EZA, 7/5832, Orgelakte, Berichte KoW-ZSOb; Davi-1946.
3. HzJ, 1898, S. 285; Herz-1968.
4. Sach-1910, S. 19 f.

geeignet für eine kontinuierliche Entwicklung einer frühen, großen Tradition im Orgelbau.

Dennoch lassen sich seit dem 15. Jahrhundert in Berlin bereits mehrere Orgelwerke nachweisen.[5] Für die 1469 in der *St. Marien-Kirche* erwähnte Orgel sind Angaben zur Disposition überliefert: Das Instrument besaß ein Manual mit 40 Tasten, 10 Register und über 460 Pfeifen.[6] Während von älteren Instrumenten lediglich der faktische Nachweis ihrer Existenz überliefert ist, liegt uns hiermit die älteste inhaltliche Beschreibung einer Berliner Orgel vor.

Beginnend mit dem Hoforgelbauer Meister Blasius läßt sich vom Anfang des 16. Jahrhunderts an dann eine lückenlose Reihe in und für Berlin tätiger Orgelbauer nachweisen. Meister Blasius war, wie seinerzeit üblich, selbst Organist; er fertigte 1519 für die *Berliner St. Nikolai-Kirche* eine Orgel an.[7] Im Berliner Bürgerbuch von 1527 ist ein weiterer »Orgelmacher« namens Egidius notiert, der am 16. 9. 1527 das Bürgerrecht erhielt.[8]

In Boizenburg an der Elbe traf 1557 ein Schiff mit der von Kurfürst Joachim II. bei dem Antwerpener Orgelbauer Anthonius Mors bestellten Orgel für die *Berliner Domkirche* ein.[9] Mit einigen Veränderungen blieb dieses Orgelwerk bis in das Jahr 1717 im Dom erhalten.[10]

Von 1577 an bis zum 14. 1. 1593 war der Orgelbauer Friedrich Trebbow in Berlin tätig. Er baute 1577-1578 für die *St. Marien-Kirche* ein neues Instrument mit Oberwerk, Brustwerk, Rückpositiv und Pedal.[11] Im gleichen Zeitraum ist von dem Braunschweiger Orgelbauer Hans Thomas die Rede, der in den Jahren 1558-1560 für die *Spandauer St. Nikolai-Kirche* eine Orgel baute und zwanzig Jahre später einen Orgelneubau in der gleichnamigen Berliner Kirche beendete.[12]

Martin Grabow trat die Nachfolge des 1593 verstorbenen Friedrich Trebbow an. Durch Reparaturrechnungen ist er seit 1590 in Berlin nachgewiesen; letztmalig erscheint sein Name 1638 in einem Kostenanschlag.[13]

1643 übernahm der Orgelbauer Andreas Werner die Nachfolge Grabows und wurde 1659 zum Hoforgelbauer ernannt.[14] Nach seinem Tod im Jahre 1663 führte sein Sohn Christoph Werner den Orgelbau in Berlin bis 1706 fort. Zahlreiche Reparaturen und Verbesserungen an Orgelwerken sind aus diesen Jahren nachgewiesen.[15] Die ersten großen Orgelneubauten des 18. Jahrhunderts wurden ihm allerdings nicht mehr übertragen.[16]

Mit dem Beginn des 18. Jahrhunderts wuchs die kulturelle Bedeutung der Stadt Berlin: Kurfürst Friedrich III. wurde 1701 als Friedrich I. zum ersten König in Preußen gekrönt. Als königliche Residenzstadt bekam Berlin neue repräsentative Aufgaben, die sich förderlich auch auf den Orgelbau auswirkten.[17]

Friedrich I. bestimmte den aus Frankfurt/Oder stammenden Johann Nette zum Erbauer der Orgel für die nach Entwürfen von Andreas Schlüter neu errichtete Kapelle im *Berliner Stadtschloß*.[18] Das 1701-1703 gefertigte Instrument wurde - ähnlich der Orgel im *Charlottenburger Schloß* - in einer Emporenloge aufgestellt. Die Anordnung und der Prospekt der Orgel sind auf den Zeichnungen des Architekten Pitzler aus dem Jahre 1704 und auf einem Kupferstich aus Bergers NUMISMATA PONTIFICUM ROMANUM aus dem Jahr 1703 festgehalten. Dabei handelt es sich um die ältesten erhaltenen bildlichen Darstellungen einer Berliner Orgel.[19]

Nette wurde im hohen Alter im Jahre 1706 zum »Hoforgelbauer« ernannt und mit der Pflege der Instrumente in den Schlössern in Berlin, Potsdam und Oranienburg betraut.[20]

Friedrich I. hatte den epochemachenden Arp Schnitger mit dem Neubau einer zweimanualigen Orgel für die Kapelle des *Charlottenburger Schlosses* beauftragt, der 1706 von seinem Gesellen Lambert Daniel Kastens begonnen und von Schnitger selbst vollendet wurde.[21] Heute steht an gleicher Stelle eine ebenbürtige Rekonstruktion Karl Schukes aus den Jahren 1969-1970.

5. Kirc-1988, S. 43.
6. Leh-1957, S. 28.
7. Davi-1949, S. 21; Kirc-1988, S. 43.
8. Gebh-1927, S. 73 und 312.
9. Sach-1910; Haac-1935.
10. Müll-1752, S. 51.
11. Fisc-1930, S. 114 ff.
12. Scul-1913; Fisc-1930, S. 114 ff.
13. Fisc-1930, S. 114 ff.
14. Scul-1913, Bd. I, S. 86; Berg-1989, S. 107.
15. PfA-SpNi, Orgelakte.
16. Berg-1989, S. 107.
17. Herz-1968.
18. Geye-1897.
19. Geye-1897.
20. Fock-1974, S. 203.
21. Fock-1974, S. 200 f.

Charlottenburg, Schloß Eosander-Kapelle

Schnitger baute in Berlin außerdem ein bedeutendes dreimanualiges Werk für die *St. Nikolai-Kirche* mit 40 Registern. Die *Sebastians-Kirche* (später: Luisenstadt-Kirche) und die *Sophien-Kirche* erhielten ebenfalls neue Instrumente aus der Hamburger Werkstatt. Nach dem Tode von Johann Nette erhielt Schnitger die bereits vom König versprochene Ernennung zum »Hoforgelbauer«. Da der König jedoch nur unzuverlässig und willkürlich seinen Zahlungsverpflichtungen nachkam, verließ Schnitger spätestens 1714 Berlin.[22]

Im Jahre 1713 bekam JOHANN MICHAEL RÖDER, ein Geselle Arp Schnitgers, den Auftrag zum Bau einer zweimanualigen Orgel für die *Berliner Garnisonkirche.* Von dem mit reichem Schnitzwerk und Trieb- und Gußarbeiten geschmückten Prospekt dieser Orgel ist ein Kupferstich überliefert, der die künstlerische Formfantasie und die Großartigkeit der mechanischen Gestaltung eindrucksvoll dokumentiert und zugleich von dem Repräsentationsbedürfnis des jungen Königreiches kündet.[23]

»Die Zeitgenossen erlebten diesen Ornamentprospekt ohne Rückpositiv zum ersten Male im ganz großen Stil in den Schöpfungen Joh. Mich. Röders«.[24] Weitere Instrumente baute Röder für den *Berliner Dom*, die *Dorotheenstädtische Kirche* und für die *Klosterkirche Zinna* nahe Jüterbog.[25]

22. Fock-1974, S. 202.
23. DStB, Kartenabteilung.
24. Kauf-1947, S. 38.
25. EZA, 7/5832, Orgeln vor 1800 in der Mark Brandenburg; Burg-1925, S. CVI ff.
26. Stev-1939; FrNa-SiA.

St. Marien-Kirche

Im Jahre 1719 beschloß JOACHIM WAGNER nach einer Ausbildung im Raum Magdeburg und einer zweijähriger Gesellenzeit bei Gottfried Silbermann, eine eigene Werkstatt in Berlin einzurichten. Hier bekam er den Auftrag, für die *St. Marien-Kirche* eine Orgel zu bauen. Dieses Instrument mit 40 klingenden Registern wurde sein Meisterwerk; es war das erste eines Orgeltyps, der für den Orgelbau in Berlin und der Mark Brandenburg bis in die zweite Hälfte des 19. Jahrhunderts klanglich und technisch stilbildend wirkte. Unter seinen mehr als 50 Orgeln war das größte das 1725 erbaute dreimanualige Werk in der *Berliner Garnisonkirche*; es ersetzte das gerade 13 Jahre alte Instrument Röders.[26]

Wagner beschäftigte mehrere Gesellen, die weithin Orgeln des von ihm entwickelten Typs bauten; dazu gehörten JOHANN PETER MIGENDT und ERNST MARX. Sie wurden nach Wagners Tod im Jahre 1749 für die zweite Hälfte des 18. Jahrhunderts die bestimmenden Orgelbauer. 1755 bauten sie eine zweimanualige Orgel für die Prinzessin Anna Amalie, eine Schwester Friedrichs des Großen. An diesem Instrument wurde erstmals in Berlin ein Tonumfang vom großen C bis zum dreigestrichenen f realisiert.[27] Vor dem Zweiten Weltkrieg stand diese Orgel in der *Schloßkirche* in *Berlin-Buch*; nach ihrer Auslagerung befindet sie sich heute in der *Kirche Zur frohen Botschaft* in *Berlin-Karlshorst.* Mehrere Teile dieser Orgel sind noch im Originalzustand erhalten.

In der zweiten Hälfte des 18. Jahrhunderts fertigte Ernst Marx allein in Berlin 9 Orgeln, darunter auch die für die *Dreifaltigkeits-Kirche* in der Friedrichstadt, bei der auf KIRNBERGERS Anweisung erstmals ein Septimen-Register disponiert wurde.[28]

Mit den Namen Carl Philipp Emanuel Bach, Graun, Benda, Quantz, Telemann, Marpurg und Kirnberger ist in Berlin eine rege musikalische Kultur verbunden, die zweifellos auch im Orgelbau zu neuen Impulsen führte. War die Orgel zu Zeiten des Soldatenkönigs und Friedrichs des Großen auch kein *höfisches* Instrument mehr, so wurde doch auf den Bau prächtiger Orgelwerke in den *Kirchen* größter Wert gelegt. Der englische Musikforscher Charles Burney berichtet in seinem Tagebuch von einer Reise durch Frankreich, die Niederlande und Deutschland im Jahre 1770 vom guten Ruf der Berliner Orgeln.[29]

27. Bull-1969, Bd. II, S. 67 ff.
28. Kühn-1798, Einleitung.
29. Burn-1980, S. 379 ff.
30. Leh-1957, S. 28.

Um 1800 waren in Berlin immerhin drei Orgelbauer tätig: FRIEDRICH EMANUEL MARX, JOHANN FRIEDRICH FALCKENHAGEN und JOHANN SIMON BUCHHOLZ. Buchholz war der einzige unter ihnen, der die Berliner Orgelbautradition überzeugend fortsetzen konnte. Als Vollstrecker des Simplifikationsgedankens Abt G. J. VOGLERS ist der Orgelbauer Falckenhagen in die Berliner Orgelbaugeschichte eingegangen. Wagners Meisterwerk in der *St. Marien-Kirche* wurde auf Anweisung

Voglers um 1555 Pfeifen verkleinert.[30] Daraufhin verfaßte Marx im Jahre 1806 eine Schrift über die mißlungene Umgestaltung, und die preußische Regierung sah sich gezwungen, den bereits in Kraft getretenen Erlaß, nur noch Orgeln nach dem Voglerschen Simplifikationssystem bauen zu lassen, zurückzunehmen.[31] 24 Jahre später stellte CARL AUGUST BUCHHOLZ den Originalzustand der WAGNER-Orgel annähernd wieder her.

Mit dem Namen der Familie Buchholz ist derjenige KARL FRIEDRICH SCHINKELS verbunden. In seiner Tätigkeit als Leiter der preußischen Oberbaudeputation und als »Architekt des Königs« oblag Schinkel auch die Gestaltung der Orgelgehäuse. Diese Zusammenarbeit ist unter anderem für die 1817 durch Johann Simon Buchholz erbaute neue Dom-Orgel und die Instrumente Carl August Buchholz' für die Friedrichswerdersche Kirche und die Berliner Vorstadt-Kirchen nachweisbar.[32] Schinkel bewertete bei seinen Entwürfen die Raumkomposition höher als die musikalische Qualität; die stilistisch mit dem jeweiligen Kirchenbau einhergehende Prospektarchitektur der Orgeln erforderte oft stumme, lediglich optisch wirksame Teile der Schauseiten.

Zahlreiche Berliner Kirchen wurden von Buchholz mit Orgeln ausgestattet; die 1846 und 1853 errichteten Instrumente für *St. Nikolai* (50 Register) und *St. Petri* (60 Register) waren darunter die bedeutendsten. Der Orgelbaumeister erhielt daraufhin die ehrenvolle Auszeichnung »Akademischer Künstler«.[33]

Schon in der Frühphase der Industrialisierung, seit Anfang des 19. Jahrhunderts, strömten Hunderttausende, vor allem aus der ländlichen Umgebung Berlins, aber auch aus Pommern und Schlesien, nach Berlin. Diese Zuwanderung erhöhte sich im Laufe des Jahrhunderts; von 1778 bis 1878 verzehnfachte sich die Einwohnerzahl der Stadt von 100.000 auf eine Million, um sich bis 1903 noch einmal auf zwei Millionen zu verdoppeln. Diese Entwicklung erforderte neue Wohngebiete, für die zusätzliche Kirchen und mit ihnen neue Orgeln errichtet wurden. Auch setzte sich nach 1830 unter Einflußnahme der Könige Friedrich Wilhelm III. und Friedrich Wilhelm IV. die Ansicht durch, daß auch die Gemeinden in kleineren Orten und Dörfern nicht auf die Orgelbegleitung in den Gottesdiensten verzichten sollten. Für das Orgelbaugewerbe entstand ein reiches Betätigungsfeld in und um Berlin. So kamen FRIEDRICH TURLEY aus Treuenbrietzen mit der Orgel der Kirche *St. Peter & Paul auf Nikolskoje* (1837), HEISE aus Potsdam mit einem Positiv für *Mariendorf* (1843) und GESELL aus Potsdam mit Instrumenten für *Stolpe* (1861) und *Kladow* (1865) diesem Anliegen nach.[34]

Im heutigen Bezirk Kreuzberg entstand 1839 die Orgelbauwerkstatt LANG & DINSE: WILHELM LANG und FERDINAND DINSE, Werkführer und Mitarbeiter Carl August Buchholz', gründeten 1839 eine Firma die später an die Söhne Dinses überging und unter dem Namen GEBR. DINSE in der zweiten Hälfte des 19. Jahrhunderts im Berliner Orgelbaugeschehen dominierte. Hier entstanden über 50 Werke, unter anderem für *St. Georgen* am Alexanderplatz (50 Register), für die *Kirche Zum Heiligen Kreuz* am Halleschen Tor und für die *Luther-Kirche* am Dennewitzplatz.[35]

Die Orgelbauanstalt SCHULZE in Paulinzella, deren Schule weit über Thüringen hinaus wirkte und die sogar in England Aufmerksamkeit erregte, erhielt 1845 den Auftrag zum Bau der Orgel für die *St. Jacobi-Kirche* in der Luisenstadt und kurz darauf auch denjenigen für die *St. Matthäus-Kirche* vor dem Potsdamer Tor.[36]

WILHELM SAUER, Schüler CAVAILLÉ-COLLS in Paris, der nach Zwistigkeiten mit einem der höchst geachteten Orgelsachverständigen seiner Zeit, AUGUST WILHELM BACH, in Berlin kein angemessenes Klima zur Erfüllung seiner Pläne fand, siedelte 1857 in das nahe gelegene Frankfurt/Oder über und gründete dort eine Werkstatt, die Weltruhm erlangte. Zu den bedeutsamsten Werken unter den mehr als 100 Sauer-Orgeln in Berlin gehören die 1895 fertiggestellte Orgel der *Kaiser-Wilhelm-Gedächtnis-Kirche* (93 Register), das 1909 erbaute Instrument für die *Garnisonkirche*

31. PfA-WeNa, PfA-WePa, PfA-TiJo, Orgel- und Bauakten.

St. Peter und Paul auf Nikolskoje

32. NgKu, Zeichnungen.
33. AdK, Archiv, Akte der Auszeichnungen und Akademischen Künstler.
34. Heid-1987, S. 138; PfA-TeMa; PfA-ZeWa.
35. Dins-1897.
36. Org, Bd. 10., 1930/1931, S. 191 f.

Dorfkirche Kladow

(80 Register) und das 1905 für den neuen *Dom* errichtete Werk mit 113 Registern. Diese weitgehend erhaltene Orgel wird im Rahmen der Wiederherstellung des Doms nach über 45 Jahren des Schweigens wieder als ein für den zeitgenössischen Orgelbau vorbildliches Instrument und für die spätromantische Orgelliteratur in idealer Weise geeignet instandgesetzt werden.[37]

37. Smet-1934, S. 134; Rupp-1929, S. 155.
38. Voge-1963, S. 45 f.
39. PaA, Katalog der Handbibliothek.

Mit der Verbesserung der Transportwege, vor allem mit dem fortschreitenden Eisenbahnbau, wurde es auch ortsfernen Orgelbauanstalten möglich, ihre Instrumente in Berlin zu etablieren. So baute die Firma SCHLAG & SÖHNE aus Schweidnitz ein Instrument für die *St. Simeon-Kirche* in Kreuzberg, und P. FURTWÄNGLER & HAMMER aus Hannover errichteten 1897 die große Orgel der *Auen-Kirche* in Wilmersdorf.[38] Das vitale wirtschaftliche Wachstum, die steigende Prosperität ermöglichten seit den 80er Jahren auch schnell aufeinanderfolgende Um- und Neubauten von Berliner Kirchenorgeln. Kausale Zusammenhänge dieser Entwicklung mit dem sich schnell verändernden Klangempfinden und mit den seit Einzug der Dampfkraft in den Orgelbaubetrieben sich rasant entwickelnden Fertigungstechniken sind offensichtlich. Ein Blick in die Liste der Patentanmeldungen der Jahre 1875 bis 1913 zeigt allein über 1000 Patente im Orgelbau.[39]

Kreuzberg, Tabor-Kirche

Die Phase der Hoch- und Spätromantik ist in der Zeit um die Jahrhundertwende in keiner anderen deutschen Stadt zu einer größeren Blüte gekommen als in Berlin; nirgends hat dieser Orgelstil einen vergleichbar facettenreichen, repräsentativen Ausdruck gefunden. Die Orgel der *Neuen Garnisonkirche* am Südstern von Sauer, diejenige der *Tabor-Kirche* in Kreuzberg von DINSE, die der *Heilig-Geist-Kirche* in Moabit von WALCKER, das Werk der *Passions-Kirche* in Kreuzberg von P. FURTWÄNGLER & HAMMER und das in der *Stephanus-Kirche* auf dem Wedding von SCHLAG & SÖHNE: Diese und andere waren Träger der Orgelbaukunst auf der Höhe der Zeit.

Mit der von dem Berliner Organisten PAUL SCHMIDT entwickelten und von WEIGLE in Echterdingen gefertigten Parabrahm-Orgel - einer Pfeifenorgel mit Hochdruckstimmen und integriertem Schiedmayer-Harmonium - schufen die Verfechter der Orchester-Orgel einen völlig neuen Typus, der einerseits gefeiert, andererseits als Zeugnis des Niedergangs im Orgelbau bewertet wurde.[40] In der *Martin-Luther-Kirche* in Neukölln gab es ein derartiges Instrument; ein weiteres, noch im Originalzustand erhaltenes, steht in *Eichwalde* bei Berlin.

Mit dem Zusammenbruch des wilhelminischen Staates und der damit verknüpften Gesellschaftsstruktur, mit einer allgemeinen gesamtkulturellen Wende nach dem Ersten Weltkrieg kam es auch im Orgelbau zu einem Stilumbruch, der in dem, was heute als Orgelbewegung bezeichnet wird, seinen Ausdruck fand. Der - von wenigen Ausnahmen abgesehen - geschlossene Bestand an Orgeln der Spätromantik des 19. und frühen 20. Jahrhunderts in Berlin war für eine Neuorientierung im Orgelbau ein großes Hindernis. Das Umdenken jedoch, die Orientierung an den klanglichen und technischen Erkenntnissen, die durch die bis heute erhaltenen Werke SCHNITGERS, SILBERMANNS oder WAGNERS möglich wurden, ging an Berlin, wenn auch verspätet, nicht vorbei.

40. Weig-1910.
41. EZA, 7/5832, Reimann: Bericht über die Orgeltagung Berlin 1928.

Erste Anzeichen dazu finden sich in den Dispositionen der Neu- und Umbauten der zwanziger Jahre, die dem Werkprinzip und der farbgebenden Obertönigkeit gerecht zu werden versuchten. Fragen der Traktur, der Prospektgestaltung, des differenzierten Winddrucks, der Ladenkonstruktion und der kernstichlosen Intonation führten 1928 zu regen Auseinandersetzungen auf der Berliner Orgelbautagung.[41] Was dort kontrovers diskutiert wurde, fand 1934 bis 1936 in den Orgeln von ALEXANDER SCHUKE für die *Ernst-Moritz-Arndt-Kirche* in Zehlendorf und von WILHELM SAUER für die *Berliner Klosterkirche*, die in Zusammenarbeit mit WOLFGANG AULER und FRITZ HEITMANN entstanden, eine überzeugende Antwort im Sinne der Orgelbewegung.

Zur gleichen Zeit entstanden die Pläne für den Neubau einer Orgel für die Kirche des *Johannesstiftes*, dem Ausbildungszentrum für evangelische Kirchenmusik in Berlin-Spandau. Unter der Leitung von GOTTFRIED GROTE und HERBERT SCHULZE bauten E. KEMPER & SOHN in den Jahren 1936-1939 ein Orgelwerk mit 56 Registern, das neue Maßstäbe im Orgelbau setzte.[42]
Das neu gewonnene Verständnis für die Leitgedanken des barocken Orgelbaus zeigte sich ebenfalls darin, daß BERTHOLD SCHWARZ und GEORG KEMPFF, aber auch HANS JOACHIM und KARL SCHUKE, auf die Wiedereinführung des Rückpositivs und der Chororgel bei den Instrumenten der EMMAUS-, der LUISENSTADT- und der ERLÖSER-KIRCHE (Lichtenberg) drängten.
Außer der Wiedereinführung von Schleifladen und mechanischen Trakturen brachten die 30er Jahre eine verstärkte Normierung von Orgelteilen: Im September 1932 gab der Verband der Orgelbaumeister Deutschlands beispielsweise die Normmaße für Spieltische heraus.[43]
Nach Beendigung des Zweiten Weltkriegs mußte eine ernüchternde Bilanz gezogen werden. Berlin, zuvor ein Zentrum höchst qualifizierter kirchenmusikalischer Aktivitäten, hatte seinen großen facettenreichen Bestand an Orgeln verloren. Allein auf dem Gebiet der späteren Westsektoren der Stadt wurden zwischen 1943 und 1945 über einhundert Kirchen stark beschädigt, wobei sie zumeist ihr gesamtes Inventar verloren. Bis 1952 konnten mehr als 60 davon wieder aufgebaut werden.[44]
Nach dem Krieg bestand die erste Aufgabe in der Sicherung noch verwendbarer Orgelteile. Die Einrichtung einer Zentralstelle für Orgelbau, zu deren erstem Leiter WOLFGANG REIMANN ernannt wurde, sollte zu einem Überblick verhelfen. Substanzsicherung an den noch vorhandenen Orgeln und Instandsetzung einzelner Register waren die Ziele bis Anfang der 50er Jahre. Neubauten blieben die große Ausnahme: Die erste neue Orgel, noch in den Kriegsjahren begonnen, wurde 1946 in der Gruft-Kirche im *Dom* von SCHUKE aufgestellt. Wenig später erhielt die *Hermsdorfer Dorfkirche* ein Instrument von SAUER.
Die Stadt hatte besonders unter den Folgen der deutschen Teilung zu leiden; auch der Orgelbau war davon betroffen. Die Orgelbauanstalten in Potsdam und Frankfurt/Oder standen für den Westteil praktisch nicht mehr zur Verfügung. Die Materialzuweisungen der Alliierten beschränkten sich auf ihre jeweiligen Sektoren - so wurden Lieferungen nach Berlin-West häufig verhindert. Währungsreform, Mangelwirtschaft und Blockade erschwerten ebenfalls einen Neuanfang im Orgelbau. Die Evangelische Kirche hatte es mit ihren zerstörten Bauten - und Orgeln - in den ersten Nachkriegsjahren schon mit der notdürftigen Instandsetzung besonders schwer; 1951 wurde dennoch ein Punkt erreicht, an dem es unter großen finanziellen Opfern gelang, erste größere Neubauten in Auftrag zu geben.[45]
Im Rahmen der »Interbau« entstand 1957 die neue *Kaiser-Friedrich-Gedächtnis-Kirche* am Tiergarten; ihre Orgel erhielt sie aus der 1950 von ERNST BITTCHER auf Veranlassung der Gebrüder SCHUKE als Filiale des Potsdamer Betriebes gegründeten BERLINER ORGELBAUWERKSTATT. Neben den neu entstandenen Werken in *St. Thomas*, Kreuzberg, von RUDOLF VON BECKERATH und in der *Matthäus-Kirche, Steglitz*, von WALCKER stand die SCHUKE-Orgel in der *Kirche Zum Heilsbronnen*, Schöneberg, zur damaligen Zeit im Blickpunkt des Interesses.[46]
Mittlerweile gibt es in Berliner Kirchen Instrumente von über 30 Orgelbaufirmen; die Orgellandschaft hat an Reiz und Qualität wieder ein Niveau erreicht, das der Bedeutung dieser Stadt entspricht. Die seit 1989 veränderte Situation, das Zusammenwachsen beider Stadthälften zu einer Metropole, bringt neue Aufgaben. Für die Orgelkultur und die erhaltenen Zeugnisse der ehemals großartigen Orgellandschaft Berlins wird die erste und wichtigste Aufgabe in der Sicherung und der Pflege der noch erhaltenen pneumatischen Instrumente der Spätromantik im Ostteil der Stadt unter denkmalpflegerischen Gesichtspunkten bestehen. BS

42. Wörs-1944.
43. EZA, 7/5832, Unterlagen Biehle, Bautzen.
44. EZA, Druckblatt der Ev. Kirche Berlin-Brandenburg.

Dorfkirche Hermsdorf

45. EZA, 7/5831, KoW-ZSOb, Mitteilungen.
46. Tsp, 13. 6. 1961, Artikel: Musik der Orgeltage.

Dorfkirche Mariendorf
Ansicht von Südosten

Zur Baugeschichte der Berliner Kirchen

Der Anfang des Kirchenbaugeschehens im Gebiet von *Berlin* liegt im dunkeln. Der slawische Kulturraum in der östlichen Mitte Deutschlands, als »Mark Brandenburg« erst Jahrhunderte nach der Christianisierung und vor allem durch die Hohenzollern politisch bedeutsam, wurde mit Sicherheit bereits um die Wende des ersten zum zweiten Jahrtausend mit Kirchbauten »versehen«; diese wahrscheinlich in aller Regel primitiven Holz- und Lehmbauten, absichtlich an den Orten der bisherigen heidnischen Götterverehrung erbaut, wurden den wendischen Einheimischen zumeist gegen ihren Willen von den missionierenden Christen aus dem Westen »verordnet«. Am Burgwall in *Spandau*, im Bereich der ältesten nachgewiesenen wendischen Siedlung, auf die sich die später etwas weiter nördlich an der Havel gegründete Stadt *Spandau* zurückführen läßt, gab es eine derartige Kirche. Es ist durchaus möglich, daß das Bauwerk sogar bereits vor der Christianisierung entstand und zur Kirche »umgenutzt« wurde: am Schluß dieses baugeschichtlichen Abrisses wird von aktuellen Überlegungen zu säkularen Umnutzungen mancher unserer heutigen Kirchen zu berichten sein.

Dorfkirche Schöneberg
Ansicht von Südosten

Stadt und Dorf im Mittelalter

Zunächst soll mit einem landläufigen Irrtum aufgeräumt werden: es gibt keine »Berliner Dorfkirchen«. Seit der Gründung *Groß-Berlins* im Jahre 1920 zählen fast fünfzig havelländische, Barnimer und teltowsche Dörfer mit ihren Kirchen zu diesem urbanen Verwaltungskoloß, der sich nach der deutschen Vereinigung anschickt, zum zweiten Mal eine Weltstadt erster Ordnung zu werden. An der Schnittstelle der drei ursprünglich wendisch geprägten Landschaften an Havel und Spree, dem Havelland, dem Barnim und dem Teltow, entstanden im 13. Jahrhundert außer diesen Dörfern die Städte *Berlin* und *Cölln, Köpenick* und *Spandau.* Die erhaltenen Kirchen aus der Frühzeit der »Groß-Berliner« Dörfer und Städte haben typologische Eigenheiten, die in den Zusammenhang der genannten Landschaften gehören.

In der ersten Hälfte des 13. Jahrhunderts wurden vor allem auf dem Teltow, aber auch in Barnimer Orten, die ältesten unter den erhaltenen Dorfkirchen unseres Betrachtungsgebiets gebaut. Die Tempelritter waren dabei durchaus stilbildend: der Typus der erst in unserem Jahrhundert definierten »vollständigen Anlage«, einer Kirche aus exakt behauenen Feldsteinen mit halbrunder Apsis im Osten, mit dem sogenannten Chorquadrat, mit dem drei- bis fünfjochigen Langhaus und dem quergestellten Westturm in Schiffsbreite ist uns vor allem durch Bauten der Templer überliefert. Die erstaunlich hoch entwickelte Handwerkskunst, vor allem der Steinbearbeitung, hat sicher daran Anteil, daß diese fast ohne Fugen aufeinandergetürmten, mächtigen Wände die 750 Jahre seit ihrer Entstehung überstanden haben. Diese Kirchen hatten flache Holzbalkendecken und schmale, schartenartige Fenster. Der

St. Nikolai-Kirche Spandau
um 1840

dadurch und mit den dicken Mauern relativ sichere Raum diente der Bevölkerung in Kriegszeiten als Fluchtburg.
Schon gegen Ende des 13. Jahrhunderts wurden die Kirchen, die auf dem Barnim auch schon zuvor zumeist als Holz-Lehm-Bauten, ohne die Dauerhaftigkeit der beschriebenen Feldsteinkirchen entstanden, auch in den übrigen Gebieten zunehmend in handwerklich minderer Qualität errichtet. Die Feldsteine schichtete man unter Mörtelverwendung und Auskeilung durch Steinsplitter nur ziemlich grob behauen aufeinander. Die Baustruktur wurde einfacher, teilweise ärmlich: oft baute man lediglich Rechtecksäle, ohne Apsiden, Chorräume und Türme. Fachwerkkirchen mit und ohne aufgesattelten Turm über dem Dachfirst und gelegentlich überlange, in mehreren Baustufen errichtete Langhäuser, an die in manchen Fällen Chorquadrate angefügt wurden, entstanden ebenso wie einzelne, herausragende Anlagen, die von Anfang an eingewölbt waren, Dachtürme besaßen und halbrunde oder Fünfachtelchöre hatten. Diese Tendenz zur Vielfalt, unter fortschreitendem Qualitätsverlust an handwerklicher Ausführung, setzte sich über das späte Mittelalter fort.
Allen mittelalterlichen Dorfkirchen wurden ihre Emporen erst nach der Reformation eingebaut. Auch die Ausstattung stammt nur in wenigen Fällen - zumeist auf romanische oder frühgotische Taufkessel beschränkt - aus vorreformatorischer Zeit. An die Fülle der Heiligen, denen die Kirchen geweiht waren, erinnern nur selten - wie in *Dahlem* der Schrein der Hl. Anna Selbdritt - Inventarien oder der bis heute geführte Name.
In den »Berliner« Städten wurden in der Frühzeit romanische Stadtkirchen gebaut, die teilweise noch im Kern der erhaltenen Bauwerke nachweisbar sind. Die *Berliner* und die *Spandauer St. Nikolai-Kirche* zählen dazu; keine der sicherlich basilikalen Kirchen ist jedoch in dieser charakteristischen Struktur erhalten. Im 14. und vor allem im 15. Jahrhundert errichteten die inzwischen reichen Bürgerschaften Um- und Neubauten der alten Kirchen und schufen zusätzliche Gotteshäuser: *St. Marien* in der *Berliner Neustadt* ist bis heute im wesentlichen in dieser Fassung erhalten. Die großen Neufassungen der ältesten Stadtkirchen, allen voran die erwähnten *St. Nikolai-Kirchen* in *Berlin* und *Spandau*, entsprechen dem Typus der Chorumgangskirche, deren Chor sich mit Innenchor und Umgang aus den drei unter einer gleich hohen Einwölbung zusammengefaßten Schiffen des Langhauses ohne Zäsur entwickelt. Die weiten und lichten Hallen dieser Bauten sind, wenn überhaupt unterteilt, dann lediglich mit einer kleinen Westempore und niedrigen Chorschranken und einem Triumphkreuz im Vorchorjoch gegliedert gewesen; letzteres als Scheidestelle der Laienkirche im Langhaus von der Klerus-Kirche im Chor. Hinter den Stadtmauern, zum Teil aber auch vor den Stadttoren, wurden im 14. Jahrhundert die Klöster und Spitäler der Bettelorden gegründet. Ihre turmlosen Klosterkirchen bekamen nach vorübergehender Säkularisierung im Zuge der Reformation Bedeutung für die Bürgergemeinde der Stadt.

St. Nikolai-Kirche Berlin
1827

Reformation und Barockzeit

Während die vielfältige, wertvolle Ausstattung aller unserer Kirchen nach der Reformation bis auf Ausnahmen verschwand, statteten die neuen protestantischen Patronatsherrn die alten Kirchen oft mit »zeitgemäßem« Schmuck und Inventar aus: Gewölbe, massiv oder hölzern als Scheinarchitektur, teilweise mit der Konsequenz der Teilung der kleinsten Kirchräume in mehrere »Schiffe«, zum Teil mächtige Emporenanlagen, die nur die Ostseite mit dem Altarraum aussparten, Orgeln dazu und oft eine reich verzierte Kanzel, auf die das - oft jetzt erstmals eingebaute - Gestühl ausgerichtet wurde. Neue Altäre - schönstes Beispiel ist der Lynar-Altar zu *Spandau* - lösten sich in der Gestalt zunächst nicht von katholischen Vorbildern.

Der Dreißigjährige Krieg richtete in vielen Dörfern um Berlin erheblichen Schaden an. Viele der Fachwerkkirchen brannten ab; massive Bauten wurden teilweise bis auf Umfassungsmauern zerstört. Restliches Inventar aus katholischer Zeit wurde geraubt. Das halbe Jahrhundert zwischen dem Westfälischen Frieden und der Gründung des preußischen Königreichs war für den berlin-brandenburgischen Kirchenbau von Reparatur, Wiederaufbau und bescheidenem Neubau, zumeist in einfachstem Fachwerk, bestimmt. Erst im 18. Jahrhundert kam, vor allem aber durch die einsetzende Expansion der Doppelstadt *Berlin-Cölln* nach Westen, wieder Bewegung in den Kirchenbau. Repräsentative Neubauten anstelle ältester Vorgängerkirchen in der Stadt - so im Falle von *St. Petri* - und die teilweise schlichten Neubauten - so die einfache Saalkirche auf dem *Friedrichswerder*, die erst durch SCHINKELS Neubau ersetzt wurde, und die *St. Georgen-Kirche* anstelle der dortigen Spitalkapelle - standen prächtigen Neugründungen in den neuen Parochien gegenüber. Die *Dom-* und die *Parochial-Kirche* innerhalb der alten Stadt, die *Sophien-Kirche* im Nordwesten, die *Dorotheenstädtische* und die *Neue Kirche*, zwei *französisch-reformierte Kirchen*, die *Dreifaltigkeits-* und die *Böhmische Bethlehems-Kirche* zählten dazu. Die zahlreichen hohen Türme mit offenen Obergeschossen und teilweise vergoldeten Kupferhauben und -spitzen sowie mächtige Kuppeln gaben Berlin eine Silhouette, wie sie Canaletto von Dresden festhielt. Unter FRIEDRICH II. kamen außer französischen und böhmischen - vorwiegend protestantischen - Glaubensflüchtlingen und »Gastarbeitern« auch vermehrt Katholiken in die Mitte Preußens; die *St. Hedwigs-Kathedrale* gehört in die Reihe der Kirchen des Barock in Berlin.

Parochial-Kirche, um 1930

Während die Stadtkirchen des 18. Jahrhunderts eine erstaunliche Vielgestaltigkeit besaßen - es gab Langhausanlagen mit und ohne Querhäuser, mit und ohne Chor und Turm oder Dachreiter, es gab Zentralbauten in Rundform mit Kuppel und mit Seitenflügeln oder angedeuteten Kreuzarmen, einfachste Saalkirchen auf Rechteckgrundriß - bestanden für die Landgemeinden wenig Auswahlmöglichkeiten. Das herrschaftliche Patronat bevorzugte Bautypen, wie sie der König als Bau für die preußische »Amtskirche« errichten ließ. Dabei wurden, oft anstelle »baufällig gewordener« mittelalterlicher Vorgängerkirchen, rechteckige Säle mit drei oder vier Jochen gebaut, denen ein Turm vorangestellt oder aufgesattelt wurde. Gelegentlich gab es einen eingezogenen Altarraum. Nur in Einzelfällen entstanden runde oder achteckige Bauwerke. Außer Putzgliederungen, die sich zumeist auf Portal- und Fenstergewände beschränken, und geschweiften Turmdächern haben die schlichten, oft nüchternen ländlichen Bauwerke dieser Epoche keinen Schmuck.
Das Innere der »Amtskirchen« des Barock in Preußen und der Berliner Stadtkirchen dieser Zeit war bestimmt durch zwei Komponenten: die Zweckmäßigkeit des Raums und die Sinnfälligkeit seiner Funktion. Das erste wurde zumeist durch den Einbau einer höchstmöglichen Anzahl von Emporen - übereinander - erreicht, das zweite durch die Anordnung der Orte liturgischer Handlung: der Kanzelaltar, in dem Altarmensa, Kanzelkorb und gelegentlich auch die Orgel in dieser Reihenfolge von unten nach oben in einem zumeist phantastischen Architekturgebilde aus antikischen Elementen zusammengefaßt sind, ist Synonym für die Ausstattung protestantischer Kirchen in unserem Betrachtungsraum im 18. Jahrhundert.

Das 19. Jahrhundert

Auch nach den Befreiungskriegen gab es, ähnlich der Zeit nach dem Dreißigjährigen Krieg, Jahre des Wiederaufbaus und der Stagnation im Kirchenbau. Erst Ende der zwanziger Jahre des 19. Jahrhunderts, als Berlin vor allem in nördlicher Richtung expandierte, begann mit den Kirchenentwürfen SCHINKELS für diese armen Vorstädte eine Entwicklung, die bis zu dem Bau der Großkirchen um 1900 reichte.

SCHINKEL entwarf zunächst riesige, amphitheatralische Bauten, die jeweils über 3000 Menschen gestatten sollten, die Predigt von einer zentral angeordneten Kanzel zu hören. Durch königlichen Beschluß errichtete man ab 1830 aber vier kleine, sogenannte »Normalkirchen«, die durch das einfache, funktionsorientierte Grundmuster der Baustruktur und den beinahe beliebig damit verbundenen stilistischen Dekor auffallen. Neben dieser Neubautätigkeit gab es Ersatzbauten für alte Kirchen - die *Friedrichswerdersche Kirche* entstand in Schinkelscher anglisierender Gotik - und erste »schöpferische Denkmalpflege«, größtenteils historisierende Ergänzungen wie den gotisierenden Turmhelm von LANGHANS für *St. Marien* oder die Überformung von *St. Nikolai* zu *Spandau* durch SCHINKEL.
In der zweiten Kirchbauphase der »Schinkelschule«, vor allem durch seine Schüler PERSIUS und STÜLER und durch die Bauakademie getragen, kam es in Abwendung von der sparsamen, funktionsgerechten Bauweise unter FRIEDRICH WILHELM III. durch das Bestreben seines Sohnes FRIEDRICH WILHELM IV. zu einer Belebung »altchristlicher« Bautradition. Der fromme Monarch, dessen Idealvorstellung von der frühchristlichen Gemeinde für ihn auch zur Lösung aktueller gesellschaftspolitischer Probleme in Preußen tauglich schien, war durch eigene Reisen und die seiner Baumeister nach Italien von den dortigen romanischen Kirchen begeistert. Er ließ persönliche künstlerische Ambitionen in die Entwürfe »frühchristlicher basilikaler Kirchen« einfließen, die STÜLER und PERSIUS zunächst für Gotteshäuser seines persönlichen Patronats verwirklichten. Während STÜLER sich durch weitere Reisen, so nach England, erweiterte stilistische Möglichkeiten aneignete, die durchaus nicht immer im engeren Sinne »historistisch« sind, verharrte PERSIUS im italienisierenden »Rundbogenstil«. Ziegelsichtige und verputzte basilikale Kirchen, teilweise neben eindeutigen Zitaten toskanischer Romanik auch mit gotisierenden Elementen, entstanden um *Potsdam*, in *Berlin*s neuen Stadtvierteln und in vielen Dörfern anstelle alter Gotteshäuser. Durch die Vorlageblätter STÜLERS und die architektonischen Lehrbücher der Bauakademie entstanden viele dieser Bauwerke mehrfach, in nur geringer Abwandlung. In *Berlin* wurden zwischen 1840 und 1860 vor allem die neuen Viertel im Westen, Süden und Osten, vor dem *Potsdamer Tor*, vor dem *Halleschen Tor*, in der *Luisenstadt* und vor dem *Alexanderplatz* und am *Frankfurter Tor* mit »italienischen« Kirchen versehen.
Mit dem Bau der *St. Thomas-Kirche* in der südlichen *Luisenstadt* ging 1865-1869 der Kirchenbau der Schinkelschule zu Ende. Die explosive Entwicklung der neuen deutschen Hauptstadt *Berlin* in der Gründerzeit des Reichs ab 1871 und die damit verbundenen Gemeindegründungen und deren relativer Reichtum, das »Eisenacher Regulativ« von 1861 mit seinen Richtlinien zum Kirchenbau, wonach »germanischen Stilen der Vorzug« zu geben sei, und nicht zuletzt die Aktivität AUGUSTE VIKTORIAS, der Gattin des letzten Kaisers, mit ihrem Kirchbauverein in den 90er Jahren verursachte und charakterisierte im Zeitraum etwa zwischen 1870 und 1910 die Verdreifachung der Anzahl evangelischer Kirchen und eine veränderte Architektur.
Die ersten Jahrzehnte nach der Reichsgründung waren bestimmt von der Errichtung neugotischer Ersatzbauten alter Dorfkirchen und einiger, ebenfalls in einfacher Hochgotik und ausschließlich in roten Ziegeln ausgeführter Platzkirchen in der Stadt. Diese Langhausanlagen mit spitzgedecktem Turm vor dem Eingangsgiebel - nur noch selten waren die Kirchen »geostet«, d.h. mit dem Altar auf Jerusalem ausgerichtet - besaßen einfache Chorräume, selten Quer- oder Seitenschiffe und waren nicht immer eingewölbt, sondern hatten zum Teil Holzdecken. Farbenfrohe, flächendeckende Ausmalungen der Wände, Radleuchter und Gaskandelaber, dunkelfarbige Fensterverglasung und naturbelassen hölzerne, reichgeschnitzte Altäre, Kanzeln und Taufen, gelegentlich auch aus Sandstein, bestimmten die eher katholisch wirkenden Räume.

Nazareth-Kirche

St. Matthäus-Kirche

St. Georgen-Kirche, 1904

Treptow, Bekenntnis-Kirche 1930/31

Mit den Bauten von JOHANNES OTZEN - *Heilig-Kreuz-Kirche, St. Georgen-Kirche* und andere - kamen kurz vor 1890 neue Tendenzen in die historistische Kirchenarchitektur. Unterstützt durch das Gedankengut des »Wiesbadener Programms« zum Kirchenbau, wonach nunmehr die Funktion - Hörbarkeit der Predigt für eine größtmögliche versammelte Gemeinde - vor Stilfragen Vorrang bekam, schufen OTZEN und die Baumeister der dritten »Nach-Schinkel-Generation«, deren Ausbildung nicht mehr nur auf die Tradition der Bauakademie, sondern auch auf den Hannoveraner Neugotik-Stilbildner CONRAD WILHELM HAASE zurückging, riesige »Arbeiterkathedralen«. Die mit mächtigen Türmen und Kuppeln bis heute das Stadtbild prägenden Bauten wurden in freier Anwendung zumeist immer noch gotischer Stilmittel über unkonventionellen, wenngleich im Detail stets traditionalistischen Grundformen errichtet. Kreuzförmige Grundrisse wurden mit Zentralräumen durchdrungen, so daß aufgeweitete Vierungen entstanden. Emporenanlagen erhielten ihre Bedeutung, die sie im 18. Jahrhundert gehabt hatten, zurück; Altarräume, Orgel- und Choremporen wurden zu inhaltlich-funktional und gestalterisch-ornamental durchdachten Bereichen - einschließlich der Orgeln.

Das 20. Jahrhundert

Schon vor dem Ersten Weltkrieg befaßte sich OTTO BARTNING mit dem »integrativen Modell« zum Kirchenbau: Gemeinde- und Pfarrhaus sollten in baulichem Zusammenhang mit dem deutlich nach außen erkennbaren Sakralraum stehen. Seit etwa 1910 waren in einigen Berliner Vorstädten entsprechende, größtenteils monumental-klassizistische, aber auch dem sogenannten Heimat- oder dem Jugendstil zugehörende Bauten entstanden. Die stilistische Aufbruchstimmung dieser Zeit wirkte sich im Kirchenbau durch eine deutliche Pluralität der Ausformung und der Maßstäblichkeit neuer Bauten aus: verhalten gotisierende Straßenfront- und -eckkirchen mit hervorragend funktional gelösten Innenräumen kamen ebenso wie wuchtige neoklassische Saalkirchen nach dem in Übergröße tradierten Muster der preußischen Amtskirche des 18. Jahrhunderts zustande. Aber auch zeitgenössische Stilmittel, vor allem des Jugendstils, und die norddeutschen und englischen Muster des »Heimatstils« mit archaisch-einfachen Grundstrukturen fanden Verwendung. BARTNING, HÖGER und einige andere norddeutsche Architekten prägten das, was als »Kirchenbau der Zwanziger Jahre« in Berlin gilt. Den funktional bewährten integrativen Strukturen legte man expressionistische - oft wiederum gotisierende - und mystifizierende Ornamentik auf; Hartbrandklinker, dunkle und metallische Glasmosaiken, Terrakotten und starkfarbige Fenstergläser prägten Kirchräume, deren Innenstruktur in ihrer traditionell-rituellen Haltung zumeist sogar hinter die »fortschrittlichen« Gedanken des Wiesbadener Programms von 1894 zurückging. Altarräume wurden durch Stufen hoch über die Gemeinde gehoben; strenge Bankreihen rezipierten die katholische »Weg-Kirche«. Demgegenüber entstanden aber auch freundliche, rein funktional von der gottesdienstlichen Aufgabe entwickelte Bauten, deren moderne Haltung im Sinne des Internationalen Stils - vor allem des Bauhauses - oft unverstanden blieb und all zu schnell verändert und sogar verteufelt wurde. In den dreißiger Jahren, bereits um 1928 beginnend, entstand ein später durch die Nationalsozialisten geförderter Neoklassizismus im Kirchenbau, der zunächst auf den Heimatstil und die mystischen Tendenzen der expressionistischen Architektur zurückgriff. In den Folgejahren bildeten sich zwei Grundhaltungen heraus: eine oft auch verhaltene, beinahe moderne, funktional durchdachte und nur selten maßstäblich verzerrte klassische, klassizistische Bauweise, deren Zitate eher dem Kirchenbau des 18. Jahrhunderts entstammen; und eine fatalerweise aus den Rezepten des Expressionismus und des um 1910 als progressiv empfundenen Heimatstils genährte »Blut-und-Boden-Architektur«, deren geschwärzte Holzbalken, mäch-

tige Ziegelmauern, schartenartige Fenster und schmiedeeiserne Attribute mehr heidnische als christliche Assoziationsangebote machen.
Die ersten Jahre nach dem Zweiten Weltkrieg waren geprägt vom - zumeist stark vereinfachenden - Wiederaufbau der beschädigten Kirchen. Vor allem die unter dem rehabilitierten Bauhausgedanken geringgeschätzten Großkirchen des Historismus erfuhren dabei teilweise unnötige Veränderungen. Im Zuge der Wiederherstellung sollte zugleich alle als unwahrhaft empfundene Dekoration fallen. Viele erhaltene Innenraumgestaltungen und Ausstattungsstücke, Turmhelme und Fenstermaßwerke fielen dem zum Opfer. Auch die Denkmalpflege der 50er Jahre war nicht behutsam: die erhaltenen Umfassungsmauern mancher mittelalterlicher oder barocker Dorfkirche oder klassizistischer und italienisierender Basilika wurden weiter gestutzt und mit zeitgemäßem Inneren versehen.
Der inzwischen beschreibbare spezifische Formen- und Gestaltungskanon der 50er Jahre kennzeichnet einige wenige, durchaus qualifizierte Kirchbauten; bedingt durch die politische Situation waren diese Neubauten auf die Westsektoren des geteilten Berlin beschränkt. Auch die um 1960 einsetzende und fast zwei Jahrzehnte anhaltende, intensive Bautätigkeit zum »Gemeindeaufbau« fand fast ausschließlich im *Westteil Berlins* statt. Das integrative Modell BARTNINGS wurde in den zahlreichen realisierten Entwürfen zu Gemeindezentren mit multifunktionalem Kirchsaal, zumeist auf der Grundlage von Bauhaustraditionen, angewendet. Einzelne, stadträumlich wirksame Kirchen, die unmißverständlich als solche erkennbar sind, errichtete man mit unkonventionellen, modernen Stilmitteln, zumeist unter Verwendung von Sichtbeton. Auch diese eindeutig sakralen und monofunktionalen Räume sind wie die multifunktionalen Säle zumeist durch leichtes, bewegliches Inventar gegliedert; Abendmahlstische anstelle blockhafter Steinaltäre, Lesepulte anstelle massiver Kanzeln, dazu zumeist Einzelbestuhlung und eine helle, heitere Raumstimmung sind oft durch meistens ungegenständliche künstlerische Fenstergestaltungen und durch die von Architekten entworfenen Altargeräte und Paramente ergänzt.
Der Umgang mit den historischen und den historistischen Kirchen hat sich seit den 70er Jahren gewandelt. Im eigentlichen Sinne der Denkmalpflege als bewahrendem Umgang mit kulturgeschichtlichem Schutzgut werden kaum noch Einbauten oder Umgestaltungen vorgenommen. Obwohl die Veränderungen aus der Nachkriegszeit oft bereits einen eigenen Denkmalwert besitzen, sind viele Gemeinden an einer trendgerechten - romantisch-verklärten - Rekonstruktion auch historistischer Kirchen interessiert. Außerdem besteht seit Beginn der 80er Jahre - mit dem vorläufigen Ende kirchlicher Neubautätigkeit in Berlin - ein wachsendes Interesse an der Belebung der großen, oft sechseinhalb Tage in der Woche geschlossenen Kirchen. Die finanziellen Probleme bei der aufwendigen Bauunterhaltung bestehen im ehemaligen *Ostteil Berlins* seit Kriegsende; die Substanzerhaltung ist jedoch in der gesamten Stadt zumeist nur mit zusätzlicher Nutzung der Gottesdiensträume während der Woche zu rechtfertigen. Außer den sich wegen der akustischen Vorzüge und den vorgehaltenen Orgeln für Konzerte anbietenden Kirchen werden auch andere gemeindliche Bauten zusätzlich oder fremdgenutzt; gemeindeeigene Aktivitäten müssen dann oft in der Kirche stattfinden. In Anknüpfung an die landesherrlichen und kommunalen Patronate für die Kirchbauten wird zudem versucht, öffentliche, zumeist kulturelle Trägerschaften für große Berliner Kirchen zu gewinnen, um diese nicht allein für die kleiner gewordenen Ortsgemeinden, sondern für die ganze Stadt wichtigen Großräume für kulturelle Aufgaben zu erhalten. Die kultur- und kirchengeschichtlichen Aussagen, die unsere Kirchen selbst ohne »Funktion« jedem Besucher oder vorübereilenden Passanten vermitteln können, gilt es mit vereinten Kräften von Kirche und Stadt vor dem Hintergrund gemeinsamer Verantwortung für das kulturelle Erbe zu erhalten. MHT

Buckow, Dreieinigkeits-Kirche

Der Orgelbau in Berlin von den Anfängen bis zum Beginn des 18. Jahrhunderts

Im Kreis der großen Musikmetropolen Europas ist Berlin eine der jüngsten. Um das Jahr 1200 entstanden zwischen den Hochflächen des *Teltow* und des *Barnim* an einer Furt der Spreeniederung die kaufmännisch-gewerblichen Niederlassungen *Berlin* und *Cölln (Kölln)*, die nach 1230 das Stadtrecht erhielten. Der erste Markgraf von Brandenburg, der Askanier Albrecht der Bär († 1170), hatte diese ursprünglich von Slawen besiedelten Gebiete im Jahre 1157 zurückerobert.[1] Um 1230 wurde mit dem Bau von *St. Nikolai*, der bis heute erhaltenen, ältesten Pfarrkirche Berlins, als einer Pfeilerbasilika begonnen. Man gestaltete sie etwa 1265 bis um 1280 zu einer gotischen Hallenkirche um.

1. Hand-1987, S. 12 und 63 f.
2. Urku-1988, S. 12 ff.

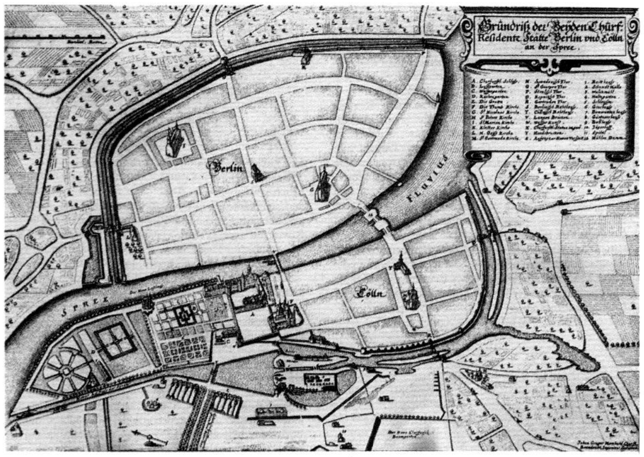

»Grundriß der Beyden Churf. Residentz Stätte Berlin und Cölln an der Spree«
Johann Gregor Memhardt, um 1650

Die ersten urkundlichen Erwähnungen der Doppelstadt *Berlin/Cölln*, die zu einer gemeinsamen Verwaltung im Jahre 1307 vereinigt wurde, stammen für *Cölln* von 1237 und für *Berlin* von 1244.[2] Die günstige geographische Lage und die frühzeitige Aufnahme der Doppelstadt in die Hanse - 1358 ist Berlin erstmals als Hansestadt bezeugt - brachten einen schnellen wirtschaftlichen Aufschwung, der Berlin bald die älteren Städte der Mark überflügeln ließ. Kurfürst Friedrich II. († 1471) errichtete in den Jahren 1443-1451 auf der Spreeinsel - innerhalb der Stadtmauern von Cölln - eine Burg und machte 1448 Berlin/Cölln zu seiner Residenz. 1538-1540 erweiterte Kurfürst Joachim II. (Regierungszeit 1535-1571) die Burg zu einem weiträumigen Renaissanceschloß. Spätestens seit dieser Zeit ist in Berlin eine breitere Musikpflege zu verzeichnen, zu welcher der kurfürstliche Hof den Mittelpunkt bildete. Joachim II., der 1539 die Reformation in der Mark Brandenburg einführte, gründete sehr bald eine Hofkapelle. Die Hofstaatslisten von 1545 verzeichnen u. a. drei zur gleichen Zeit angestellte Organisten. Ein Inventarverzeichnis, das die kurfürstliche Verwaltung 1582 erstellen ließ, führt unter den Musikinstrumenten des Berliner Schlosses sechs Orgeln bzw. Positive und ein besaitetes Tasteninstrument, dazu noch ein Positiv in der Kapelle des kurfürstlichen Jagdhauses *Grimnitz* bei Angermünde, auf.[3]

3. Sach-1910, S. 205 f.

Früheste Orgel-Erwähnungen

Wann in *Berlin* die erste Orgel errichtet wurde, ist bisher unbekannt. Im Jahre 1463 ist erstmalig für *Spandau* ein Organist bezeugt, Magister Jacobus (Meister Jacob).[4] Viele Jahre scheint er im Amt gewesen zu sein, wie seine mehrfache Erwähnung - auch 1464, 1473 und 1496 - beweist, und hohes Ansehen in der Bürgerschaft genossen zu haben. Der früheste Beleg einer Orgel in Berlin datiert von 1469. Nachdem Kurfürst Friedrich II. 1465 die Kapelle in seinem *Schloß* zum Domstift erhoben hatte, legte er am 20. Januar 1469 für die Städte Cölln und Berlin auch die Gottesdienstordnungen fest und bestimmte: »... und sante Niclas altar zü unser liben frouwen under der großen orgelen zu Berlin, belesen, zu iglichem altare alle wochen vier messen.«[5] Daraus ist zu schließen, daß *St. Marien* bereits über zwei Orgeln, eine größere und eine kleine, verfügte. Ebenso darf man annehmen, daß die Hauptpfarr-

4. Scul-1913, Bd. 2, S. 28, 29 und 32.
5. Voig-1880, S. 442, Spalte 2.

kirche *Berlins*, *St. Nikolai*, die Pfarrkirche in *Cölln, St. Petri*, und die Kapelle im kurfürstlichen Schloß gleichfalls im 15. Jahrhundert Orgeln besaßen, entsprechend der Bedeutung Berlins als Hansestadt. Gestützt wird diese Annahme auch dadurch, daß in den anderen Städten der Mark und in den Domen und Städten der angrenzenden Bistümer und Länder, zu denen Berlin intensive wirtschaftliche, politische und kulturelle Kontakte unterhielt, wesentlich früher Orgeln oder Organisten bezeugt sind. Es seien genannt:

11. Jh. *Magdeburg, Halberstadt* und *Erfurt*[6]
12. Jh. *Merseburg, Dom*[6]
1298 *Görlitz, St. Peter und Paul*: Orgel urkundlich erwähnt, die 1358 vom Blitz zerstört wurde.[7] Nach Burgemeister beschädigte 1340 ein Blitzschlag diese Orgel.[8]
1330 *Frankfurt/Oder, St. Marien*[9]
1333 *Königsberg* (Ostpreußen), *Dom*[10]
1342-1345 *Thorn* (Westpreußen), *Graues Kloster*: Orgel erbaut durch den Mönch Magister Paulus Wenchen[11]
1361 *Halberstadt, Dom*: Neue Orgel durch den Priester Nikolaus Faber[12]
1361 *Magdeburg, Dom*: Orgelneubau[13]
1364 *Marienwerder* (Westpreußen), *Dom*[14]
1365 *Sagan* (Niederschlesien), *Augustinerchorherrenkloster*: Der Abt Weintrud spielt ausgezeichnet Orgel.[15]
1370 u. 1380 *Dresden, Kreuzkirche*: Erwähnung eines Organisten[16]
1371 *Dresden, Kreuzkirche*: »organae« bezeugt, also mehrere Orgeln[17]
1380 *Frauenburg* (Ostpreußen), *Dom*: Orgel vorhanden[18]
1395 *Bartenstein* (Ostpreußen), *Stadtkirche*: Neue Orgel durch Orgelmacher Paul, der bereits 1393/1394 hier als Bürger nachgewiesen ist[19]
1397 *Elbing* (Westpreußen), *Stadtkirche St. Nicolai*: Orgelneubau[18]
1408 *Breslau*: Orgelmacher Peter von der Ohle und 1414 Orgelmacher Conrad Lobenstein genannt[20]
1411 *Havelberg, Dom*: Erwähnung von »orghelsanghe«[21]
1417 *Jüterbog, Stadtkirche St. Nicolai*: Orgel bezeugt[22]
1417 *Breslau, Dom*: Organist Maternus Weydenau genannt[23]
1418 *Beeskow* (Mark), *Stadtkirche St. Marien*: Signierte Orgelpfeifen belegt[24]
1420 *Dresden, Sophienkirche*: Orgelreparatur[25]
1430 *Neuruppin, Stadtkirche St. Marien*: Erwähnung einer Orgel[26]
1440 *Königsberg* (Neumark), *Stadtkirche St. Marien*: Orgel erwähnt[27]
1448 *Stendal* (Altmark): Orgeltabulatur des Adam Ileborgh überliefert[28]
1457 *Prenzlau* (Uckermark), *St. Nicolai*: Orgel bezeugt[29]
1469 *Pritzwalk* (Prignitz), *Pfarrkirche*: Besoldung des Organisten[30]
1479 *Wusterhausen/Dosse* (Prignitz), *Stadtkirche St. Peter und Paul*: Organist erwähnt[31]

Eine Vorstellung von der Bauart und Spielbarkeit spätmittelalterlicher Orgeln ist zu gewinnen, wenn man die Schilderung des Michael Praetorius der 1361 durch Nikolaus Faber erbauten Orgel im *Dom* zu *Halberstadt*[32] aufmerksam studiert. Als ein großes, mehrteiliges Blockwerk mit drei Klaviaturen war die Orgel angelegt, der 1495 noch ein Pedal mit zwölf Tasten angefügt wurde. Die unterste der 3 Klaviaturen enthielt 14 Tasten und war mit den Knien - oder auch mit den Füßen - spielbar. Registerzüge gab es noch nicht. Klangliche Veränderungen bewirkte man durch Wechseln der Klaviere, deren jedes seine eigene Windlade und eigene Traktur hatte. Sehr anschaulich sind die Reste der 6 mittelalterlichen Orgeln im *Historischen Museum* zu *Stockholm*. Sie zählen zu den ältesten, erhaltenen Orgeln in Europa. Mads Kjersgaard hat sie sorgfältig untersucht und beschrieben.[33]

Für unseren Zusammenhang besonders wichtig ist die Orgel, die ein deutscher

6. MGG, Bd. 10, 1962, Sp. 266.
7. Dähn-1980, S. 130.
8. Burg-1973, S. 18.
9. Spie-1835, S. 30.
10. Küse-1923, S. 66.
11. Renk-1984, S. 2 f.
12. Quoi-1966/1, S. 11 ff.
13. Renk-1984, S. 14.
14. Renk-1984, S. 3.
15. Burg-1973, S. 20.
16. Dähn-1980, S. 77.
17. Steu-1978, S. 13.
18. Renk-1984, S. 3.
19. Renk-1984, S. 3 und 302 ff.; vgl. auch ArO, 1966, Heft 29.
20. Renk-1984, S. 20.
21. Czub-1987, S. 28 f.; der Verfasser weist außerdem auf zwei figürliche Darstellungen von Orgeln im Dom zu Havelberg aus dem 14. Jahrhundert hin; vgl. Kirc-1988, S. 10.
22. Germ-1941, S. 355; das im »Programmbuch zum Provinzial-Kirchenmusikfest Jüterbog/Luckenwalde 1929«, S. 38 f., von Georg Kempff angegebene Jahr 1407 als Ersterwähnung einer Orgel muß ein Irrtum sein.
23. Burg-1973, S. 18.
24. AMZ, 1836, S. 128; vgl.: Kirc-1988, S. 10.
25. Steu-1978, S. 15.
26. Ried-1838, A 4, S. 322.
27. Kirc-1988, S. 10.
28. Apel-1934, S. 193-212; Kirc-1988, S. 30.
29. Ried-1838, A 21, S. 316 f.; Kirc-1988, S. 11 und 22.
30. Kirc-1988, S. 11.
31. Berg-1985, S. 458.
32. Prae-1929, S. 97-106; vgl. Borm-1966 und Quoi-1966/1, S. 12 f.
33. Kjer-1987, S. 5-18; vgl. ArO 1988/1, S. 3; eine Abb. der Sundre-Orgel befindet sich in: Haac-1965, S. 5 und in dem Orgelkalender »Organa Europae 1984«.

Orgelbauer für *Sundre* auf der Ostseeinsel *Gotland* im Jahre 1370 erbaute. Ein am Orgelgehäuse befestigter Pergamentstreifen mit lateinischer Inschrift - sozusagen ein »Firmenschild« - gibt nähere Aufschlüsse. Der Erbauer war Verner (Werner), ein »kunsterfahrener Meister, in Brandborgh gebürtig« (*Stadt Brandenburg*), den der Pfarrer Evidus aus *Sundre* nach dorthin gebeten hatte. Wo hatte Werner, der vermutlich ein Mönch oder Geistlicher war, die »Geheimnisse« seiner Kunst erlernt und wo seine Kunsterfahrenheit bereits unter Beweis gestellt? Es wäre an die 1411 im *Dom* zu *Havelberg* bezeugte Orgel und die im *Dom* zu *Brandenburg* zu denken, die 1507 laut einer Inschrift die Orgelbauer Hans Gaster und Paul Lüdemann instandsetzten oder umbauten.[34]

Anno milleno treceno septuageno / Hoc opus est sundris per vernerum fabricatum / In brandborgh natum subtiliter arte magistrum / Hoc procurauit hic tunc curatus euidus / Spiritus ad sydus cuius celeste meauit.
Im Jahre 1370 ist dieses Werk in Sundre gefertigt worden durch Werner, den in Brandenburg geborenen kunsterfahrenen Meister. Dies hat der damalige Curatus Evidus veranlaßt, dessen Seele in die Ewigkeit hinübergegangen ist.

Die Sundre-Orgel dokumentiert einen hohen Stand des Orgeltischlerhandwerks - Ventilkastenzarge und Pulpetenbrett sind tadellos verleimt. Die Pulpetendrähte an den Abstrakten bestehen aus kunstvoll geschmiedetem Eisen und die Ventilfedern aus gebogenen Eisenblechstreifen. Es ist nur der untere Gehäuseteil erhalten. Aber die Durchgänge für die Tasten zeigen, daß die Sundre-Orgel 1 Manual und ein Pedal mit 8 Tasten hatte. Das Manualklavier umfaßte 18 Tasten und enthielt die Töne

Cis Dis Fis cis gis (?)
C D E F G A B H c d e f g = 18 Töne.

Karl Bormann gibt die Teilung der Manualuntertasten mit 50 mm an (zum Vergleich, heute: 23,6 mm).[35] Die verschiedenen Tastenformen bilden M. Praetorius und K. Bormann ab. Die Sundre-Orgel ermöglicht uns eine Vorstellung des märkischen Orgelbaus gegen Ende des 14. Jahrhunderts. Rudolf Quoika charakterisiert die erhaltenen schwedischen Orgeln des Mittelalters als »meisterliche Kleinorgeln«.[36] So darf man wohl schlußfolgern, daß die im 15. Jahrhundert in Berlin - und überhaupt in der Mark - bereits vorhandenen Orgeln in Bauart und Spielbarkeit denen in *Mitteldeutschland, Sachsen, Schlesien* und *Ostpreußen* kaum nachgestanden haben.

Die 1469 in *St. Marien* zu *Berlin* bezeugte größere Orgel ist um 1575 alt und hinfällig und soll durch einen Neubau abgelöst bzw. ergänzt werden. Ihre Disposition ist überliefert und wird nebenstehend wiedergegeben.[37]
Die Orgel hatte also 10 Register und über 460 Pfeiffen. »Jegliche Stimme hatt in sich 40 Pfeiffen ....« Die Marien-Orgel war schon eine Register-Orgel, kein Blockwerk mehr. Heinrich Scholz und Werner David[38] geben die Disposition und Registerzahl unvollständig an. Sie zählen nur insgesamt 400 Pfeiffen.

Manual, 40 Tasten

Principal	8′	
Gedackt	8′	
Octave	4′	
Flöte		
Quinte	3′	
Offenflöte	2′	
Mixtur		»oben 4 Pfeiffen stark, unten zweyfachtigk«
Zimbel		»welche zwo Pfeiffen stark«
Regal	8′	

Pedal, 20 Tasten

Posaune	»mit den zubehörigen 20 Pfeiffen, seindt im Pedal gewesen.«

Blasius Lehmann aus *Bautzen*

Daß im Deutschland des ausgehenden Mittelalters bedeutende und in ihrer Kunst wohlerfahrene Orgelbauer über alle geographischen und politischen Grenzen hinweg tätig wurden, sei an dem bekannten Breslauer Meister Burckhard Dinstlinger, der einen nachhaltigen Einfluß auf den Berliner und märkischen Orgelbau ausübte, aufgezeigt. Wie schon vor ihm der Breslauer Meister Stephan Kaschendorf, der zwischen 1455 und 1499 in *Nürnberg (St. Egidien* und *Frauenkirche), Nördlingen, Breslau (St. Elisabeth), Erfurt (Dom)* und *Augsburg* zu belegen ist,[39] ließ sich Dinstlinger - auch Burghart Distlinger (Tischlinger, Ysslinger) geschrieben - in Breslau nieder.[40] Um 1450 wurde er in Bozen oder Brixen (Südtirol) geboren und erscheint erstmals nördlich der Alpen 1498 mit Orgelarbeiten in *Nürnberg (St. Lorenz).*[41]
1493 erwarb er in Breslau das Bürgerrecht und 1494 hier ein eigenes Haus. 1499-1502 errichtete er im *Dom* zu *Bautzen* eine neue große Orgel mit 2 Manualen und Pedal. Dabei ging ihm sein Geselle Blasius Lehmann zur Hand, der selbst aus Bautzen stammte und später für einige Jahre in Berlin tätig war.[42] Im *Dom* zu *Freiberg* erbaute Dinstlinger 1502 auf der Westempore eine neue große Orgel (II+P 23).[43] 1503-1505 fertigte er für die *Görlitzer Peterskirche* ein neues Werk (II+P 19) und 1506 eines

34. Kirc-1988, S. 12.
35. Borm-1966, S. 33.
36. Quoi-1966/1, S. 16 f.
37. Stev-1939, S. 321 ff. und Stev-1940, S. 17 ff.; auch als Sonderdruck; Vgl. Kirc-1988, S. 46 f.
38. Scol-1909, S. 3; Davi-1949, S. 7.
39. Burg-1973, S. 20; Orth-1970, S. 63-66; Fisc-1982, S. 290.
40. Burg-1973, S. 20 und 145; auch Dähn-1980, S. 301.
41. Diet-1937, S. 29.
42. Dähn-1980, S. 38, 301 und 306.
43. Flad-1953, S. 94; Dähn-1980, S. 105.

Abb. links:
Stockholm, Historisches Museum
Orgel aus *Sundre* (1370), Teil der Gehäusefront mit den Durchgängen für die Tasten.

44. Dähn-1980, S. 130 und 139.
44a. Bell-1979, S. 245.
45. MGG, Bd. 10, 1962, Sp. 272.

für Großenhain.[44] 1506/1507 errichtete er in der *Peterskirche* zu *Görlitz* noch eine kleinere Orgel. Ebenso in den Jahren 1506/07 sind Burckhard Dinstlinger und sein Altgeselle Blasius Lehmann in der *Schloßkirche* zu *Wittenberg* mit Orgelarbeiten nachzuweisen.[44a]

Als weitere Wirkungsstätten DINSTLINGERS führt Hans Klotz *Innsbruck* (1474) und *Wien* an, wobei er den Umfang dieser Orgelarbeiten und die Quellen nicht benennt.[45] Ernst Flade weist darauf hin, daß Dinstlinger nicht nur »Orgelmacher« sondern auch Organist war. In beiderlei Eigenschaft nahm Dinstlinger an dem »Orgeltag« und Erfahrungsaustausch in *Torgau* teil, zu dem Kurfürst Friedrich der Weise die wohl bedeutendsten Organisten der damaligen Zeit, den Innsbrucker Domorganisten PAUL HOFHAIMER (1499-1537) und den blind geborenen ARNOLT SCHLICK (seit 1496 Organist in *Heidelberg*) neben Burkhard Dinstlinger eingeladen hatte.[46] Dabei ist anzunehmen, daß Dinstlinger den vor wenigen Jahren veröffentlichten »Spiegel der Orgelmacher und Organisten« Schlicks[47] bereits kannte. Wahrscheinlich war diese Publikation sogar Gegenstand oder Ausgangspunkt der Torgauer Fachgespräche. So sehen wir DINSTLINGER als einen weitgereisten Orgelbauer, der auf der Höhe des Orgelbaus seiner Zeit stand und in diesem Geiste auch seine Schüler ausgebildet haben mag.

46. Flad-1953, S. 94, Fußnote; Vgl. Klot-1975, S. 81.
47. Scli-1932.
48. Renk-1984, S. 20-25.

Berliner Schloß, Erasmus-Kapelle

Der bekannteste unter Dinstlingers Gesellen ist BLASIUS LEHMANN. Der gebürtige Bautzener hatte sich spätestens 1508 von Dinstlinger getrennt und eine eigene Werkstatt begründet. Seine früheste Arbeit ist 1508 in *St. Marien* zu *Danzig* belegt.[48] Die große Hafen- und Hansestadt an der Mündung der Weichsel war damals mit Polen durch Personalunion verbunden. Etwa 1516/1517 rief Kurfürst Joachim I. (Regierungszeit 1499-1535) »Meister Blasius« nach *Berlin*, um für die *Erasmus-Kapelle* seines Schlosses, in der das Domstift seit 1465 residierte, eine neue Orgel bauen zu lassen. Joachim I. handelte möglicherweise auf Empfehlung seines jüngeren Bruders, des Markgrafen Albrecht von Brandenburg, des damaligen Hochmeisters des Deutschen Ritterordens (1511-1525) und späteren ersten Herzogs in Preußen (seit 1525). In der Nachbarschaft seines Territoriums lag *Danzig*, wo BLASIUS LEHMANN mehrfach tätig wurde.

Herzog Albrecht in Preußen war der Musik gegenüber selbst sehr aufgeschlossen und entfaltete in seiner Residenzstadt *Königsberg* ein reicheres Musikleben. MEISTER BLASIUS arbeitete in *Berlin* einige Jahre, jedoch nicht bis 1521, wie bisher angenommen.[49] 1520 ist er bereits in *St. Joachimsthal*, der Bergstadt am Südhang des Erzgebirges (heute *Jáchymov, CSFR*), nachzuweisen, wo am 21. Juli 1520 in der *Spitalkirche* eine neue Orgel von ihm eingeweiht wurde.[50] Meister Blasius war am kurfürstlichen Hof in Berlin zugleich Organist.[51] Er ist damit der in *Berlin-Cölln* erste namentlich bekannte Organist und auch Orgelbauer. In seiner Person haben wir den frühesten Hinweis auf die berufliche Verbindung von Orgelbauer und Organist, wie sie in der Mark Brandenburg in der Folgezeit noch sehr häufig anzutreffen ist. Nachstehende Übersicht möge die bisher bekannten Arbeiten von Blasius Lehmann verdeutlichen:

49. Kirc-1988, S. 44.
50. Quoi-1966/2, S. 17; Quoi-1956, S. 51.
51. MuK, 2 (1930), S. 114.

1499-1502 *Bautzen, Dom*: Mitwirkung beim Neubau von BURCKHARD DINSTLINGER als dessen Geselle

1506/07 *Wittenberg, Schloßkirche:* Mitwirkung an Dinstlingers Neubau als dessen Altgeselle.

1508 *Danzig, Marienkirche*: Umsetzung einer älteren kleinen Orgel[52]

1508-1510 *Danzig, Marienkirche*: Neubau auf der Westempore[52]

1511 *Leipzig, Thomaskirche*: Neubau[49]

1512-1514 *Dresden, alte Kreuzkirche*: Großer Neubau mit Rückpositiv auf der Westempore, kleiner Neubau auf der Sängerempore[53]

Ca. 1516/1517 *Berlin-Cölln, Schloßkapelle*: Neubau[54]

1517/1518 *Tangermünde* (Altmark): Neubau[54]

52. Renk-1984, S. 20-25.
53. Dähn-1980, S. 77.

1518/1519 *Berlin, Hauptpfarrkirche St. Nikolai*: Neubau[54]
1519 *Bernau, St. Marien*: Wohl Neubau, auf Empfehlung Joachims I.[51]
1520 *St. Joachimsthal, Spitalkirche*: Neubau[50]
1522 *Dresden, alte Kreuzkirche*: Renovierung und Stimmung beider Orgeln
1523/1524 *Danzig, Marienkirche*: Neubau auf der Empore über der Reinholdskapelle; Reparatur der alten Orgel auf der Empore über der *Allerheiligenkapelle*; Erweiterung seines Neubaus von 1508/1510 mit Zungenstimmen[52]
1528/1529 *Dresden, alte Kreuzkirche*: Reparatur, dabei sein Sohn aus St. Joachimsthal (Anton Lehmann ?) beim Stimmen behilflich[50+53]
1532 *Torgau, Alltagskirche*: Aufstellung eines Positivs aus *Schloß Lichtenberg* durch Anton Lehmann; Neubau durch Blasius Lehmann[55]
1534 *Görlitz, Peterskirche*: Reparatur[56]
1533-1535 *Torgau, Stadtkirche*: Neubau[55]
1541-1542 *Zwickau, Dom St. Marien*: Neubau über der nördlichen Empore, der am 2. Februar 1543 eingeweiht wurde. 1548 Reparatur durch Anton Lehmann (Sohn des Blasius Lehmann?)[57]

54. MuK, 2 (1930), S. 114, Fußnote.
55. Dähn-1980, S. 265 f.
56. Burg-1973, S. 309.
57. Dähn-1980, S. 286.

Orgelmacher Egidius, Valentin Uckerow und Leonhard Franck

Ein weiterer Orgelbauer ist im Berliner Bürgerbuch von 1527 eingetragen: Egidius, »Orgelmacher«. »Montags nach Crucis« (= 16. September 1527) erwarb er das Bürgerrecht und zahlte die Gebühr von 16 Gulden.[58] Arbeiten von Egidius haben sich bisher nicht belegen lassen. Es ist jedoch zu vermuten, daß er die Orgeln in *Berlin* und *Cölln* betreute. Vielleicht war er auch Lehrling oder Mitarbeiter von Meister Blasius gewesen?
Das Berliner Bürgerbuch verzeichnet, daß 1527 auch ein Organist das Bürgerrecht erwarb: Valentin Uckrow (oder Uckerow).[59] Er dürfte wohl an der Hauptpfarrkirche *St. Nikolai* tätig gewesen sein, da es an *St. Marien* über Jahre hinweg keine Organisten gab, wie dem 1540 erstellten Visitationsbericht[60] zu entnehmen ist. Valentin Uckerow betätigte sich auch - und später vorwiegend - als Orgelbauer. 1582 wird in dem oben genannten Inventarverzeichnis des *Berliner Schlosses* ein Positiv bzw. Portativ erwähnt: »Ein klein Positiff mit helzen Regaln, mit vier oder 5 halben stimmen, ist wandelbahr, und stehet bey Valtin dem Orgelmacher«[61] - gewiß zur Reparatur. Im gleichen Jahr hatte er für die *Nikolaikirche* in *Freienwalde* eine Vergrößerung der 1505 angelegten Orgel beendet. Der Chronist schreibt: »Das Rückpositiv aus 32 Stimmen fertigte 1582 Valentin Uckerow.«[62]
Ein dritter Berliner Orgelbauer, der zunächst auch Organistendienste versah, ist Leonhard Franck. 1533 ließ er sich im Cöllnischen Bürgerbuch als Organist eintragen. Er wird Organist der Pfarrkirche *St. Petri* in *Cölln* gewesen sein.[63] Im Rechnungsbuch des kurfürstlichen Hofes taucht 1542 ein Harfenist namens Leonhard (Linhard) auf, der 1545 dann als Organist bezeichnet wird.[64] Bis 1554 blieb Leonhard Franck offiziell in Berlin und war Mitglied der Hofkapelle. Dann wechselte er an die *Marienkirche* in *Frankfurt/Oder*, deren Orgelum- oder -neubau er einige Jahre zuvor ausgeführt hatte, und erwarb nun hier das Bürgerrecht. Am 14. Januar 1559 legte er den Organistendienst gänzlich nieder und wirkte fortan nur noch als Orgelbauer.[65] Sehr wahrscheinlich pflegte er während seiner Berliner Zeit die Orgeln der *Domkirche*, des *Schlosses* und der *Stadtkirchen*. Folgende Arbeiten Leonhard Francks lassen sich nachweisen:
1538/1539 *Leipzig, Thomaskirche*, Erneuerung der großen Orgel[66]
1545-1548 *Frankfurt/Oder, St. Marien*, »Hauptreparatur« bzw. großer Umbau[67]
1548 *Bernau, St. Marien*, »neu Positiv gesetzet«[68]
1549 *Dessau, Marien-* (bzw. *Schloß-)Kirche*, Orgelneubau[69], der bereits im Jahre 1550 zugrunde ging.

St. Petri-Kirche

58. Sach-1908, S. 312.
59. Sach-1908, S. 162, 169 und 286.
60. Sehl-1909, S. 157.
61. Sach-1910, S. 205 f.; vgl. Kirc-1988, S. 45.
62. Scmi-1934, S. 106.
63. Sach-1908, S. 179 und 286.
64. Sach-1910, S. 133 und 135.
65. Grim-1942, S. 163 f.; vgl. Spie-1835, S. 32.
66. Dähn-1980, S. 184.
67. Kirc-1988, S. 19 f.
68. MuK, 2 (1930), S. 114.
69. MuK, 2 (1930), S. 114; Kirc-1988, S. 50; auch Hark-1937, S. 29.

Neue *Dom*-Orgel 1557

Nach dem Tod Joachims I. strebte sein Sohn, Kurfürst Joachim II., eine eigene *Hof- und Domkirche* an. Er verlegte gleich im Jahre 1536 das 1465 geschaffene Domstift aus der *Erasmus-Kapelle* in die auf dem südlichen Schloßvorplatz gelegene *Dominikaner-Klosterkirche*. Mit dieser Neuorganisation des Domstifts baute der 31jährige musikliebende Kurfürst die Musikpflege an seinem Hof aus. Er gründete eine Hofkapelle, der bereits 1545 u. a. drei Organisten angehörten: Hans Kellner als Domorganist, Leonhard Franck und Hans Zuls.[70]

70. Sach-1910, S. 24 f.; vgl. auch Hank-1987, S. 4.

71. Sach-1910, S. 24 f.; vgl. auch Müll-1752, S. 50 f.

Die aus dem Mittelalter stammende *Dominikanerkirche* besaß schon eine kleine Orgel.[71] Nun wünschte Joachim II. neben ihr noch eine neue, größere. Die in der *Erasmus-Kapelle* ca. 1516/1517 von Blasius Lehmann erbaute Orgel - »Ein groß Posatiff in der Capellen« - verblieb an ihrem Platz, denn auch später fanden hier noch Gottesdienste für das Hofgesinde statt.[70] 1554 hatte der Kurfürst einen neuen, jungen Hoforganisten angestellt, Johann Horneburg, und Leonhard Franck entlassen. Johann Horneburg wurde um 1535 in Halberstadt geboren und studierte an der Universität in Frankfurt/Oder. Schon während seines Studiums und bis 1554 war er Organist an der *Frankfurter Haupt- und Universitätskirche*, St. Marien. Das Berliner Amt bekleidete er viele Jahre, auch noch zur Zeit der Kurfürsten Johann Georg (Regierung 1571-1598), Johann Friedrich (1598-1608) und Johann Sigismund (1608-1620). Johann Horneburg wird 1620 das letzte Mal in den Hofrechnungsbüchern genannt.[72] Am 3. Januar 1573 hatte Johann Georg die Anstellung Horneburgs erneuert und ihm eine »Bestallung« auf Lebenszeit zugesichert, die ihn jeder Sorge um die Zukunft enthob.

Dominikanerklosterkirche

72. Sach-1910, S. 134.

73. Gebh-1930, S. 28.

74. Walt-1732.

Wahrscheinlich war Horneburg mit dem Bau der neuen Orgel 1557 zum Domorganisten aufgerückt. Aus dieser gesicherten Existenz heraus erwarb er 1579 in Cölln das Bürgerrecht.[73] 1596 nahm er in *Gröningen* bei Halberstadt an dem großen Musikfest teil, das anläßlich der Prüfung und Einweihung der von David Beck aus Halberstadt neuerbauten Orgel in der *Schloßkirche* stattfand. 53 deutsche Musiker, die »ihre Musik- und Organistenkunst wohl verstanden und zu der zeit sehr berühmte, auch gute Fundamental-Komponisten gewesen« sind, nahmen an diesem Orgel-Festival teil.[74]

In dem Bestreben, die Musikpflege am Hof und besonders in seiner *Domkirche* zu intensivieren, wünschte Joachim II. eine neue Orgel von der damals führenden Orgelwerkstatt in den Niederlanden, von Anthonius Mors in Antwerpen (heute Belgien). Dessen Sohn Hieronymus Mors war Hof- und Domorganist in *Schwerin* seit 1548. Und die Schwester Joachims II., Anna, hatte 1524 den Herzog Johann Albrecht von Mecklenburg geheiratet. Der Kurfürst wird sich gewiß von seinem jungen, begabten Hoforganisten Horneburg in der Orgelfrage haben beraten lassen. Beide werden sich einig gewesen sein, daß die einheimischen Orgelbauer Valentin Uckerow und Leonhard Franck mit dem Bau der gewünschten Domorgel überfordert sein würden. So werden die Verhandlungen von Berlin nach Antwerpen über Schwerin gelaufen sein. Etwa zur gleichen Zeit erhielt Anthonius Mors auch den Auftrag für einen Orgelneubau im *Dom* zu *Schwerin*. Diese Orgel umfaßte 30 Register auf 3 Manualen (HW, BW und RP) und einem ans Hauptwerk angehängten Pedal.[75] Walter Haacke schreibt: »Im Jahre 1557 landet Anthonius Mors zu Schiff in Boizenburg a. Elbe und bringt zwei Werke mit sich, eines für den Dom (zu Schwerin), das andere für Joachim von Brandenburg.«

75. Haac-1935, S. 18 ff.

Das für die *Berliner Domkirche* bestimmte Werk wird man sich ähnlich dem Schweriner vorzustellen haben. Wahrscheinlich waren aber das Hauptwerk und das Brustwerk von ein und derselben Klaviatur aus zu spielen. Die Mors'sche Domorgel wurde durch einen Neubau von Johann Michael Röder 1719-1721 ersetzt. Otto Dienel äußerte die Vermutung, die von Joachim II. bei Mors in Auftrag gegebene Orgel könnte ursprünglich für die *Berliner Marienkirche* bestimmt gewesen sein und sich dann als zu klein erwiesen haben.[76] Das ist äußerst unwahrscheinlich, denn des Kurfürsten Interesse galt seiner *Domkirche*, die in *Cölln* stand, und nicht einer Nebenkirche von *St. Nikolai* in *Berlin*. Die bereits 1469 bezeugte Orgel von *St. Marien* hatte in jenen Jahren keinen eigenen Organisten und wurde erst 1577/1578 durch einen Neubau abgelöst.

76. Dien-1879, S. 52; vgl. auch Davi-1949, S. 37.
77. Kirc-1988, S. 24 ff.
78. Scul-1913, Bd. 2, S. 85; vgl. auch Scul-1913, Bd. 1, S. 69.
79. Scul-1913, Bd. 2, S. 44 und 46.

Jacob Scherer in *Spandau*

Auch in *Spandau* plante man 1557/1558 für die *Nikolaikirche* einen Orgelneubau. Der Rat der Stadt verhandelte mit Jacob Scherer aus Hamburg, der bereits mehrfach in der Mark Brandenburg tätig gewesen war (1546 in *Wilsnack*, 1551/1552 in *Neuruppin* und 1553/1554 in der Altstadt *Brandenburg*).[77] Scherers Vorstellungen und Forderungen zielten auf ein größeres, repräsentatives Werk, weshalb das Projekt scheiterte. Der Chronist berichtet: »Schon vorher auf purificationis Mariae (= 2. Februar) 1558 war der Rath in Unterhandlung gewesen mit einem Orgelbauer aus Hamburg wegen einer Orgel, wofür dieser 400 Thlr. forderte u. sie ihm 300 Thlr. u. 1 Wspl. Roggen boten. .... Indeß mit diesem kam es nicht zu Stande.«[78]

Hans Thomas aus Braunschweig

Schon in den zurückliegenden Jahren waren an der alten Orgel in *Spandau* Instandsetzungen erforderlich gewesen: »An den Orgel Pfeiffen u. Bälgen war Verschiedenes zu machen« (1535) und »Der Orgelmacher bekam 5 fl. 22 gr., dun he de Orgel geferdicht hadde« - so las man in der Kirchenrechnung 1536.[79] Nun verhandelte der Rat mit »Hans Thomas, Orgelmachern u. Bürgern zu Braunschweig, der damahls an der Magdeburgschen Orgel auf dem Dom arbeitete.« Man wurde sich »am Abend Viti 1558« (Tag des St. Veit = 15. Juni 1558) einig, »daß er für 300 Thlr. in dieser Kirche eine kleine gute u. stattliche Orgel verfertigen sollte, worinn nachgesezte Stimmen sein müsten, als nehmlich 1 principal, 1 Gedackte, dem gleich 1 Cymbel, 1 super octava, 1 octava, dem principal noch zur Rechten 1 scharf mixtur, 1 quint, 1 Untersaz, daraus das volle Werk folgt, 1 regal, 1 Trommetenbaß, Bauerflötlein u. 1 Zemmeleinbaß u. was dazu gehöret. Die Sachen dazu für das hölzerne Corpus u. Gerüste wollte der Magistrat anfahren lassen, ihn nebst zwey Gesellen während der Zeit in Eßen u. Trinken erhalten u. den Gesellen 6 Thlr. Trank Geld geben.«[78] Die 12 genannten Register werden sich wie nebenstehend verteilt haben.

Manual

1.	Principal	8′	
2.	Untersatz	16′	
3.	Gedact	8′	
4.	Octave	4′	
5.	Quint	3′ oder 1 1/2′	
6.	Super octava	2′	
7.	Scharf Mixtur		
8.	Cymbel		
9.	Regal	8′	

Pedal

	- Untersatz	16′	Transmission ?
10.	Trommetenbaß	8′	
11.	Zemmeleinbaß	4′	
12.	Bauerflötlein	2′ oder 1′	

»Nachdem sie (die Orgel) 1560 noch viel verbeßert u. vergrößert fertig geworden, revidirte sie Johann Hornburg, Churfürstl. Organist im Dom zu Cölln an der Spree u. war damit zufrieden. Auch der Magistrat gab dem Orgelbauer Dienstags nach Corporis Christi (= 18. Juni 1560) einen Schein wegen guter Arbeit u. übrigen Wohlverhaltens. (An der Orgel soll in der Mitte des Rückpositivs gestanden haben die Zahl 1560).«[80] Die Orgel präsentierte sich also bei ihrer Fertigstellung 1560 als ein zweimanualiges Werk, während der Vertragstext nur ein einmanualiges Instrument vermuten läßt. Wahrscheinlich ist zu Beginn der Bauarbeiten 1559 noch eine Vergrößerung vereinbart worden.

Der Orgelbauer Johannes Thomas, der immer Bürger Braunschweigs blieb, hat häufig in der Mark Brandenburg und in angrenzenden Städten gearbeitet. Sein Wirken sei im Überblick dargestellt:

Ca. 1520 geboren
Um 1552 *Magdeburg*: Reparatur[81]

80. Scul-1913, Bd. 1, S. 86.
81. Stüv-1964, S. 33, Fußnote; vgl. Hark-1937, S. 29.

1553 *Dessau, Marien-* (bzw. *Schloß-)Kirche*: Neubau[81]
1557/1558 *Magdeburg, Dom*: Arbeiten an der Domorgel[78]
1558 *Spandau, St. Nikolai*: Kontraktabschluß für einen Neubau
1559/1560 *Spandau, St. Nikolai*: Neubau
Um 1560 *Braunschweig, Dom*: Neubau einer kleinen Orgel[82]
1565 *Spandau, St. Nikolai*: »Renovierung« seiner 1559/1560 erbauten Orgel[83]
1570 *Wolfenbüttel, Marienkapelle*: Kontrakt am 28. 11. 1570 für Neubau[84]
1571 *Wolfenbüttel, Marienkapelle*: Neubau, ca. I+P 8
1577-1579 *Werben, St. Johannis*: Neubau für 270 Taler II+P 22[85]
1579/1580 *Berlin, St. Nikolai*: Reparatur und Umbau[86]
1581 *Wolfenbüttel, Marienkapelle*: Für Reparatur am 30. Juni 13 Taler[84]
1588 *Gardelegen, Stadtkirche St. Marien*: Im Dezember 1588 Anfertigung neuer Blasebälge[87]
Um 1590 Johannnes Thomas gestorben

Gleich im Jahr der Vollendung der Spandauer Nikolai-Orgel, 1560, stellte der Rat der Stadt einen neuen Organisten an: MAGNUS WITTE aus Stendal. Er war 20 Jahre lang im Amt und scheint orgelbauerische Fähigkeiten gehabt zu haben. 1561 fertigte er ein Positiv an, wofür ihm der Rat 1½ Schock zahlte.[88] Ob es das Positiv war, welches 1740-1747 in *St. Nikolai* benutzt wurde, als die neue Wagner-Orgel von 1734 - durch den Kirchturmbrand 1740 beschädigt - unspielbar war? In den Kirchenrechnungen von St. Nikolai sind in jenen Jahren die Ausgaben für den Organisten und den Kalkanten ununterbrochen belegt. Magnus Witte starb 1580 in Spandau.

82. Prae-1929, S. 112; Borm-1966, S. 143; vgl. Pape-1966, S. 2 f. und 105.
83. Kirc-1988, S. 50; vgl. Scul-1913, Bd. 2, S. 73, (Im Bd. 1, S. 86: Irrtümlich 1564 angegeben).
84. Pape-1973, S. 1 f. und 85.
85. Kirc-1988, S. 33.
86. Kirc-1988, S. 48 f.
87. Scul-1668, S. 13 f.; (Diesen Hinweis verdanke ich Herrn Uwe Czubatynski, Perleberg).
88. Scul-1913, Bd. 2, S. 70, 71 und 360.

Neue Orgel für *St. Marien*

St. Marien-Kirche

Die einmanualige Orgel der *Marienkirche* in *Berlin* sollte 1577 durch eine neue ersetzt werden. Sicher hatte der junge Organist JOHANNES HORNEBURG, der seit 1566 an der Frankfurter Universität studiert hatte und in den Kirchenrechnungen mindestens für die Jahre 1577-1580 nachzuweisen ist,[89] Sohn des gleichnamigen Berliner Domorganisten, ein größeres, mehrmanualiges Instrument gewünscht und vorgeschlagen. Außerdem war seit Einführung der Reformation in der Mark dem Orgelspiel im Gottesdienst eine sehr wesentliche Aufgabe zugefallen. Die seit 1540 vom Kurfürsten im ganzen Land eingesetzten Visitatoren sahen gewissenhaft darauf, daß die Orgeln in den Stadt- und Pfarrkirchen in Ordnung gebracht und Organisten angestellt und deren Besoldung geregelt wurden. Verschiedentlich regten sie überhaupt den Neubau von Orgeln an.[90]

So verhandelten die Kirchenvorsteher und der Magistrat mit dem Orgelbauer FRIEDRICH TREBBOW. Er untersuchte 1577 die Marien-Orgel und schlug in seinem Bericht einen Neubau vor. Diesen führte er 1577/1578 aus.[91] Friedrich Trebbow hat seine Werkstatt in Berlin und zählt zu den angesehenen, bekannten Bürgern. Die »Chronikalischen Nachrichten« berichten, daß 1580 »den 25. maji« außerhalb des Gertraudtentors ein Feuer ausbrach und einige Scheunen, Buden und »Friedrich Trebbowen etzliche gebeude an der scheffereyen« niederbrannten,[92] wohl die Werkstatt des Meisters. Über FRIEDRICH TREBBOW ist bisher wenig bekannt. Am 31. Januar 1592 fand die Eheschließung von Trebbows Tochter Anna mit Peter Möller statt. Kurz darauf, am 16. Februar 1592, starb seine Ehefrau Anna und wurde am folgenden Tag auf dem Marienkirchhof bestattet. Am 14. Januar 1593 wurde er selbst heimgerufen und zwei Tage später auf dem gleichen Kirchhof beigesetzt.[93]

Trebbows neue Orgel wird in einem Schreiben der *Marienkirchen*-Vorsteher vom 6. Dezember 1579 an den Kurfürsten als »wol erbawet, schon geziret und wol stimmend« bezeichnet. Das neue Werk hatte Friedrich Trebbow auf der Westempore - »unter dem Glockenthurm« - errichtet. Es umfaßte Oberwerk, Brustpositiv, Rückpositiv und Pedal, wie aus späteren Berichten und dem Kontrakt vom

89. Kirc-1988, S. 18 und 46.
90. Kirc-1988, S. 13 ff.; vgl. Kirc-1988/2, S. 125 f.
91. Fisc-1930, S. 114-116.
92. Gebh-1930, S. 132, 168 und 170.
93. EZA, Totenbuch-Kopie von St. Marien, Berlin.

11. August 1670 mit dem Orgelbauer Christoph Werner zur gründlichen Instandsetzung der Orgel zu schließen ist.[94] Die Orgel dürfte also zweimanualig gewesen sein, wenn Brustwerk und Oberwerk (= Hauptwerk) von einem gemeinsamen Manual aus - wie damals üblich - zu spielen waren. Für diese neue Orgel hatte der Magistrat 400 Taler bewilligt. Trebbow hatte jedoch zu niedrig kalkuliert und erbat eine Nachzahlung. Die Kirchenvorsteher gestatteten daher, »sich an die alte Orgel zu halten ... weil sie angegriffen und nicht ganz, wie ers den auch an uns itziger Regierunge Anno 77 gelangen lassen ... .«[91]
Der Magistrat aber widersprach, »weil doch die Orgel zu S. Nicklaß und im Kloster gebessert werden mußten, dazu gebraucht und genommen werden könte«, und zahlte nochmals 100 Taler an Trebbow. In der Zwischenzeit freilich war schon »der Posaunenbaß mit 20 Pfeiffen im Pedal, also fast die größten und vornembsten, angegriffen, verschmelzt oder ganz versetzt worden.« Endgültig wurde Trebbows Orgel erst 1720 durch Joachim Wagner abgebrochen.

94. Stev-1939, S. 321 ff. und Stev-1940, S. 17 ff., als Sonderdruck, S. 5.

Erneuerung der *Berliner Nikolai-Orgel*

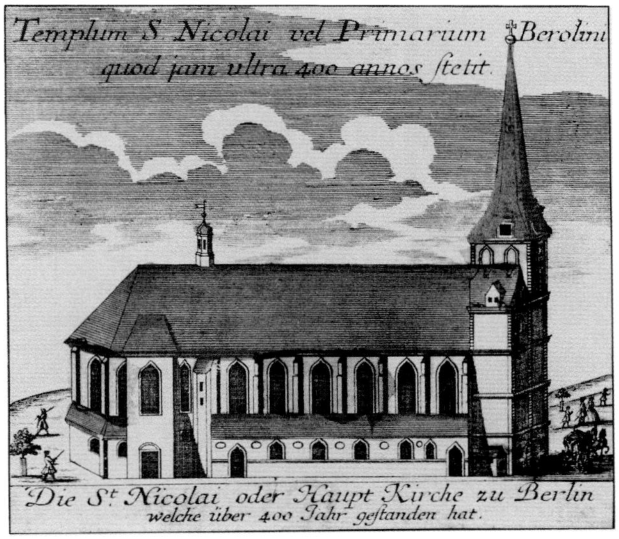

St. Nikolai-Kirche

Die von Blasius Lehmann 1518/1519 in der *Nikolaikirche* erbaute Orgel befriedigte 1579 nicht mehr. Da auch Johann Ide »der organiste sich aufs Höchste beschweret«[91] hatte, beschloß der Rat eine durchgreifende Reparatur. Die Vorsteher der Nikolaikirche wandten sich zunächst »an den Rat mit der Bitte, die sogenannte ›alte Orgel zu St. Marien‹ zur Reparatur verwenden zu dürfen, aus welcher schon zu dem nicht lange vorher stattgefundenen Bau einer neuen Orgel in *St. Marien* mehrere der größeren Pfeifen genommen worden waren. Nach einer Besichtigung der alten Orgel durch zwei Mitglieder des Rates und den Organisten Johann Ide waren der Rat ebenso wie die Vorsteher der Marienkirche einverstanden, um so mehr als die *Nikolaikirche* ihrerseits zum Bau der Marien-Orgel mehrere Pfeifen aus der Sakristei beigesteuert hatte. Es sollten zur Reparatur der Nikolai-Orgel so viel Pfeifen als nötig herausgenommen und die übrigen zur Besserung der Orgel in der *Klosterkirche* gebraucht werden.«[91]
Der Magistrat schloß »Sunnabends nach Matthei Apostoli ao 79« - am 21. September 1579 - mit »Meister Johannes Thomas« aus Braunschweig einen Vertrag und versprach ihm für seine Arbeit 145 Taler, bei Lieferung allen Materials durch den Orgelbauer, ausgenommen das Leder für die Bälge. An diesen Kosten wollte sich der Rat vorerst mit 30 Talern beteiligen. Ein Spendenaufruf an die Gemeindeglieder aller 3 Kirchen erbrachte eine unerwartet hohe Summe. Dadurch schien der Orgelbau finanziell abgesichert. Und es bestand die Hoffnung, daß »kegen die heilige Weihnachten das Wergk, oder In kurz her nacher geschlagen werden könte.«
Johannes Thomas hatte gerade seine große Arbeit in der *Johannes-Kirche* zu *Werben* (1577-1579) beendet und sich mit diesem Neubau für Berlin empfohlen. Ebenso wird seine zuverlässige Arbeit in *Spandau* (1558-1560 und 1565) noch in guter Erinnerung gewesen sein, weshalb man ihn dem einheimischen Friedrich Trebbow vorzog. Oder war Trebbow vielleicht schon zu alt? Einige Marien-Gemeindeglieder erfuhren von dem Vorhaben ihrer Kirchenvorsteher und des Magistrates, Pfeifen von St. Marien für den Umbau der Nikolai-Orgel zu verwenden, und mißbilligten diesen Plan. Sie »beschwerten sich zum höchsten«, d.h. bei der Markgräfin Elisabeth Magdalena, die ihren Bruder, den Kurfürsten Johann Georg, während dessen Abwesenheit vertrat. Die Orgelarbeiten gerieten ins Stocken. Es gab böses Gerede und Erklärungen hin und her. Der Magistrat wurde sogar von der Kanzel herab beschimpft.
Schließlich griff der Kurfürst selbst ein und untersagte, aus der alten Marien-Orgel für Nikolai etwas zu entnehmen. Daraufhin richteten der Rat und die Kirchenvorsteher am 6. Dezember 1579 getrennte, ausführliche Schreiben an den Kurfür-

sten und legten ihre Standpunkte dar. Die ganze Affäre, die man auch auf dem Hintergrund der Differenzen zwischen Mariengemeinde und Rat um die Bezahlung von Trebbows neuer Orgel 1578 sehen muß, wurde von Heinrich Scholz,[95] Fritz Schink,[96] Heinz Herbert Steves,[97] Werner David[98] und Gunnar Stehr[99] mißverstanden. Der Streit betraf nämlich n i c h t die von Trebbow neu geschaffene Orgel auf der Westempore sondern ihre ältere Vorgängerin.

Diese befand sich auf einer kleinen Seitenempore und stand Ende des Jahres 1579 noch. Sie war vielleicht trotz der 1578 entnommenen Posaunen-Pfeifen noch spielbar und auch weiterhin benutzt worden. In der Kirchenrechnung von 1603/1604 ist jedenfalls von Handwerkerarbeiten in Orgelnähe die Rede - »auff der stiegen, wo man zur alten Orgel gehen will«.[100]

Erst gegen Pfingsten 1580 konnte Johannes Thomas seine Arbeit an der Nikolai-Orgel beenden. Er erhielt abschließend 60 Taler und 20 Silbergroschen.

95. Scol-1909, S. 3.
96. Fest-1928, S. 20.
97. Stev-1939, S. 321 ff. und Stev-1940, S. 17 ff., als Sonderdruck, S. 5.
98. Davi-1949, S. 7.
99. Steh-1967.
100. PfA-MiNM, Kirchenrechnungsbuch 1603/1604 (nicht foliiert, siehe unter: Ausgaben für die Kirchengebeude).

Martin Grabow in Berlin

An der Schwelle zum 17. Jahrhundert machte sich in Berlin ein Orgelbauer ansässig, der eine weitreichende Wirksamkeit entfaltete und als Begründer einer Orgelbautradition in Berlin angesehen werden muß: Martin Grabow, zuweilen auch Merten Grabo geschrieben. Seine Herkunft ist noch ungeklärt. Vielleicht stammte er aus *Luckau* in der Niederlausitz, wo Wolf Bergelt einen Orgelbauer Martin Peter Grabow nachweisen konnte, der in der *Stadtkirche St. Nikolai* 1616-1618 ein größeres zweimanualiges Werk mit Pedal errichtete und 1618 in Luckau starb.[101] Martin Grabow wird seit 1583 in den Taufbüchern der *Berliner Nikolai-Kirche* verschiedentlich als Pate genannt. Vermutlich wurde er um 1565 geboren. Den Orgelbau könnte er bei Martin Peter Grabow oder in Berlin bei Friedrich Trebbow oder bei Johannes Thomas erlernt haben. Zumindest trat er Trebbows Nachfolge in der Betreuung der Berliner Orgeln an. Trebbow starb Anfang 1593 und Grabows erste Arbeit läßt sich 1590 in Fürstenwalde belegen,[102] wo er als Orgelbauer aus Berlin bezeichnet wird. 1596 berief sich Grabow in einem Kostenanschlag für Berlins Nikolai-Kirche auf »Hans Thomas aus Braunschweig selig«.[103] Vielleicht unterhielt er anfänglich seine Werkstatt in *Fürstenwalde*. Aber schon 1602 bei Arbeiten an der *Brandenburger Domorgel* wurde er »Orgellmacher undt Bürger zu Berlin« genannt.[104] Martin Grabow ließ sich endgültig in Berlin nieder, was auch daraus erhellt, daß er am 18. Oktober 1605 seine Tochter Ursula in St. Nikolai von Berlin taufen ließ[105] und Berlins Bürgerrecht am 5. Januar 1616 erwarb. Dafür entrichtete er die Gebühr von 5 Talern.[106]

Mit den Brüdern und Berliner Organisten Johannes Horneburg d. J. und Karl Horneburg (Nachfolger seines Vaters als Hoforganist) scheint Martin Grabow befreundet gewesen zu sein, denn bei der Taufe seiner Tochter wird eine Jungfer »Magdalena Hornoburgs« als Patin erwähnt,[105] die Tochter eines der beiden Organisten. Wann Martin Grabow starb, ist bislang unbekannt. Bis weit in die Zeit des Dreißigjährigen Krieges hinein hat er in Berlin und in der Mark den Orgelbau geprägt. Unsere Kenntnis seiner Wirksamkeit ist noch recht lückenhaft, vor allem in bezug auf die Orgeln im *Berliner Schloß* und *Dom* und in *St. Petri*. Das Pfarrarchiv St. Petri verbrannte 1809 fast vollständig. Die Bände I und II der Orgelakten von St. Nikolai/St. Marien sind seit etwa 1939 verschollen, und die Kirchenrechnungsbücher beider Kirchen sind nur lückenhaft erhalten. Grabows bisher ermittelte Arbeiten seien nachfolgend aufgelistet.[107]

101. Berg-1989, S. 4 und 92; Bergelt hält den Luckauer Orgelbauer Martin Peter Grabow und den Berliner Martin Grabow für ein und dieselbe Person; es ist aber eher an ein Vater-Sohn-Verhältnis zu denken.
102. Golt-1837, S. 220 ff.
103. Fest-1928, S. 15.
104. Koll-1985, S. 5 f.
105. EZA, Kirchenbuch-Kopie St. Nikolai, Berlin, Taufregister 1605.
106. Gebh-1930, S. 177; Sach-1908, S. 312.
107. Kirc-1988, S. 52 ff.; Auszüge als Mikrofilm in AKlB.

1590 *Fürstenwalde, Dom St. Marien*: Beginn des Orgelneubaus in der Woche nach Quasimodogeniti (»Das Corpus der Orgel angefangen zu bauen«)

1590 *Berlin, St. Nikolai*: Der Orgelbauer aus Fürstenwalde muß die Orgel revidieren und »die belge fein außbessern«.

1591 *Fürstenwalde*: »gegen den Herbst hat man das Rückpositiv gesetzet und angefangen zu schlagen«.

1592 *Fürstenwalde*: Fertigstellung der Orgel mit zwei Manualen und Pedal. Kosten insgesamt 1609 Taler.

1596 *Berlin, St. Nikolai*: »das Positieff der Orgel in S. Nicolkirchen wieder zurechte gebracht«. Am 20. Juni Untersuchung der Orgel und ihrer »Defecta« auf Begehren der Kirchenvorsteher und »Anschlag Von Wegen der Orgel: In NiclasKirchen«. Grabow arbeitet 11 Wochen an der umfangreichen Reparatur und erhält 98 Thlr. und 15 Sg.

1602 *Brandenburg, Dom*: Am Sonntag Trinitatis Untersuchung der alten Orgel und Vorschläge zu ihrer Verbesserung

1603/1604 *Brandenburg, Dom*: In 2 Bauabschnitten Reparatur, Umdisponierung und Vergrößerung der Orgel. Neues Rückpositiv und Neuanlage von Pedalladen

1612 *Berlin, St. Marien*: Am 5. April Reparatur der Bälge, wohl durch Grabow

1613/1614 *Berlin, St. Nikolai*: »Martin Grabow auf rechnung, das er die Orgel Überstimmet und die Pfeifen renoviret 5 rt., des Orgelbawers Gesellen auf rechnung entrichtet 18 gr.«[108]

1613/1614 *Berlin, St. Marien*: »Georgio dem Orgelbauer Kostgeldtt 2 rt. 8 gr.«[108] Georgio scheint ein Mitarbeiter Grabows zu sein, denn im gleichen Zeitraum ist Grabow selbst in *St. Nikolai* und auch in *Freienwalde* beschäftigt. In *St. Marien* begannen in der Woche nach dem Sonntag Cantate umfangreiche Renovierungsarbeiten. U.a. ist von »Draht, so zur Orgel verbraucht«, »Vor Leder und Leim, so für blasebälge gebraucht«, »den beiden Calcanten, so $8\frac{1}{2}$ Tag bei stimmen der Orgell aufgewartet«, dem Maurer samt Handlanger »das er das gerüst zu der Orgell 1. tag gemacht«, »dem Maurer, so das gerüst abgenommen«, dem Tischler Fuchs, »das er neue Leisten an den Flügeln der Orgel gemacht«, »den Todtengrebern und Pulsanten, so den Flügel hirrunten und hinauf haben helfen bringen« usw. die Rede.

1614 *Freienwalde, St. Nikolai*: 1614 erhält MEISTER GRABOW, Orgelbauer aus Berlin, 60 Thaler, damit er das Orgelwerk »aufs fleißigste mache«.

1614/1615 *Wittstock, St. Marien*: »Anno 1614, den Augusti hat ein Ehrbar Raht und die Vorsteher allhier das Stück Positiff und was sonsten an der großen Orgel zu verfertigen sich mit Meister Merten Grabow zu Berlin verglichen, daß er dieselbe uf nachfolgende art und mit allen Stimmen verfertigen soll.« Grabow erweiterte die Orgel um ein Rückpositiv und reparierte sie, Dafür bekam er »150 Golden thau unserer Muntze«. Sehr wahrscheinlich haben sich in den drei geschnitzten Holzfiguren an der heutigen Orgelempore Reste des Rückpositivs von Grabow erhalten.

1614/1615 *Berlin, St. Nikolai*: »Martin Brabow, als er das werck von neuem bestimmet, die Blasebelge wiederumb reficiret … 9 rt.«[109]

1615/1616 *Brandenburg, Dom* (Arbeit an 2 Positiven, wahrscheinlich durch Grabow): »14 Thaler 12 Gr. dem Orgelbauer geben, daß er das positiv in der Dom Kirchen ausgehoben (= abgebaut), in der Kleinen (Kirche = Petri-Kapelle) wieder gesetzt, renovirt undt zur rechte gemacht. Item vor etliche Pfeiffen so aus dem anderen positiv verlohren, undt dasselbe wieder zustimmen. 5 rt. $\frac{1}{2}$ (?) Gr. Vor 3 rollen, damit die blase belge gezogen werden. 14 Gr. Vor 4 dage dem Calcanten«.

1619 *Berlin, St. Nikolai*: Um Ostern mußte »ein Orgelbauer vom Fach« die Metallpfeifen ausbessern und neu verlöten, wohl Grabow.

1620 *Spandau, St. Nikolai*: Größere Instandsetzung, wohl auch Umdisponierung - gewiß durch Martin Grabow. Ein Spendenaufruf dazu erbrachte 64 Thlr. 2 gr.

1624 *Berlin, St. Nikolai*: Grabow fertigte 6 neue Bälge an.

108. PfA-MiNM, Kirchenrechnungsbuch 1613/1614.

St. Marien-Kirche

109. PfA-MiNM, Kirchenrechnungsbuch 1614/1615; vgl. Fisc-1930, S. 116, Fußnote 19). E. Fischer-Krückeberg meint, es sei unklar, ob die Arbeit in *Marien* oder *Nikolai* stattfand. Der Ausgabe-Titel »Hirauf folget was zum Bau zu S. Nicolai Kirchen ausgegeben« belegt jedoch eindeutig Grabows Tätigkeit für St. Nikolai.

1625 *Berlin, St. Marien*: Umfangreiche Instandsetzung von März bis Juni, die mit 50 Talern veranschlagt wurde. Zusätzlich »4 rt. Dem Orgelbawer noch gegeben bey seinem Abzuge, weil er sich beclagt, das ihme viel drauf ging, sein Gerethlein wieder wegzuschaffen. Den 11. Juny Ao. 1625«.

1627/1628 *Berlin*: »daß er an der Orgel in St. Nicolai-Kirche ein Tremulant gemacht und sonsten das Werck wieder gebessert«, dafür bekam der »Orgelbawer von Furstenwalde« 4 Taler.

1631 *Berlin, St. Nikolai*: Reparatur der Orgel, vermutlich durch Grabow. Diese Arbeit wurde ausnahmsweise von der Bibliothekskasse der Nikolaikirche beglichen.[110]

1634 *Berlin, St. Marien*: Kleinere Reparaturen

1638 *Berlin, St. Marien*: Umfangreichere Reparatur für 18 Taler im Februar und März. Grabow schrieb im Kostenanschlag: »ein großer Schade am Ruckpositiv, der an die ganze Lade muß außgenommen werden, welchem in der Zeit furzukommen, ehe das gantze Werk eingehen möchte.« Steves datiert diese Arbeit in das Jahr 1639.

110. Lami-1989, S. 15.

Orgelbauer im 17. Jahrhundert

Zwei Orgelbauer müssen ebenfalls erwähnt werden, die in der ersten Hälfte und Mitte des 17. Jahrhunderts gewirkt haben und eventuell Lehrlinge und Mitarbeiter von Martin Grabow gewesen sind:

1) Blasius Maukisch. Er wirkte als »Kalkant und Instrumentenmacher« in der Berliner Hofkapelle. Gustav Fock sieht in ihm einen Orgelbauer und den Vorgänger von Andreas Werner.[111] Blasius Maukisch wurde am 18. Juli 1654 mit einem Jahresgehalt von 50 Talern am Hof angestellt. Arbeiten von ihm sind bisher nicht nachgewiesen. Bereits am 19. April 1659 wurde er auf dem Kirchhof St. Nikolai begraben.[112] Zumindest betreute er die Orgeln der *Berliner Domkirche* und des *Schlosses*.

2) Paul Müller. Er wurde in Spandau geboren - etwa 1582 - und erlernte wahrscheinlich bei Martin Grabow den Orgelbau. Im Jahre 1607 lud ihn, den Gesellen, der »Deutsche Orgelbau-Verein« in Stockholm ein, nach Schweden zu kommen und für die *Deutsche Kirche* in *Stockholm, St. Gertrud*, eine große Orgel zu bauen. Dieses Instrument wurde 1608 fertig und mit einem prachtvollen Gehäuse versehen. 21 Register verteilten sich auf 2 Manuale und Pedal. 1779/1780 setzte man die Orgel in die Kirche von *Övertorneå* um, wo sie noch heute steht. Sie wurde jedoch mehrfach verändert und in jüngster Zeit restauriert.[113] Paul Müller ist wohl in Schweden geblieben, denn weitere Orgeln von ihm sind in *Vika* 1614, *Västeras (Dom)* 1615, *St. Tuna* 1618-1620, *Sundborn* 1628 und *Aspeboda* 1631 bezeugt.

Daß Orgelspiel und Orgelpflege oftmals in einer Hand liegen können, bewies mit großem Geschick ein Berliner Organist, der seine Bemühungen auch teilweise vergütet bekam: Adam Gericke. In den Kirchenrechnungen 1613/1614 - 1615/1616 erscheint er als Organist von St. Marien. Im Jahre 1616 wechselte er nach St. Nikolai, wo er 1644 letztmalig genannt wird und sein Sohn, Wilhelm Gericke, die Nachfolge im Organistenamt antrat.[114] In den Rechnungsbüchern von St. Nikolai/St. Marien sind folgende Arbeiten von Adam Gericke verzeichnet:

1613/1614 *St. Marien*: »Einem Tagelohner, so Adam den Organisten geholfen« bei der Reparatur der Orgel

1614/1615 *St. Marien*: »Vor 2. Hammelfelle, dem Organisten das er die Blase Bälge zum Theil damit ausgebeßert, 12 gr.«

1615/1616 *St. Nikolai*: »1 Thaler 22 gr. Adam Gericken dem Organisten, was er zu Erbauung zu S. Niclas Orgel, Vormüge seinem Zettel außgelegt hat.« »5 Thaler Adam Gericken, das er die Orgell zu S. Niclas umbgestimmt, ...«

1617 u. 1618 *St. Nikolai*: Ausbesserung der Bälge[115]

111. Fock-1974, S. 202.
112. Sach-1910, S. 172.
113. Eric-1988, S. 431-435; Edho-1985, S. 98 f.; vgl. auch: ArO, 1988/1, S. 6, und 1988/4, S. 189.
114. PfA-MiNM. Kirchenrechnungsbücher 1613/1614 - 1617/1618.
115. Fisc-1930, S. 115.

Övertorneå (Schweden), ehemals *Stockholm, Deutsche Kirche St. Gertrud*

Andreas Werner aus Leipzig

Gegen Ende des Dreißigjährigen Krieges verließ ein sächsischer Orgelbauer seine angestammte Heimat und wechselte in die Mark Brandenburg über: Andreas Werner. Er hoffte, hier eine gesicherte Existenz und günstigere Arbeitsbedingungen zu finden. Unter dem »Großen Kurfürsten«, Friedrich Wilhelm († 1688), der 1640 die Regentschaft von seinem Vater übernommen hatte, nahm die Mark einen allmählichen, stetigen wirtschaftlichen Aufschwung. 1641 treffen wir Andreas Werner erstmalig auf märkischem Boden - er unterzeichnete mit dem Rat der Neustadt zu *Brandenburg/Havel* einen Vertrag zur Pflege der Orgel der *Stadtkirche St. Katharinen.*[116] 1643 übernahm er in *Spandau* für 45 Taler eine größere Arbeit an *St. Nikolai.*[117] Hier bezeichnete man ihn als »Orgelmacher« aus Leipzig.

Andreas Werner wurde um 1602 geboren, wahrscheinlich in Leipzig. Er ist der Sohn des Leipziger Orgel- und Instrumentenmachers (»Posatifmachers«) Andreas Werner, der bereits in jungen Jahren - am 6. Februar 1617 - in Leipzig starb und eine Witwe mit mehreren kleineren Kindern hinterließ.[118] Die Werkstatt führte zunächst im Auftrag der Witwe der Orgelbaugeselle Peter Wiemann weiter. Bei ihm könnte Andreas Werner d. J. eine Zeit lang gearbeitet haben. In jenen Jahren gab es in Leipzig einen weiteren Orgelbauer, Peter Werner, der auf der Nikolaistraße wohnte und vermutlich ein älterer Sohn oder Bruder von Andreas Werner d. Ä. war. Bei Peter Werner könnte Andreas Werner d. J. den Orgelbau erlernt oder seine Lehrzeit beendet haben. Die nachgelassene Witwe des Peter Werner starb bereits 1631. Und 1632 heiratete Andreas Werner Margarete Schulze, die Tochter eines Leipziger Krämers. Die erste, selbständige Arbeit Andreas Werners ist 1633 in *Eisleben* bezeugt. Um 1634 verlegte er seine Werkstatt nach *Wittenberg*. Hier oder noch in Leipzig wurde sein Sohn Christoph Werner geboren, der nach des Vaters Tod die Werkstatt übernahm. 1634 reparierte Andreas Werner die Orgel in *Zahna* bei Wittenberg. Etwa 1635 machte er Vorschläge zu Erneuerung oder Umbau der Orgel in der *Stadtkirche St. Marien* zu *Wittenberg* und reichte eine veränderte Disposition ein. Er wird als Orgelbauer aus *Torgau* bezeichnet, wo er vielleicht vorher Arbeiten ausführte.

1636 unterzeichnete er mit Wittenberg den Kontrakt, nach dem die Orgel unter Verwendung alter Register erneuert, um die Tasten C, D und E erweitert, auf eine höhere Empore gestellt und mit einem neuen, zierlichen Gehäuse, »wie Itzo gebreuchlich, das es den Bogen am gewelbe ausfüllet«, ausgestattet werden soll. Die Stimmung solle chormäßig angelegt werden, »damit die Stadtpfeiffer mit allen Instrumenten drein musizieren können«.[118a] 1638-1640 ist A. Werner mit Arbeiten in *Leipziger Kirchen* nachzuweisen, wo er als Orgelbauer aus Wittenberg bezeichnet wird.[119]

Zwischen ca. 1632 und 1660 ist ein Orgelbauer Johann Werner in der Stadt *Elbing* mit Arbeiten in verschiedenen Kirchen und in mehreren anderen Orten Ostpreußens nachgewiesen.[120] Johann Werner könnte ein weiterer Sohn Andreas Werners d. Ä. sein.

Am 20. Mai 1646 unterschrieb A. Werner d. J. in *Brandenburg/Havel* einen Kontrakt mit dem Domkapitel zur gründlichen Überholung der großen Domorgel, wofür ihm 170 Taler und 40 Groschen zugesichert wurden.[121] Außerdem reparierte er die Zweitorgel des Domes, ein Positiv. Wohl anschließend kam A. Werner nach Berlin. Hier befand sich 1646 die Orgel in *St. Nikolai* in einem schlechten Zustand. Sie war »gantz schadhafft worden, also das man solches einem verstendigen Orgel-Bawer zu reficiren, und anzufertigen nothwendigk an verdingen müssen.«[122] Jedoch fehlte

116. Freundliche Mitt. v. Herrn Reiner Joecks/Brandenburg am 29. 6. 1990
117. Scul-1913, Bd. 1, S. 86.
118. Flad-1960, Artikel 4768 und 4769; Wust-1909, S. 203.

118a. Bell-1979, S. 273/274.
119. Dähn-1980, S. 181, 186 und 312; vgl. Spitt-1930, Bd. 2, S. 114.
120. Renk-1984, S. 122-134.
121. DAB, Kirchenrechnungsbuch 1645/1646.
122. Fisc-1930, S. 115 (vor allem Fußnote 13).

für eine Reparatur das erforderliche Geld. So beschloß der Magistrat am 19. Juni 1646, eine Sammlung in Umlauf zu setzen. Bis zum Januar 1648 erbrachte sie 205 Taler, so daß die große Instandsetzung finanziert werden konnte.

Leider verschweigen die Archivalien die weiteren Vorgänge. Es ist sehr zu vermuten, daß Andreas Werner diese Arbeit ausführte. Der Organist Wilhelm Gericke, der A. Werner schon bei seiner Arbeit 1643 in Spandau erlebt, geholfen und beköstigt hatte, war von Spandau 1645 an die Nikolaikirche in Berlin gewechselt. Hier war er wenigstens bis zum Jahre 1678 Organist und wurde am 28. Mai 1682 direkt in der Kirche beigesetzt.[123] Gericke wird A. Werner als tüchtigen Orgelbauer empfohlen haben. Wilhelm Gericke scheint überhaupt über gute Kenntnisse im Orgelbau verfügt zu haben, denn noch in späteren Jahren rief man ihn zu Orgelprüfungen in *Bernau* und *Spandau.*

123. Scul-1913, Bd. 1, S. 86 und 361; EZA, Totenbuch-Kopie St. Nicolai Berlin, 1682, S. 1294.

124. Stur-1935, S. 149 f.

1652 und 1658 wirkte Andreas Werner nochmals in Sachsen, und zwar in *Jüterbog*, das erst seit 1815 zu Preußen gehörte. Die Orgel der *Stadtkirche St. Nikolai* überholte und vergrößerte er, offensichtlich schon gemeinsam mit seinem jugendlichen Sohn Christoph. Der Chronist berichtet von diesen Arbeiten: »Dann wieder 1652 vom Berliner Orgelbauer Christoph Sterner renoviert und 1658 mit grossen Bässen und Absätzen versehen, ...«[124] Vielleicht hatten die Schriftzüge der Archivalien dem Chronisten Schwierigkeiten bereitet, denn es kann nur Christoph Werner aus Berlin gemeint sein, der mit seinem Vater oder in dessen Auftrag arbeitete.

Im Oktober 1653 wandte sich A. Werner mit einer »Supplicatio« an den Kurfürsten.[125] In dieser Eingabe schildert und beklagt er die Mißstände im Orgelbauwesen der Mark in den Jahren unmittelbar nach dem Dreißigjährigen Krieg. Viele Orgeln würden nur von Tischlern repariert, die aber den Orgelbau gar nicht erlernt hätten. Reparaturen und Neubauten von Orgeln sollten von den Behörden und Kirchenvorständen ausschließlich an »bestallte Orgelmacher« vergeben werden. 1659 wurde A. Werner anstelle des verstorbenen Blasius Maukisch zum »Hoforgel= und Instrumentenmacher« in Berlin ernannt.[126] Damit rückte er zum angesehensten, wichtigsten Orgelbauer der Mark Brandenburg auf. Neben den Berliner Stadtkirchen wurde ihm vor allem die Pflege der Dom- und Schloß-Orgeln anvertraut.

125. DZAM, Akte Rep. 9 KK 1 b Fasz. 1.

126. Fock-1974, S. 202.

Die bislang ermittelten Arbeiten des Andreas Werner:

1633 *Eisleben*: Orgelarbeiten

1634 *Zahna*, bei Wittenberg: Reparatur

Um 1635 *Torgau:* Orgelarbeiten

1636/37 *Wittenberg, Stadtkirche:* Umsetzung, Erweiterung, Umdisponierung der Orgel und neues Gehäuse

1638/1639 *Leipzig, St. Nikolai*: Instandsetzung der im 30jährigen Krieg durch eine »Carthaunenkugel« schwer beschädigten Orgel

1639/1640 *Leipzig, St. Thomas*: Überholung der kleinen 1489 erbauten Orgel (II+P 21) gemeinsam mit dem Orgelbauer Erhardt Müller aus Leisnig sowie ihre Aufstellung auf einer neu errichteten Empore und Ausstattung mit neuem Schnitzwerk und Malerei, für 184 Gulden. Am Osterfest 1639 wurde sie erstmalig am neuen Standort gespielt.

1641 *Brandenburg/Havel*: Kontrakt mit dem Rat der Neustadt zur Pflege der Orgel der Katharinenkirche

1643 *Spandau, St. Nikolai*: Reparatur, einige neue Register und 2 Zimbelsterne eingebaut, für 45 Taler und freie Verpflegung bei Organist Gericke

1646 *Brandenburg, Dom*: Kontrakt am 20. Mai zur Reparatur für 170 rt. 40 gr., außerdem 6 Taler für »diß positiv« zu reparieren gezahlt, der Zweitorgel des Doms

1647/1648 *Berlin, St. Nikolai*: Große Instandsetzung, sicher durch A. Werner

1652 *Jüterbog, Pfarrkirche St. Nikolai*: »Renovierung« der Orgel, gemeinsam mit seinem Sohn Christoph Werner

Berlin, St. Nikolai

1653 »Supplicatio« an den Kurfürsten Friedrich Wilhelm

1658 *Jüterbog, St. Nikolai*: Vergrößerung der Orgel, ein eigenständiges Pedal eingefügt

1659 *Berlin, St. Nikolai*: Kleinere Reparaturen[127]

1661 *Berlin, St. Marien*: Reparatur im Juli[128]

Andreas Werner d. J. starb im November oder Dezember 1662, wie einer Aktennotiz der kurfürstlichen Kanzlei vom 19. Dezember 1662 zu entnehmen ist.[129]

127. Fisc-1930, S. 115.
128. Fisc-1930, S. 116.
129. DZAM, Akte Rep. 9 KK 1 b Fasz. 1, Blatt 3.

Der Orgelbauer Christoph Werner

Sein Sohn, Christoph Werner, hatte bereits am 30. Juni 1659 vom Kurfürsten eine Anstellung als Instrumentenmacher und »Kalkant« am Berliner Hof erhalten.[130] Er wurde um 1633 in Wittenberg, wohin die Eltern gezogen waren, - oder noch in Leipzig? - geboren. Im Zusammenhang mit Orgelarbeiten taucht erstmalig sein Name in Jüterbog 1652 und 1658 auf. Gewiß stand hier hinter der Wirksamkeit des jungen Orgelbauers die fachliche Autorität des Vaters. Am 19. Februar 1667 unterschrieb Kurfürst Friedrich Wilhelm die Bestallung Christoph Werners zum Hoforgelbauer und legte fest: »... Urkunden hirmit, Alß Wir hinwiederumb eine gewiße Persohn, die von reparirung der Musicalischen Instrumenten, wann Sie schadhafft werden, wißenschaft hat, und damit umbzugehen weiß, gleich vor diesem geschehen, zu bestellen, nötig befunden. Und Nachdem Uns hierzu Christoph Werner Orgell: und Instrument Macher wegen seiner guten wißenschaft und erfahrenheit in dergleichen Sachen unterthänigst recommendiret worden, daß Wir dannenhero denselben hierzu annehmen und bestellen wollen, ... und dergestalt, daß er Uns zuforderst gehorchen, getreu und gewärtig sein, und dann, wann einige, Unsere eigene, oder Unserer Musicanten Instrumenta schadhaft werden, undt zerbrochen würden, Er solche mit allem fleiß, und zwar ohne einige verzögerung und auffenthalt mit zurücksetzung anderer arbeit, so Er zuverfertigen haben mag, repariren und wieder zu rechte bringen, auch über das die in Unserer Kirchen zur Heyl. Dreyfaltigkeit alhier vorhandene Orgell alle Monat fleißig besuchen, und die daran befundene mängel repariren solle. Hiervor versprechen Wir Ihm zur Besoldung, Jährlichen Fünffzig Thlr. und Zwanzig Thlr. Hausmiethe, welche Er quartaliter mit Siebenzehen Thlr. 12 gr. von Unserm Raht und geheymen Cämmerierer Christian Sigismund Heydekampfen gegen quittung zu empfangen, und auf ... künftig quartal Reminiscere angerechnet werden soll. Gestalt Er dan auch über das der Freyheit gleich andern Unsern Hoff Bedienten, zu genießen haben, und hingegen von Unsern Musicanten, dafern Er nicht gantz neue Stücke verfertiget, nichts fordern soll; Wir behalten Uns auch bevor diese Bestallung zu aller Zeit, wann es Uns belibet, ihm wider aufsagen zu laßen.«[131]

130. Sach-1910, S. 63 und 173.

Hofseite des *Berliner Schlosses*

Dieses wichtige Dokument gewährt uns Einblick in die Anstellungs- und Besoldungsverhältnisse des etwa 34jährigen Hoforgelbauers. Es zeigt zugleich mit aller Deutlichkeit, daß Christoph Werner - und gewiß auch schon sein Vater - neben der großen Domorgel vor allem das Instrumentarium der Berliner Hofkapelle instandzuhalten hatte. Von seiner Aufgabenstellung her war er also vorwiegend ein Reparaturdienst für die Streich- und Blasinstrumente, erst in zweiter Linie ein Orgelbauer. Sehr wahrscheinlich reparierte er auch besaitete Tasteninstrumente oder baute gelegentlich solche. Dieter Krickeberg äußert die Vermutung, daß Christoph Werner der Lehrer des späteren und zu großer Berühmtheit gelangten Berliner »Königl. Preuß. Instrumentmachers« Michael Mietke (etwa 1668-1719) gewesen sei.[132] Im Frühjahr 1719 reiste Johann Sebastian Bach nach Berlin und prüfte und erwarb von Michael Mietke ein besonders wertvolles, großes Cembalo, das für die Hofkapelle in Köthen in Auftrag gegeben worden war.[133]

Christoph Werner ehelichte Dorothea geborene Buntebart und ließ am 10. Januar

131. DZAM, Akte Rep. 9 KK 1 b Fasz. 1, Blatt 6 ff.
132. Kric-1986, S. 21; vgl. Sach-1910, S. 186; vgl. Walt-1732, Nachdruck Kassel 1953, S. 405.
133. Kric-1986, S. 17; Bach-1969, S. 73 f.; Smen-1951, S. 17.

134. EZA, Taufbuch-Kopie St. Petri Berlin, S. 62.

1683 in der Petrikirche zu Berlin ihrer beider Tochter Loysa taufen.[134] In der Taufeintragung wird Chr. Werner ausdrücklich als »Chfl. (Kurfürstlicher) Orgell und Instrumentmacher« bezeichnet. Unter den Taufpaten wird u.a. der Propst von St. Petri, Gottfried Lange († 16. 6. 1685), genannt. Chr. Werner gehörte demnach zu den angesehenen Bürgern der Stadt.

Bisher lassen sich folgende Arbeiten Christoph Werners nachweisen:

1652 *Jüterbog, St. Nikolai*: »Renovierung«, sicher gemeinsam mit dem Vater

1658 *Jüterbog, St. Nikolai*: Erweiterung mit einem eigenständigen Pedal - die Orgel »mit großen Bässen und Absätzen versehen« - wahrscheinlich gemeinsam mit dem Vater

1659 am Berliner Hof als »Kalkant« und Instrumentenmacher angestellt

1667 Bestallung zum Berliner Hoforgel- und Instrumentenmacher

1670 *Berlin, St. Marien*: Umfangreiche Reparatur, die bis 1671 währte. Der Magistrat beschloß am 5. Juli 1670: »Der Orgelbauger alhir H. Christoff Werner hat über sich genommen, die Orgell zu S. Marien zu beßern, und zwar 1. die itz 6 blasebälge mit neuen belegen zu bezihen, und dazu noch 3 Neuge blaßebälge zu machen, dz 8 sein sollen, 2. dz ganze hauptwergk soll er an pfeiffen ganz ... reinigen, und alle mänggel zur perfection bringgen, auch ein rückpositif und pedall zu renoviren, ein ganz Jahr dzselbe gewähren, davor soll er haben Einhundert Thlr. an gelde, alle materialia sollen geschaffet werden, und er soll auch die zeit über gespeiset werden. Er soll aber keinen Zusatz oder Zuschuss begehren, noch einige läsion praetendiren.«[135]

ca. 1671/1672 *Wriezen, Stadtkirche St. Marien*: Reparatur der Orgel und Anfertigung von 6 neuen Bälgen, mit je 4 Falten.[136]

1679 *Berlin, St. Nikolai*: Bericht und Kostenanschlag vom 21. 8. 1679 »Waß vor Clavier in der Alden Orgel in Sct. Nicolai Kirchen noch kennen hinein gemacht werden ...« über 80 Taler. Ausgeführt wurde ein größerer Umbau mit Umdisponierung, wozu einzelne Personen großzügige Spenden z.B. für eine neue Superoctava und ein »Cornet Baß von Zwey Fuß Thon« »uff der Newen Seyd Baß Laden« gaben.[137]

1690/1691 *Berlin, St. Marien*: Reparatur für 1 Taler.[138] Chr. Werner?

1691/1692 *Berlin, St. Marien*: Reparatur für 1 Taler durch Chr. Werner[138]

1692/1693 *Berlin, St. Nikolai*: Reparatur für 26 Taler. Dem Handlanger, der dabei geholfen, 2 Taler[138]

1695 *Berlin, St. Nikolai*: Reparatur für 2 Taler, am 18. Januar 1695 ausgezahlt[138]

1696/1697 *Berlin, St. Georgen*: Reparatur des Positivs für 3 Taler[139]

1697/1698 *Berlin, St. Marien*: Reparatur des Positivs (Demnach ist eine zweite Orgel vorhanden.)[140]

1704 *Berlin, St. Nikolai*: Reparatur der Bälge für 8 Taler, gezahlt am 9. Juli 1704[141]

Diese Liste ist sehr unvollständig, da die Kirchenrechnungsbücher von *St. Petri* und *St. Georgen*, Berlin, verlorengingen. Es ist sehr zu vermuten, daß das Positiv, welches 1705 König Friedrich I. der Kirche von Rosenthal stiftete, von Christoph Werner erbaut wurde.[142] Dasselbe gilt für die erste kleine Orgel 1706 (I 8, ohne Pedal) in der *Berliner Alten Garnisonkirche*. Ebenso könnten die Positive, die nach 1687 in der *Dorotheenstädtischen Kirche*, 1690 in der *Georgenkirche*, 1696 in der *Kirche vor dem Köpenicker Tor* (später *Luisenstadt-Kirche* genannt) und in den Dorfkirchen von *Blankenburg* und *Französisch-Buchholz* vor 1706 angeschafft wurden, durchaus von Chr. Werner angefertigt worden sein. Er starb im September 1706 und wurde auf dem Berliner Petri-Kirchhof am 23. September bestattet.[143]

Kurz darauf, am 13. Januar 1707, ließ sich ein in Berlin geborener, junger Orgelbauer in das Bürgerbuch der Stadt Cölln eintragen: Christoph Werner.[144] Es kann sich nur um einen Sohn des vor wenigen Monaten verstorbenen Hoforgelbauers handeln.

135. Sach-1908, S. 312, Nr. 401; Werner David gibt diesen Beschluß verkürzt und entstellend wieder (Davi-1949, S. 7).
136. Kirc-1988, S. 41.
137. Fisc-1930, S. 115, Fußnote; vgl. Fest-1928, S. 15.
138. Pfa-MiNM, Kirchenrechnungsbücher 1690/1691 - 1694/1695.
139. Wegn-1889, S. 30 f.
140. Pfa-MiNM, Kirchenrechnungsbuch 1697/1698.
141. Pfa-MiNM, Kirchenrechnungsbuch 1703/1704.
142. PfA-PaRo, Baumert, Hans-Joachim: Chronik der Kirchengemeinde Rosenthal (Maschinenschriftlich), Berlin, o. J. (nach 1986), S. 23.
143. EZA, Totenbuch-Kopie St. Petri Berlin, 1706, S. 13.
144. Gebh-1930, S. 111.

Irgendwelche Arbeiten Christoph Werners d. J. sind bisher nicht bekannt geworden. Gustav Fock erwähnt auch einen Hoforgelbauer Christian Werner, der in Berlin vor dem Auftreten Arp Schnitgers tätig war.[145] Offensichtlich geschah hier eine Verwechslung der Vornamen. Fock muß den Orgelbauer Christoph Werner d. Ä. gemeint haben. Tatsächlich gab es aber in den Jahren 1669 bis 1698 in Berlin einen Christian Werner, einen Spielmann bzw. Stadtpfeifer, der am 7. Dezember 1669 mit anderen Musikern zusammen vom Kurfürsten ein privilegium zur Wahrnehmung der musikalischen Geschäfte auf dem Friedrichswerder erhielt.[146] Dies Privileg wurde 1676 vom kurfürstlichen Kammergericht ausdrücklich bestätigt. Christian Werner starb am 4. August 1698 und wurde auf dem Marien-Friedhof beigesetzt.[146] Ob er ein Bruder des Orgelbauers Christoph Werner d. Ä. war?

145. Fock-1974, S. 202, vgl. S. 205.
146. Sach-1908, S. 76 und 235 (Nr. 31); EZA, Totenbuch-Kopie St. Marien Berlin, 1698 (KB 28/70).

Orgelbauer gegen Ende des 17. Jahrhunderts

Franziskaner-Klosterkirche

Neben den konzessionierten Orgelbauern gab es in der Mark Brandenburg öfters für den Orgelbau interessierte, handwerklich geschickte Laien, meist Tischler oder Organisten, die kleinere oder auch größere Instandsetzungen an Orgeln vornahmen. So führte 1693 der Organist Johann Katter - auch Johannes Kalter geschrieben - in Spandau eine umfangreichere Reparatur an der Hauptorgel von *St. Nikolai* aus, für die er 20 Taler als Vergütung erhielt.[147] Er war bis 1693 in *Stendal* Organist gewesen und seit wenigen Monaten an der *Nikolaikirche* angestellt. Im Jahre 1694 untersuchte er die alte Orgel der *Stadtkirche* in *Eberswalde*, die 1682 von dem Orgelbauer Christian Wilcke aus Königsberg in der Neumark repariert worden war, und fand, daß sie »nicht tüchtig gemacht worden ist.« Am 22. Mai 1694 unterschrieb er einen Kontrakt zur Wiederherstellung der Orgel, für die ihm 54 Taler versprochen wurden.[148] Sein Sohn sollte ihm dabei zur Hand gehen. Am 27. Juli schon berichtete er dem Rat, daß die Arbeit ausgeführt und die Orgel »chormäßig gestimmt« sei. Johann Katter starb in Spandau im Jahr darauf.

Schließlich muß noch ein Orgelbauer im 17. Jahrhundert erwähnt werden, dessen Name sonst nirgends nachzuweisen ist, der aber 1688/1689 in der ehemaligen *Franziskaner-Klosterkirche Berlin* eine neue Orgel errichtete. Der Gewährsmann berichtete etwa im Jahre 1760: »In der Kirche zum Grauen Kloster. Eine alte Orgel von 2. Manual= und Pedal Clavier, so schon zu Anfange dieses Seculi durch einen Orgelmacher Namens Flöricke erbauet seyn soll. Es hat dieselbe noch ein Rück Positiv, und sind darin lauter Springladen. Wird vom Organisten zu St. Nicolai mit gespielet.« Die Orgel stand bis 1844, als Carl August Buchholz sie durch einen Neubau ersetzte. Der Bericht des Gewährsmannes ist besonders wichtig, weil er der bis jetzt einzige Beleg ist, daß gegen Ende des 17. Jahrhunderts in Berlin noch Springladen gebaut wurden, und weil es das einzige Instrument einer Berliner Kirche ist, das im 19. Jahrhundert noch ein Rückpositiv aufweist.[149]

147. Scul-1913, Bd. 1, S. 361.
148. ARKEF, Akte betr. Orgel in der Kirche der Neustadt Eberswalde; vgl. auch Scmi-1939, S. 403.
149. Samm-1757/2, S. 117; vgl. auch Gott-1985, S. 166.

Johann Nette

Zu Beginn des 18. Jahrhunderts - etwa 1702 - ließ sich in Berlin ein weitgereister, erfahrener Orgelbauer nieder, der mit seiner ganzen Familie aus Dresden übersiedelte und wohl große Hoffnungen auf ein reiches Betätigungsfeld in der aufstrebenden Residenz des 1701 zum König in Preußen gekrönten Monarchen Friedrich I. setzte: Johann Nette. Er erhielt den ehrenvollen Auftrag, eine neue Orgel in der von Andreas Schlüter geschaffenen Kapelle des *Berliner Schlosses* zu bauen. Diese Kapelle lag im 2. Obergeschoß an der Nordostseite des Schlosses, zum Lustgarten hin. Andreas Schlüter (1664-1714), der seit 1694 Hofbildhauer in Berlin war und 1698 zum Schloßbaumeister berufen wurde, hatte das Berliner Stadtschloß zu der wohl bedeutendsten Barockanlage im norddeutschen Raum erweitert und umge-

Die Kapelle Friedrichs I. im *Schloß* zu *Berlin*, Kupferstich um 1703

staltet und auch die Kapelle entsprechend prunkvoll ausgestattet. Sie wurde im Jahre 1704 mitsamt der Orgel eingeweiht und diente der königlichen Familie als Tauf- und Traukapelle. In späteren Jahren als Kapitelsaal genutzt, trug sie noch immer die Bezeichnung »Alte Kapelle«.[150] Johann Nette errichtete 1703/1704 seine Orgel auf einer emporenartigen Galerie und fügte sie der großartigen Raumarchitektur ein. Registeranzahl und Größe der Orgel sind noch nicht ermittelt.

Wann JOHANN NETTE - auch NETTO, NETHE oder NELTE geschrieben - geboren wurde, ist unbekannt. In Bernauer Akten wird 1671 erwähnt, daß er aus Frankfurt an der Oder stamme und in Kemberg wohne.[151] Dies wird bestätigt durch Angaben in Jena 1661 und Spandau 1670. Demzufolge wurde Nette etwa 1636 in Frankfurt/Oder geboren und verlegte seine Werkstatt um 1668 in das sächsische *Kemberg*, im heutigen Kreis Wittenberg. Von hier aus war er mehrfach in der Mark Brandenburg tätig, 1670 in *Spandau*, 1671-1673 in *Bernau* und 1678 im *Brandenburger Dom*. Anschließend ging er auf Wanderschaft und ist in Prag, dann im deutschen Küstenraum (*Bremen* und *Lübeck*), in *Schweden* und in *Breslau* nachzuweisen.

Über *Dresden* gelangte er - etwa 65jährig - nach *Berlin*, wo er auch gestorben sein wird. Man zog ihn dem um wenige Jahre älteren Hoforgelbauer CHRISTOPH WERNER vor, dem man offensichtlich die Schaffung eines repräsentativen Orgelwerkes in der Schlüter-Kapelle nicht zutraute. 1706 aber erwuchs Johann Nette mit dem Auftreten von ARP SCHNITGER in Berlin ein neuer Konkurrent, dem er fachlich unterliegen mußte. Immerhin gestand der Berliner Hof Nette auf sein mehrfaches Drängen hin am 22. April 1706 den Titel »Hoforgelbauer« zu und gewährte ihm ein jährliches Gehalt von 150 Talern für die Instandhaltung der von ihm erbauten Orgel.[152]

1704 hatte man Johann Nette beauftragt, die von dem jungen Orgelbauer CHRISTOPH CONTIUS aus Halberstadt nach Anweisung von ANDREAS WERCKMEISTER reparierte und umgebaute berühmte Orgel in der zu Preußen gehörenden *Schloßkapelle* zu *Gröningen* bei Halberstadt zu prüfen und abzunehmen. Werckmeister berichtete darüber ausführlich und schrieb:

»... daß das Werck wol repariret und wol passiren könte, so hat man dennoch aus gewissen Ursache den wohl berühmten Königl. Hoff=Orgelmacher S. T. Herrn Johann Netten aus Berlin darzu erfordern lassen, welcher klärlich remonstriret und bezeuget hat, daß dieses grosse kostbahre Orgelwerck vor das Geld, so der Orgelmacher bekommen, sehr wohl gemachet und also conserviret sey, daß es viele Jahre stehen könne, auch über dieses den Orgelmacher in allen Stücken loßgesprochen und denselben zum besten recommendiret. Wie solches alles im Protocoll, so von hiesiger Königlichen hochlöblichen Regierung fleißig und sorgfältig über diese Reparatur ist geführet worden, deutlich und ausführlich enthalten und mit mehren Umständen und Handelungen beschrieben ist.«

Zugleich hatte Werckmeister seine bisher theoretisch entwickelten Gedanken über eine neue, verbesserte Temperatur in einer Orgel hier in die Praxis umgesetzt. Sein Bericht vermerkt: »Die Stimmich in der Temperatur ist auch also verändert, daß man nach heutiger Arth zu transponiren alle Stücke darauf spielen und musiciren kan.«[153]

JOHANN NETTES Werdegang und Arbeiten seien in einer Übersicht aufgezeigt.

Um 1636 in *Frankfurt/Oder* geboren, hier wohl auch den Orgelbau erlernt.

1661 *Jena, Stadtkirche St. Michael*: Reparatur für 120 fl.[151].

Um 1668/1669 in *Kemberg*, Kreis Wittenberg, ansässig.

1670 *Spandau, St. Nikolai*: Kontrakt am 24. März für eine Reparatur über 40 Taler. Nette und sein Gehilfe arbeiteten 13 Wochen. Im Juli Arbeit beendet. Der Berliner Nikolai-Organist WILHELM GERICKE prüfte das Ergebnis und fand »alles in gutem Stande«. Daraufhin erhielt Nette vom Magistrat ein Attest ausgestellt.[154]

150. Gott-1985, S. 171 f.
151. Flad-1960, Artikel Nette (Nr. 2987); vgl. Ruba-1930, S. 120.
152. Fock-1974, S. 203.
153. Werc-1705, S. 27 (§ 75); Stöb-1895, S. 10; Hobo-1985, S. 60.
154. Scul-1913, Bd. 1, S. 86.

1671-1673 *Bernau, St. Marien*[151]: In $1\frac{1}{2}$jähriger Arbeit die im 30jährigen Krieg beschädigte und etlicher Pfeifen beraubte Orgel von 1573 für 140 Taler wiederhergestellt. Dabei 3 neue Bälge angefertigt, die 6 Windladen, die bis dahin zugenagelt waren, überholt und nun mit eisernen »rieglein« verschließbar gemacht. Die neuen Register Schalmeyenbaß und Quinte fügte Nette ein. Außerdem die Metallpfeifen mit Ösen zum Anhängen versehen, um sie gegen das Einknicken bzw. Zusammensacken zu sichern. Nette wurde durch seine Tochter und einen Gesellen dabei unterstützt. Der Organist WILHELM GERICKE prüfte am 4. Juli 1673 die vollendete Arbeit und richtete sein Augenmerk besonders auf die Bälge und Winddruckverhältnisse.

1678 *Brandenburg, Dom*: Im Oktober »H. Johann Netten die Orgel in der Großen Stiffts Kirche zu Renofiren Verdungen ... dafür gezahlet worden 140 Thl.« Außerdem noch »dem H. orgelbauer Zum Recompens 3 Thl.« ausgezahlt.[155]

1679 *Prag, Teynkirche*: Nette als Mitarbeiter des Kölner Orgelbauers JOHANN HEINRICH MUNDT bei der Reparatur der durch Brand geschädigten Orgel[156]

1680 *Bremen, St. Stephani*: Am 17. Februar Vertrag Nettes mit den Kirchenvorstehern zur gründlichen Erneuerung der Orgel für 292 Taler. Alle Register sollen verbessert und der Pedalumfang, der bisher in der großen Oktave nur bis F hinabreichte, um die »Claves« C, D und E erweitert werden.[157]

1681 *Lübeck, St. Marien*: 3wöchige Reparatur der »Defecta«, keine Erneuerung. DIETRICH BUXTEHUDE bezeichnete Nette als berühmten Orgelbauer aus Dresden.[159]

1682 *Malmö, Stadtkirche*: Orgelarbeiten. Man bezeichnet hier Nette als aus Wien stammend. Hatte er vielleicht auch dort gearbeitet?[157]

1684 *Stockholm, Deutsche Kirche St. Gertrud*: Reparatur der großen 1608 von PAUL MÜLLER aus Spandau erbauten Orgel.[158]

155. DAB, Dom-Rechnungsbuch 1678/1679.
156. Burg-1973, S. 319; Quoi-1966/2, S. 66 und 69 f.; Flade nennt für diese Arbeit das Jahr 1682, was ein Irrtum sein muß.
157. Flad-1960, Artikel Nette; Fock-1974, S. 91.
158. Eric-1988, S. 434.
159. Flad-1960, Artikel Nette (Nr. 2987).

Kapitelsaal im *Berliner Schloß*, ehemals Kapelle, 1703/04

1689 *Breslau, Dom*: Am 17. März beschloß das Domkapitel, die Fertigstellung der vom Kardinal errichteten Orgel Johann Nette zu übertragen. Für Nette und seine 2 Mitarbeiter wurden 500 Taler als Lohn und 5 Gulden wöchentlich als Lebensunterhalt vereinbart. Am 30. August war die Orgel vollendet. Nettes Arbeit fiel so zufriedenstellend aus, daß man ihm noch 300 Gulden über den Kontrakt hinaus schenkte.[160]

um 1699 Johann Nette nach eigenen Angaben in *Dresden* ansässig.[161] Eine Tätigkeit Nettes in Dresden ist bisher nicht belegt.

Ca. 1701/1702 Nette kommt mit seiner Familie nach Berlin.

1703/1704 *Berlin*: Bau einer neuen Orgel für die durch A. Schlüter geschaffene, prunkvolle *Schloßkapelle.*

1704 *Gröningen, Schloßkirche*: Abnahme der Orgelarbeiten von CHRISTOPH CONTIUS durch Johann Nette.

1706 J. Nette am 22. April zum preußischen »Hoforgelbauer« ernannt.

JOHANN NETTE scheint im Sommer 1708 gestorben zu sein, denn ARP SCHNITGER erhielt erst am 1. September 1708 die »Bestallung« als preußischer Hoforgelbauer[162], die ihm zu Anfang des Jahres 1706 wohl in Aussicht gestellt oder versprochen worden war, und wurde somit Nettes Nachfolger. Als mit dem Tod König Friedrichs I. am 25. Februar 1713 dessen Sohn, Friedrich Wilhelm I., den preußischen Thron bestieg, zog in der Berliner Hofhaltung und im gesamten Staatswesen eine drastische Sparsamkeit ein. Noch im gleichen Jahr wurde die gesamte Hofkapelle entlassen. Als einziger Musiker verblieb am Hof der Domorganist und Cellist GOTTLIEB HAYNE, der seit dem 31. März 1707 dem 67jährigen, kränklichen Domorganisten JOHANN HEINRICH BÖDECKER als Adjunkt zur Seite gegeben war. Seine offizielle Bestallung erhielt Hayne am 13. Januar 1714, nachdem Bödecker Mitte November 1713 gestorben war.[163]

160. Burg-1973, S. 77 und 238; vgl. Flad-1960, Artikel Nette.
161. Fock-1974, S. 203.
162. Fock-1974, S. 202-205.
163. Sach-1910, S. 165, 177 f. und 190.

Arp Schnitger betreute bereits seit »Crucis« 1706 (= 10. April) die Orgeln im *Berliner Dom,* in der *Erasmuskapelle* und in den *Schloßkapellen* zu *Potsdam* und *Oranienburg* und ab 1707 auch zu *Charlottenburg.* Das vereinbarte Honorar mußte er aber mehrfach anmahnen. So verwundert es nicht, daß Schnitger die Lust an seiner Berliner Tätigkeit verlor und diese spätestens 1714 ganz aufgab.

Der Organist und Orgelbauer ANDREAS SEIDEL

Die weitere Pflege und regelmäßige Stimmung der im königlichen Besitz befindlichen Orgeln übertrug man nun ANDREAS SEIDEL.[164] Seit dem 17. August 1709 war er an der *Potsdamer Schloßkapelle* als Organist angestellt.[165] Er bekannte sich zum reformierten Glauben und stammte aus Lissa (polnisch: Lészno), einer Kreisstadt im späteren preußischen Regierungsbezirk Posen, in der seit 1628 der Bischof der »Böhmischen Brüder« seinen Sitz hatte. ANDREAS SEIDEL - zuweilen auch SEYDELL geschrieben - bekleidete seit etwa 1685 an der reformierten Kirche in *Lissa* den Organistenposten und war außerdem als Orgelbauer tätig. Als solcher erbaute er 1704 für die reformierte *Parochialkirche* in Berlin ein Positiv mit 6 Registern, ohne Pedal, das hier bis 1732 im Gebrauch war und vom Berliner Waisenhaus dann für 35 Taler erworben wurde.[166] Die Presbyter der *Parochialkirche* waren vielleicht mit der Höhe des Preises oder mit der Qualität der Ausführung des Positivs nicht zufrieden - Seidel mußte in 2 Briefen vom August 1704 und November 1705, in denen er sich als »Org: Lesnensis« bzw. »Orgonarius« bezeichnet, an eine Restzahlung erinnern, die man ihm offensichtlich vorenthielt.[167] Seidel schildert, daß sein »Positiv beydes mathematicé alß physicé accurat wol undt mühsam gebauet sey, ...«. Zugleich erfährt man etwas davon, wie die Bevölkerung in Polen unter der Drangsal des »Nordischen Krieges« (1700-1721) zu leiden hatte. Dies wird der Grund gewesen sein, daß Andreas Seidel Lissa verließ und 1709 nach Potsdam kam.[168] Am 17. November 1713 bewarb sich Seidel nach dem Tod von Bödecker um dessen Stelle als Berliner Domorganist, jedoch vergeblich.[165] Für das Stimmen und Pflegen der Orgeln in den *Schloßkapellen Charlottenburg* und *Berlin* und im *Dom* zahlte man Andreas Seidel jährlich 30 Taler.[169] Er scheint diese Arbeiten nicht sehr gewissenhaft oder nur mit geringem fachlichen Können ausgeführt zu haben. In einem Brief vom 14. August 1716 suchte er sich gegen Anschuldigungen, die wohl der Berliner Orgelbauer JOHANN MICHAEL RÖDER gegen ihn erhoben hatte, zu rechtfertigen.[170] Bei einer Befragung durch den Ober=Hofmarschall Marquard Ludwig von Prinz erklärte Seidel, Röder sei sein Feind und suche ihn zu ruinieren. Anläßlich einer Gegenüberstellung von Seidel und Röder am 25. November 1717 in Gegenwart des Ober=Hofmarschalls und des Domorganisten Gottlieb Hayne mußte Seidel allerdings eingestehen, aus der Domorgel Pfeifen entnommen zu haben. Auch benötige er das Geld für das Orgelstimmen, um seine Gläubiger bezahlen zu können.[171] Andreas Seidel hat die Funktion des Hoforgelbauers wohl nicht weiter ausüben dürfen. Ein in späteren Jahren in Berlin wirkender Andreas Seidel - ab 1742 Organist der *Jerusalems-Kirche* und 1758-1772 Organist und Glockenist an der *Parochial-Kirche*[172] - scheint ein Sohn des Organisten und Orgelbauers Andreas Seidel d. Ä. gewesen zu sein.

Johann Michael Röder verließ 1721 Berlin nach Vollendung der neuen Domorgel und wandte sich nach *Crossen* an der Oder. Vom gleichen Jahre an wurde das allwöchentliche Stimmen der Domorgel dem Organisten an *St. Marien,* JOHANN DIETRICH WIEDEBURG, für eine jährliche Entschädigung von 12 Talern übertragen.[173] Im weiteren Verlauf des 18. Jahrhunderts wurde in Berlin kein Hoforgelbauer mehr ernannt. Es begann die Zeit der großen Orgelbauerpersönlichkeit JOACHIM WAGNERS, der seine Ideen und schöpferischen Kräfte nicht mit Reparatur- und Pflegearbeiten vergeuden wollte. CK

164. Fock-1974, S. 201.
165. Sach-1910, S. 282, Anmerkung Nr. 243.
166. Stev-1939, Sonderdruck, S. 19 und 26.
167. Pfarrarchiv der Parochialkirche Berlin: Orgelakte.

Parochialkirche

168. Fock-1974, S. 201. G. Fock bezeichnet A. Seidel als Berliner Orgelbauer.
169. StAP: Pr. Br. Rep. 10 A Nr. 255, Akte betr. Berliner Domorgel.
170. DZAM: Rep. 9 KK 1bFasz. 3, Blatt 7.
171. Wie Anm. 169, Blatt 16 und 17.
172. Sach-1908, S. 207-210 und 223 f.
173. Sach-1910, S. 191.

Berlin, Parochialkirche
Orgel von Joachim Wagner
Holzstich von H. Baudouin
Zustand vor 1885

Die erste Hälfte des 18. Jahrhunderts
Arp Schnitger, Johann Michael Röder und Joachim Wagner

Die Orgelgeschichte Berlins lag bis vor kurzem weitgehend im dunkeln. Dies galt nicht nur für die Zeit vor dem Dreißigjährigen Krieg und den Übergang vom Kurfürstentum Brandenburg zum Königreich Preußen, sondern auch für das ganze 18. Jahrhundert. Die wenigen Ansätze einer Orgelforschung über das Hochbarock, die bis heute bekannt geworden sind, konzentrieren sich auf das Lebenswerk einzelner Persönlichkeiten und haben außer den intensiven Forschungen von Gustav Fock[1] und der Dissertation von Heinz Herbert Steves[2] zu keinen weiterführenden Ergebnissen geführt. Außerdem lassen sie den Zusammenhang einer gesamtgeschichtlichen Darstellung der Mark Brandenburg fast völlig außer acht.

In der ersten Hälfte des 18. Jahrhunderts waren vor allem drei Orgelbauer in Berlin wirksam: Arp Schnitger, Johann Michael Röder und Joachim Wagner. Arp Schnitger hatte seine Heimat in Hamburg und hielt sich zwischen 1706 und 1714 nur vorübergehend in Berlin auf. Johann Michael Röder war zunächst Mitarbeiter von Arp Schnitger und übernahm zwischen 1713 und 1720 als selbständiger Orgelbauer Neubauaufträge in Berlin. Joachim Wagner stellte sich 1720-1721 mit seinem Meisterstück in der *Berliner St. Marien-Kirche* vor und erhielt umgehend weitere Aufträge. Er verdrängte Röder, der sich in Schlesien niederließ. Wagner muß sich länger in Berlin aufgehalten haben, wenn er nicht gerade außerhalb tätig war. Im folgenden sollen diese drei Meister mit ihrem Werk in der Metropole Preußens ausführlicher gewürdigt werden.

Die Forschung über Arp Schnitger beruht zu einem wesentlichen Teil auf dessen eigenen Aufzeichnungen, die 1853 und 1854 von dem Groninger Organisten Siwert Meijer in der Musikzeitschrift »Caecilia« veröffentlicht wurden[3]. Durch dieses Werkverzeichnis hatte es Fock relativ leicht, zu ersten Forschungsergebnissen zu kommen. Sein Verdienst liegt vor allem in einer systematischen Erfassung und Auswertung des Aktenmaterials. Erst in neuerer Zeit, insbesondere im Zusammenhang mit der Restaurierung der noch erhaltenen Schnitger-Orgeln, werden auch bauliche Zusammenhänge erforscht[4].

Johann Michael Röder wurde bislang nur im Zusammenhang mit anderen Orgelbauern erwähnt. Er ist bis heute ein unbeschriebenes Blatt geblieben, weil wir

1. Fock-1974. Fock gebührt das Verdienst, erstmals die Frühgeschichte des norddeutschen Raumes um Hamburg ausführlich dargestellt zu haben. Vgl. auch: Fock-1939, S. 289-373. In dieser Veröffentlichung, die den Zeitrahmen vom 14. Jahrhundert bis Arp Schnitger behandelt, findet sich eine beispielhafte und bis heute nicht übertroffene Einführung in das Wirken der Orgelbauerfamilie Scherer und die Schule von Gottfried Fritzsche.
2. Stev-1939.
3. Eine Übersetzung des Aufsatzes von Meijer findet sich in Fock-1974, S. 282-289.
4. Hierzu sind bereits Monographien und Zeitschriftenaufsätze erschienen. Vgl. beispielsweise Wint-1977 und Tuin-1989.

bei den ihm zugeschriebenen und noch erhaltenen Instrumenten nur auf Vermutungen angewiesen sind.
Die Arbeiten über das Werk Joachim Wagners bauen vor allem auf der Dissertation von Heinz Herbert Steves und dem Nachdruck in der Zeitschrift »Archiv für Musikforschung« auf[5]. Seit dieser Arbeit ist kein wesentlicher extensiver Beitrag über Wagner erschienen. Erst in neuerer Zeit sind Werklisten vorgelegt worden, die jedoch nicht dem neuesten Stand der Forschung entsprechen.[6] Stefan Behrens, Andreas Kitschke und Claus Peter Schulze arbeiten an einer Wagner-Biographie, die weitere Forschungsergebnisse enthalten wird.

5. Stev-1939.
6. Berg-1989, S. 105-106; Berg-1990, S. 8-26. Eine aktuelle Werkliste befindet sich im Anhang dieses Buches.

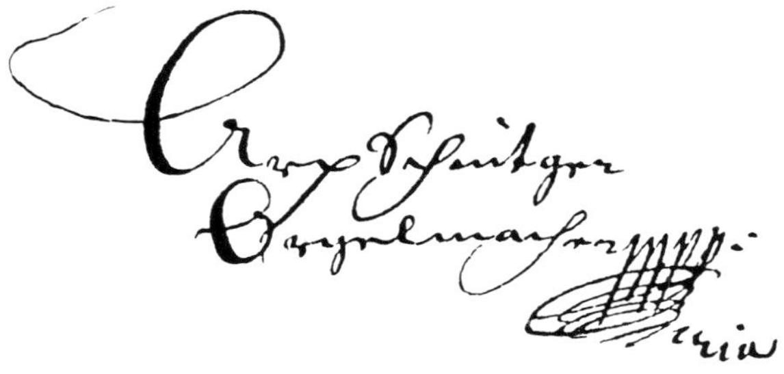

Arp Schnitger

Die norddeutsche Orgelbaukunst erreichte in Arp Schnitger ihren Höhepunkt. In einer Vielzahl von Umbauten, Erweiterungen und Neubauten gibt er der Barockorgel von Schleswig bis Groningen ihr endgültiges Gepräge. Wie kaum ein anderer Orgelbauer verwendete er in fast allen größeren Werken Register der vorhandenen Orgeln und integrierte sie in den klanglichen Aufbau seiner Instrumente und vereint damit in seiner persönlichen Konzeption die verschiedenen Strömungen der norddeutschen Orgelentwicklung. Die große Schnitger-Orgel entspricht den Forderungen, die Reinken, Lübeck, Böhm, Bruhns, Buxtehude und der frühe Bach in ihren Werken stellen, am meisten.
Über 160 Arbeiten, darunter 104 Neubauten, bezeugen das Wirken Arp Schnitgers, das im Osten bis an die Oder und im Süden bis an den Harz reicht. Fast 50 Schüler setzten seine Arbeit bis weit in das 18. Jahrhundert hinein fort. Die Konzeption Schnitgers hat auch auf die Entwicklung des nordeuropäischen Orgelbaus zu Anfang des 19. Jahrhunderts einen Einfluß ausgeübt, den wir erst heute recht zu erkennen beginnen. Kein Orgelbauer hat über die Orgelbewegung unsere heutige Orgelsituation so nachhaltig beeinflußt wie er.
Arp Schnitger wurde am 2. Juli 1648 in Schmalenfleth an der Unterweser, einem kleinen Ort des Kirchspiels Golzwarden im Herzogtum Oldenburg, geboren. Bei seinem Vater erlernte er vom 14. Lebensjahr an das Tischlerhandwerk. 1666 ging er zu seinem Vetter Berendt Huss nach Glückstadt, um in dessen Werkstatt die Ausbildung zum Orgelbauer zu erhalten. Dort arbeitete er zunächst fünf Jahre als Lehrling, blieb aber bis zum Tode seines Meisters im Jahre 1676 dessen Geselle. An der von Huß erbauten Orgel in *Stade, St. Cosmae* (1668-73), muß Schnitger einen wesentlichen Anteil gehabt haben, denn »des Orgelbauwers seinen Gesellen, Arpen« wird nach der Kirchenrechnung von 1673 ein nennenswerter Betrag verehrt[7].
Im Alter von 29 Jahren, im Jahre 1677, ein Jahr nach Huß' Tod, hat sich Arp Schnitger in Stade als selbständiger Orgelbauer niedergelassen. Dort hatte er fünf Jahre seinen Wohnsitz und war zunächst mit der Vollendung der von Huß begonnenen dreimanualigen Orgel in *St. Wilhadi* (1676-78) beschäftigt. Aus dieser Zeit sind neben einigen Reparaturen und Umbauten auch schon Neubauten größerer zwei- und dreimanualiger Instrumente bekannt geworden, so die Orgel in der *Hamburger St. Johannis-Klosterkirche* (heute in Cappel erhalten) und die Orgel in *Lüdingworth* bei Cuxhaven[8].

Lüdingworth (1682-83), Orgel von Arp Schnitger

Im Frühjahr 1682 berief man Arp Schnitger nach Hamburg und übertrug ihm nach einem Wettbewerb mit Joachim Richborn den Neubau eines viermanualigen Instrumentes für die *Hauptkirche St. Nikolai*. Dieses großartige Werk mit 67 Registern und einem offenen 32′ im Prospekt, das bis zu seiner Zerstörung durch den großen Hamburger Brand im Jahre 1842 keiner wesentlichen Reparatur bedurfte, mußte noch im Herbst 1682 begonnen werden und wurde am 23. November 1687 seiner Bestimmung übergeben.

7. Fock-1974, S. 17-25.
8. Fock-1974, S. 26-42.

In den Vorverhandlungen für den Neubau in Hamburg wurde festgelegt, daß

Schnitger, der bis dahin kein so großes und kostbares Instrument erbaut hatte, auf Tagelohn-Basis zu bezahlen war. In fast fünf Jahren wurde ein Werk erbaut, »das einen Triumph der damaligen Orgelbaukunst bedeutete und seinen Erbauer zum ersten Meister seiner Zeit emporhob«. Diese Orgel war mit ihren 67 Stimmen seinerzeit die größte Deutschlands, vielleicht sogar Europas. Sie begründete Schnitgers Ruhm, der in den folgenden Jahren zu einer Vielzahl von Großaufträgen in und außerhalb Hamburgs führte, so unter anderem in Magdeburg[9].
Es ist anzunehmen, daß Arp Schnitger noch im August 1682 nach Hamburg zog und dort eine neue Werkstatt einrichtete. Der neue Auftrag erforderte die Einstellung einer Reihe weiterer Gesellen, und wir wissen, daß fast alle bis dahin angenommenen Aufträge von seinen Mitarbeitern eigenständig ausgeführt wurden. Schnitger wird in den 80er Jahren bereits 10 bis 15 Gesellen beschäftigt haben, denn zur gleichen Zeit wurden Orgeln in *Neuenfelde* (1682-88), *Steinkirchen* (1685-87) und *Norden* (1686-88) erbaut[10].

9. Fock-1974, S. 46-51.
10. Fock-1974, S. 77-155.

Arp Schnitger in Magdeburg und Berlin

Otto von Guericke, ein Sohn des gleichnamigen Magdeburger Bürgermeisters, war von 1663 bis 1704 Gesandter des Großen Kurfürsten von Brandenburg in Hamburg. Er war 1682 als Kirchenvorsteher von St. Nikolai an der Entscheidung für den Neubau durch Schnitger beteiligt. 1686 setzte er sich ein für den Verkauf einer von dem verstorbenen Paul Landrock erbauten und von Arp Schnitger im *Hamburger Dom* aufgestellten Orgel an das Kloster *Lamspringe* bei Hildesheim[11]. Und im September oder Oktober 1689 war es wiederum Otto von Guericke, der an der Weichenstellung für einen Auftrag an Schnitger beteiligt war: »... weil der H. Resident von Guericke neulich wegen des Hamburger Orgelbauers, so daselbst und andrer Orthen unterschiedene Wercke wohl und rühmlich gemacht, geschrieben, und in collegio wehre beliebet, daß an den Orgelbauer sollte geschrieben werden, ob er wollte anhero kommen und sich wegen des Wercks heraus laßen.« Gemeint ist die Gemeinde der *Magdeburger St. Johannis-Kirche,* die mit Heinrich Herbst jun. einen Vorvertrag abgeschlossen hatte, von dem man aber zurücktrat, weil sein Werk in der dortigen *St. Jakobi-Kirche* nicht den Wünschen entsprechend ausgefallen war[12].
Schnitger erhielt am 20. Juni 1690 den Auftrag und führte den Neubau unter Mitarbeit seines Gesellen Hans Hantelmann bis 1695 aus. Das Werk hatte auf drei Manualen und Pedal 62 Stimmen und war Schnitgers zweitgrößtes Werk. Neben fünf Organisten (darunter möglicherweise Andreas Werckmeister) wurde Zacharias Thayssner aus Merseburg zur Abnahme geladen. »Der genannte Orgelbauer wollte das Werk tadeln, doch mußte er mit Schande beladen hingehen; denn das Werk lobte sich selbst.«[13]
In Magdeburg nahm Schnitger offenkundig auf mitteldeutsche Konzepte Rücksicht, so beispielsweise auf die Verwendung von Viola di Gamba oder Salicional und den Bau der großen Oktave mit Dis und in St. Johannis sogar mit Cis. In St. Ulrich verwendete er die mitteldeutsche Ladenaufteilung: die Principale auf Vorderladen und die Flöten auf Hinterladen. Hier zeigt sich, wie flexibel Schnitger war – ein Merkmal, das später auch bei der Bauausführung in Charlottenburg auffällt.
War es Otto von Guericke, der noch während seiner Amtszeit als Brandenburgischer Gesandter, also vor 1705, die Kontakte nach Berlin aufbaute? Fock teilt mit, daß zu Beginn des Jahres 1706 eine Besprechung der am Charlottenburger Neubau Beteiligten bei Arp Schnitger in Hamburg stattfand[14]. Wahrscheinlich war es auch der Nikolai-Organist Adrian Lutteroth, der nicht nur Schnitgers Berufung als Orgelbauer an die *Berliner Nikolai-Kirche* zu verantworten hatte, sondern auch Schnitger den Weg in das Charlottenburger Schloß ebnete. Lutteroth war von 1692 bis 1699 Organist in Magdeburg an der Katharinenkirche und hatte Gelegenheit, von dort aus den Neubau Schnitgers an *St. Johannis* zu verfolgen[15].

11. Fock-1974, S. 47, 107-108; Pape-1988, S. 94-97.
12. Fock-1974, S. 188-189.
13. Fock-1974, S. 189-191.
14. Fock-1974, S. 200.
15. Fock-1974, S. 205-206.

Magdeburg, St. Johannis-Kirche
Orgel von Arp Schnitger

Die Orgel der *Eosander-Kapelle* im Charlottenburger Schloß

Bei Meijer wird die Orgel der *Nikolai-Kirche* an erster Stelle genannt, ausgeführt wurde jedoch zuerst das Instrument der *Eosander-Kapelle:* »Nieuwe werken gemaakt: te Berlijn in de Nicolai-Kerk, met 3 klavieren, op het slot Charlottenburg voor den koning van Pruissen; ... (Neue Werke gebaut: in Berlin in der Nicolai-Kirche mit 3 Manualen, im Schloß zu Charlottenburg für den König von Preußen; ...)«[16].

Das Charlottenburger Werk, über das im Anschluß an diese Übersicht ausführlich berichtet wird, wurde von Frühjahr bis Herbst 1706 erbaut und im November fertiggestellt. Mit der Ausführung wurde Schnitgers Geselle LAMBERT DANIEL KASTENS betraut; die Orgel erhielt 26 Register auf Hauptwerk, Rückpositiv und Pedal. Abgesehen von Instandsetzungen im 18. und 19. Jahrhundert und einer Dispositionsänderung 1888 blieb das Werk bis zum zweiten Weltkrieg fast unverändert erhalten. 1944 wurde es zerstört, aber 1969-1970 im Zuge der Instandsetzung des Schlosses rekonstruiert[17].

Berlin, St. Nikolai-Kirche

Die Orgel der *Nikolai-Kirche* in *Berlin*

Als Adrian Lutteroth 1699 nach Berlin kam, fand er in der *Nikolai-Kirche* ein altes Instrument von MEISTER BLASIUS aus dem Jahre 1519 vor, das 1579-1580 von HANS THOMAS aus Braunschweig und 1596 von MARTIN GRABOW in Berlin renoviert wurde. 1679 erweiterte der Hoforgelbauer CHRISTOPH WERNER dieses Werk um ein Rückpositiv. Das Instrument besaß damals 34 Stimmen, verteilt auf zwei Manualen und Pedal. Der neue Organist war bestrebt, dieses Instrument gründlich instand zu setzen.

Bald nach Schnitgers Ankunft in Berlin ließ Lutteroth die schadhafte Orgel durch den Hamburger Meister untersuchen, der am 15. April 1706 zu Protokoll gab, daß »das Manualwerck nebst dem Pedal nach der uhr alten arth gemachet und von alterthum ganz abgenützet war«. Da ein Angebot Schnitgers »sehr raisonable und billig« war, schloß man eine Woche später einen Umbau-Vertrag. Aus diesem Umbau wurde allerdings im Laufe der Zeit ein völliger Neubau, dessen Leitung in den Händen von Schnitgers Gesellen MATTHIAS HARTMANN lag. Das Instrument erhielt 40 Stimmen, verteilt auf Manual, Oberpositiv, Brustpositiv und Pedal. Lutteroth und sein Organisten-Kollege J. H. Budekker nahmen am 8. Mai 1708 das neue Werk ab. In ihrem Bericht heißt es unter anderem: »... Alles ist mit Fleiß, Sorgfalt und curiosität verfertiget, daß das Werk den Meister loben muß ...«

Die Orgel wurde 1790 durch JOHANN SIMON BUCHHOLZ, Berlin, umgebaut. Auf Veranlassung von August Haupt lieferte 1845-1846 CARL AUGUST BUCHHOLZ, Berlin, einen Neubau, dem das Schnitger-Werk zum Opfer fiel[18].

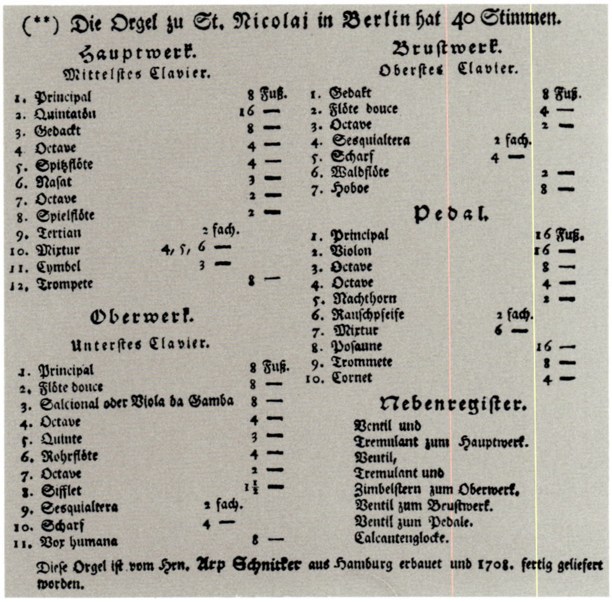

(**) Die Orgel zu St. Nicolai in Berlin hat 40 Stimmen.

Hauptwerk.
Mittelstes Clavier.

1. Principal 8 Fuß.
2. Quintatön 16 —
3. Gedackt 8 —
4. Octave 4 —
5. Spitzflöte 4 —
6. Nasat 3 —
7. Octave 2 —
8. Spielflöte 2 —
9. Tertian 2 fach.
10. Mixtur 4, 5, 6 —
11. Cymbel 3 —
12. Trompete 8 —

Oberwerk.
Unterstes Clavier.

1. Principal 8 Fuß.
2. Flöte douce 8 —
3. Salcional oder Viola da Gamba 8 —
4. Octave 4 —
5. Quinte 3 —
6. Rohrflöte 4 —
7. Octave 2 —
8. Sifflet 1½ —
9. Sesquialtera 2 fach.
10. Scharf 4 —
11. Vox humana 8 —

Brustwerk.
Oberstes Clavier.

1. Gedakt 8 Fuß.
2. Flöte douce 4 —
3. Octave 2 —
4. Sesquialtera 2 fach.
5. Scharf 4 —
6. Waldflöte 2 —
7. Hoboe 8 —

Pedal.

1. Principal 16 Fuß.
2. Violon 16 —
3. Octave 8 —
4. Octave 4 —
5. Nachthorn 2 —
6. Rauschpfeife 2 fach.
7. Mixtur 6 —
8. Posaune 16 —
9. Trommete 8 —
10. Cornet 4 —

Nebenregister.

Ventil und
Tremulant zum Hauptwerk.
Ventil,
Tremulant und
Zimbelstern zum Oberwerk.
Ventil zum Brustwerk.
Ventil zum Pedale.
Calcantenglocke.

Diese Orgel ist vom Hrn. Arp Schnitker aus Hamburg erbauet und 1708. fertig geliefert worden.

Die Orgel der *Sebastians-Kirche* in Berlin

Eine dritte Orgel erstellte Schnitger im Anschluß an den Neubau in *St. Nikolai* 1708 für die 1694-95 erbaute *»Kirche vor dem Köpenicker Tor«*, die zur Erinnerung an den Ratsherrn Sebastian Nethe den Namen *»Sebastians-Kirche«* erhielt. Der zweite, 1753 ausgeführte Kirchenbau trug seit 1802, nach Umbenennung der Cöllnischen Vorstadt in Luisenstadt, den Namen *Luisenstadt-Kirche*[18]. Das Instrument wurde mit Hauptwerk, Hinterwerk und Pedal erbaut und erhielt 24 Stimmen.

1753 überführte PETER MIGENDT, Berlin, dieses Werk in die im gleichen Jahr neu erbaute Kirche. 20 Jahre später - 1773-1774 - fiel es einem Neubau von ERNST MARX, Berlin, zum Opfer[19].

16. Edsk-1968, S. 16; Fock-1974, S. 205-287.
17. Fock-1974, S. 200-202.
18. Fock-1974, S. 205-207.
19. Fock-1974, S. 207; Kühn-1978, S. 366.

Ein dem Sohn zugeschriebenes Werk für die *Sophien-Kirche* wurde 1714 vermutlich von der Werkstatt Arp Schnitgers erbaut und von Schnitgers Sohn aufgestellt. Es hatte 14 Register auf einem Manual und Pedal[20]. Mit diesem Neubau endet Schnitgers Tätigkeit in Berlin.

Berlin, Sebastians-Kirche

Hagelberg

An dieser Stelle sei darauf hingewiesen, daß *Hagelberg* unweit Belzig 1693 keine Orgel von Schnitger erhielt und folglich nicht als erster Nachweis Schnitgers im weiteren Umkreis von Berlin gewertet werden kann. Der Text von Meijer »1693. Nieuwe Orgels gemaakt: te Eutin ... ; voor den Vorst van Sünder und Norsburg een klein werk met 6 registers; te Hagelberg; te Bremen ... (1693. Neue Orgeln gebaut in Eutin ... ; für den Fürsten in Sünder und Norsburg ein kleines Werk mit 6 Registern; in Hagelberg (gearbeitet); in Bremen ...)«[21] deutet vermutlich hin auf *Hagenberg* (dän. Havnbjerg) im Norden der zu Dänemark gehörenden Insel Alsen in der Nähe von Norburg, der Residenz des Herzog August (geb. 9. 5. 1635, gest. 17. 9. 1699). Herzog August, Sohn des Herzogs Joachim Ernst I. zu Schleswig-Holstein-Sonderburg-Plön, residierte seit 1676 auf Norburg[22].

Schnitger als Hoforgelbauer

Charlottenburg, Eosander-Kapelle

Im Zuge der Auftragserteilung für den Bau der Orgel in der *Eosander-Kapelle* war Schnitger eine Bestallung als Hoforgelbauer angeboten worden. Als solcher hatte er ab April 1706 die Orgeln im *Dom*, in den Schloßkapellen in *Oranienburg* und *Potsdam* und später in *Charlottenburg* und in der *Schloß- und Ritterkapelle* gepflegt. Die Bestallung erfolgte aber nicht, so daß er sich im Juli 1708 direkt an den König wandte: »... So flehe Ew. Königl. Mayst. hiermit an, Aller Gnädigst zu befehlen, daß mir meine bestallung als Hoforgelbauer, nebst 400 Rthl. jährlich Gehalt von Michaeli 1706, Von welche Zeit ich mein Ambt angetreten, möge außgefertigt werden ...«[23]
Diese Eingabe wurde von Eosander unterstützt, der auch die finanziellen Forderungen noch einmal aufschlüsselt.
»... Nun sind zur Unterhaltung der Schloß Orgell 150 Th. und zu der Duhm Orgell 50 Th. Vacant, alß sind noch 200 Rth. auszufinden wegen unterhaltung der Potsdamschen, Charlottenb. und Oranienb. orgeln; Es hat auch dieser Mann, den Dienst bereits verrichtet, von Michaeli 1706 und dahero unterthänigst bittet, daß Seine Bestallung von der Zeit angehen möge ...«
Am 1. September 1708 wurde die Bestallung ausgestellt. Die Aushändigung der Urkunde erfolgte jedoch nicht, weil sich finanzielle Probleme mit der »Hofrenthey« ergaben. Schnitger wird gebeten, auf einen Teil seiner Forderungen zu verzichten. Erst nach einer nochmaligen Initiative Eosanders wurde Schnitger die Urkunde gegen eine Gebühr von 100 Talern ausgehändigt.
Sein Gehalt hat Schnitger aber ständig anmahnen müssen. Auf seine Erinnerung vom 30. Januar 1712 oder ein noch später eingereichtes Ersuchen erhielt Schnitger nur die demütigende Antwort: »Des Suplikanten suchen findet keine statt und wird er damit lediglich ab, und dahin angewiesen, seine Königl. Mayst. deshalb nicht wieder zu behelligen«.
Mit der Thronbesteigung König Friedrich Wilhelms I. 1713 traten Sparsamkeit und Pflichterfüllung an die Stelle höfischer Prunkentfaltung. Auch Eosander wurde ein Opfer der Sparmaßnahmen und wurde abgesetzt. Schnitger wird sich gänzlich aus Berlin zurückgezogen haben. Die letzte Nachricht stammt vom 22. März 1714, in der er auf die Domorgel hinweist: »... ein altes verfallenes Werck, das eine große Reparation, ja Refection vonnöthen habe«[24]. UP

20. Samm-1757/2.
21. Edsk-1968, S. 11, Fock-1974, S. 200.
22. Freundliche Mitteilung vom Landesarchiv Schleswig-Holstein, Schleswig, an Herrn Dr. W. Hobohm, Magdeburg, vom 6. 12. 1984.
23. Eine detaillierte Darstellung der Bemühungen Schnitgers um seine Anstellung als Hoforgelbauer in Berlin findet sich in: Fock-1974, S. 203-205.
24. Davi-1949, S. 24.

Berlin, Alte Garnisonkirche
Orgel von Johann Michael Röder
Kupferstich von G. P. Busch
(um 1714)

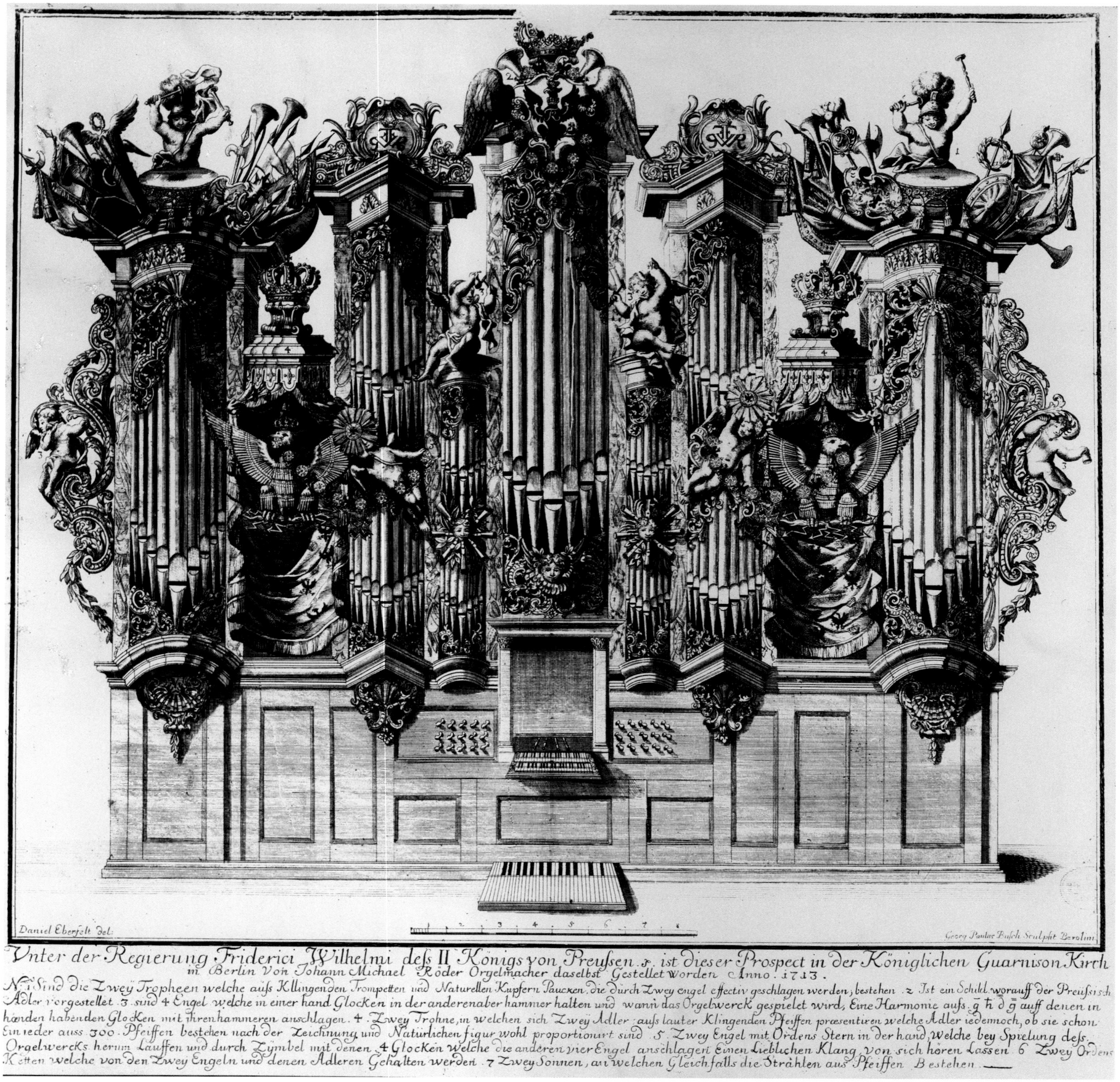
Daniel Eberfelt del:
Georg Paulus Busch Sculpsit Berolini
Vnter der Regierung Friderici Wilhelmi deß II Königs von Preußen &c. ist dieser Prospect in der Königlichen Guarnison Kirch in Berlin Von Johann Michael Röder Orgelmacher daselbst Gestellet worden Anno. 1713.
N. 1 Sind die Zwey Tropheen welche auß Kllingenden Trompetten und Naturellen Kupfern Paucken, die durch Zwey engel effectiv geschlagen werden, bestehen . 2 Ist ein Schild worauff der Preußisch Adler vorgestellet . 3 sind 4 Engel welche in einer hand Glocken in der anderen aber hammer halten und wann das Orgelwerck gespielet wird, Eine Harmonie auß g h d g auff denen in handen habenden Glocken mit ihren hammeren anschlagen . 4 . Zwey Trohne, in welchen sich Zwey Adler auß lauter Klingenden Pfeiffen praesentiren welche Adler iedennoch, ob sie schon Ein ieder auss 300 . Pfeiffen bestehen nach der Zeichnung und Natürlichen figur wohl proportionirt sind . 5 . Zwey Engel mit Ordens Stern in der hand, Welche bey Spielung deß Orgelwercks herum Lauffen und durch Zymbel mit denen 4 Glocken welche die anderen vier Engel anschlagen Einen Lieblichen Klang von sich hören Lassen . 6 Zwey Ordens Ketten welche von den Zwey Engeln und denen Adleren Gehalten werden . 7 Zwey Sonnen, an welchen Gleichfalls die Strahlen aus Pfeiffen Bestehen .

Johann Michael Röder

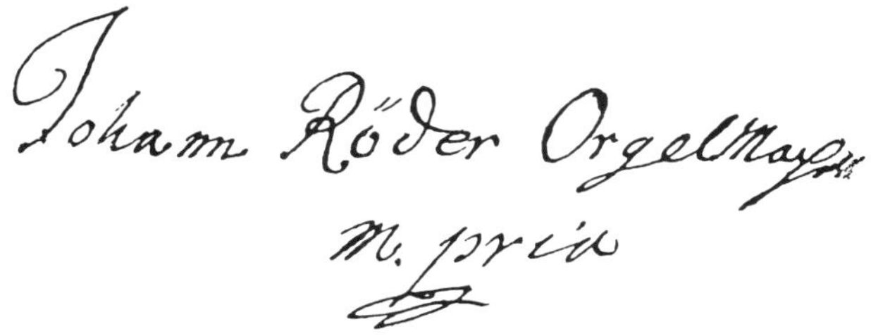

Johann Michael Röder kam als Tischlergeselle zu Arp Schnitger und lernte bei ihm vier Jahre lang das Orgelbauerhandwerk. Es ist anzunehmen, daß er an der *Charlottenburger Schloßorgel* oder an der Orgel der *Berliner Nikolai-Kirche* mitwirkte, denn 1708 bewarb sich Röder um den Umbau der Scherer-Orgel in der *Bernauer Marien-Kirche.* »Unter verschiedenen Orgelbauern, fand sich auch einer, Nahmens Johann Röder, welcher einen Riß vorlegte, wonach er die Orgel auff eine gantz andere Manier künstlich und schön bauen wollte, die alten Pfeiffen wolte er umschmeltzen, und verschiedene neue Register hinzuthun.«

Der junge Orgelbauer wollte sich mit dieser Arbeit »zum ersten signalisieren« und verlangte mit 300 Thaler nur eine mäßige Summe. »Weilen aber dieser Röder ein junger Mensch war und noch nirgends eine Probe von seinen Orgelbauten an den Tag gelegt, auch eine Warnung von seinem eigenen Lehrmeister, Arp Schnitger, einlief ...« versagte man ihm den Auftrag. Arp Schnitger wurde gerufen und führte die wichtigsten Arbeiten aus: »Der ließ das Werk, weil er es selber rühmete, in seinem vorigen Stande.«[26]

Die erste bis heute nachgewiesene Arbeit Röders betrifft die Orgel in *Tangermünde.* Auf Empfehlung Friedrichs I. und des Königlichen Konsistoriums schloß der Rat der Stadt Tangermünde am 22. Januar 1711 einen Vertrag mit Röder zur Reparatur der dortigen Orgel in *St. Stephani.* Die bis 1712 ausgeführten Arbeiten entsprachen aber in keiner Weise den Vorstellungen des Auftraggebers. Der Streit um die Ordnungsmäßigkeit der Reparatur zog sich über drei Jahre hin. Am 5. Juni 1714 mußte sich Röder einem Befehl des Soldatenkönigs fügen, »... die Orgel kontractmäßig und gehörig bey Vermeidung arbitrar Strafe ohne Verzug zu überliefern«. Erst Anfang 1716 setzte Röder die Orgel in einen brauchbaren Stand[27].

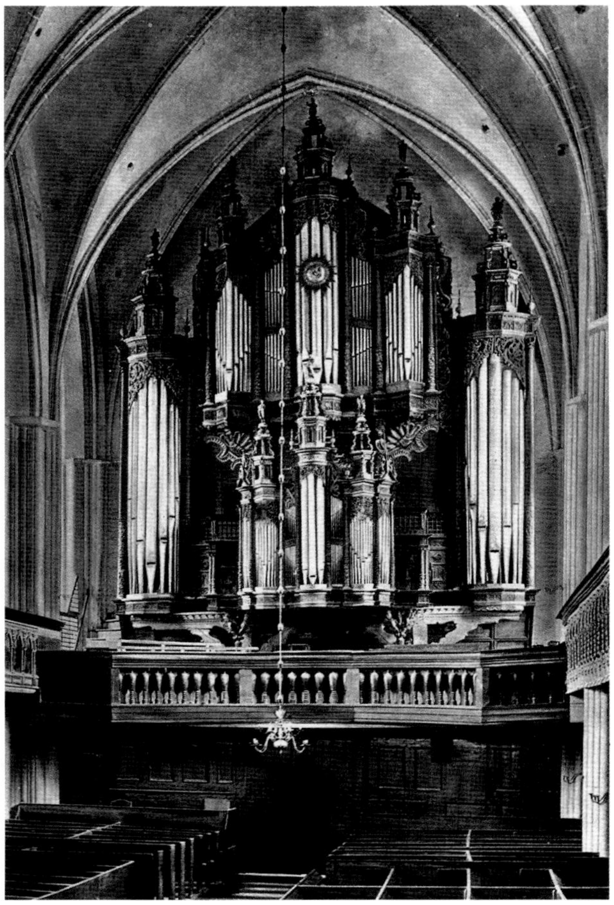

Tangermünde, St. Stephani
Orgel von Hans Scherer d. J.

Die Orgel der *Garnisonkirche* zu *Berlin*

1713 lieferte Röder einen Neubau für die *Alte Garnisonkirche* in Berlin. Das Werk hatte 23 Stimmen auf zwei Manualen und Pedal. Dieses Instrument wurde 1724 nach *Potsdam* überführt und von Joachim Wagner in der dortigen *Nikolaikirche* aufgestellt, bevor Wagner die später berühmt gewordene Orgel für die neu gestaltete Garnisonkirche erbaute[28].

Die 1713 von Röder erbaute Orgel zeigte das, was der Magistrat zu Bernau bereits 1708 über den von Röder gefertigten Riß zum Umbau der Bernauer Scherer-Orgel schrieb: »eine ganz andere Manier, künstlich und schön«.[29] Da das Orgelwerk bereits im Jahr 1713 bei Anwesenheit Friedrich Wilhelms I. eingeweiht wurde, hatte Arp Schnitger den Bau dieses Instrumentes verfolgen können.[30] Die »künstliche neue Manier« der Prospektgestaltung muß Friedrich I. dazu bewogen haben, den Auftrag nicht seinem Hoforgelbauer Arp Schnitger zu geben, sondern damit dessen ehemaligen Schüler zu betrauen. Arp Schnitger, der im Abschluß von Neubauverträgen besonders versiert war, muß diese Vergabe an Röder schwer getroffen haben. Die Entscheidung des Königs gegen ihn und die nicht eingehaltenen Zahlungsverpflichtungen von seiten des Königshauses werden Schnitgers Entschluß zum Verlassen der Residenzstadt Berlin bestärkt haben.[31]

In Röders Dispositionen erkennt man noch den Einfluß Schnitgers. Seine Orgelwerke wiesen genügend obertönige Register, Aliquote und gemischte Stimmen auf. Rückpositive baute Röder jedoch nicht mehr, er verließ auch bei der Gesamtanlage seiner Orgeln die strenge Geschiedenheit der einzelnen Werke zugunsten einer prunkvollen Gesamtwirkung.[32] Neu gegenüber Schnitger war vor allem die grandiose ornamentale Ausgestaltung des Prospekts. Friedrich I., seit

25. GStA, X Rep. 2B, Abt II 1534; Fock-1974, S. 208, 211.
26. GStA, X Rep. 2B, Abt II 1534.
27. Fock-1974, S. 211 f.
28. Beck-1759, S. 159; Ger-1790, S. 74.
29. Wie Anm. 26.
30. DZAM, Rep. 9 KK 1 b, Fasz. 3.
31. Siehe hierzu Fock-1974, S. 203-205.
32. Fock-1974, S. 213.

1701 König in Preußen und an einer königlichen Hofhaltung interessiert, fand in Röder die Person, die seiner Vorstellung von Staat, Macht und neuem Glanz Ausdruck verleihen konnte. Kaufmann sieht zu Recht in Röder den Begründer des Ornamentprospekts.[33]

Der Prospekt der Orgel der *Garnisonkirche*

Die Orgel der *Garnisonkirche* besaß eine für den Beginn des 18. Jahrhunderts völlig ungewohnte Ausgestaltung. In der Legende zu dem von Busch gestochenen Kupferstich befindet sich eine Beschreibung der Orgel und des Prospektes. Zum Schmuck des Gehäuses waren verwendet worden: zwei Trophäen aus klingenden Trompeten und Pauken, die durch zwei Engel geschlagen wurden, ein Schild mit dem preußischen Adler, vier Engel mit Glocken und Hämmern, den Akkord g h d g schlagend, zwei Throne mit zwei Adlern aus je 300 klingenden Pfeifen, zwei umlaufende Engel mit Ordensstern, zwei Ordensketten, die von Engeln und Adlern gehalten wurden, und zwei Sonnen, deren Strahlen aus Pfeifen bestanden. Bekrönt wurden der Mittelturm mit der Königskrone, die beiden flankierenden Türme mit je einer Namenskartusche Friedrich Wilhelms I.[34] (siehe Abbildung S. 58).
Dieses Werk sprach im besonderen Maße die Augen an und überstand zwar unbeschadet die Explosion eines nahe gelegenen Pulverturms, war für den König aber in der neu und wesentlich größer errichteten Garnisonkirche nicht »suffisant« genug. Auf königlichen Befehl wurde sie in der *Potsdamer Stadtkirche* aufgestellt.[35]

Die Pflege der *Schloßorgeln*

Röder hatte nach Schnitgers Fortgang aus Berlin die Möglichkeit, zum Hoforgelbauer zu avancieren; Anstrengungen seinerseits sind aber nicht zu belegen. Nachfolger als Hoforgelbauer, das heißt in erster Linie zuständig für die Pflege der Orgeln in den *Schlössern Berlin, Charlottenburg, Potsdam* und *Oranienburg*, wurde der Orgelbauer Andreas Seidel, der 1704 für die *Parochial-Kirche* ein Positiv gebaut hatte.[36] Röder, der wie Wagner sein Können nicht an Reparaturarbeiten verschwenden wollte, sprach sich in den Jahren 1716 und 1717 wiederholt gegen Seidel aus und monierte dessen schlechte Arbeit bei der Pflege der Hoforgeln.[37]

Die Orgel der *Dorotheenstädtischen Kirche* zu *Berlin*

Ein zweites, kleineres Instrument Röders entstand 1717 für die *Dorotheenstädtische Kirche*. Es hatte ein Manual und Pedal und befindet sich heute in der ev. Stadtkirche in *Wesenberg, Mecklenburg*. Diese Orgel verkörperte den Orgeltyp, den Röder nach seiner Rückkehr aus *Schlesien* noch mehrfach in der *Mark Brandenburg* baute.[38]

Die Orgel der *Domkirche* zu *Berlin*

Einen weiteren Auftrag erhielt er am 30. 5. 1718 vom Domkirchen-Direktorium zu Berlin. Bereits Arp Schnitger hatte in seinem letzten Berliner Schreiben vom 22. 3. 1714 die Domorgel als »ein altes verfallenes Werck, das eine große Reparation, ja Refection vonnöthen habe« bezeichnet. Röder errichtete von 1719 an eine 32stimmige Orgel für die *Schloß- und Domkirche*.[39] Gleichzeitig bewarb er sich um den Neubau der Orgel für *St. Marien, Berlin*. Der Orgelbauvertrag wurde aber mit Joachim Wagner geschlossen.[40]
Die *Schloß- und Domkirchen-Orgel* stellt Röders bis dahin größtes Instrument dar. Das Werk wurde über dem sogenannten »gantzen Cavallier Chor« aufgestellt und 1721 fertiggestellt.[41] Das »Königl. Preuß. Dohm-Kirchen-Direktorium zu Berlin«

33. Kauf-1949, S. 38.
34. Ein Original des Kupferstiches befindet sich in der Landkartenabteilung der Deutschen Staatsbibliothek, Berlin.
35. Beck-1759, S. 159; Davi-1949, S. 15; die Differenz der beiden Registerzahlen, einmal 23, einmal 34, beruht auf der Mitzählung der Nebenzüge durch Flade und Burgemeister.
36. SAP, Pr. Br. Rep. 10 A, Nr. 255; DZAM, Rep. 9 KK 1b, Fasz. 3.
37. Naa-1903, S. 16; SAP, Pr. Br. Rep. 10 A, Nr. 255.
38. Sac-1908, S. 313; Hen-1937, S. 18 f.
39. AKlB, Filmkopie der Orgelakten St. Marien zu Berlin.
40. SAP, Pr. Br. Rep. 10 A, Nr. 255.
41. Burg-1925, S. CVII.

Schloß- und Domkirchen-Orgel von Johann Michael Röder

Im Haupt Werk 12 Stimmen

1.	Prinzipal	8′
2.	Quintatön	16′
3.	Gedact	8′
4.	Octav	4′
5.	Quinta	3′
6.	Super Octav	2′
7.	Spiel Flöt	1½′
8.	Sedecima	1′
9.	Tertian	2fach
10.	Cymbel	3fach
11.	Mixtur	10fach
12.	Gedact	4′

Im Ober Werk 10 Stimmen

1.	Principal	8′
2.	Pordun	16′
3.	Gedact	8′
4.	Quintatön	8′
5.	Octav	4′
6.	Octav	2′
7.	Trompet	8′
8.	Sexquialtra	2fach
9.	Scharff	6fach
10.	Rauschquint	2fach

Im Pedal 10 Stimmen.

1.	Principal	16′
2.	Violon	16′
3.	Octav Baß	8′
4.	Octav	4′
5.	Quinta	6′
6.	Rauschquinta	2fach
7.	Mixtur	10fach
8.	Nachthorn	2′
9.	Posaun	16′
10.	Trompet	8′[43]

stellte Röder am 5. Juni 1721 darüber ein wohlwollendes Zeugnis aus.[42] Eine Aussage über den Klang dieser Orgel findet sich in den Briefen der Prinzessin ANNA AMALIE VON PREUSSEN an JOHANN PHILIPP KIRNBERGER. Dort heißt es: »Die Orgel von Reder gefiel mir gut, wenn man alleine vor sich spielt. Das piano und forte ist das Beste daran. Die wahl der Register taugt nichts, weil es lauter Flötenzüge sind, klingt es wie eine Pendule. Weder Sänger noch Instrumente können bei solches Flötengeleyer bestehen, es ist zu weibisch. Überdem ist der Baß überaus schwach. Vor die heutigen Noten Kleckers, welche von kein Fondament einen gesunden gedanken haben, ist es großartig, hingegen vor andere nicht.«[43] Der Organist der Domkirche, HAYNE, lobte das Orgelwerk Röders und hielt ihn für einen der bedeutendsten Orgelbauer. Hayne fügte seinem Bericht zu WAGNERS Orgelbau-Kostenanschlag für die *Parochial-Kirche* zu Berlin einen Absatz hinzu: »Sonsten muß ich wegen des 6. puncts erinnern, der Orgelbauer sich obligiret, daß die Orgel in allen Stücken der Dohm Orgel es zuvor thun, und weit Besserer seyn soll, es dahin gestellet seyn lassen, maßen die Zeit solches hiernechst Lehren, und den Erbauer justificiren wird.«[44]

Über die äußere Gestalt der Domorgel gibt ein Vertrag mit dem Maler JOHANN LUDWIG MICHAELIS Auskunft. Danach wäre der Prospekt der 1722 gebauten Röder-Orgel der *St. Marien-Kirche* in *Crossen an der Oder* der Prospektgestaltung der Domorgel zu Berlin ähnlich.[45]

Während des Baus der Orgel für die Schloß- und Domkirche hatte sich die Arbeitssituation für RÖDER vollkommen geändert. Er hatte es versäumt, sich um die nach dem Tod des Instrumentenmachers MIETKE freigewordene Orgelbau-Konzession zu bewerben. Sein Konkurrent JOACHIM WAGNER erlangte diese Konzession im November des Jahres 1719 und zwang so Röder, sich nach Fertigstellung der Domorgel ein neues Betätigungsfeld außerhalb Berlins zu suchen.[46]

42. Wie Anm. 36.
43. DZAM, Pr. Br. Hausarchiv, Rep. 46 W, 118 b.
44. PFA-MiPa.
45. Wie Anm. 37.
46. DZAM, Rep. 9 KK 1 b, Fasz. 3.
47. Burg-1925, S. CVII
48. Burg-1925, S. CIX.
49. Burg-1925, S. CX.
50. Wie Anm. 49.
51. Berg-1989, S. 97.
52. EZA, 7/5828.
53. SAP, Pr. Br. Rep. 10 A, Nr. 255; Burg-1925, S. CVIII f.
54. GStA, Rep. 2 B, Abt. II, 2370, Orgelbau Prenzlau.

RÖDER in *Schlesien*

RÖDER wich über *Crossen an der Oder* für längere Zeit, mindestens aber bis 1738, nach Schlesien aus. In *Breslau* wurde bereits am 31. 1. 1721 der Neubau-Vertrag für die Orgel zu *St. Maria Magdalena* mit ihm geschlossen. Röder hatte sich mit seiner Konzeption gegenüber den Orgelbauern A. H. CASPARINI und KRETSCHMER durchgesetzt. Er vollendete das Werk mit seinen 3 Manualen, Pedal und 55 Stimmen im Jahr 1725. Ihm zur Seite standen zwei Gesellen, die er vom Orgelbau in Crossen mitgebracht hatte. Eine besondere Kostbarkeit bildete der Zinnprincipal 32', der im Prospekt stand.[47] In der evangelischen *Gnadenkirche Hirschbergs* errichtete er 1724-1729 ebenfalls ein großes Werk, das in seiner Disposition der *Breslauer St. Maria Magdalena-Orgel* entsprach. Die Sachverständigen bescheinigten RÖDER, daß er sich als ein »verständiger Meister gezeiget« habe.[48]

In der evangelischen Kirche zu *Großburg bei Brieg* ist er 1730 mit einem 22stimmigen Orgelbau nachgewiesen.[49] *Liegnitz* erhielt in den folgenden Jahren ebenfalls einen neue Orgel aus der Hand Röders. Dort baute er neben der Orgel in der evangelischen Kirche auch eine 8stimmige Hausorgel.[49] 1737 mußte RÖDER nochmals nach *Breslau*, um die erste Reparatur an seiner Orgel zu *St. Maria Magdalena* durchzuführen.[50] Bis in das Jahr 1738 ist er in *Schlesien* nachzuweisen; danach ist er wieder in der *Mark Brandenburg* und in *Stargard* mit Orgelbauten vertreten.[51]

Crossen, St. Marien-Kirche
Orgel von JOHANN MICHAEL RÖDER

Rückkehr in die Mark Brandenburg

1740 baute er im *Kloster Zinna* eine neue Orgel,[52] 1742 wird er in *Greiffenberg* bei *Angermünde* mit einem Umbau vermutet.[53] Für die Stadt *Prenzlau* errichtete er zwei Orgelwerke: 1744 in der *Heilig-Geist-Kapelle* und 1745 in *St. Marien*.[54] Der Prospekt der ersteren Orgel befindet sich heute in der *Schloßkirche Buch*. Für *Groß Schönebeck (Schorfheide)* begann RÖDER 1748 seine letzte Orgel; darüber starb er.[55]

Wie sehr die Gestaltung der Orgeln Röders dem Zeitgeschmack entsprach, ersieht man aus der Beschreibung und Beurteilung des Prospekts der *Breslauer Maria-Magdalenen-Orgel* in Matthesons Ehrenpforte: »Alle Kaiser, Könige und Fürsten müßten sich darüber verwundern« und in der Legende zu dem die Orgel wiedergebenden Kupferstich heißt es: »Abbildung der Großen Orgel, welche in der Kayser- und Königlichen Stadt Breslau, in der Kirchen bey S. Maria Magdalena, durch Johann Rödern Berühmten Orgelmachern Ao. 1725 erbauet worden. Und bestehet dieselbe aus 56 Klangbahren Stimmen, Vier Principalen, als Eines a 32, Eines a 16 und zwei a 8 Fuß, Einem Glocken Spiel, welches durch die in der Gloria sich bewegenden Engel, mit ihren in Händen habenden Hämmern, durch Hülffe des Pedals, tractiret wird. Wie auch Einem Paar küpfferenen Pauken, worauf gleichfalls Zwey Engel alles, was man auf natürlichen Paucken haben kan, mit ihren Schlegeln vollkommen prädestiren, und mit dem Trompetten-Zug, so wohl Intraden, als Aufzüge gespielet werden können«.[56]

Von den Orgeln Röders sind kaum noch Instrumente erhalten. In *Wesenberg, Mecklenburg*, sind noch Restbestände des Werks der *Dorotheenstädtischen Kirche* vorhanden, in *Berlin-Buch* steht hinter dem Prospekt eine SCHUKE-Orgel, in *Crossen* wurde in den dreißiger Jahren des zwanzigsten Jahrhunderts das Röder-Werk durch eins der Firma SAUER ersetzt.[57] SB

55. PfA-Groß Schönebeck (Schorfheide).
56. Matt-1910, S. 141.
57. Wie Anm. 43; ASaF.

JOACHIM WAGNER

Die für den Orgelbau in Berlin wichtigste Persönlichkeit ist JOACHIM WAGNER. Seine Schaffensperiode erstreckte sich über einen Zeitraum von 30 Jahren (1720-1749). Die meisten seiner Orgeln baute er in der Kurmark (Mark Brandenburg zwischen Elbe und Oder), aber er baute auch in der Alt- und Neumark, Pommern, Magdeburg, dem Kurfürstentum Sachsen und einmal in Norwegen.

An seinem ersten Orgelwerk, *St. Marien, Berlin*, zeigte der im 30. Lebensjahr stehende Joachim Wagner bereits eine ausgewogene handwerkliche und künstlerische Meisterschaft. Der Weg bis hin zu dieser Meisterschaft ist noch weitgehend unbekannt.

JOACHIM WAGNER wurde am 13. 4. 1690 in Karow bei Genthin im damaligen Herzogtum Magdeburg geboren. Sein Vater hatte die dortige Pfarrstelle inne.[58] Einen ersten Bezug zur Orgel hat Joachim Wagner sicherlich in der Pfarrkirche des Vaters erhalten. Ein vielleicht in diese Zeit fallender Orgelneubau in der 1712 neu errichteten Pfarrkirche zu Karow kann das Interesse und den Wunsch geweckt haben, sich näher mit dieser Materie zu beschäftigen.

Wer der erste Lehrmeister Wagners war, ist bis heute noch nicht zu belegen. Vermutet wird, daß der Schnitger-Schüler MATTHIAS HARTMANN, der sich um 1710 in Magdeburg niedergelassen hatte, sein erster Lehrmeister war. Wagner könnte an der 1712 von Hartmann in *Wanzleben* errichteten Orgel zu ST. JACOBI mitgearbeitet haben.[59] Der Berliner Bildhauer JOHANN GEORG GLUME, der in den zwanziger und dreißiger Jahren des 18. Jahrhunderts mehrere Orgelwerke Wagners mit Schnitzwerk ausstaffierte, war ebenfalls als Bildschnitzer für die in seinem Heimatort Wanzleben errichtete Orgel tätig. Während seiner Gesellen- und Wanderzeit wird er die Orgeln CHRISTOPH CONTIUS' in *Halle* und CHRISTOPH TREUTMANNS kennengelernt haben. Christoph Contius' Sohn ANDREAS HEINRICH CONTIUS wurde später Geselle bei Wagner in Berlin.[60]

In der Fachliteratur wurde oft versucht, eine Beziehung Wagners zu ARP SCHNIT-

58. Koer-1913; Berg-1989, S. 104 f.; Berg-1990, S. 5.
59. Stev-1939, S. 5.
60. PfA-MiPa.

Berlin, St. Marien-Kirche
Orgel von JOACHIM WAGNER

ger oder Gottfried Silbermann herzustellen. Nachdem im Silbermann-Archiv der Bibliothèque Nationale in Paris der Hinweis Andreas Silbermanns gefunden wurde, daß Wagner zwei Jahre bei Gottfried Silbermann gearbeitet hat - vermutlich von 1717 bis 1719 - dürften die Bemühungen von Mund und Steves, eine Brücke zu Schnitger zu schlagen, nur noch eingeschränkt Gültigkeit besitzen.[61]
»Ao: 1741 war ich in Berlin und speißte d. 6. Junij Bey Hr. Wagner zu mittag. Nachdem führte er mich zu dieser Orgel [in der *Garnisonkirche*]. Ich hatte von meinem Hr. Vettern Gottfried Silbermann als ich aus Zittau von ihm reyßte, Commission, diese Orgel genau zu betrachten, und ihme alsdan Bericht davon zu geben, weilen Hr. Wagner bey ihme 2 Jahr in Arbeit gestanden.«[62] Seit gut zwanzig Jahren ist durch Pater Hohn die Gesellenzeit Joachim Wagners bei Gottfried Silbermann archivalisch belegt.[63] Zuvor hatte C. P. Schulze anhand eingehender Untersuchungen auf dem Gebiet der Material- und Mensurenvergleiche einen Bezug zu Silbermann nachgewiesen.
Im Jahr 1719 ließ sich Wagner in Berlin nieder und erhielt dort eine Konzession zum Orgelbauen.[64] Im gleichen Jahr unterzeichnete er bei der Gemeinde der *St. Marien-Kirche* seinen ersten Orgelbauvertrag.[65] Dieses Orgelwerk wurde sein Meisterstück, wie er selbst in dem Eintrag auf der Windlade mitteilte.[66] Der Bau dieses Instruments legte den Grundstein für den Beginn einer eigenständigen Orgelbautradition in der Mark Brandenburg. War die Zeit während des ersten Orgelbaus für Wagner noch schwer, da er, wie er selber notierte, angefeindet wurde, so war sein Ruf nach der Fertigstellung der Marien-Orgel gefestigt.[67] Wagner wurde zum begehrtesten Orgelbauer Berlins und der Mark Brandenburg. Teilweise arbeitete er an mehreren Orgeln gleichzeitig. Die Zahl seiner Mitarbeiter stieg von zwei im Jahre 1720 bis auf 8 im Jahre 1732 an.[68] Wagner besaß in Berlin eine Werkstatt, in der er die Orgeln fertigte. Erst nach Beendigung der Vorarbeiten ließ er die Teile an den jeweiligen Aufstellungsort transportieren.[69]
In den 30er Jahren schickte Friedrich Wilhelm I. Joachim Wagner nach Holland, um Anregungen für die neue Orgel der *Berliner St. Petri-Kirche* zu gewinnen.[70] Der vom König gewünschte Bau einer Riesenorgel von 110 Registern und mannsdicken Pfeifen wurde jedoch fallen gelassen, da der Kirchturm beim Neubau der Kirche eingestürzt war und die bereitgestellten Mittel für den Neubau des Turms verwendet werden mußten.[71]

Technische Anlage und Werkaufbau

Wagner baute wie alle seine Zeitgenossen im norddeutschen Raum Schleifladen. Friedrich Walther beschrieb die Konstruktion in seiner Arbeit über die Wagner-Orgel der *Berliner Garnisonkirche*.[72]
Für die 1727 errichtete Orgel der *Berliner St. Georgen-Kirche* ist der früheste Nachweis der Anwendung einer Transmissionslade durch Wagner gefunden worden.[73] Aus seinen Eintragungen geht aber hervor, daß er bereits vorher ein Orgelwerk mit Transmissionslade gebaut hatte. Hierfür käme sowohl orgelbaulich als auch historisch nur die Orgel der *Brandenburger Katharinen-Kirche* in Frage.[74] In der Literatur findet sich eine Beschreibung dieser Bauweise erstmals 1729 im Zusammenhang mit dem Orgelneubau in *Wriezen*. Philipp Wilhelm Stärck schrieb über das dritte Klavier: »Clavier ohne particulaire Windlade auf eine neue invention.«[75]
Wagner wies bei Orgelbauten, bei denen er eine Transmissionslade anzufertigen gedachte, mehrfach in den Kostenvoranschlägen darauf hin, daß er sie »nach der von ihm neu erfundenen neuen Invention« ausführen wolle.[76] War die Transmission von ausschließlich Hauptwerksstimmen in das Pedal seit der Gotik bereits ein bekanntes technisches Verfahren, so führte Wagner die Transmission zwischen den

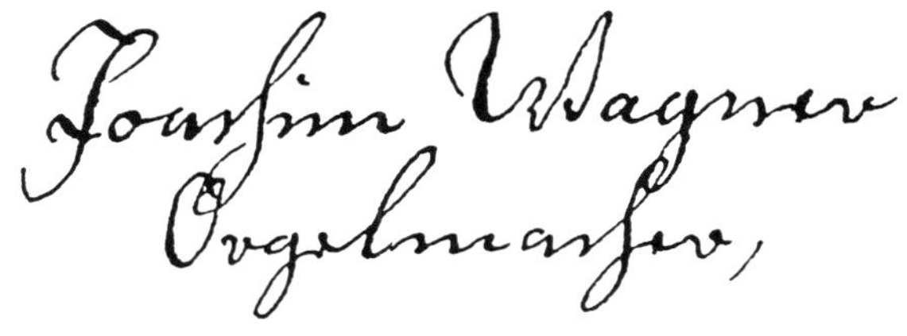

61. Vgl. hierzu Mund-1902, Nr. 13-15, Mund-1928 und Stev-1939, S. 43.
62. FrNaB-SiA, S. 54 f.
63. AKScB, Korrespondenz P. Albert Hohn mit Karl Schuke; Hohn-1970, S. 11 f.
64. DZAM, Rep. 9 KK 1 b.
65. AKlB, Filmkopie der Orgelakten der Berliner St. Marien-Kirche.
66. Scol-1909, S. 4.
67. Scol-1909, S. 4 f.
68. Vgl. dazu Fest-1928, S. 30 und S. 50.
69. Vgl. dazu Scul-1913, S. 86.
70. Rahn-1853, S. 41.
71. FrNaB-SiA, S. 54 f; Rahn-1853, S. 48 f.
72. Walt-1726, S. 12 f.
73. Beck-1759, S. 481; Samm-1757/2, S. 118.
74. Freundl. Hinweis v. Andreas Kitschke, Potsdam.
75. Stär-1729, S. 35.
76. Siehe auch Aufzeichnung in der Pedallade der *Heilig-Geist-Kirche, Potsdam:* »Und ist es das 5te Werk, so Er nach der von ihm erfundenen neuen invention gemacht hat.«

Berlin, Alte Garnison-Kirche
Orgel von Joachim Wagner
Kupferstich von G. P. Busch (1727)

Manualwerken ein und verwendete sie nur zwischen ihnen.[77] Von dieser Einrichtung, die in sieben seiner Werke zur Anwendung gelangte, ist leider keine mehr erhalten, und es gibt weder eine Aufzeichnung noch eine ausführliche Beschreibung davon.

Bei der Anlage der Spielmechanik bemühte sich WAGNER um eine kurze, rationelle Trakturführung. Er brachte die Windkästen stets in größtmöglicher Nähe zur Spielanlage unter. Frontregierte Werke wurden weiterhin mit der konventionellen Wellenbrettmechanik gebaut. Bei seitenregierten Orgeln verwendete Wagner dagegen Terrassenwellenrahmen.[78] Diese Einrichtung war im 18. Jahrhundert innerhalb der Mark Brandenburg an die Person Joachim Wagners gebunden. Er entschied sich für eine Seitenregierung der Instrumente immer dort, wo die Platzverhältnisse nur einen niedrigen Gehäusesockel zuließen.[79]

WAGNER verzichtete bewußt auf den Bau von Rückpositiven. ANDREAS SILBERMANN schrieb: »Ich fragte in Berlin einsmahls den Hr. Wagner warum er keine Rückpositive machet, Er antwortete mir, daß weilen sie mit Stegtur müsten zu spielen gemacht werden so wären sie gar schwer zu trücken, ich widerredete Ihme solches und sagte daß man vermittelst Stegturn die Clavire leichter kan tractiren machen als durch Structuren, er wollte es aber nicht glauben.«[80]

Mit der auch von GOTTFRIED SILBERMANN gebauten Manualschiebekoppel wollte sich Wagner nur in seiner frühen Schaffenszeit zufrieden geben. Zwischen 1732 und

77. Frie-1989, S. 29 f.

78. Eine Beschreibung befindet sich in Walt-1726 und Stär-1729.

79. so u. a. in *Gramzow* (heute *Sternhagen*) und *Felchow*.

80. FrNaB-SiA, S. 49.

Berlin, Jerusalem-Kirche
Orgel von JOACHIM WAGNER, bis 1730 in *Potsdam, Alte Garnisonkirche*

1733 ist von ihm die Gabelkoppel als Zugkoppel eingeführt worden.[81] Die Pedalkoppel fand bei ihm nur bei zweimanualigen Transmissionsorgeln Verwendung.[82] WAGNER ordnete das Manualklavier und die Registerzüge innerhalb eines verschließbaren Spielschranks an. In Frontspielschränken wurden die Züge beiderseits als versetzte Vertikalreihen angeordnet, in Seitenspielschränken wurden die Manubrien als Horizontalreihe über dem Notenpult angelegt. Nur in Ausnahmefällen baute er unter dem Spielschrank einen Nebenzug, der zumeist die Bewegung von Adlern, Sonnen oder Paukenengeln diente. Ein einheitliches Stichmaß verwendete Wagner nicht; bei den noch heute erhaltenen Manualklavieren findet sich eine Variationsbreite von 478 bis 484 Millimetern.
WAGNER entschied sich beim Bau seiner Werke für eine unterschiedlich starke Windversorgung von Pedal und Manual. Helmut Winter sieht in Wagner einen der entschiedenen Verfechter dieser im 18. Jahrhundert neuen Windruckdifferenzierung: »Soweit sich feststellen läßt, kennt der alte norddeutsche Orgelbau bis in die ersten Jahrzehnte des 18. Jhs. keine Windtrennung für die einzelnen Werke. Das heißt: Der Winddruck ist für alle Laden der Orgel gleich. Mehr in Richtung Mitteldeutschland hat man allerdings in den zwanziger Jahren des 18. Jhs. begonnen, die Pedalwindladen aus eigenen Bälgen zu speisen und ihnen in der Regel einen etwas höheren Druck als den Manualladen gegeben. Bahnbrechend in dieser Richtung scheint vor allem Joachim Wagner gewesen zu sein.«[83]
Hinsichtlich der Verarbeitungsqualität und der Güte des verwendeten Materials stand WAGNER den Ansprüchen seiner Vorbilder in nichts nach. Daß es in der Qualität der Verarbeitung und der Werkstoffe zu Unterschieden kam, mag an der Beteiligung mehrerer Mitarbeiter und an einer wechselnden Verantwortlichkeit gelegen haben. Zum anderen kann dies mit der um 1740 auftretenden Veränderung im Herstellungsverfahren zusammenhängen. Wurden bis um 1740 die Orgeln zumeist in Berlin gefertigt und dann in Einzelteilen zum Aufstellungsort versandt, so fand in seinem letzten Schaffensjahrzehnt der Bau an Ort und Stelle statt. Längere Abwesenheit und der gleichzeitige Bau an zwei Orten mögen dafür mitverantwortlich sein. Übersehen werden darf auch nicht, daß bereits im Jahr des Regierungsantritts Friedrichs des Großen, 1740, die Schlesischen Kriege begonnen hatten und von daher die Materialbeschaffung erschwert war, die Qualität der Rohprodukte minderwertiger war und vor allem gespart werden mußte. So ist auch das letzte Schaffensjahrzehnt Wagners vor allem durch den Bau kleinerer Instrumente gekennzeichnet.[84]

Zur Dispositionsgestaltung WAGNERS

Die Dispositionen WAGNERS lassen die Erfahrungen, die er bei SILBERMANN gesammelt hatte, erahnen. Sicherlich ist Wagner in der Tradition des stark an den norddeutschen Orgeln eines an ARP SCHNITGER orientierten Magdeburger Raumes aufgewachsen. Wagner trennte sich spätestens während seiner Gesellenzeit bei Silbermann von dieser noch bis 1710 dominierenden norddeutschen Schule.[85] Als Vorlagen für den Dispositionsstil Wagners könnten die 1714 geweihte Orgel des *Freiberger Doms* sowie eine Anzahl einmanualiger Dorfkirchenorgeln mit einem Umfang von etwa 14 Registern herangezogen worden sein.[86]
Auffallend gegenüber den Orgeln Silbermanns ist, wenn man von der Orgel der *Berliner St. Marien-Kirche* absieht, die starke Besetzung des Pedals bis hinunter zur 26registrigen Orgel der alten *Potsdamer Garnisonkirche*, später *Jerusalem-Kirche, Berlin*, oder der 27registrigen Orgel der *Johannis-Kirche* zu *Werben*. Wenn es nur irgendwie möglich war, legte Wagner seine Pedalwerke links und rechts vom Hauptwerk gleich hinter einen 16-Fuß-Prästanten an.
Als Vorbild des Typs der einmanualigen Wagner-Orgeln kann die im Jahr 1716 fertig-

81. Zuerst in der Orgel der *Parochial-Kirche* verwendet, die im *Dom* zu *Brandenburg* vorkommende Gabel-Koppel als Zugkoppel ist später von Scholtze angefertigt worden.
82. so z.B. in *Freienwalde, St. Nikolai:* »Das Pedal spielet durch Coppelung Manualiter mit.«
83. Wint-1969, S. 178.
84. Hint-1967, S. 180 ff.
85. siehe hierzu, Kauf-1949.
86. siehe hierzu, Müll-1982, S. 120 f. und S. 142 f.

Orgel der *Jerusalem-Kirche* von JOACHIM WAGNER (Zustand von 1741)

Manual

1.	Principal	8
2.	Bourdon	16
3.	Rohrflöt	8
4.	Cornet	3fach
5.	Octav	4
6.	Quint	3
7.	Octav	2
8.	Scharf	5fach
9.	Cimbel	3fach
10.	Trompet	8 schu

Oberwerck

1.	Principal	4
2.	Gedackt	8
3.	Quintadön	8
4.	Rohrflöt	4
5.	Nassat	3
6.	Octav	2
7.	Tertz	2
8.	Quint	1 1/2
9.	Cimbel	3fach

Pedal

1.	Principal	16
2.	Octav	8
3.	Quint	6
4.	Octav	4
5.	Mixtur	6fach
6.	Posaun	16fuß

gestellte Orgel der *Dorfkirche Niederschöna* angesehen werden. Wagners einmanualige, achtfüßige Orgeln sind dieser weitgehend ähnlich disponiert.[87] Er entwickelte aus diesem Orgeltyp auf Achtfuß-Basis einen Orgeltyp auf Vierfuß-Basis, für den es bei Silbermann kein Äquivalent gab.

87. siehe *Jüterbog, Liebfrauen*.

Er führte die bereits durch SILBERMANN in Mitteldeutschland eingeführten Register elsässischen Charakters, wie die gemischten Stimmen Cornet (aber in anderer Bauart als Silbermann) und Echocornet, weitmensurierte Terzen und unterschiedliche, relativ tiefliegende Klangkronen sowie Zungenregister, in den Orgelbau der Mark Brandenburg ein. Gemeinsam mit den ebenfalls nach Silbermann konstruierten kraftvollen Prinzipalen sowie der Verwendung von Registern wie Waldflöte 2′, Traversflöte 4′, den Streichern Fugara 4′ und Salicional 8′, terzhaltigen Mixturen mit der Bezeichnung Scharff, den Pedalquinten oder des Gemshorn 8′, die auf eigenständige Intention WAGNERS zur Aufstellung gelangten, schuf er einen Orgelstil, der sich durch Farbigkeit, aber auch durch eine gewisse Herbheit auszeichnete.

Der schöpferische Ansatz Wagners ist dabei so groß, daß von einer eigenständigen Wagner-Schule gesprochen werden muß. Wie Gottfried Silbermann begründete Wagner einen eigenen Personalstil, der aber facettenreicher als der Silbermanns war. Die in der Literatur immer wieder gebrauchte Bezeichnung, Wagner der »märkische Silbermann«[88], ist, obwohl durch seine Tätigkeit bei Silbermann eine gewisse Beziehung vorhanden ist, dennoch falsch; WAGNER ist kein Kopist Silbermanns. Die geistige Schule kann er zwar nicht verleugnen, aber er ging über diese hinaus und gestaltete einen eigenständigen Klangkörper und Charakter, von den technischen Neuerungen und Veränderungen ganz zu schweigen.[89]

88. so u. a. in: NZ, 9.8.1990.
89. Zug als Gabel-Koppel, Transmissionen unter den Manualwerken.

Klangideal und Gehäusegestaltung im Wandel

Die Zeit, in die WAGNERS Lehr-, Gesellen- und Meisterjahre fallen, war eine des Umbruchs und des Übergangs vom barocken Lebensstil hin zur Aufklärung. Galt ARP SCHNITGER vor 1710 noch als einer der großen deutschen Orgelbauer, so erschien er »der zwischen 1710-1720 im Orgelbau aufkommenden Generation bereits als ein Unzeitgemäßer .... sein Festhalten an der überlieferten Werkorgel erschien altmodisch.«[90]

90. Kauf-1949, S. 36.

»In Deutschland aber trat in fast allen Landschaften eine Generation von Orgelbauern auf, die nach neuen Gesichtspunkten in ihrer Kunst suchten und dem Zeitgeschmack entsprechend ein Orgelideal erstrebten, das in völligem Gegensatz zu dem des norddeutschen Barock im 17. Jahrhundert stand: Johann Michael Röder in Berlin und Breslau, Joachim Wagner in Brandenburg, Mosengel und Casparini in Ostpreußen, Treutmann im Magdeburgischen, Engler in Schlesien, Carstens und Sperling im Norden, Silbermann in Sachsen, Patroklus Müller und Klausing in Westfalen, Gabler in Schwaben, Fux in Bayern - sie alle unterwarfen die Schauseite der Orgel ganz neuen, gefühlsbetonten Ansprüchen, die sich aus den Forderungen der geltenden Mode herleiteten.«[91]

91. Kauf-1949, S. 37.

Die Neugestaltung des Orgelprospekts begann mit der Kritik am Rückpositiv. Die um 1680 herausgegebene »Instruction über die Essentialen einer Orgel« des Domorganisten RHABANUS WERNEKINK aus Münster beschrieb erstmals den neu geforderten Stil. »Infolge der Aufgabe des Rückpositives griff aber der Prozeß der Umformung auf die übrigen Teile des Prospektes über. Folgerichtig mußte er sich gleich den Altären, der Kanzeln und dem Gestühl den malerischen ornamentalen Forderungen des Spätbarock und Rokoko unterordnen.«[91a] Der Orgelprospekt nahm auch in der wissenschaftlich literarischen Darstellung einen immer größern Platz ein, so widmete JACOB ADLUNG in seiner Schrift »Musica mechanica organoedi« ein ganzes Kapitel dem äußerlichen Staat und Zierat. »Denn wie man in unseren Kirchen nicht nur auf nöthige Dinge reflecttiret, sondern auch Staat oder

91a. Kauf-1949, S. 38.

äußerliches Ansehen observirt, so weit es mit der Andacht bestehen kann: so wird auch dieses beym Orgelbau sonderlich beobachtet. Und gewiß, wenn eine Orgel recht angelegt wird, so ist es eine besondere Zierde des Gotteshauses.«[92]

Einhergehend mit der optischen Umgestaltung fällt in Wagners Orgelbauzeit auch die klangliche Neugestaltung; ein neues Klangideal sollte dem Orgelbau zugrunde gelegt werden.

Den gegensätzlich gefärbten Werken der chorischen Gruppeneinteilung wurde der Wunsch nach einem abgewogenen Tuttiklang entgegengesetzt. Durch die Verwendung von Streicherstimmen wurde der Weg hin zu einem neuen Klangempfinden in Richtung zum empfindsamen Ausdruck beschritten. Das terrassenförmige Gegeneinander wich einem verschmelzenden Klang. Damit zusammenhängend ging der Bedeutungswandel in der Wertung der Klaviere, die sich nicht mehr als Gegensätze ansehen sollten, sondern nach Stärkegraden aufgebaut werden sollten. Der Prospekt hatte diesen Tatbestand in einem zusammenhängenden Tutti von Pfeifen und Ornamenten zum Ausdruck zu bringen.

Wagner ging auch in der Gestaltung seiner Orgelprospekte neue Wege. War bei seinem ersten Orgelwerk noch der gestalterische Rückgriff auf Formen, die auch

92. Adlu-1768, § 328 f.

Dorfkirche Falkenberg
Orgel von Joachim Wagner, vormals *Friedrichs-Waisenhaus*

von ARP SCHNITGER verwendet wurden, vorhanden, so fand Wagner in den folgenden Orgelwerken einen den jeweiligen Werken adäquaten Orgelgehäusetyp.[93]
In der dynamisch geschwungenen Durchgestaltung seiner Orgelprospekte ging Wagner weit über SILBERMANN hinaus. Die Flächenhaftigkeit, die nüchterne Schrankform, die für viele Silbermann-Orgeln kennzeichnend ist und nur bei größeren Instrumenten wie der Orgel der *Dresdener Frauenkirche* und der 1757 zerstörten *Johanniskirche* in *Zittau* überwunden wurde, war für Wagners Orgelgehäuse kein Vorbild.
Walter Kaufmann urteilt in seinem Buch »Der Orgelprospekt«: »Gottfried Silbermanns Orgelprospekte halten den Vergleich mit seinen sonst so viel gepriesenen Werken nicht aus. - Dagegen schuf der eigentlich »preußische« Joachim Wagner in der St. Marien-Kirche zu Berlin (1721) und in der Katharinen-Kirche zu Brandenburg (1726) Prospekte, die sich durch großen ornamentalen Schwung auszeichnen«.[94]
Der Sieg des Ornaments über den Werkaufbau, wie er in den Kloster- und Wallfahrtskirchen Schwabens, Bayerns und Österreichs vorherrschend war, konnte und sollte im protestantischen Brandenburg-Preußen nicht erreicht werden. Die Verschmelzung des Orgelgehäuses mit der Architektur des Kirchraumes versuchte WAGNER dort zu erzielen, wo einerseits die Größe der Orgelempore dies zuließ, und andererseits die finanziellen Mittel zum Orgelbau dies ermöglichten. Wagner sah auch in der Orgelpfeife ein gestalterisches Moment, indem er die der Pfeife eigene Form nutzte, um sie in ein architektonisches Gesamtbild einzufügen. Ansätze dazu finden sich bereits bei der Orgel für die zweite *Potsdamer Garnisonkirche*, bei der er Pfeifen und Pfeifenfelder zu korinthischen Säulen konfigurierte. Beim Bau der Orgeln für *Königsberg (Neumark)* schloß er Pfeifenfelder zu Pilastern zusammen. Für die *Heiliggeist-Kirche* in *Magdeburg* verwendete er beide Gestaltungsarten von Pfeifenfeldern.[95] Wo SILBERMANN mit Holz und Stuck arbeitete, um den Effekt zu erzielen, verwendete Wagner die Materialien, die von ihrer eigenen Form dazu geeignet waren. Die Orgelpfeife wurde so bei ihm auch zum Ornament. Dieses wurde ihm von Hermann Mund und Steves als Fehlgriff vorgeworfen[96], kann heute aber als solcher nicht mehr angesehen werden, sondern muß im Zusammenhang mit der zu jener Zeit geforderten Synthese von Klang und Architektur gesehen werden. Zu erwähnen bleibt dabei, daß Wagner die Eigengesetzlichkeit des verwendeten Materials stets berücksichtigte.
WAGNER entwickelte für jeden seiner Orgeltypen ein entsprechendes Gehäuse. Er hatte das große Glück, daß die namhaftesten Bildschnitzer Brandenburg-Preußens sich an der Ausgestaltung seiner Orgeln beteiligten. So schuf JOHANN GEORG GLUME unter anderem für die *Berliner St. Marien-Kirche*, den *Dom* zu *Brandenburg* und die dortige *Katharinen-Kirche* die Blindflügel und das Schnitzwerk.[97] Eine auch optische Verbindung von Kanzel und Orgel erreichte Wagner, indem er nicht selten die Ornamentik der Bekrönung der Schalldeckel der Kanzel bei der ornamentalen Gestaltung der Bekrönung der Prospekttürme übernahm.[98]
In der Ausschmückung seiner Orgelwerke nahm Joachim Wagner Anleihen bei den Werken JOHANN MICHAEL RÖDERS. Dieser hatte bereits sieben Jahre vor Wagners Meisterstück mit seiner Orgel der *Berliner Garnisonkirche* den ersten Ornamentprospekt Brandenburg-Preußens geschaffen. Seine Ideen und Gestaltungsprinzipien wirkten auf Wagner. Zumindest wurden an letzteren Forderungen auf Verwendung von fliegenden Adlern, Paukenengeln, Sonnen und Volants für die Gestaltung der Orgelgehäuse herangetragen.
Bis zu seinem Tode im Jahre 1749, der ihn während des Baus der Orgel in *Salzwedel* ereilte[99], schuf WAGNER mindestens 45 Orgelwerke in knapp 30jähriger selbständiger Tätigkeit.[100] Er verstarb vollkommen mittellos. In den Akten des Kirchenarchivs von Salzwedel lesen wir: »den 23. Maji ist der Orgel-Bauer Wagener verstorben,

93. Wagner entwickelte 5 Orgelgehäuse-Typen, die er mit geringfügigen Abweichungen mehrfach baute.
94. Kauf-1949, S. 41.
95. Abbildungen der Prospekte in: ZfI, 1908/1909, S. 659; KbB, Bildarchiv; SIfMf, Bildarchiv.
96. Stev-1939, S. 40
97. Leh-1957, S. 38.
98. vgl. Zusammenwirken des figuralen Schmucks, des Schalldeckels, der Kanzel mit dem des Mittelturms der Orgel in *Berlin, St. Marien*, oder die ornamentale Gestaltung in *Wusterhausen a. d. Dosse, St. Peter und Paul.*

Salzwedel, St. Marien
Mutmaßliches Portrait nach Wagners Totenmaske

99. PfA Salzwedel, St. Marien.
100. siehe Orgelbauer-Verzeichnis im Anhang.

und da er vor der Hand hier nichts gehabt, hat auch seinetwegen hier nichts berechnet werden können, ist den 24. Maji Abends auf dem Kirchhof beygesetzt.«[101]
Zu seinen heute noch weitgehend erhaltenen Orgeln gehören die des *Doms* zu *Brandendurg* mit 33 Registern auf zwei Manualen und Pedal - das größte der erhaltenen Werke -[102], die der *Angermünder St. Marien-Kirche* , die als einzige der verbliebenen Wagner-Orgeln die zu seinen Lebzeiten so beliebten Paukenengel noch als spielfähigen Nebenzug aufweist. Weiterhin wären noch die Orgeln in *Treuenbrietzen*, *Wusterhausen a. d. Dosse*, *Jüterbog (Liebfrauen)* und *Pritzerbe* hervorzuheben. Das Instrument in *Trondheim*, von dem alle wichtigen Teile noch erhalten sind, soll in den nächsten Jahren restauriert bzw. rekonstruiert werden. Dreizehn überwiegend kleinere Orgeln und sieben Orgelgehäuse mit zum Teil orginalen Pfeifenreihen sind heute noch vorhanden.

101. Stev-1939, S. 4.
102. DAB, BDK 2102; AAScP.

Angermünde, St. Marien-Kirche
Orgel von Joachim Wagner

Wagner und seine Zeit

Anders als Silbermann hat Wagner es nicht verstanden, sich aus seinem Wirken einen Wohlstand zu erwirtschaften. Oft mußte er bei seinen Auftraggebern nachfordern, weil die vertraglich vereinbarte Summe bereits überschritten war. Wo er es für nötig befand, die Mittel der Auftraggeber aber für höhere Aufwendungen nicht ausreichten, entschied sich Wagner nicht selten für einen Bau nach seinen Vorstellungen auf eigene Kosten.[103] Dem Reparieren eigener wie auch anderer Orgelwerke galt nicht sein Interesse, so daß die Reparaturen zumeist von seinen Gesellen oder örtlichen »Kleinmeistern« ausgeführt wurden.[104]
Das Verhältnis Wagners zu seinen Mitbewerbern, insbesondere zu Johann Michael Röder, ist noch weitgehend unerforscht. Die Beziehung beider ist sicherlich von äußerster Rivalität gekennzeichnet gewesen. Beide Orgelbauer haben große Qualitäten, wobei Röder das Verdienst zukommt, sich um die Ausgestaltung der Schauseite besonders verdient gemacht zu haben. Er baute eine komplizierte mechanische Illusionskunst in seine Orgeln ein; das Äußere der Orgel wurde zur Repräsentationsfläche.[105] Seine Impulse wurden von Wagner aufgegriffen.
Wagner hingegen hat die klangliche Neugestaltung des Orgelbaus in der Mark Brandenburg eingeleitet und grundlegend in den unterschiedlichsten Orgeltypen realisiert. Beide Meister haben ihrer Zeit große Anregungen gegeben und zumindest zwei Jahre gleichzeitig in Berlin gearbeitet.[106] Röder hat sich als Instrumentenmacher und Mechanikus auf die Gunst des Hofes verlassen, Wagner dagegen ist sicher durch seinen Bruder der Zugang zur Geistlichkeit und der Regierung erleichtert worden. Wagners Hartnäckigkeit, sich um eine Konzession zu bewerben und sie auch zu erhalten, führte dazu, daß Röder in Berlin keine Orgeln mehr bauen durfte. Auch der wohlwollende Friedrich Wilhelm I. konnte nach dem Erwerb der Orgelbau-Konzession durch Wagner nicht darüber hinwegsehen oder gar ignorieren, daß Röder den Erwerb einer solchen Konzession nicht für notwendig erachtet hatte.
Während Wagner sich von den Konzeptionen seiner Lehrer trennte und nicht nur in der Prospektgestaltung neue Wege ging, blieb Röder der Schnitger-Tradition stärker verbunden. Im Gegensatz zu Wagner, der seine Orgeln im Chorton stimmte, befürwortete er die Stimmung im Kammerton.[107]
Die Wege beider kreuzten sich noch einmal beim Bau der Orgel in *Groß Schönebeck (Schorfheide)*. Röder erhielt Wagner gegenüber den Vorzug, doch verstarb er während des Baus der Orgel (1748).[108]
Dieses letzte Werk Röders wurde von Gottlieb Scholtze im Jahre 1749 vollendet.[109] Kurz darauf stellte er auch das letzte Werk Joachim Wagners in *Salzwedel* fertig.[110] Während Wagners Stil durch seine Schüler in der märkischen Orgelbautradition fortlebte, ist der Einfluß Röders auf die Entwicklung des Orgelbaus in der Mark Brandenburg mit seinem Tode erloschen. SB

103. siehe z. B. Orgelbau *Berlin, Parochial-Kirche, Wriezen, St. Marien, Brandenburg, Dom.*
104. Wagner reparierte lediglich seine Orgel 1742 in *Berlin, St. Marien.*
105. siehe hierzu Adlu-1768, § 328 f und Matt-1910, S. 141 u. 311 f.
106. Ende 1719 bis 1721 verweilten beide Orgelbauer in Berlin. AKlB, Kopie Akten von Berlin, St. Marien; SAP, Rep. 9 KK 1 b, Fasz. 3.
107. Fest-1928, S. 45 f.
108. PfA-Groß Schönebeck (Schorfheide).
109. wie 108.
110. Stev-1939, S. 37.

Charlottenburg
Schloss Charlottenburg, Eosander-Kapelle

Schloß Charlottenburg
Hauptgebäude
Kupferstich von G. P. Busch,
(1716)

Das Schloß Charlottenburg wurde unter dem prunkliebenden Kurfürsten von Brandenburg, Friedrich III., seit 1701 als Friedrich I. König in Preußen, errichtet. Es war die Sommerresidenz seiner zweiten Gemahlin, der hannoverschen Prinzessin Sophie Charlotte, einer der gebildetsten und kunstsinnigsten Persönlichkeiten ihrer Zeit[1].

Der 1695 von A. Nehring geplante Sommersitz hatte wenig Ähnlichkeit mit der heutigen weitläufigen Anlage des Schlosses Charlottenburg[2]. Bereits vor der Einweihung dieses blockhaften Gebäudes von insgesamt elf Fensterachsen mit eingezogenem Mittelrisalit am 1. Juli 1699 dachte man an eine Erweiterung der Anlage durch zwei Nebengebäude. Und kurze Zeit später, noch vor Abschluß dieser Baumaßnahmen, wurden Pläne für eine abermalige Erweiterung des Schlosses ausgearbeitet, und zwar von dem schwedischen Architekten Johann Friedrich Eosander Goethe, der 1699 nach Preußen gekommen war und am 17. 2. 1700 zum Hofarchitekten bestellt wurde.

Die nur zum Teil ausgeführten Nebenflügel wurden zusammen mit dem nach beiden Seiten verlängerten Hauptbau zu einer klassischen Dreiflügelanlage ver-

1. Zu Sophie Charlotte vgl. insbesondere Wagn-1987/2 und Kirn-1987.
2. Für die folgende kurze Beschreibung der Baugeschichte des Schlosses und der Eosander-Kapelle wurden folgende Veröffentlichungen herangezogen: Kühn-1955; Führ-1972; Sper-1974.

Abb. links:
Charlottenburg, Eosander-Kapelle vor der Zerstörung 1944/45

bunden. An der Gartenseite gestaltete Eosander durch Anfügung von je 13 Achsen beidseits des Hauptbaues eine imposante Front von immerhin 140m Frontlänge. Diese Arbeiten waren noch nicht abgeschlossen, als die Königin am 1. Februar 1705 plötzlich verstarb. Noch vor ihrem Tod wurde Eosander Goethe mit der Planung einer Schloßkapelle beauftragt, die mit dem westlichen Orangeriegebäude verbunden werden sollte.

Eosander-Kapelle
Blick auf die Königsloge

Eigentümlicherweise ist die Kapelle in der Außenarchitektur nicht als solche erkennbar. Auch innerhalb der Schloßinnenräume nimmt sie eine isolierte Stellung ein, da ein repräsentativer Zugang fehlt. Sie kann von den Seitengebäuden nur durch Scheintüren und eine schlichte Flügeltür betreten werden. Der hochaufragende Raum von rechteckigem Grundriß, der sein Licht allein durch einen flachen Tambour erhält, ist durch drei Arkaden unterteilt. Die östlichen Arkaden öffnen die Kapelle zu einem Seitenschiff mit eingezogenen Emporen, deren Eichenholzbrüstungen in den Hauptraum vorspringen. Gegenüber, an der westlichen Wand, finden sich gleichartige Brüstungen, doch sind diese nur einer Wand vorgeblendet. Die Mitte der südlichen Schmalwand wird von einem Altartisch, der Kanzel und dem Schalldeckel, beide inmitten einer Arkade, eingenommen. Gegenüber dieser Wand befindet sich eine Königsloge, die durch aufschiebbare Fenster gegen den Kapellenraum abgeteilt ist. Oberhalb dieser Loge schwebt unter einem Baldachin eine von dem preußischen Adler gehaltene und von zwei Posaunenengeln gestützte große vergoldete Krone vor einer von Putten ausgebreiteten Draperie.

Der Orgelbau

Für den Bau einer Orgel verpflichtete man den Hamburger Meister Arp Schnitger. Die Autorschaft Schnitgers ist aufgrund der besonderen baulichen Verhältnisse und einiger für den Hamburger Meister untypischen Charakteristika an der Orgel oft in Zweifel gezogen worden. Nachdem aber Gustav Fock 1928 in den Bauakten des Brandenburg-Preußischen Hausarchivs Angaben über die Bauausfüh-

rung und Fertigstellung durch Schnitger gefunden hatte, bestehen keine Zweifel, daß das Instrument ein in wesentlichen Teilen von Schnitger und seinem Meistergesellen LAMBERT DANIEL KASTENS erbautes und fertiggestelltes Werk war[3].
Es ist bemerkenswert, daß nicht der Hoforgelbauer CHRISTIAN WERNER oder JOHANN NETTE mit dem Bau der Orgel beauftragt wurden. Anfang 1706 verhandelte man mit dem Orgelbauer in Hamburg und versprach ihm die Pflege der Orgeln im *Berliner Dom* und in den *Schlössern zu Oranienburg* und *Potsdam*. Schnitger setzte bald nach der Verhandlung in Hamburg Mitarbeiter seiner Werkstatt für den Neubau ein. Der Bau erfolgte zur Hauptsache in den Monaten Oktober und November des Jahres 1706 und wurde von Schnitger persönlich überwacht. Mit der Ausführung hatte man es sehr eilig; auf besonderen Wunsch der Königin Charlotte sollte die Kapelle nicht vor Fertigstellung der Orgel übergeben werden. Die Einweihung fand vermutlich kurz nach der Hochzeit des Kronprinzen im Dezember 1706 statt. Dies geht aus einem Brief hervor, den Schnitger am 6. November 1706 an den Pastor in Jade, Oldenburg, richtete:
»... übrigens hette Sie gerne am verwichenen Sommer besuchet, Ich bin aber darvon abgehalten, da Ich nach diesem Ohrte gefordert, und vor Ihro Königl. Mayst. in Preußen, ein kostbahr Werck in dero Capell zu Charlottenburg baue, wormit hoffentlich in drey oder vier wochen mit Gottes Hülffe fertig sein kan, und wird die Capelle, so in allen Stücken sehr Raar aufgebauet, gleich 8 tage nach dem Beylager eingeweyhet werden, so muß so lange Fuß halten biß daß vorbey, und verhoffe Ich negst Gott kurtz nach weynachten auff Ihre Nachbarschaft auch bey Sie zu kommen, ...«[4]. Die neue Orgel muß volle Anerkennung gefunden haben: Der König schrieb seiner Schwester, der Kurfürstin Sophie von Hannover:
»..., aber hier habe Ich einen guhten orgel bauer, welcher die meinige in der capel gemachet. Demselben wil wol überschicken wan es verlanget wird und ist sehr resenabel.«
Und zehn Jahre später heißt es im Theatrum Europaeum:
»... zu dem Orgel-Bau ward der geschicklichste Orgelbauer in Teutschland verschrieben; dahero dieselbe von so angenehmen Thon ist / daß sie von jeder man bewundert wird.«[5]
Da Eosander bei der Planung der Kapelle keinen Platz für die Orgel vorgesehen hatte, sah sich Schnitger vor eine schwierige akustische Aufgabe gestellt. Die kleine Kapelle hat ein Seitenschiff, das sich mit drei Rundbögen zum Kapellenraum öffnet. Auf den Mittelteil der in die Kapelle hineinragenden Empore stellte Schnitger ein mit einem Principal 8′ ausgestattetes Rückpositiv. An der Rückwand des Seitenschiffes kamen Hauptwerk und Pedalwerk mit gleicher Principalbasis zu stehen. Hätte Schnitger wie bei seinen anderen Orgeln das Rückpositiv-Gehäuse in Türme und Felder aufgeteilt, wäre der tief heruntergezogene Gewölbebogen vollständig ausgefüllt, und Hauptwerk und Pedal wären in ihrer Klangentfaltung noch viel stärker gehemmt worden, als es die architektonischen Bedingungen ohnehin schon mit sich bringen. Andererseits hat man extrem unglückliche Verhältnisse am Spieltisch, weil sich stark intoniertes Hauptwerk und gemäßigt intoniertes Rückpositiv dort klanglich kaum vereinen lassen.
Heitmann beschreibt 1937 den Eindruck an der Orgel, als er über die allwöchentlichen Orgelstunden in den Sommersemestern der Berliner Musikhochschulen berichtet:
»Es ist klar, daß der Organist bei dieser Situation gar nicht beurteilen kann, wie sich die einzelnen Klaviere in der Klangstärke und auch Klangfarbe in der Kapelle auswirken. Er wird sich einen in der Orgelmusik erfahrenen Assistenten mitbringen müssen, der in der Kapelle abhört oder ihm durch Übernahme des Spiels selber die Möglichkeit des Abhörens der geplanten Registrierung gibt. Nur so ist eine wirklich einwandfreie klangliche Gestaltung der vorzutragenden Werke gewährleistet.

Hauptwerk vor der Zerstörung

3. Die ersten Veröffentlichungen über die Orgel entstanden Anfang der dreißiger Jahre und sind Walter Kaufmann und Gustav Fock zu verdanken: Kauf-1931; Fock-1931.
4. Zur Geschichte der Schnitger-Orgel vergleiche insbesondere: Fock-1974, S. 200-202.

5. ThE-1717, XVI Theil, Frankfurt a.M. 1717, 2. Abt., S. 251.

Eosander-Kapelle
Blick auf den Altar

Es ist gut, daß die Schnitger-Orgel unsere Studierenden in eindringlicher Weise gerade an diese für das Orgelspiel ungemein wichtigen akustischen Fragen heranführt. Daß es sich bei gutem Orgelspiel um ein bei aller Temperamentsentfaltung raumbedingtes musikalisches Gestalten handelt, wird im allgemeinen zu wenig beachtet. Die Erfordernisse des Raumes erstrecken sich ja nicht nur auf die Klangstärke und -farbe, sondern ebenso sehr auf das Tempo und die Anschlagart. Was in dem einen Raum in dieser Beziehung gut erscheint, muß an einem anderen Ort manchmal erheblich modifiziert werden ...

Hauptwerk (II) C, D, E-c³

Principal	8′
Gedact	8′
Floite dues	8′
Octav	4′
Viol de Gamb	4′
Nassat	3′
Super Octav	2′
Mixtur 4fach	
Hoboy	8′
Vox humana	8′

Rückpositiv (I) C, D, E-c³

Principal	8′
Gedact liebl.	8′
Octav	4′
Floite dues	4′
Octav	2′
Waldfloit	2′
Sepquialt 2fach	
Scharf 3fach	

Pedalwerk C, D, E-d¹

Subbaß	16′
Octav	8′
Octav	4′
Nachthorn	2′
Mixtur 6fach	
Posaunen	16′
Trommet	8′
Cornet	2′

Schleifladen, mechanische Traktur, drei Sperrventile, Tremulant, Tonhöhe fast einen Ganzton unter Normalstimmung, ungleichschwebende Temperierung.

Der kleine Kapellenraum hält den Orgelklang gut zusammen, so daß auch kompliziert polyphone Werke in allen Einzelheiten klar zu vernehmen sind.

Wie selbstverständlich ergeben sich auf dieser Orgel alle Maßnahmen der Interpretation! Hier kommt man auf den Grund der Dinge. Müht man sich an einem klanglich weniger ergiebigen Instrument mit vielfachen Registrierungsversuchen und Experimenten, um zuletzt doch nur ein wenig befriedigendes Ergebnis zu erreichen, so hat man an dieser Orgel unter Mithilfe des abhörenden Assistenten in verhältnismäßig kurzer Zeit eine geradezu ideale klangliche Gestaltung gefunden.«[6].

Nicht nur die architektonische und klangliche Gestaltung sind bemerkenswert, auch orgelbautechnische Besonderheiten geben der Orgel eine in Schnitgers Lebenswerk ungewöhnliche Stellung. Hierzu schreibt Fock, sicher bezugnehmend auf Reimann[7], in seiner Schnitger-Biographie:

»Die Konstruktion der Windladen (Ganztonteilung statt Terzteilung, Nebeneinander von zwei Schleifen ohne trennenden Damm, unverspundete, einfach mit Leder zugeklebte Unterseite der Kanzellen) befremdete ebenso sehr wie die starke Verwendung von Föhrenholz für Pfeifenwerk (HW: Floite dues 8′, RP: Gedact 8′, Floite dues 4′, Ped: Subbaß 16′, Octav 8′, Posaune 16′), Rastbretter, Wellen, Wellen-

6. Heit-1937.
7. Reim-1932.

bretter und Kanäle. Auch wies ein großer Teil der Metallpfeifen eigenartige, spitz hochgezogene Oberlabien auf, wie sie sonst aus Schnitgers Werkstatt nicht bekannt sind. Sucht man nun nach einer Erklärung, so ist man ganz auf Mutmaßungen angewiesen, da eingehendere Akten darüber nicht erhalten sind.«

Die Pflege des Instrumentes hat in den ersten Jahren nach seiner Erbauung Schnitger selbst wahrgenommen. Am 1. September 1708 wurde der Meister zum Preußischen Hoforgelbauer ernannt. Wie viele Jahre er in Berlin zu tun hatte, können wir heute nicht mehr sagen. Vermutlich war Schnitger wegen Zahlungsunfähigkeit des Königs und wegen des geringen Entgegenkommens der Schloßverwaltungen schon bald nach 1710, spätestens aber 1714, nicht mehr in Berlin tätig[8].

8. Vgl. Fock-1974, S. 202-205. Schnitger hat noch 1714 ein kleines Werk mit 14 Stimmen in der Sophienkirche erbaut und vermutlich durch seinen Sohn Arp aufstellen lassen. Vgl. hierzu Samm-1757/2.

Die Orgel bis zu ihrer Zerstörung

Um 1714 hat der Berliner Orgelbauer Andreas Seidel eine Stimmung ausgeführt. 1760, mitten im Siebenjährigen Krieg, wurde *Berlin* von den »Ulanen und Cosaken« besetzt. Die außerhalb der Stadtgrenzen liegenden *Schlösser Charlottenburg* und *Niederschönhausen* wurden geplündert und die Inneneinrichtungen zertrümmert. Auch die Orgel wurde in Mitleidenschaft gezogen. »Die Plünderung hat gleich Donnerstags d. 9. Oktober [1760] Morgens um 9 Uhr ... den Anfang genommen, und hat bis zum Montage d. 13. ej. da die letzten erst abgezogen, gedauert.« Und später heißt es: »In der Schloß-Capelle ist die Orgel ruinirt, die Pfeifen sind ausgerissen und liegen auf dem Boden.«

Orgelstimmung nach 1888

Die Orgel wurde bald nach der Beschädigung repariert, denn »der König [Friedrich der Große] reißte am 2. Juni über Magdeburg nach Westfalen und blieb bei seiner Rückkehr vom 13.-19. Juli [1763] in Charlottenburg, wo die während des Krieges zerstörte Orgel der Schloßkapelle inzwischen wieder hergestellt war.«[9]

1868 hat Carl August Buchholz das Werk gereinigt und repariert. Ein von ihm mehrfach vorgeschlagener Umbau kam nicht zur Ausführung.[10] Erst 1888 tauschten die Gebrüder Dinse anläßlich der Hochzeitsfeierlichkeiten des Prinzen Heinrich von Preußen die Manual-Zungenstimmen gegen Gambe 8′ und Aeoline 8′ aus.[11] Über Jahre hinweg war die Orgel nahezu vergessen. Erst mit dem Einsetzen der Orgelbewegung brachte man dem Instrument wieder ein stärkeres Interesse entgegen.[12] Fock schreibt 1931: »Die Bestrebungen, diese Orgel für Stilkonzerte in dem

Spieltisch vor der Zerstörung

9. Zur Plünderung 1760 und zu den Arbeiten von 1713 bis 1763 wurden folgende Archive, Mitteilungen und Veröffentlichungen herangezogen: ASCh, Dokumente von 1853-1868; Sclü-1760; Fock-1931; Kühn-1970, S. 47; Auss-1986, S. 213. Die von Fock aufgeführten Abweichungen in der Konstruktion (vgl. Anm. 7) sind möglicherweise mit der Wiederherstellung nach 1760 zu erklären. Eine kürzlich nachgewiesene Reparatur durch Ernst Marx erfolgte erst 1766 (PfA Teupitz).
10. ASCh.
11. ASCh.
12. Fock-1931; Kemp-1931.

schönen Capell-Raum neu zu beleben, gehen noch auf Hermann Kretschmar, den ehemaligen Direktor der Staatlichen Akademie für Kirchen- und Schulmusik in Berlin zurück. Sein Nachfolger, Carl Thiel, beauftragte 1921 die Firma W. Sauer, Kostenanschläge für die Instandsetzung des Werkes einzureichen. ... Kürzlich gelang es nun der Verwaltung der Staatlichen Schlösser und Gärten, Mittel und Wege zur Wiederherstellung der Orgel zu finden. Den Anstoß dazu gab ihr eine öffentliche Werbung des Organisten Auler ...«[13]
1931 und 1934 wurde die Orgel durch Karl Kemper, Lübeck, instand gesetzt. Hierbei wurden auch Hoboy 8′ und Vox humana 8′ wieder eingefügt.[14]

Blick in das Hauptwerk, Zustand nach 1934

Blick in das Rückpositiv, Zustand nach 1934

Die Firma Alexander Schuke, Potsdam, betreute seit 1936 die Orgel und führte 1938 durch Karl Schuke eine weitere gründliche Instandsetzung durch.[15] 1943 wurde die Orgel abgebaut und in den Kellergewölben des *Berliner Stadtschlosses* gelagert. Die *Eosander-Kapelle* brannte 1943 aus, die Orgel wurde im *Stadtschloß* ein Jahr später vernichtet.[16] UP

Die Rekonstruktion

Die meisten Räume des *Charlottenburger Schlosses* wurden durch den Krieg schwer in Mitleidenschaft gezogen. Die erhalten gebliebenen Reste der Dekoration waren jahrelang den Unbilden der Witterung preisgegeben. Dennoch reichte das bei Beginn der Wiederherstellungsarbeiten Erhaltene aus, um die meisten dekorativen Details nachzuformen. Auch die Orgel wurde in die Rekonstruktionsarbeiten einbezogen, denn eine Wiederherstellung der *Eosander-Kapelle* im *Schloß Charlottenburg* wäre ohne eine Orgel kaum denkbar gewesen: der Prospekt des Rückpositivs, bestehend aus dem gewölbten 8′ hohen Pfeifenfeld in reich ornamentierter Fassung, ist ein wesentliches Ausstattungsstück dieses Innenraumes.[17]
Die Diskussion konzentrierte sich nach der Auftragserteilung an die Berliner Orgelbauwerkstatt Karl Schuke auf zwei Probleme: Sollte die Orgel in der ehemaligen Werkverteilung wieder aufgebaut werden, obwohl bekannt war, daß Hauptwerk und Pedal von dem großräumigen Rückpositiv in der Emporenarkade verdeckt wurden? Der Organist hatte den Eindruck eines intensiven Hauptwerks

13. Fock-1931.
14. Kemp-1931.
15. AKScB.
16. AKScB.
17. Scuk-1976.

Eosander-Kapelle
Orgel von Karl Schuke

und Pedals auf der Empore im Gegensatz zu einem hintergründigen Rückpositiv, während vom Saal her das Rückpositiv ganz unmittelbar zu hören war, das Hauptwerk und Pedal dagegen stark zurücktrat.

Zweiter Diskussionspunkt war die Frage, ob genügend Daten gegeben waren für eine Kopie des alten Werks, nicht nur in seinem äußeren Bilde, sondern auch im klanglichen Konzept. Im Einvernehmen mit HELMUT WINTER, Hamburg, der als Berater dieses Orgelbaus engagiert wurde, faßte man den Entschluß, eine Kopie des alten Instruments zu wagen. Welche Unterlagen standen für diesen Plan zur Verfügung? Es gab Fotos des alten Orgelgehäuses vor und nach dem Abbau der Orgelteile 1943. Maßaufzeichnungen über Gehäusepartien und Ornamente fehlten, aber einige Fragmente des Schnitzwerks waren erhalten. Sie bildeten den Ausgangspunkt zur Errechnung verbindlicher Maße im Vergleich zu den Fotos.

Von der Anordnung der Registerzüge, der Form und Beschriftung, gab es Abbildungen; ebenso von den Tasten, dem Notenbrett und der Orgelbank, so daß eine Rekonstruktion des Spielschranks möglich war. Schon in den dreißiger Jahren hatte man geplant, die sehr unbequemen Tastenverhältnisse im Rahmen des Möglichen zu korrigieren. Aus dieser Zeit sind akkurate Maßskizzen der Ober- und Untertasten der Manuale erhalten. Ohne den Gesamteindruck des übersichtlichen Spielschranks zu beeinträchtigen, wurde nun bei der Konstruktion der Orgel das Pedalklavier in heute gebräuchlichen Verhältnissen eingeschoben und anstelle der Schnabeltasten Pedaltasten moderner Bauart vorgesehen. Manual- und Pedalklaviaturen wurden um einige Töne erweitert: Der Tonumfang des Manuals C D E-c^3 erhielt als Ergänzung Dis, cis^3 und d^3. Im Pedal kam zu den Tönen C D E-d^1 lediglich das Dis. Durch diese Erweiterungen sollte es an diesem Instrument möglich werden, z. B. das Bachsche Werk umfassender darzustellen.

In der Registeranlage finden wir wieder die Sperrventile zu den einzelnen Werken und einen Tremulanten, der als Bocktremulant auf das gesamte Werk wirkt. Die Orgel hat keinerlei Koppeln. Besondere Aufmerksamkeit galt auch der Rekonstruktion der Windwege in diesem Instrument, obwohl die Bohrungen und die Querschnitte von Kanzellen und Kanälen nach heutigen Erfahrungen ziemlich eng gehalten sind. Es war nicht beabsichtigt, dem Werk eine stabile Windversorgung zu geben. Wesentliche Voraussetzung für den Plan einer Kopie der Schnitger-Orgel waren Mensuraufzeichnungen des alten Pfeifenbestandes. Unter anderem KARL SCHUKE und CARL ELIS hatten unabhängig voneinander Durchmesser, Labierungen und Aufschnitthöhen von Einzelpfeifen aus 18 Registern aufgenommen. So war es möglich, ein Mensurbild zu entwerfen, das dem historischen Vorbild ähnlich ist. Darüber hinaus galt es, auch die Pfeifenwandungen im Material und in der Plattenstärke der alten Bauart entsprechend zu bauen. Anhand von Materialanalysen wurden der Gehalt von Zinn, Blei und anderer Bestandteile ermittelt. Die Wandungen offener Pfeifenkörper wurden nach oben schwächer mit der Hand ausgehobelt. Auch die Stimmvorrichtungen entsprechen dem alten Vorbild.

Dem Orgelbauer standen auch Fotos des Pfeifenbestandes auf den Laden zur Verfügung, so daß Register im Innern der Orgel originalgetreu angeordnet werden konnten. Selbst die Anhängungen der Pfeifen sind dem Vorbild entsprechend angebracht. Auch die Spielart dürfte ähnlich wie bei der alten Orgel sein, da hier die Tasten wie ursprünglich als einarmige Hebel wirken.

Als einzige Dokumentation des Klanges dieser Schnitger-Orgel hinterließ Fritz Heitmann Schallplatten, die einige Spezifika des alten Instruments deutlich zeigen. Da dem Hause Schuke schon vor dem Kriege die Pflege des Instrumentes oblag, war es bei der Intonation möglich, aus der Klangerinnerung Akzente zu setzen. Natürlich wäre es vermessen, behaupten zu wollen, daß hier eine echte Schnitger-Orgel wiedererstanden sei. Ziel dieses Orgelbaus war bei allem Respekt vor dem Vorbild doch eine Synthese, nicht eine Kopie.

EB

Hauptwerk (II) C, D-d^3

Principal	8′
Gedact	8′
Floite dues	8′
Octav	4′
Viol de Gamb	4′
Nassat	3′
Super Octav	2′
Mixtur 4fach	
Hoboy	8′
Vox humana	8′

Rückpositiv (I) C, D-d^3

Principal	8′
Gedact liebl.	8′
Octav	4′
Floite dues	4′
Octav	2′
Waldfloit	2′
Sepquialt 2fach	
Scharf 3fach	

Pedalwerk C, D-d^1

Subbaß	16′
Octav	8′
Octav	4′
Nachthorn	2′
Mixtur 6fach	
Posaunen	16′
Trommet	8′
Cornet	2′

Schleifladen, mechanische Traktur, drei Sperrventile, Tremulant, Tonhöhe fast einen Ganzton unter Normalstimmung, gleichschwebende Temperierung.

Detail der rekonstruierten Orgel. Figürlicher Schmuck teilweise alt.

Buch
Schlosskirche

Schloßkirche Buch
Zustand vor 1943

1. Tros-1987, S. 102 f.; Kühn-1878, S. 447 f.
2. Tros-1987, S. 102 f.; Scol-1909, S. 5.
3. ASaF, Orgelakte der Reformierten Kirche, Frankfurt (Oder).
4. EZA, 14, 3347.
5. GStA, Rep. 2B, Abt. II, 2370, Orgelbau in Prenzlau.
6. Burg-1925, S. CVII.

Prenzlau, ehemalige *Heilig-Geist-Kapelle*
Orgel von Johann Michael Röder

Friedrich Wilhelm Diterichs erbaute in den Jahren 1731 bis 1736 im Auftrag des Ministers Adam Otto von Viereck in unmittelbarer Nähe zum Schloß eine Kirche, die aufgrund ihrer gestalterischen Qualität und der Verbindung zur Barockarchitektur in *Berlin* eine Sonderstellung unter den *Berliner Dorfkirchen* einnimmt. Den zentralisierenden Bau über kreuzförmigen, in West-Ost-Richtung gestrecktem Grundriß bekrönte über dem quadratischen Mittelraum ein achteckiger Zentralturm mit Haube und Laterne.[1]
Der ehemals mit reicher Gewölbedekoration aus Fresko und Stuckarbeiten äußerst prächtig ausgestattete Innenraum ist im Zweiten Weltkrieg größtenteils zerstört worden. Die Kirche zeigt heute nur noch einen schwachen Abglanz barocker Prachtentfaltung. Sie beherbergt lediglich noch die nach Entwürfen Diterichs gefertigte Mensa und den Kanzelkorb des ehemaligen Kanzelaltars sowie das Grabmal des Patronatsherrn von Viereck, das letzte Werk des Bildhauers Johann Georg Gluhme, Sohn des Bildhauers und Bildschnitzers Gluhme, der unter anderem die Ausstaffierung der Wagner-Orgeln in der *Berliner St. Marien-Kirche* und im *Brandenburger Dom* ausgeführt hatte.[2]
1788 erhielt der neue Patronatsherr Herr von Voss vom preußischen Prinzen Ludwig die ehemalige Schloß-Orgel der Prinzessin Anna Amalie von Preussen als Geschenk. Diese Orgel war bis dahin in dem von der Prinzessin 1763 erworbenen Haus Unter den Linden 7 aufgestellt gewesen. Zu dieser Schenkung bedurfte es der Zustimmung Friedrich Wilhelms II., da Prinz Ludwig, der das Erbe der Prinzessin Anna Amalie angetreten hatte, noch minderjährig war. Die Orgel wurde 1788 von dem Orgelbauer Ernst Marx nach *Buch* versetzt.[3] Damit die Orgel überhaupt aufgestellt werden konnte, mußte eine Empore der *Schloßkirche* um 65 cm tiefer gelegt werden und das Orgelgehäuse um seinen Turmschmuck und Teile des Gesimsaufbaues in der Höhe gekürzt werden. Derartig verändert stand die Orgel bis in die dreißiger Jahre unseres Jahrhunderts.
Als die *Bucher Schloßkirche* in den dreißiger Jahren restauriert werden sollte, setzte sich Baurat Peschke für die Wiederherstellung der ursprünglichen Anlage ein. In seinem Gutachten wies er darauf hin, daß mit dem Einbau der Amalien-Orgel der räumliche Grundgedanke Diterichs, die auf drei Seiten sich befindenden Emporen in gleicher Höhe herumlaufen zu lassen, geopfert worden war. Außerdem forderte er, den Westeingang der Kirche zuzumauern. Die Verwirklichung dieser Vorschläge hatte zur Folge, daß die Amalien-Orgel einer anderen Kirche als musikalisches Kleinod gegeben werden mußte. Vorgesehen war dafür zunächst die *Berliner St. Nikolai-Kirche*, die zur gleichen Zeit restauriert wurde.[4]
Für die *Bucher Schloßkirche* mußte daher ein Äquivalent gesucht werden. Dieses wurde in der Orgel der *Prenzlauer Heilig-Geist-Kapelle* gefunden, die zu einem Museum umgewandelt worden war. Das Instrument war 1744 von dem Berliner Orgelbauer Johann Michael Röder angefertigt worden.[5]
Röder, der 1722 bis 1738 in *Schlesien* tätig gewesen war und dort zuletzt die Orgel der *Breslauer St. Marien-Kirche* repariert hatte, kehrte danach wieder in die Landschaft seiner ersten großen Erfolge, der *Mark Brandenburg*, zurück. Außerdem hatte er in der *Berliner Sandgasse* immer noch sein Haus und seine alte Werkstatt.[6] Im

Buch, Schloßkirche
Gehäuse von Johann Michael Röder, 1744
Orgel von Alexander Schuke, 1962

Buch, Schloßkirche, 1962

Hauptwerk C - g³

Principal	8′
Rohrflöte	8′
Oktave	4′
Spitzflöte	4′
Oktave	2′
Mixtur 5fach	1 1/3′
Trompete	8′

Oberwerk C - g³

Gedackt	8′
Holzprinzipal	4′
Waldflöte	2′
Sesquialter	2fach
Quinte	1 1/3′
Oktave	1′
Scharff 4fach	1′
Vox humana	8′

Pedal

Subbaß	16′
Gemshorn	8′
Pommer	4′
Rauschpfeife	4fach
Posaune	16′

Schleifladen, mechanische Traktur, Tremulant, drei Normalkoppeln als Tritte[13]

Prenzlau, Heilig-Geist-Kapelle 1944

Manual

Principal	8′
Gedackt	8′
Oktave	4′
Gemshorn	4′
Quinte	2 2/3′
Superoktave	2′
Quinte	1 1/3′
Mixtur (vierfach)	4′
Zimbel (dreifach)	3′
Trompete	8′

Pedal

Subbaß	16′
Bordun	8′
Violone	8′
Oktave	4′
Posaune	16′

Schleifladen, mechanische Traktur, Tremulant, Zimbelstern[10]

Buch, Schloßkirche
Gehäuse von Johann Michael Röder

Frühjahr 1740 reiste er nach *Prenzlau* und reichte beim dortigen Magistrat einen Kostenanschlag mit Disposition und Riß für die neue Orgel der Hauptkirche *St. Marien* ein. Das von ihm entworfene Werk sollte 26 klingende Stimmen erhalten. Aus dem Kostenanschlag geht hervor, daß er auch für die *Heilig-Geist-Kapelle* ein Orgelwerk bauen sollte. So heißt es im letzten Absatz seines Textes: »alles daß jenige nun was in vorbeschriebener punctation von der großen Orgel [St. Marien] enthalten und benannt, ist von der kleinen Orgel zum heil. Geist gleichfalls zu verstehen, nur daß solche in der Disposition der Stimmen und Blasebälge mit jener differiert und anstat 4 nur 2 blaßbälge von vorgedachter Länge und breite bekommt.«[7]

Röder begann erst drei Jahre später mit dem Bau der beiden *Prenzlauer Orgeln*. Zuvor errichtete er 1740 die Orgel in der *Klosterkirche Zinna* und 1742 die Orgel zu *Greiffenberg* unter Verwendung der alten Windladen.[8]

Im Jahre 1744 waren beide Orgelwerke in *Prenzlau* fertiggestellt. Zur Bezahlung »des berühmten Orgelbauers zu Berlin, Johan Rödern« mußte mit Genehmigung des Königs ein zweites Mal ein Kapital bei der *Kirche* zu *Blindow* aufgenommen werden.[9]

Röder setzte das kleine Prenzlauer Orgelwerk auf die Westempore der Spitalkirche. Die ursprüngliche Disposition ist nicht überliefert. Uns liegt jedoch eine Dispositionsaufzeichnung des Spandauers Adolph Schäffer vom Anfang unseres Jahrhunderts vor.[10]

Die Struktur des Prospekts gestaltete Röder in der von Schnitger begründeten Form für einmanualige Instrumente und ähnlich den Orgeln in der *Dorotheenstädtischen Kirche* (1717) und für *Greiffenberg* (1742): ein überhöhter Mittelturm, dem je zwei übereinander angeordnete Flachfelder folgen, flankiert von zwei Spitztürmen. Die Kassettierungen und Füllungen des Sockels haben sich in fast dreißig Jahren nicht geändert. Eine seitenspielige Anlage, wie bei kleineren Instrumenten Wagners vorzufinden, hat Röder nicht gebaut.

Das vergoldete Schnitzwerk der Blindflügel, Schleierbretter und Turmbekrönungen weist in seiner filigranen Gestaltung und der Verwendung der Palmette, als zusätzlichem Motiv zu dem im Barock vorherschenden Akanthusblatt, auf das Rokoko hin. Im Schwung der Ornamente und der ganzen Anlage ist das Herkommen aus der barocken Tradition aber immer noch vorherschend. Die floralen Lisenen der Feldabgrenzungen zeigen noch uneingeschränkt den Formen- und Motivschatz der schon 1717 in der *Dorotheenstadt* verwendeten Zierleisten.

Als Hans Joachim Schuke das Instrument 1938 in Augenschein nahm, befand es sich in einem desolaten Zustand. Man entschloß sich daher, hinter das Röder-Gehäuse ein in der Disposition an Röder angelehntes neues Orgelwerk zu stellen und nur den Prospekt zu verwenden.

Ein Jahr später konnte das Orgelgehäuse für die *Bucher Schloßkirche* erworben werden und wurde zur Restaurierung in die Werkstatt Schukes nach *Potsdam* transportiert. Im Jahre 1941 stand das restaurierte Gehäuse mit dem neuen 19registrigen zweimanualigen Werk in Schukes Werkstatt.[11] Bevor jedoch die neue Orgel nach *Buch* gebracht werden konnte, brannte die Kirche aus. Die Orgelpfeifen wurden daraufhin in *Karow* untergebracht, während das Orgelgehäuse und die restlichen Teile des Werkes in der *Begräbniskapelle* in *Buch* gelagert wurden.

1944 wurde das Orgelwerk in die Alte Berliner Münze gebracht. Ein Großteil der für *Buch* angefertigten Register wurde für Orgelneubauten verwendet, so daß nach dem vereinfachten Wiederaufbau der *Bucher Schloßkirche* ein neues Orgelwerk in den erhalten gebliebenen Prospekt eingebaut werden mußte. Erst im Jahre 1962 erhielt die *Schloßkirche* wieder eine Orgel, indem Hans Joachim Schuke hinter das Röder-Gehäuse von 1744 eine 20registrige Schleifladenorgel setzte, die bis heute unverändert geblieben ist.[12] SB

7. Wie Anm. 5.
8. Wie Anm. 5; EZA, 14, 3347; weitere Belege für einen Neubau in der Klosterkirche Zinna sind nicht bekannt.
9. Wie Anm. 5.
10. Frot-1950.
11. AAScP, Orgelakte Buch.
12. Wie Anm. 11.
13. KoO-Ok und AAScP, Orgelakte Buch.

Berlin-Mitte
St. Marien-Kirche

Berlin, St. Marien-Kirche

Die zweite der Berliner Stadtkirchen wurde noch im 13. Jahrhundert am Neuen Markt, inmitten der Neustadt, errichtet und der Jungfrau Maria geweiht. Wie die ältere St. Nikolai-Kirche steht sie, streng geostet, nicht parallel zum historischen – und heutigen – Stadtgrundriß. Inmitten der abgeräumten Innenstadt ist sie – nach der Säkularisierung von St. Nikolai und der Sprengung von St. Petri – einzige Gemeindekirche der Altstadt und zugleich Berliner Bischofskirche. Die erhaltene einfache, rechteckige gotische Halle aus dem Anfang des 15. Jahrhunderts mit drei Schiffen und sechs Jochen ist im Westen durch ein halbes Joch ergänzt, das zum gleich breiten, auf den romanischen Ursprungsgrundriß zurückgehenden Westwerk in Beziehung steht.

Die Backstein-Hallenkirche beherbergt noch heute das Gehäuse und einige Register der in den Jahren 1720 bis 1723 gebauten Wagner-Orgel.[1] Am 7. 11. 1719 hatte sich Joachim Wagner um eine Konzession als Orgelbauer in Berlin beworben. Auf Anweisung des Oberhofmarschalls von Printzen wurde ihm diese Konzession im gleichen Jahre erteilt.[2]

Die St. Marien-Kirche verfügte zeitweise über zwei Orgeln. Wagners Orgelbau war bereits der vierte für diese Kirche. Das Vorgängerinstrument der Wagner-Orgel war zwischen 1577 und 1578 entstanden. Es war ein zweimanualiges Werk des Orgelbauers Friedrich Trebbow, das bereits mehrfach umgebaut und repariert worden war.[3]

Da sich die Klagen über diese Orgel häuften, beschloß man, den Magdeburger Schnitgerschüler Matthias Hartmann, der wegen einer Orgelreparatur in der *St. Nikolai-Kirche* in Berlin weilte, um eine Begutachtung der Orgel von *St. Marien* zu bitten. Hartmann lehnte eine Reparatur des Werkes ab, da er die Orgel als nicht mehr brauchbar ansah, und wirkte auf einen Neubaubeschluß hin.[4]

Am 30. 9. 1719 übersandte er dem mit ihm befreundeten Organisten von St. Nikolai, Adrian Lutterodt, einen Neubau-Kostenanschlag mit dazugehörigem Orgelriß und bat ihn um Weiterleitung an den Propst der St. Marien-Kirche.

Neben Hartmann und Johann Michael Röder, der mit dem Neubau der Dom-Orgel beschäftigt war, bewarb sich auch der 29jährige Joachim Wagner um den Neubau und legte Ende Oktober 1719 einen Entwurf für ein dreimanualiges Werk vor.[5]

Die Gemeinde von St. Marien fand Gefallen an dem Entwurf Wagners und gab ihm den Vorzug gegenüber den der erfahreneren, schon durch einige Orgelbauten ausgewiesenen Orgelbauer Hartmann und Röder.[6]

Wie es zu dieser Zeit üblich war, wurden von Wagner Sicherheiten für den Orgelbau verlangt. Da er kein Vermögen besaß, forderten die Kirchenvorsteher eine Bürgschaft von Wagners Brüdern Johann Christoph Wagner, Pfarrer in Karow, und

1. Kühn-1978, S. 351 f.
2. DZAM, Rep. 9 KK 1 b, Fasz. 3.
3. Fisc-1930, S. 114-116; Kirc-1988, S. 47.
4. AKlB, Filmkopie der Orgelakten St. Marien, Berlin.
5. Wie Anm. 4.
6. Hartmann errichtete 1712 eine Orgel in *Wanzleben, St. Jacobi*, Röder 1713 die Orgel der *Garnisonkirche* und 1717 die der *Dorotheenstädtischen Kirche* zu Berlin.

FRIEDRICH WAGNER, Militärgeistlicher beim Löbenschen Regiment. Beide übernahmen die Bürgschaft am 26. bzw. 31. Oktober 1719.[7] Das Ersuchen um Einwilligung zum Orgelbau vom 18. 11. 1719 an den Rat zu Berlin wurde wohlwollend beschieden, so daß einem Kontrakt mit Joachim Wagner nichts mehr im Wege stand.[8]

Der Kontrakt, der gegenüber dem ersten Neubau-Kostenanschlag modifiziert worden war, wurde mit ihm am 28. 11. 1719 geschlossen.

»Disposition:

... im Haupt Manual,

Principal	8 fuß,	von feinen Engl. Zinn und helle polirt	48 Pfeiffen
Cornet	5 fach	von Zinn, gehet durchs halbe Clavier von c' biß c'''	125 Pfeiffen
Bordun	16 fuß,	die unterste Octav von Holtz, die andern Metall	48 Pfeiffen
Viole di gambe	8 fuß,	von Zinn	48 Pfeiffen
Rohrflöt	8 fuß,	von Metall	48 Pfeiffen
Octav	4 fuß,	von Zinn	48 Pfeiffen
Spitzflöt	4 fuß,	von Zinn	48 Pfeiffen
Quinta	3 fuß,	von Zinn	48 Pfeiffen
Octav	2 fuß,	von Zinn	48 Pfeiffen
Scharff	5 fach,	von Zinn auß $1^1/_2$ fuß	240 Pfeiffen
Cimbel	3 fach,	von Zinn auß 1 fuß	144 Pfeiffen
Trompet	8 fuß,	von Zinn	48 Pfeiffen
		Summa	720 Pfeiffen

im Ober=Werk.

Principal	8 fuß,	von feinen Engl. Zinn und helle polirt	48 Pfeiffen
Quintadena	16 fuß,	von Metall	48 Pfeiffen
Gedackt	8 fuß,	von Metall, ohne die unterste Octav von Holtz	48 Pfeiffen
Octav	4 fuß,	von Zinn	48 Pfeiffen
Fugara	4 fuß,	von Zinn	48 Pfeiffen
Nassat	3 fuß,	von Metall	48 Pfeiffen
Octav	2 fuß,	von Zinn	48 Pfeiffen
Tertie auß	2 fuß,	von Metall	48 Pfeiffen
Siefflöt	1 fuß,	von Zinn	48 Pfeiffen
Mixtur	4 fach,	von Zinn auß $1^1/_2$ fuß	192 Pfeiffen
Vox humana	8 fuß,	von Zinn	48 Pfeiffen
		Summa	672 Pfeiffen

im Hinter=Werk.

Gedackt	8 fuß,	von Metall	48 Pfeiffen
Quintadena	8 fuß,	von Metall	48 Pfeiffen
Octav	4 fuß,	von Zinn	48 Pfeiffen
Rohrflöt	4 fuß,	von Metall	48 Pfeiffen
Octav	2 fuß,	von Zinn	48 Pfeiffen
Waldflöt	2 fuß,	von Zinn	48 Pfeiffen
Quinta	$1^1/_2$ fuß,	von Zinn	48 Pfeiffen
Cimbel	3 fach,	von Zinn auß 1 fuß	144 Pfeiffen
Echo	5 fach,	von Metall, zum obigen Cornett	125 Pfeiffen
		Summa	605 Pfeiffen

Im Pedal.

Principal=Bass	16 fuß,	von feinen Engl. Zinn und helle polirt	26 Pfeiffen
Violon	16 fuß,	von Holtz	26 Pfeiffen
Gembßhorn	8 fuß,	von Zinn	26 Pfeiffen

Entwurf Oktober 1719

Hauptwerk

Quintadena	16′
Principal	8′
Viole di gambe	8′
Gedackt	8′
Octav	4′
Spitzflöt	4′
Quinta	3′
Octav	2′
Mixtur	4fach
Cimbel	3fach
Cornet	5fach
Trommet	8′

Oberwerk

Bordun	16′
Principal	8′
Rohrflöte	8′
Octav	4′
Vugara	4′
Nassat	3′
Octav	2′
Tertie auß	2′
Sifflöt	1′
Scharff	5fach
Vox humana	8′

Hinterwerk

Gedackt	8′
Quintadena	8′
Octav	4′
Rohrflöt	4′
Octav	2′
Waldflöt	2′
Quinta	1½
Cimbel	3fach
Echo	5fach

Pedal

Principal=Bass	16′
Violon	16′
Gembßhorn	8′
Quinta	6′
Octav	4′
Mixtur	6fach
Posaun	16′
Trommet	8′

Nebenzüge: 2 Tremulanten, 1 Zimbelsternzug, 4 Sperrventile[4]

7. Wie Anm. 4.
8. Wie Anm. 4.

Quinta	6 fuß,	von Zinn	26 Pfeiffen
Octav	4 fuß,	von Zinn	26 Pfeiffen
Mixtur	6 fach,	von Zinn auß 2 fuß	156 Pfeiffen
Posaune	16 fuß,	von Holtz	26 Pfeiffen
Trompet	8 fuß,	von Zinn	26 Pfeiffen
		Summa	338 Pfeiffen
		Summa Summarum	2556 Pfeiffen

Hierzu kommen 2 Tremulanten, 1 Zimbelstern=Zug, auch zu jeder Lade ein Sper=Ventiel, und 6 große Bälge, à 10 fuß lang und 5 fuß breit

Hierbey ist zumercken.
1) Die Manual Clavire gehen von C.D.Ds.E.F. an biß c''' und werden von schwartz=Eben Holtz mit Elffenbein belegten Semitonien verfertiget, auch also angeleget, daß alle 3 können zusammen gekoppelt werden. Das Pedal Clavier hingegen, gehet von C.D.Ds.E.F. biß d', und wird auß Eichen Holtz gemacht.
2) Die Windladen werden von guthem Eichenen Holtz verfertiget.
3) Die Federn, Stim=Krücken und angehänge zur abstractur, werden von Meßing=Drath.
4) Die Principale und alles was ins Gesichte kömt von Pfeiffen, wird von feinen Engl. Zinn gemacht, das inwendige Pfeiffwerck aber, wird wie die Disposition auß-weiset, theils von Zinn, theils von Metall bereitet, da denn jenes von guthen Probe Zinn, dieses aber von 3 löthigten Metall zuverstehen ist.
5) Die Structur wird von guth Kieffern Holtz gemacht, deßgleichen auch die Bälge und höltzernen Pfeiffen, und wird nebst der Bildhauer=Arbeit nach dem beliebten Riß eingerichtet, welcher auß 2 seiten Thürmen und hohlkehlen zum Pedal aptiret bestehet, und das Haupt=Manual hat 1 runden Mittel=Thurm, 2 Spitzen und 4 felder, deßgleichen auch das Ober=Werck.
6) Das gantze Werck wird auff Chorthon, weil selbiger beliebet worden angeleget.
Für dieses alles nun, wenn ich dabey über mich nehme alles was zur perfectionirung der Orgel nach obiger disposition nöthig ist, außgenommen die befestigung und änderung des Chores, das gerüste an den Bälgen, und die Mahler=Arbeit nebst dem Vergülden, ist von dem Herrn Probst und denen Herrn Ober=Kirchen=Vorstehern mir vor zwey Tausend Thaler nebst der alten Orgel accordiret worden.
Übrigens nehmen beyden Brüder, als H. Johann Christoph Wagner, Prediger in Charo, und H. Friedrich Wagner, jetziger Feld=Prediger bey dem Loebenschen Regiment, die Caution für daßjenige Geld, so mir nach und nach gegeben wird, über sich, so lange ich selbst nicht im Stande, dieselbe zu praestiren.
Joachim Wagner
Orgelmacher«[9]

9. Wie Anm. 4.

Dieser zweite Entwurf enthielt erst das für Wagner bis zu seinem Spätwerk verbindliche Grundschema der Disposition. Zwischen Hauptwerk und Oberwerk wurden Quintadena 16′ mit Bordun 16′, Gedackt 8′ mit Rohrflöte 8′ sowie Mixtur 4fach mit Scharff 5fach vertauscht. Weiterhin wurde das Gedackt 8′ im Hauptwerk mit einer großen Oktave, ursprünglich aus Holz vorgesehen, nun ins Oberwerk gesetzt und aus Metall gefertigt.
Ein chronikalischer Eintrag im Totenbuch der Mariengemeinde gibt Auskunft über den zeitlichen Ablauf des Orgelbaus: »Anno 1720 am 10 p. Trinit. oder in dieser Woche ist unsere Orgel abgebrochen worden, und so ferner mit der Neuen....der Anfang gemacht worden. Diese neue Orgel ist fertig worden und geliefert in der Pfingstwoche 1723. ohngeachtet, da sie noch nicht fertig, wurde sie doch vom Hrn. Consistorial Rath Porst am Tage Simon et Juda 1721 eingeweihet, von welcher Zeit sie auch beständigst gebraucht worden.«[10]

10. Leh-1957, S. 37.

11. Wie Anm. 4; Müll-1982, S. 120 ff.

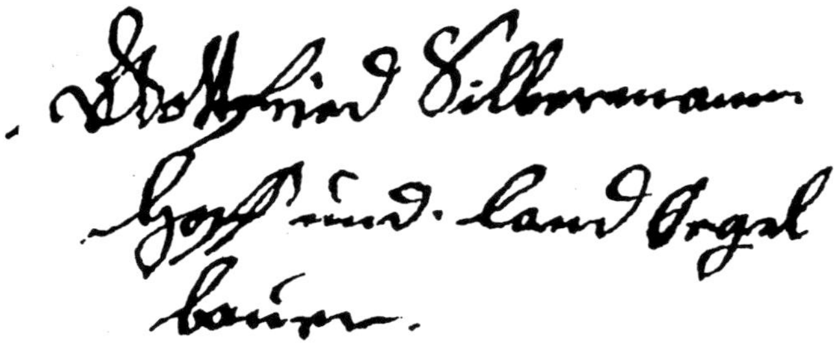

Der Bezug zu Gottfried Silbermann

Die Tradition der Silbermann-Werkstatt ist unübersehbar. Ein Vergleich der ursprünglichen Disposition der großen Silbermann-Orgel von 1714 im *Freiberger Dom* mit Wagners Marien-Orgel verdeutlicht dies.
Gegenüberstellung der beiden Dispositionen:[11]

Berlin, St. Marien		*Freiberg, Dom*	
Hauptwerk		**Hauptwerk**	
Bordun	16′	Bordun	16′
Principal	8′	Principal	8′
Viol di Gamba	8′	Viol di Gamba	8′
Rohrflöte	8′	Rohrflöte	8′
Octave	4′	Octave	4′
Spitzflöte	4′		
Quinte	3′	Quinte	3′
Octave	2′	Octave	2′
		Terz	1 3/5′
Scharff 5fach	1 1/3′	Mixtur 4fach	2′
Cimbel 3fach	1′	Cimbel 3fach	1 1/3′
Cornet Disc. 5fach		Cornet Disc. 5fach	
Trompete	8′	Trompete	8′
		Clarin	4′
Oberwerk		**Oberwerk**	
Quintadena	16′	Quintadena	16′
Principal	8′	Principal	8′
Gedackt	8′	Gedackt	8′
Octave	4′	Octave	4′
		Spitzflöte	4′
Fugara	4′		
Nasat	3′	Nasat	3′
Octave	2′	Octave	2′
Tertia	1 3/5′	Tertia	1 3/5′
Sifflöt	1′		
Mixtur 4fach	1 1/3′	Mixtur 3fach	1 1/3′
		Cimbeln 2fach	1′
		Echocornet Disc. 5fach	
Vox humana	8′	Vox humana	8′
		Krummhorn	8′
Hinterwerk		**Brustwerk**	
Gedackt	8′	Gedackt	8′
Quintadena	8′		
Octave	4′	Principal	4′
Rohrflöte	4′	Rohrflöte	4′
		Nasat	3′
Octave	2′	Octave	2′
Waldflöte	2′		
		Tertia	1 3/5
Quinte	1 1/2′	Quinte	1 1/2′
		Sifflöt	1′
Cimbel 3fach	1′	Mixtur 3fach	1′
Echokornett Disc. 5fach			
Pedal		**Pedal**	
		Untersatz	32′ + 16′
Principal	16′	Principal	16′
Violon	16′		
		Subbaß	16′
Gemshorn	8′		
		Octavbaß	8′
Quinte	6′		
Octavbaß	4′	Octavbaß	4′
Mixtur 6fach	2′	Mixtur 6fach	3′
Posaune	16′	Posaune	16′
Trompete	8′	Trompete	8′
		Clarin	4′

Freiberg, Dom
Orgel von Gottfried Silbermann

Vergleich der Hauptwerke

Die Hauptwerke sind nahezu identisch gewesen. Silbermann, der die Spitzflöte 4′ ansonsten im Hauptwerk disponierte, hatte sie in seiner Dom-Orgel ausnahmsweise dem Oberwerk zugewiesen.
Ein Unterschied wird in den Mixturen deutlich: Wagner bezog die Terz, die Silbermann gemäß französischer Gepflogenheit als Einzelaliquot baute, in die Mixtur mit ein und nannte diese dann »Scharff«. Diese Form der Mixtur zieht sich durch Wagners gesamtes Schaffen und verleiht seinen Orgeln einen charakteristischen, warmen Plenumklang. Terzhaltige Mixturen waren damals nur im Orgelbau Thüringens üblich. Möglicherweise wurde Wagner zu seinem »Scharff« durch die Mixturen des thüringischen Orgelbauers Trost, der mit Silbermann befreundet war, angeregt.
Silbermanns Mixtur basiert auf dem 2′, Wagners Scharff dagegen auf dem 1⅓′. Daraus ergibt sich der Unterschied in der Cimbel, Silbermann: 1⅓′, Wagner: 1′. Die Cimbeln Silbermanns und Wagners sind nicht mehr die extrem hochliegenden Cimbeln der voraufgegangen Epoche, sie sind vielmehr Ergänzung zur Hauptmixtur und liegen nicht höher als diese. Der Einfluß der französischen Orgelbautradition, wo Fourniture (Mixtur) und Cymbale zum Plein jeu gehörten, ist hier unübersehbar. Eine weitere französische beeinflußte Zutat ist Clarin 4′ im Hauptwerk der Silbermann-Orgel - Wagner hatte darauf stets verzichtet.

Naumburg, St. Wenzel
Orgel von
Zacharias Hildebrandt

Vergleich der Oberwerke

Während Silbermann eine Spitzflöte 4′ anstelle der sonst üblichen Rohrflöte 4′ einsetzte, disponierte Wagner, der sonst auch die Rohrflöte auf diesen Platz stellte, hier eine Fugara 4′. Dieses Streicherregister hatte keinerlei Vorbild bei Silbermann, wohl aber bei Zacharias Hildebrandt. Dieser arbeitete vermutlich zur gleichen Zeit wie Wagner bei Silbermann.
Hildebrandt, der aus Schlesien stammte, dürfte zweifellos solche Register aus seiner Heimat gekannt haben (siehe seine spätere Orgel in *Naumburg, St. Wenzel*). So ist es wahrscheinlich, daß sich Wagner in diesem Punkt von Hildebrandt anregen ließ. Die Unterschiede in den Oberwerken bei Sifflöte, Cimbel und Echo-Cornett liegen in der verschiedenen Ausführung der dritten Manuale begründet. Außerdem enthält das Silbermannsche Oberwerk wieder einen französischen Zusatz, das Krummhorn 8′, auf welches Wagner verzichtete.

Vergleich der dritten Manuale

Die Disposition des dritten Manuals der beiden Orgeln zeigt große Unterschiede. Wagner baute anstelle des Silbermannschen Brustwerkes ein Hinterwerk. Auf diese Lösung griff er auch in späteren dreimanualigen Orgeln wiederholt zurück. Dieses Hinterwerk hat keinerlei Vorbild bei Silbermann; dieser baute zwar in späteren Werken auch z. T. Hinterwerke, jedoch auf Doppelwindladen zusammen mit dem Hauptwerk und gewissermaßen als Ersatz für ein Oberwerk. Auch der norddeutsche Orgelbau weist generell nichts Vergleichbares auf. Matthias Hartmann, der vermutlich einer der Lehrmeister Joachim Wagners war, baute allerdings 1712 in seiner Orgel zu *Wanzleben* ein Echowerk auf eigener Lade hinter dem Hauptwerk. Eine Vorbildwirkung Hartmanns auf Wagner scheint somit nicht ausgeschlossen.

Berlin, St. Marien-Kirche
Orgel von Joachim Wagner, Zustand vor 1892

Wagner brachte das Echo-Cornet ins Hinterwerk, während Silbermann sein Echo im Oberwerk in zwei geschlossene Kästen setzte. Als Besonderheit befand sich in Wagners Hinterwerk noch Waldflöte 2′, ein Register, das er auch in seinen späteren Werken wiederholt baute. Auch hier gibt es keine direkte Entsprechung bei Silbermann, jedoch im norddeutschen Orgelbau und bei ZACHARIAS HILDEBRANDT. Dieser erstellte (vermutlich zum Teil während Wagners Aufenthalt in Freiberg) sein Meisterstück in *Langhennersdorf*; auch hier war eine Waldflöte angelegt.

Vergleich der Pedaldispositionen

Die Pedaldisposition scheint WAGNER ebenfalls aus der *Freiberger Dom*-Disposition entwickelt zu haben. Jedoch zeigen sich hier mehrere Wagnersche Besonderheiten, so der Violon 16′ statt Subbaß, und eine Quinte 6′. Wagner hatte diese Quinte zeitlebens gebaut, sie diente zur Verstärkung des Fundaments. SILBERMANNS Pedal-Clarin 4′ wurde von Wagner höchst selten gebaut. Wenn er dies einmal tat, setzte er stets (bis auf eine Ausnahme) im Hauptwerk ein Fagott 16′ ein (siehe *Wusterhausen a. d. Dosse*). Zu erwähnen wäre noch das konische Gemshorn anstelle des allgemein üblichen Octavbaß 8′. Nur wenn seine Orgeln keinen Principal 16′ besaßen, kam ein Octavbaß 8′ zur Anwendung.
Weder die Freiberger Dom-Orgel noch Wagners Berliner Marien-Orgel besaßen eine Pedalkoppel. SILBERMANN, der in seinen kleineren Orgeln das Pedal fast nur mit Baßregistern bestückte, konnte auf eine Pedalkoppel nicht verzichten. WAGNER hingegen stattete auch seine kleineren Werke mit einem reich bestückten Pedal aus, wodurch er sich eine Pedalkoppel sparen konnte. Sie findet sich nur in seinen einmanualigen Orgeln.

Die Marien-Orgel weist als Wagners erstes Orgelwerk bereits die konzeptionelle Eigenständigkeit gegenüber seinem Lehrmeister Gottfried Silbermann auf.[12] Auch wenn 34 der 45 Register der Freiberger Orgel in der 40registrigen Wagner-Orgel anzutreffen waren, besaß die Marien-Orgel, neben einigen dem Unterschied Hinterwerk-Brustwerk geschuldeteten Registerumstellungen, eigenständige Züge, die in Gottfried Silbermanns Schaffen nicht zu finden sind:

1. Die terzhaltige, einen Chor stärkere Hauptwerk-Mixtur, als »Scharff« von Wagner bezeichnet, bei Unterlassung des Baus einer eigenständigen Hauptwerks-Terz, sowie die daraus folgende ebenfalls einen Chor stärkere Oberwerk-Mixtur;
2. den Streicher Fugara 4′;
3. die Waldflöte 2′;
4. Violon 16′ und Gemshorn 8′ anstelle Subbaß 16′ und Octavbaß 8′ in der Pedalbesetzung;
5. die Quinte 6′, ebenfalls im Pedal;
6. die Höherlegung sämtlicher Klangkronen im Hauptwerk, Oberwerk und Pedal gegenüber Silbermann.

Ausschmückung von PAUL DE RITTER und JOHANN GEORG GLUME

Zur Prospektgestaltung

Die Wagner-Orgel stellte den Beginn einer neuen Tradition in der Prospektgestaltung im Orgelbau der Mark Brandenburg dar. WAGNER verarbeitete die Erfahrungen und Kenntnisse seiner Lehrmeister und Mitbewerber.
Heinz Herbert Steves bemerkt in seiner Dissertation über Joachim Wagner im Abschnitt über die Prospektgestaltung der Marien-Orgel: »Die Anlage im ganzen und die Aufteilung im einzelnen stimmen genau überein [*St. Ulrich-Kirche, Magdeburg*, Arp Schnitger-Orgel], so daß mit großer Wahrscheinlichkeit der Schluß

12. Greß-1989, S. 43 und S. 53.

13. Stev-1939, S. 3.
14. Wie Anm. 4.
15. Freiberg, St. Jacobi, 1717; Freiberg, St. Johannis, 1719; Niederschöna 1716; Freiberg, Dom, 1714; etc.
16. Kauf-1949, S. 40.

gezogen werden darf, Wagner habe sich bei dem Entwurf des Gehäuses seines ersten großen Werkes die »Structur« der Magdeburger Ulrichsorgel zum Vorbild genommen.«[13] Diese Feststellung Steves' wird durch Wagners Kostenanschlag zur Berliner Marien-Orgel relativiert, in dem er schreibt: »Die Structur... wird nach dem beliebten Riß eingerichtet, welcher auß 2 seiten Thürmen und hohlkehlen zum Pedal aptiret bestaht, und das Haupt-Manual hat 1 runden Mittel-Thurm, 2 Spitzen und 4 Felder, desgleichen auch das Ober-Werk.«[14] Es handelte sich also um eine beliebte Vorlage, die wie die Formulierung Wagners zeigt, implizit mehrfach zur allgemeinen Anwendung gelangt ist; so wahrscheinlich auch in der benachbarten *St. Nikolai-Kirche*, in der SCHNITGER zwölf Jahre zuvor ein Orgelwerk gleicher Größe (40 Register) aufgestellt hatte.

Der Prospekt der Marien-Orgel gehört zu der Gruppe von Prospekten, bei denen die ornamentale Ausgestaltung die reine Pfeifenstruktur des Gehäuses überwindet, ohne daß dabei in seiner Gliederung der innere Aufbau des Werkes verloren geht. Der üppige Barockprospekt mit Engelsfiguren, Zimbelstern und reicher Vergoldung enthielt die Pfeifen von Principal 8′ und Oktave 4′ des Hauptwerks, Principal 8′ und Oktave 4′ des Oberwerks und Principal 16′ des Pedals. Die spezifische Ausführung, Behandlung der Struktur, Kassettierung der Füllungen und Profil der Gesimse übernahm JOACHIM WAGNER vornehmlich von den Orgelbauten SILBERMANNS vor 1719, denen Entwürfe des Organisten des Freiberger Doms, LINDNER, zugrunde lagen.[15]

Zusammenspiel in der Ausgestaltung von Orgelgehäuse und Kanzel, heute durch die Umsetzung der Kanzel nicht mehr erkennbar.

Für die Ausstaffierung standen Wagner zwei der bedeutendsten norddeutschen Bildhauer zur Verfügung. Der eine war PAUL DE RITTER, der andere JOHANN GEORG GLUME, ein Schüler Andreas Schlüters, der dessen Tradition auf dem Bereich der Plastik fortsetzen konnte. Eine Forderung der Zeit, die Einpassung der Orgel in ein Ensemble mit Altar und Kanzel, wurde durch die sich aufeinander zubewegende Gestaltung der Bekrönung des Mittelturms mit der des Schalldeckels der Kanzel erreicht.[16] Die optische Verbindung von Kanzel und Orgel unterstreicht auch die inhaltliche Auseinandersetzung WAGNERS mit den Schriften des 17. und 18. Jahrhunderts zur Theorie des Kirchenbaus.

Neu gegenüber Schnitger und Silbermann ist die geschwungene Grundform des Gehäuses. Bei beiden hatte die Orgel eine eher flache Grundform. Dies spiegelt sich auch in der Gestaltung der Schleierbretter wieder. Bei Wagner ist dieser Ausdruck an sich gar nicht mehr zu verwenden, denn die von ihm gebauten Schleierbretter sind der Natur nachgestaltete Ranken. Er versuchte nicht, sie auf eine quasi zweidimensionale Ebene zu reduzieren. Er verarbeitete ebenfalls gestalterische Neuerungen JOHANN MICHAEL RÖDERS, aber die Verwendung mechanisch bewegter Posaunenengel, paukenschlagender Putten und fliegender Adler fand erst in seinen folgenden Orgelwerken Aufnahme.[17]

Fertigstellung

17. Wagner konnte die mechanischen Künste von Röders Orgeln studieren, als er dessen Berliner Garnisonkirchen-Orgel in der Stadtkirche zu Potsdam aufstellte.
18. Wie Anm. 4.
19. Scol-1909, S. 5.

Die Orgel wurde bereits vor ihrer Vollendung gespielt und eingeweiht, wie es damals häufig üblich war, damit die Gemeinde auf die Begleitung durch die Orgel nicht jahrelang verzichten mußte. Die Ausstaffierung und die Arbeiten an Gehäuse und Schnitzereien hatten die endgültige Fertigstellung des Werkes verzögert. Erst am 11. 5. 1723 erfolgte die Orgelabnahme durch die Berliner Organisten ADRIAN LUTTERODT, St. Nikolai, JOHANN DIETERICH WIEDEBURG, St. Marien, und JOHANN FRIEDRICH WALTHER, Garnisonkirche.[18] Diese stellten fest, daß alle Arbeiten vertragsgemäß ausgeführt worden waren. Ihre abschließende Gestaltung erhielt die Orgel erst im Jahr 1742, als der Maler und Vergolder LUDWIG MICHAELIS die Orgel farblich faßte und Rankenwerk und Figuren vergoldete.[19] »Die beiden Karyatiden-Engel wurden weiss auf Alabasterart gestrichen, das Gehäuse ward

marmoriert, und zwar die Stuckatur und Gesimse hellrot, die Einfassungen und die übrige Fläsche hellgrau; die vorspringenden Figuren wurden mit Dukatengold vergoldet.«[20]
WAGNER selbst muß sich beim Bau der Orgel in den Jahren 1720 bis 1721 vielen Anfeindungen und Verleumdungen ausgesetzt gesehen haben. Sicherlich konnte sich Wagner gegenüber dem bereits seit 10 Jahren in Berlin ansässigen JOHANN MICHAEL RÖDER schwer behaupten. Einen aktenkundigen Zwist zwischen Wagner und Röder gibt es jedoch nicht. Aus Röders Verhalten gegenüber dem Nachfolger Arp Schnitgers als Hoforgelbauer, ANDREAS SEIDEL, ist zu ersehen, wie schwer er es einem Konkurrenten beim Aufbau einer Werkstatt in Berlin machte.[21]
Anders ist auch Wagners Eintrag in einer der Windladen nicht zu verstehen: »Diese Orgel habe ich Joachim Wagner, aus Charo im Herzogtum Magdeburg gebürtig, im 30. Jahre meines Alters, nemlich Anno 1720 und 1721, als mein Erstes Werk u. Meyster-Stück erbauet, unter der Regierung Friedrich Wilhelms des Ersten, Königs von Preussen, u. als Herr Jakob Porst Probst in Berlin u. Herr Geh. Rat Tieffenbach u. Hofrat Helwig Ober-Vorsteher der Kirchen Wahren. Ao. 1719 war eine schwere Zeit, teils Wegen der gewaltsahmen Werbung, teils wegen des grossen Misswachses u. der daher entstandenen Teuerung, so dass der Schl. Rocken über 2 Thl. galt. Ao. 1720 segnete Gott das Land wider reichlich. Ich hatte dieses Werks Wegen anfangs Viele Neider, Lästerer u. Verfolger, doch soll diess Werk dem Meister loben u. jenne alle Zuschanden machen.«[22]

20. Wie Anm. 19.
21. SAP, Rep. Pr. Br. 10 A, Nr. 255.
22. Scol-1909, S. 4.
23. Scol-1909, S. 6.
24. Marx-1806.
25. Dien-1879, S. 52; ZfI, 1902, Nr. 13-15.

Reparaturen und Umbauten

Bis in das Jahr 1800 ist nur eine Reparatur durch ERNST JULIUS MARX im Jahr 1768 und eine Dispositionsänderung im Unterwerk belegt.[23] Das Jahr 1800 brachte einschneidende Veränderungen. Der im Orgelbau experimentierende Orgelvirtuose Abbé VOGLER konzertierte an der Marien-Orgel und fand, daß die Orgel viel zu viele unnütze Pfeifen hätte, die ihr »Stärke und Manigfaltigkeit« nähmen. Er schlug vor, die Orgel durch das Entfernen einer großen Zahl von Pfeifen zu verbessern. Gemäß seinen Vorstellungen führte der Berliner Instrumenten- und Orgelbauer FALCKENHAGEN die »Simplifikation« der Orgel durch. Von den 2556 Pfeifen der Wagner-Orgel wurden 1555 teils winzige Pfeifen, die für Vogler unverständlich zischten, teils größere von ein und derselben Qualität, die für ihn nur den Wind schwächten, herausgenommen. Statt dessen wurden tiefere zur Trias harmonica 16′ und 32′ geeignete Stimmen eingesetzt. Ein Teil der Stimmen wurde eine Oktave höher gesetzt, andere zu Quinten und Terzen verschnitten. Das in der Orgel verbliebene Pfeifenwerk wurde auf 26 Register reduziert.[24]
Abbé Vogler weihte das »simplifizierte« Orgelwerk mit für die Berliner ungewohnten impressionistischen Orgelklängen ein. Der Stolz auf das neue Werk hielt jedoch nicht lange an. Bald nach seiner Abreise aus Berlin mehrten sich die Stimmen, die die Rückführung der Orgel in den alten Zustand forderten. Um 1806 verfaßte der Orgelbauer FRIEDRICH MARX eine Schrift »Ueber die mißlungene Umschaffung der Sankt-Marien-Orgel…«. Erst 1829 führte CARL AUGUST BUCHHOLZ eine weitgehende Rekonstruktion nach wagnerschem Vorbild durch. Dabei sollen die von Abbé Vogler an die *Hedwigs-Kirche* verschenkten Orgelpfeifen zurückgeführt worden sein. Die Frühromantik forderte einen bescheidenen Tribut, indem Cimbel 3fach und Echo 5fach nicht wieder in das Hinterwerk eingebaut wurden. Das Hinterwerk wurde schwellbar gemacht und die Mixtur 4fach des Oberwerks stellte man auf zwei Züge. Weiterhin wurden anstelle von Vox humana 8′ im Oberwerk Oboe 8′, anstelle von Waldflöte 2′ im Hinterwerk Flöte 4′, anstelle von Quinta $1\frac{1}{2}$′ im Hinterwerk Nassat 3′, anstelle von Quintbaß 6′ im Pedal Subbaß 16′, anstelle von Mixtur 6fach und Trompete 8′ im Pedal Nassat 12′ und Posaune 32′ eingebaut.[25]

Berlin, St. Marien-Kirche
heutiger Zustand

Berlin, St. Marien-Kirche
Gehäuse von Joachim Wagner
Orgel von Wilhelm Sauer,
1908

Im Rahmen der Restaurierung des Kircheninneren in den Jahren 1892 bis 1894 wurden unter anderem die beiden hölzernen Emporen, Sänger- und Orgelempore, abgerissen und durch eine neue in Stein gemauerte Orgelempore ersetzt. Gleichzeitig nahm die Firma SCHLAG & SÖHNE aus Schweidnitz erhebliche Eingriffe im Werk Wagners vor. Sie erweiterte die Registerzahl auf 53. Von den Wagner-Stimmen wurden 19 ganz und 14 etwa zur Hälfte übernommen. Sieben Register wurden als Solowerk mit erhöhtem Winddruck in das Hinterwerk gestellt und vier Register im Pedal mit verstärktem Winddruck versehen. Hauptwerk, Oberwerk und Pedal behielten mechanische Traktur, vier Hochdruckstimmen im Pedal und das Solowerk erhielten pneumatische Traktur. Die Orgelbauer setzten vor das Orgelwerk einen neuen Spieltisch, der die für die damalige Zeit ungewöhnliche Möglichkeit bot, mehr als 12 verschiedene Registrierungen frei einzustellen. Der Umbau nach Plänen des Organisten OTTO DIENEL konnte allerdings technische Schwierigkeiten in der Folgezeit nicht lösen, so daß im Jahre 1908 ein Neubau notwendig wurde.[26] Der Spieltisch von 1894 gelangte nach dem Neubau durch die Frankfurter Firma SAUER in das *Musikhistorische Museum* von Wilhelm Heyer, Köln.[27] WILHELM SAUER versah den Neubau mit 57 Registern und Kegelladen mit pneumatischer Traktur. Im allgemeinen wurde die Disposition des Organisten Dienel beibehalten. Das neue Werk erhielt einen Tonumfang von 5 Oktaven (C-c^4). Das III. Manual mit den Hochdruckstimmen war für eine Superoktavkoppel bis c^5 ausgebaut.[28]
Am 3. Februar des Jahres 1945 erlitt das Instrument erhebliche Schäden am Pfeifenwerk und an der gesamten technischen Einrichtung. Nach dem Zweiten Weltkrieg lag die Restaurierung dieses ersten Orgelwerkes Wagners bzw. dessen Restbeständen bei der Firma ALEXANDER SCHUKE, Potsdam, die sich seit den zwanziger Jahren um die Restaurierung von Wagner-Orgeln verdient gemacht hatte. Es wurde versucht, das Werk zu barockisieren. Diese Arbeiten wurden im Jahre 1970 abgeschlossen. In den Jahren 1986-1987 führte die Potsdamer Orgelbaufirma noch eine Dispositionsänderung aus, die den Bestand der Wagner-Pfeifen nicht berührte, deren Register aber wieder in die von Wagner vorgesehenen Werke eingestellt wurden.[29] Die seit 1908 bestehende Registerzahl wurde nicht verändert. SB

Pfeifenbestand von 1720-1721

I. Aus dem ehemaligen Hauptwerk im jetzigen Hauptwerk: Bordun 16′ (h-c^3, jetzt als Gedackt 16′ bezeichnet), Principal 8′ (C, D-c^1, Prospekt), Rohrflöt 8′ (B-c^3), Octav 4′, Quinta 3′ (verändert), Octav 2′ (verändert), Cornet 5fach
II. Aus dem ehemaligen Oberwerk im jetzigen Oberwerk: Quintadena 16′ (fis-c^3), Principal 8′ (C, D-b, Prospekt, jetzt D-h, mit neuen Kernen), Gedackt 8′ (c-dis^2), Octav 4′ (fis^1-c^3), Mixtur 4fach (einige Pfeifen), Vox humana 8′ (einzelne Teile)
Aus dem ehemaligen Oberwerk im jetzigen Hinterwerk: Nassat 3′ (mit neuen Kernen), Octav 2′, Siefflöt 1′ (C, D-c^2)
III. Aus dem ehemaligen Hinterwerk im jetzigen Hinterwerk: Quintadena 8′ (F-h^1), Gedackt 8′ (d-c^3), Octav 4′ (cis^2-c^3), Rohrflöt 4′ (mit neuen Kernen), Octav 2′ (fis-c^2 als fis^2-c^4 im Prinzipal 8′)
IV. Aus dem ehemaligen Pedal im jetzigen Pedal: Principal 16′ (Prospekt), Gemshorn 8′ (F-d^1), Quinta 6′ (F-d^1), jetzt gedeckt im Nasat 10⅔′, Octav 4′, Mixtur 6fach (in der jetzt 8fachen Mixtur)
V. Register, die durch bisher nicht aufgeführte Wagner-Pfeifen bis zum c^4 erweitert wurden: Gedackt 16′ Hauptwerk, Oktave 4′ Hinterwerk, Rohrflöte 4′ Hinterwerk, Nassat 2⅔′ Hinterwerk, Oktave 2′ Hinterwerk
VI. Wagnerpfeifen, die zur Komplettierung heutiger Register verwendet wurden: Cornett 5fach im Hauptwerk, Mixtur 8fach im Pedal[30]

26. Bär, 1894, 2. Jg., S. 504; Sank-1946, S. 13.
27. Heye-1910, S. 324.
28. Mund-1950, S. 481, C 106; Mund-1908, S. 869 f.
29. AAScP, Orgelakte St. Marien, Berlin.
30. Wie Anm. 29, und KoO-OK.

Disposition von 1990

Hauptwerk (I) C-c^4

Gedackt	16′
Prinzipal	8′
Rohrflöte	8′
Viol di Gamba	8′
Oktave	4′
Nachthorn	4′
Quinte	2⅔′
Oktave	2′
Waldflöte	2′
Cornett 5fach	
Mixtur 4fach	
Scharff 6fach	
Trompete	16′
Trompete	8′

Oberwerk (III) C-c^4

Quintadena	16′
Prinzipal	8′
Gedackt	8′
Koppelflöte	8′
Oktave	4′
Blockflöte	4′
Nassat	2⅔′
Nachthorn	2′
Terz	1⅗′
Quinte	1⅓′
Septime	1⅐
Mixtur 5fach	
Cymbel 3fach	
Fagott	16′
Trompete	8′
Clarine	4′
Tremulant	

Hinterwerk (II) C-c^4

Rohrflöte	16′
Prinzipal	8′
Gedackt	8′
Quintadena	8′
Oktave	4′
Rohrflöte	4′
Nassat	2⅔′
Oktave	2′
Sifflöt	1′
Sesquialtera 2fach	
Scharff 6fach	
Dulcian	16′
Vox humana	8′
Tremulant	

Pedal C-f^1

Prinzipal	16′
Offenbaß	16′
Subbaß	16′
Nassat	10⅔′
Oktave	8′
Gemshorn	8′
Baßflöte	8′
Oktave	4′
Nachthorn	4′
Blockflöte	2′
Mixtur 8fach	
Posaune	1′
Trompete	8′
Clairon	4′

Kegelladen, elektropneumatische Spieltraktur, elektropneumatische Registertraktur, 6 Normalkoppeln, 4 freie Kombinationen, 2 freie Pedal-Kombinationen, fahrbarer Spieltisch, Tutti[30]

Berlin-Mitte
Alte Garnisonkirche

Berlin,
Garnisonkirche von 1722

Die unter Friedrich I. erbaute erste *Garnisonkirche* war am 12. 8. 1720 durch eine Explosion des Pulvermagazins im nahegelegenen Turm des Spandauer Tores zerstört worden. Die zweite unter Leitung des Baumeisters GERLACH erbaute Garnisonkirche konnte schon am 31. 5. 1722 eingeweiht werden.[1]

Bei dieser Kirche handelte es sich um eine schlichte Querhausanlage mit einem hohen Mansardendach. Den prächtigsten Schmuck dieser für die Soldaten Friedrich Wilhelms I. errichteten Kirche stellte die Orgel dar. Da die neue Garnisonkirche »weit länger und höher als die vorige gebauet« war, war der Kirchenraum für die bei der Explosion nicht zerstörte Orgel des JOHANN MICHAEL RÖDER zu groß und sie für »zu klein, und nicht suffisant befunden« worden.[2] Sie wurde daher vor dem Abbruch der Kirchenruine abgebaut und »auf dem Boden über der Garnisonschule in Verwahrung gelegt«, bevor sie auf königlichen Befehl ihre Aufstellung in der *Potsdamer Stadtkirche St. Nikolai* fand.

Das Militär-Gouvernement mußte für den Bau einer neuen Orgel sorgen. Es wandte sich an JOACHIM WAGNER, da Johann Michael Röder nicht mehr in Berlin

1. Kühn-1978, S. 371f.
2. Walt-1726, S. 8

Berlin, Alte Garnisonkirche
Orgel von Joachim Wagner
Kupferstich von G. P. Busch
(1727) nach einer Zeichnung
des Organisten J. F. Walther

weilte, und bat ihn um die Anfertigung einer Zeichnung der zu erbauenden Orgel. Nachdem Friedrich Wilhelm I. die Zustimmung zu Wagners Prospektentwurf gegeben hatte, stand dem Bau der Orgel nichts mehr entgegen. Kurz darauf erhielt der Organist der Garnisonkirche, Johann Friedrich Walther, einer der Sachverständigen, die bereits Wagners Marien-Orgel abgenommen hatten, sowohl vom Generalfeldmarschall und Gouverneur Reichsgraf von Wartensleben als auch vom General und Kommandanten de Forcade den Befehl, einen Orgelbaukontrakt aufzusetzen und diesen von »dreyen Kunst-erfahrenen Organisten hiesiger Residenz« prüfen zu lassen. Nachdem dies geschehen war, wurde am 27. 1. 1724 der Orgelbau-Kontrakt mit Wagner geschlossen. Dieser bestätigte am 28. Januar den Empfang des unterzeichneten und gesiegelten Dokuments. Wie bereits beim Bau der Orgel der *Berliner St. Marien-Kirche* übernahmen Wagners Brüder Johann Christoph Wagner, Prediger in *Karow bei Genthin*, und Friedrich Wagner, Militärgeistlicher beim Löbenschen Regiment und an der *Garnisonkirche zu Berlin* ordiniert, die geforderte Bürgschaft.[3]

3. Walt-1726, S. 9; Walt-1937, S. 41
4. DAB, Orgelakten Dom Brandenburg

Wagner, der noch mit dem Bau der *Brandenburger Domorgel* und der Orgel der ersten *Potsdamer Garnisonkirche* beschäftigt war, setzte seine Kräfte vornehmlich für den Bau der Orgel der *Berliner Garnisonkirche* ein und überschritt daher die Frist zur Fertigstellung der *Brandenburger Domorgel* um zwei Jahre, obwohl er dem Domkapitel gelobt hatte: »Solche Orgel verspricht Er bey verpfändung seines sämbtlichen Vermögens es habe nahmen wie es wolle noch vor Michaelis des künfftigen 1723. Jahres ohne alle Einwendung, außer wenn ihn Gott über alles verhoffen mit sehr schwerer Krankheit belegen solte, in gantz fertigen und vollkommenen tüchtigen stande, und vorwieder mit bestand auch nur nichts aus zu setzen richtig zu lieffern,...«.[4]

Die Aufgabe des Baus einer Orgel mit fünfzig Registern, somit der bei weitem größten Orgel der Residenzstadt Berlin, muß Wagner angespornt haben, denn mit außerordentlicher Energie trieb er den Bau voran, so daß bereits am 25. 12. 1724 das Hauptmanual und drei Stimmen im Pedal zum ersten Mal gespielt werden konnten. Ein Jahr später, am 25. 12. 1725, fand die feierliche Orgelweihe in Gegenwart und zur Zufriedenheit des Königs statt. Es fehlten nur noch einige »zarte Stimmen«, die im darauffolgenden Jahr eingesetzt wurden.[5] Wagner muß weiterhin an der Orgel noch Verbesserungen vorgenommen haben, denn zur Abnahme der Orgel kam es erst anderthalb Jahre nach der Orgelweihe am 5. 9. 1726. Die Abnahme erfolgte durch den Domorganisten Gottlieb Hayne und den Organisten der St. Nikolai-Kirche, Adrian Lutterodt. Beide stellten Wagner ein sehr gutes Zeugnis aus.[6]

5. Walt-1726, S. 27
6. Walt-1726, S. 27 f.

War die Orgel der *Berliner St. Marien-Kirche* Wagners »Meisterstück« gewesen, so wurde die Orgel der *Berliner Garnisonkirche* sein größtes und wohl auch berühmtestes Werk. Die Kunde vom Ruhm dieser Orgel veranlaßte 1741 Gottfried Silbermann, seinem Straßburger Neffen Johann Andreas Silbermann bei dessen Reise nach Berlin den Auftrag zu erteilen, sich die Orgel der Garnisonkirche genau anzusehen. Was Silbermann besonders interessierte, notierte er in einem seiner Quarthefte: »Als wir an die Kirche kamen redete ich auf der Gasse einen Menschen /: dem Ansehen nach ein Tagelöhner :/ an, daß er die Bälge tretten solte, er war auch willfährig dar zu, allein Hr. Wagner wolte es nicht zu geben, und so (oder er) tratt die Bälge selbsten, und weilen er sehr offt mit ausgezogenem Rock und Camisol und gleichsam wie ganz abgemattet im Schweiß zu mir ans Clavir kam, so verstunde ich gar wohl daß ich ihm nicht lange mühe machen solte, derowegen konte ich nicht zu meinem entzweck kommen. Darauf ich die Orgel in wendig zu sehen verlangte, ich war sonderlich begierig eine Pfeiffe von dem Fugara Register zu betrachten, H. Wagner langte mir eine heraus, woran aber die Lödung schlecht aussah. Das C 4 fuß Thon ist 8 fuß lang, hat sehr enge Corpora, ist 2/7 Theil labirt, und gehet fast wie Quintadön.

Detail der Orgel von 1909

Flutte traversiere, hat auch gar enge Corpora das C 8 schu lang, und ist noch dazu gedeckt, es mus sich überblasen.
Scharff 6fach ist im C disponirt g′ c″ e″ g″ c‴ g‴ und weilen also Terzen dabey sind, so ist es ein rauhes und scharffes geschrey. …
Zur Trompette discand weilen sie doppelt ist von c′ biß c‴, so hat die Manual laden hinten noch ein Windkasten worein der pedal wind gehet dan er ist stärker, weilen Hr. Wagner in der Meinung ist der Manual wind möchte auf einen Zug nicht 2 Rohrwerke zugleich anblasen können.« (Die hinteren Ventile sind über Wellen senkrecht zur Front mit der vorn verlaufenden Traktur verbunden.)[7]
Die Disposition wurde in die großen Dispositionssammlungen des 18. Jahrhunderts aufgenommen, und Schlimbach schrieb 1795 über sie: »wirklich musterhaft, nirgends Überfluß, nirgends Mangel, Fülle, Schärfe und Armuth«.[8]
Burney beschreibt in seinen Reisenotizen die beiden Orgeln der Garnisonkirche (Wagner, 1724-1725) und in St. Petri (MIGENDT, 1748) und erwähnt kurz St. Marien (Wagner, 1720-1721). Auf diese Instrumente regierte sein an den weichen englischen Klang gewöhntes Ohr »mehr gemartert als gekitzelt«: »Im ganzen genommen fand ich die Orgeln zu Berlin groß, rauh von Ton und mit rauschenden Stimmen überladen, welche, auch wenn sie gestimmt gewesen wären, keine angenehmere Wirkung getan haben würden …«[9]
Ihre Beschreibung ist dank der Schrift ihres Organisten JOHANN FRIEDRICH WALTHER, »Die In der Königl. Garnison-Kirche zu Berlin, befindliche Neue Orgel, Wie selbige, Nach ihrer äusseren und inneren Beschaffenheit erbauet«, der Nachwelt überliefert worden:
»Im Manual oder Mittel-Clavier sind 13 Stimmen

1.	Principal	8′
2.	Bordun	16′
3.	Viol. di gamb.	8′
4.	Rohrflöt	8′
5.	Cornett	5fach
6.	Traversiere	4′
7.	Octave	4′
8.	Spitzfloet	4′
9.	Quinta	3′
10.	Octav	2′
11.	Scharff	6fach
12.	Mixtur	4fach
13.	Fagott	16′

Im Seiten-Werck oder untersten Clavier
sind 13 Stimmen

1.	Principal	8′
2.	Quintadena	16′
3.	Gedact	8′
4.	Salicional	8′
5.	Octava	4′
6.	Fugara	4′
7.	Quinta	3′
8.	Octav	2′
9.	Waldflöt	2′
10.	Sifflöt	1′
11.	Scharff	5fach
12.	Cimbel	fach
13.	Trompet	8′

7. FrNaB-SiA, Abschrift Pater Hohn in AKScB
8. Scli-1801, S. 275 und 281
9. Burn-1980, S. 381.

Berlin, Alte Garnisonkirche
Orgel von JOACHIM WAGNER
Kupferstich von G. P. BUSCH
(um 1737)

Diese Trompet ist in denen beyden obersten Octaven doppelt und hat 2 Züge, daß man den Baß und Diskant jedes allein gebrauchen kann.
Im Ober-Werck als dem 3ten Clavier sind 11 Stimmen

1. Principal 4′
2. Quintadena 8′
3. Gedact 8′
4. Rohrfloet 4′
5. Nassat 3′
6. Octav 2′
7. Flageolet 2′
8. Tertia $1^3/_5$′
9. Quinta $1^1/_2$′
10. Cimbel 4fach
11. Vox humana 8′

Im Pedal sind 13 Stimmen, Sie sind aber getheilet, und liegen zwei Laden mit denen im Manual in einer Linie vorwärts, darauf sind:

1. Principal 16′
2. Gemshorn 8′
3. Quinta 6′
4. Octav 4′
5. Nachthorn 4′
6. Quinta 3′
7. Mixtur 8fach
8. Trompet 8′
9. Cleron 4′

Hinten in dem Wercke liegen 2 Laden gantz auf dem Fußboden, damit man die Höhe zu der 32füßigen Posaune haben können, darauf sind:

10. Violon 16′
11. Octava 8′
12. Posaun 32′
13. Posaun 16′

Befinden sich demnach in dieser Orgel 50 klingende Stimmen; wozu noch kommen: 1 Tremulant, wie auch a part eine gelinde Schwebung zur Voce Humana. Item 1 Zug, zu denen beyden Sonnen, 1 Zug zu denen Paucken-Clavieren, 4 Sperr-Ventil-Züge, wodurch einem jeden Claviere, wann unterweilen etwas in der Regierung hängen bleibet und heulet, der Wind sogleich versperret werden kan. Und damit die Register in ihren Linien äqual worden, ist der Zug zum Trompeten-Baß, wie auch 1 Zug zur Calcanten-Glocke, mit hinein geleget. Daß also nun, auf jeder Seite 4 Reihen neben einander, überdem noch, an dem Rahm über den Clavieren 4 Züge zu Engeln, Trompeten und beyden Adlern und also in Summa 64 Züge vorhanden sind. …
Die 3 Manual Claviere deren jedes 48 Claves hat, und von C.D.Dis. biß c‴ gehen, betreffend, so sind selbige so wohl, als deren Rahmen, mit Ebenholtz und Elfenbein sauber fournieret. Das Pedal-Clavier gehet gleichfals an von C.D.Dis, und ist bis ins d′ ausgeführet, hat also 26 Claves.
Die Register lassen sich alle gelinde an- und abziehen. Es können auch alle 3 Claviere zusammen gekoppelt, und also die gantze force des Wercks, auf einmal gebrauchet werden.«[10]

10. Walt-1726, S. 14 f.

Inwendiger Prospect der Garnison-Kirche, von Morgenwerts anzusehen.
I. F. Walther delin.
G. P. Busch sculpsit
Was durch des Pulvers Macht war vormals ruiniret,
Das sieht man bald hernach weit schöner aufgeführet.

Blick auf die Orgelempore der *Garnisonkirche Berlin*, Kupferstich um 1737

Walther erwähnte in seiner Schrift auch die äußere Gestalt und die Figurenspielereien an seiner Orgel: »Die in dem Prospect sich praesentirenden Figuren betreffend; so sind erstlich an statt, der sonst gewöhnlichen Blind-Flügel zwo Piramyden vorgestellet, welche mit allerhand Krieges-Rüstungen umgeben. Vor denenselben zeigen sich zwey Kinder, welche die, vor ihnen stehende grosse Paucken effective schlagen, und können solche, durch 4 besondere Claviere, welche sich durch einen Zug an- und abziehen lassen, pedaliter tractiret werden. Zu oberst über solchen Piramyden, befinden sich 2 Engel, welche bey Spielung der Paucken, durch einen Zug von oben herab, und bis auf die Spitzen der Piramyden niedergelassen werden, auch die in Händen habende Trompetten an- und absetzen können. Auf dem Mittel-Punct des Werks, praesentiren sich, statt der sonst gewöhnlichen Cimbel-Sterne, zwo Sonnen, gegen welche, bey Herumlauffung derselbigen, zwey Adler, die Flügel auf- und niederschlagen, welches gleichfalls durch gewisse, dazu angelegete Züge, in Bewegung gebracht wird.«[11] Die Kesselpauken waren ein Geschenk des Wartenslebenschen Reiter-Regiments, und wurden den Schweden bei Fehrbellin abgenommen.[12] Die Ausstaffierung der Orgel lehnte Wagner in den wesentlichen Elementen der Röder-Orgel von 1713 an. Über allem thronte die Königskrone und als Zierat der preußische Adler, die Kesselpauken schlagenden Putten und ein Arsenal von Waffen der Kriegskunst. Für die Bildhauerarbeiten wurde der Berliner Bildhauer und Kupferstecher C. P. Busch verpflichtet, der einige Jahre später auch einen Kupferstich des Orgelwerks anfertigte.

Mit Hilfe der Beschreibung und des überlieferten Orgelrisses lassen sich einige Besonderheiten herausarbeiten, die Walther wahrscheinlich nicht für erwähnenswert hielt. Aus der Anordnung der Registerzüge läßt sich die Anlage zweier Manualschiebekoppeln folgern. Die bei Walther erwähnten Koppeln hatten keine Registerzüge. Aus der Schrift Walthers lassen sich auch die einzelnen Mixturzusammensetzungen auf den Ton C entnehmen, die übertragen in Fußtonzahlen, lauten:

Scharff 6fach (HW) C: 1 1/3′, 1′, 4/5′, 2/3′, 1/2′, 1/3′
Mixtur 4fach (HW) C: 1′, 2/3′, 1/2′, 1/3′
(Cornet 5fach (HW) ab c′, übliche Zusammensetzung)
Scharff 5fach (SW) C: 1 1/3′, 1′, 4/5′, 2/3′, 1/2′
Cimbel 3fach (SW) C: 1′, 2/3′, 1/2′
Cimbel 4fach (OW) C: 1′, 2/3′, 1/2′, 1/3′
Mixtur 8fach (P) C: 2′, 1 1/3′, 1′, 1′, 2/3′, 2/3′, 1/2′, (1/3′?)[13]

Bemerkenswert ist noch, daß sich Wagner entschloß, vier Pedalladen anzulegen. Bei zweimanualigen und größeren Orgeln wurde dies später für ihn eine Selbstverständlichkeit.

Bis zum Jahr 1892 blieb dieses Instrument von Schicksalsschlägen weitgehend verschont. Lediglich einige kleinere Reparaturen in den Jahren 1806 und um 1820 und ein Diebstahl von Pfeifen im Jahr 1810 sind belegt.[14]

Wilhelm Sauer ersetzte im Jahr 1892 das Wagnersche Werk durch ein neues Werk mit 70 Registern auf drei Manualen und Pedal. Das prächtige, barocke Gehäuse der alten Orgel wurde jedoch beibehalten. Neun Jahre später erhielt die Sauer-Orgel eine pneumatische Traktur.[15]

Der Kirchenbrand im Jahre 1908 vernichtete sowohl das alte Wagner-Gehäuse als auch das Werk aus der Werkstatt Wilhelm Sauers. Bereits ein Jahr darauf wurde die Kirche im wesentlichen in der alten Gestalt wieder errichtet. Der Kupferstich von C. P. Busch ermöglichte eine Rekonstruktion des alten Gehäuses, an dem nur an der Ausstaffierung kleinere Veränderungen vorgenommen wurden. Fortan stand die Orgel nicht mehr auf der zweiten Empore, da die ursprünglich unter der Orgelempore existierende Sängerempore nicht wieder errichtet wurde. Sauer erbaute in dem rekonstruierten Gehäuse ein Werk mit vier Manualen, 80 Registern und Echowerk.[16] Im November 1943 brannte die Garnisonkirche bis auf die Mauern aus. Die Ruine wurde 1949 abgetragen.[17] SB

11. Walt-1726, S. 9
12. Goen-1897, S. 35
13. Walt-1726, S. 17 ff.; Stev-1940, S. 23 ff.
14. EZA, 14/7483; Frot-1950;† Haup-1850
15. ASaF
16. Saue-1913
17. Kühn-1978, S. 371f.

Berlin, Alte Garnisonkirche
Orgel von Wilhelm Sauer
Zustand um 1930

Berlin, Alte Garnisonkirche
Orgel von Wilhelm Sauer
(1909)
Zustand um 1939

Spandau
St. Nikolai-Kirche

Innenraum
der *St. Nikolai-Kirche*

1240 wird die Spandauer Marktkirche erstmals erwähnt. Neueste Hinweise erhärten die bisherigen Annahmen, daß die erste St. Nikolai-Kirche eine romanische Anlage mit Westwerk und Apsis war. Die heutige Hallenumgangskirche, in ihrer Anlage der Berliner Kirche des Hl. Nikolaus und der Brandenburger Katharinen-Kirche ähnlich, wurde im frühen 15. Jahrhundert vollendet; ihre Turmuntergeschosse und womöglich weitere Grundmauern gehen auf die Vorgängerin zurück. Der Turm, mehrfach abgebrannt und wiederaufgebaut, erhielt 1744 ein barockes Oberteil mit einer kuppeligen Haube und offener, geschweift gedeckter Laterne. Die Außenform dieser Fassung ließ Schinkel 1838/39 unversehrt, als er die Kirche ihrer Barockelemente entledigte und sie gotisierte. Weitere Änderungen und der vereinfachte Wiederaufbau der Turmspitze nach dem Zweiten Weltkrieg wurden Ende der 80er Jahre revidiert; das Äußere entspricht jetzt, nach Restaurierung des Bestandes und Rekonstruktion der Haube und des Turminneren, der Schinkelfassung.

Die Halle mit ihren gleich hohen Schiffen und dem lichten, ungebrochenen Chorumgang, nur durch die innen nicht markierten Kapellen im Süden und Norden des Vorchorjochs ergänzt, hatte nach der Reformation Emporeneinbauten bekommen. Zuvor waren die vielzähligen Seitenaltäre der Zünfte und Patrone beseitigt worden und Festungsbaumeister Graf zu Lynar, Kampfgefährte des Hugenottengenerals Coligny, hatte den heute noch erhaltenen Epitaphaltar gestiftet. Das ebenfalls aus katholischer Zeit stammende Triumphkreuz wurde, wie der bronzene Taufkessel, beibehalten; es wechselte über die folgende Zeit mehrfach den Platz.

In der Kirche ist bereits 1463 ein Organist und seit 1515 eine Orgel nachgewiesen. Das Vorgängerinstrument, das Wagner noch in seiner Grundsubstanz vorfand, ging auf einen Orgelbau des Braunschweiger Meisters HANS THOMAS aus dem Jahr 1558 zurück. Das Orgelwerk wurde zwar 1643 von ANDREAS WERNER und 1670 von JOHANN NETTE repariert, war aber um 1730 so schadhaft, daß es nicht mehr den Anforderungen der Gemeinde genügte.[1] Mit königlicher Approbation und Confirmation vom 6. 10. 1732 wurde der Neubau der Orgel beschlossen.[2]

Seit dem 10. 12. 1726 war JOHANN HERMANN TILL Organist in Spandau St. Nikolai. Er kannte Joachim Wagner bereits aus seiner Organistentätigkeit in *St. Marien* zu *Treuenbrietzen*. Dort empfahl er 1724 für den Neubau der Orgel Joachim Wagner aus Berlin, einen Orgelbauer der sich »sehr legitimiret und recommendiret hat.« Da der Neubau der Orgel von Seiten des Magistrats aufgeschoben wurde, entschloß sich Till, die Organistenstelle in Spandau anzunehmen. In Spandau hatte Wagner somit einen bekannten Fürsprecher.[3]

Am 24. 10. 1732 unterzeichnete Joachim Wagner den Bauvertrag. Er versprach, die Orgel nach der Zeichnung des Oberbaudirektors STOLZE zu verfertigen. Das neue Orgelwerk erhielt dreißig klingende Stimmen, denen Wagner noch Züge für »drei Sperrventile, zwei Tremulanten, Cimbelstern, Coppel und Calcantenglocke« hinzufügte.[4] Die Disposition ist im Bauvertrag überliefert.

Das Instrument füllte die proportional hoch im gedrungenen Gewölbe liegende Empore in ganzer Höhe und in voller Breite des Hauptschiffes. Die Gesimse und Gebälke der mächtigen seitlichen Pedaltürme und des dazwischenstehenden Hauptwerks überlagerten die Gewölbeschnitte und -rippen, so daß der Gehäusekörper die Kirche zu sprengen schien. Der für Wagner typische Wechsel im Relief leichtschwingender Turmprofile neben flach angeordneten, steigenden oder bogig verlaufenden Pfeifenreihen, strukturiert durch stark vorspringende Kranzgesimse, strenge, wenngleich üppig-barocke Schleierwerke und der Einsatz von trompe-d'œil-Malerei schufen für die gotische Halle einen – im positiven Sinn – stark überfremdenden Akzent.

Das Werk besaß 2430 klingende Pfeifen und acht stumme Pfeifen im Prospekt. Die Disposition entsprach Wagners Orgelbautyp auf 8'-4'-16'-Principalbasis, wie er ihn erstmals beim Bau der Orgel für die alte *Potsdamer Garnisonkirche* verwandt hatte, den er nach Spandau noch in *Jüterbog, St. Nikolai*, und *Angermünde, St. Marien*, zur Ausführung brachte. Alle vier Kirchen zeichnen sich durch eine relativ niedrige Deckenhöhe und beengte räumliche Verhältnisse für die Orgel aus, so daß es Wagner nicht möglich war, die ansonsten bevorzugte Verwendung des Principal 8' im Oberwerk durchzuführen.

Bemerkenswert ist in der Spandauer St. Nikolai-Kirche die Rückführung der Quintadena 8' zur traditionellen Anordnung mit dem Gedackt 8' in das zweite Manual. Die Klaviaturen hatten einen Umfang von C-c^3 mit 48 Tasten auf beiden Manualen. Die Manualkoppel war hier nicht mehr die in Wagners früher Schaffenszeit verwendete Manualschiebekoppel, sondern die nach 1732 von ihm eingeführte Gabelkoppel mit Zug, eine Bauweise, die in der Mark Brandenburg bis in das 20. Jahrhundert dominierend blieb. Die Orgel stand wie alle anderen Wagner-Orgeln im Chorton.[5]

Wagner forderte und erhielt für dieses Werk 1550 Thlr., wobei er die Kosten für die

1. Scul-1913, Bd. I, S. 85 ff. und Kirc-1989, S. 49.
2. Scul-1913, Bd. II, S. 153.

3. SAP, Pr. Br., Rep. 8, Treuenbrietzen Nr. 2873; Scul-1913, Bd. II, S. 362.
4. ASMS, St. Nikolai Spandau, Nr. 57.

5. PfA-SpNi.

Maler- und Bildhauerarbeit nicht zu tragen hatte. Die Orgel wurde in Berlin angefertigt und die Spree abwärts nach Spandau verschifft.[6]

Wagner setzte das Orgelwerk wie bei all seinen größeren Orgelbauten auf den für den Kirchenraum höchstmöglichen Punkt, eine hölzerne Empore über dem Eingang zum Kirchenschiff. Der Mittelturm und die Seitentürme des Prospekts ragten mit der aufwendigen Kartusche, die den Namenszug Friedrich Wilhelm I. (FWR) trug, und dem barocken Rankenwerk bis an die Decke des Kreuzgewölbes. Zwei Künstlern, dem Berliner Bildhauer Friedrich Ziegler und dem Maler Ludewig Michaelis, die bereits bei anderen Orgelbauten Wagners die Ausstaffierung mit Schnitzwerk und farbiger Fassung ausgeführt hatten, wurde auch in Spandau die künstlerische Ausgestaltung des prächtigen Orgelprospekts anvertraut.[7]

»Dominica Jubilate« (16. 5.) 1734 wurde das neue Werk feierlich eingeweiht. Die Musik zur Orgelweihe komponierte der Organist zu St. Nikolai, Johann Hermann Till. Der Schulrektor Samuel Jacobi hatte eigens ein Programm mit dem Titel »Ein wohlklingendes und den öffentlichen Gottesdienst zierendes Orgelwerk« drucken lassen.[8] Erst vier Jahre später, am 16. 9. 1738, wurde die Orgel durch den Hof-Kapellmeister und Dom-Organisten Hayne »examiniert, durchgelegt, approbirt und dem hiesigen Organisten Herrn Johann Hermann Till übergeben.«[9]

Nur zwei Jahre später, am 25. 6. 1740, wurde beim Brand des Kirchturms die Orgel so stark beschädigt, daß sie nicht mehr gespielt werden konnte. Es wurde beschlossen, sie genau nach dem Kontrakt mit Joachim Wagner zu rekonstruieren. Reparaturversuche durch einen ortsansässigen Tischler führten nicht zum gewünschten Erfolg. Unter den Orgelbauern, die sich um den Auftrag zur Wiederherstellung der Orgel bewarben, befand sich Wagners Schwager Matthias Callensee, der »Vice-Orgelmacher«, der 1741 nach der Fertigstellung der Wagner-Orgel in *Treuenbrietzen, St. Marien*, in Spandau ein neues Wirkungsfeld suchte. Kallensee verstarb jedoch, bevor er mit den Arbeiten beginnen konnte.[10]

Nach weiteren Verhandlungen wurde am 6. 10. 1746 mit Wagners ehemaligem Gesellen Peter Migendt ein Kontrakt zum Wiederaufbau der Orgel geschlossen. Größter Wert wurde dabei auf die originalgetreue Wiederherstellung nach Wagners Kontrakt gelegt. Dieser wurde mit dem Vertrag Migendts verbunden und bezeugt noch heute die hohe Wertschätzung, die dieses Orgelwerk gefunden haben muß. Im Juni 1748 wurde die Wiederherstellung vollendet. Der Bildhauer Wasser aus Berlin wurde mit der Rekonstruktion der Bildhauerarbeiten unter Verwendung der noch erhaltenen Teile beauftragt.[11]

Die Orgel blieb bis auf eine Reparatur der Bälge im Jahr 1769, eine Reparatur durch den Berliner Orgelbauer Steibelt im Jahr 1774 und eine Reparatur der Bälge und Windladen im Jahr 1787 durch den Orgelbauer Hesse, unverändert erhalten. Anläßlich der Restaurierung (Umbau) der Kirche in den Jahren 1826-1839 reparierte Ernst Marx jun. 1839 die Orgel und veränderte geringfügig die Disposition. Im Hauptwerk ersetzte er Flaut Travers 4′ durch 8′ und im Oberwerk fügte er Gedackt 16′ als neue Stimme hinzu. Das Gedackt 16′ und zwei zusätzliche 8′-Stimmen im zweiten Manual, bei einer Orgel mit vierfüßigem Principal, muß den ausgewogenen Aufbau der Orgel stark beeinträchtigt haben. Bis zum Abbau der Wagner-Migendt-Orgel wurden noch mehrfach Dispositions-Änderungen, unter anderem von F. H. Lütkemüller, vorgenommen, so daß 1877 in den Orgelakten vermerkt wurde, daß die Orgel »durch Einfügung neuer Stimmen eine gänzlich veränderte Disposition erhalten« hat.[12]

Weiter wurde vermerkt: »Von allen 31 Stimmen der Orgel können nur etwa 19 Stimmen mit relativem Erfolge benützt werden.«[13] Den Abbau dieser Orgel förderte ein Gutachten von Eduard August Grell, der wegen des Befalls mit Wurmfraß zu einem Neubau riet. Friedrich Ladegast aus Weißenfels erhielt den Auftrag zum Bau der neuen Orgel, die am 5. 12. 1880 vollendet wurde.[14] SB

6. Wie Anm. 4.
7. Wie Anm. 4.
8. Scul-1913, Bd. I, S. 86; Scul-1913, Bd. II, S. 360, 386.
9. Wie Anm. 4.
10. Wie Anm. 4; Schreibweise auch Callensee.
11. Wie Anm. 4.
12. PfA-SpNi.
13. Wie Anm. 12.
14. Weic-1982, S. 33; BKD-1971, S. 100.
15. Wie Anm. 12.

Disposition 1732

Hauptwerk

Principal	8′
Bordun	16′
Rohrflöt	8′
Flaut Travers	4′
Octav	4′
Quinta	3′
Octav	2′
Cornet 3fach	
Scharff 5fach	1 1/2′
Cimbel 3fach	1′
Trompet	8′

Oberwerk

Principal	4′
Quintadena	8′
Gedackt	8′
Rohrflöt	4′
Nassat	3′
Vugara	4′
Octav	2′
Tertia	1 3/5′
Quinta	1 1/2′
Mixtur 4fach	1′
Vox humana	8′

Pedal

Principal	16′
Violon	16′
Gemshorn	8′
Quinta	6′
Octav	4′
Mixtur 5fach	2′
Posaune	16′
Trompet	8′

Schleifladen, mechanische Traktur[15]

Disposition 1877

Hauptwerk

Bourdon	16′
Principal	8′
Rohrflöte	8′
Flauto traverso	8′
Octav	4′
Quinte	3′
Cornett 3fach	
Scharf 5fach	
Cymbel 3fach	
Trompete	8′

Oberwerk

Gedackt	16′
Lamento	8′
Gedact	8′
Quintatön	8′
Salicional	8′
Principal	4′
Rohrflöte	4′
Vugara	4′
Nasard	3′
Octav	2′
Quinte	1½′
Hautbois	8′

Pedal

Principal	16′
Violon	16′
Gemshorn	8′
Gedackt	8′
Quinte	6′
Octav	4′
Posaune	16′
Trompete	8′

Schleifladen,
mechanische Traktur [16]

16. wie Anm. 12.

Die Schüler Joachim Wagners und ihre Mitbewerber 1750-1799

Deutsche Friedrichstadt-Kirche
Orgel von Peter Migendt,
1751-52

Nach dem Tod Wagners im Jahre 1749 wurden die von ihm in Berlin-Brandenburg eingeführten Besonderheiten des Orgelbaus von mehreren Schülern übernommen. Keiner von Wagners Nachkommen ist Orgelbauer geworden; die Schüler, Gesellen und Handwerker seiner Werkstatt haben jedoch die Tradition ununterbrochen fortgesetzt. Zur Wagner-Schule zählen vor allem Peter Migendt, Ernst Marx und Leopold Christian Schmaltz. Ernst Marx hat durch den großen Wirkungskreis seiner Werkstatt und seiner Gesellen die Fertigkeiten Wagners bis in das 19. Jahrhundert weitergegeben.

Peter Migendt

Peter Migendt, ein aus Birthälm (Siebenbürgen) stammender Orgelbauer, gehörte zu den unmittelbaren Schülern und Nachfolgern Wagners.[1] Er wurde um 1703 in Birthälm geboren.[2] Diese Stadt war vom 15. bis zum 19. Jahrhundert geistliches und kulturelles Zentrum der Siebenbürger Sachsen. Die spätgotische Kirchenburg war von 1572 bis 1867 Sitz der lutherischen Bischöfe Siebenbürgens und daher sicher früh mit einem Orgelwerk ausgestattet.[3]

Seine Ausbildung als Orgelbauer wird Migendt in Birthälm erhalten haben. Genauere Angaben sind unbekannt; sein Berufsweg läßt sich erst ab 1731 verfolgen. Die beginnende Einschränkung der Privilegien der Siebenbürger Sachsen (Königsboden) mögen Migendt dazu bewogen haben, sein Handwerk außerhalb der Heimat auszuüben.[4] Ab 1731 ist er als Geselle Joachim Wagners nachgewiesen.[5]

Migendts Name findet sich erstmals beim Bau der Orgel für die *Berliner Parochial-Kirche*. In den Orgelakten heißt es dazu 1732: »Wir sämbtlich unterschriebenen Orgel-Macher Gesellen, haben von Anfang bis zu ende an der Orgel gearbeitet, und darnach gestrebet, das alles gut und tüchtig gemacht werde; da dieselbe numehro fertig, überliefert, und für tüchtig erkläret worden; als gelanget an das Hochlöbl. Presbiterium unser gehorsamstes Bitten, uns wie gewöhnlich mit einem Recompens zu Regalieren, wir getrösten uns dieser Hochgeneigten willforung, die wir in tiefstem Respect Verharren. Unserer Hoch geehrten Herren Gehorsamste Diener Matthias Callensee. George Neumann. Peter Mügend. Johann Körner. Heinrich Cunzius. Johann Jakob. Friedrich Jordan. Christian Albrecht.«[6]

Einem Gutachten zum Kostenanschlag Gottlieb Scholtzes für den Neubau einer Orgel in der *Havelberger Stadtkirche St. Laurentius* vom 20. 4. 1753 entnehmen

1. Die Ausführungen über Peter Migendt basieren zum Teil auf der Publikation von Christhard Kirchner in den Mitteilungen des Vereins für die Geschichte Berlins (Kirc-1990); Lede-1861, S. 374; Sach-1908, S. 312 f.
2. EZA, Totenbuchkopie der St. Georgen-Kirche; Traubuchkopie der Jerusalems-Kirche, Berlin.
3. Teut-1922, 1. Bd., S. 289 ff., 2. Bd. S. 428.
4. Teut-1922, 1. Bd., S. 163 ff.
5. PfA-MiPa; Fest-1928, S. 50.
6. wie Anm. 5.

wir, daß Migendt 17 Jahre bei Joachim Wagner tätig war: »Die 17 Jahr die ich bey Sel. Wagner gewesen bin habe ich manch schönes Werck helfen bauen und die Kosten sein mir nicht unbekannt, waß Orgeln kosten große und kleine.«[7]

Migendt genoß zweifelsohne Wagners volles Vertrauen, denn nach dem frühen Tod von Wagners »Vize-Orgelmacher« und Schwager Matthias Callensee erhielt er eine Stellung, die am besten mit dem Begriff »Werkmeister« bezeichnet werden kann.[8]

Wagner schickte Migendt 1740 ins norwegische *Trondheim*, um die in Berlin gefertigte Orgel im dortigen Dom aufzubauen.[9] Im Vertrag vom 10. 4. 1739 hatte sich Wagner verpflichtet: »6. Verbindet sich der Orgelmacher Wagner einen erfahrenen Orgelmacher-Gesellen mit diesem Wercke nach Drontheim zu senden, welcher selbiges in der dortigen Duhm-Kirche aufsetzen, und zu völligen guten Stande bringen soll, jedoch sollen demselben die freien Reisekosten, von Hamburg nach Drontheim, so hin als her, auch bei der dortigen freyen Alimentation, Ein Wochenlohn von einen Rh. 8 Gl. oder 4 Mark wöchentlich gereichet werden. Auch verpflichtet sich gedachter Wagner für die Tüchtigkeit dieses Wercks, auch für dasjenige, so durch seinen Gesellen alldorten in Drontheim gemachet wird, einzustehen und zu Repondieren, so lange bis dieses Werck in besagter Kirchen zu völligen guten Stande gebracht, geliefert und approbiert worden.«[10]

Bemerkenswert ist, daß die Aufstellung der Orgel nicht im Gesamtpreis enthalten war, sondern mit Migendt wöchentlich abgerechnet wurde. Die Orgel wurde 1741 ihrer Bestimmung übergeben. Sie hatte drei Register mehr erhalten, als ursprünglich im Kostenvoranschlag vereinbart worden war.[11] Die Register Spitzflöte 4′ und Waldflöte 2′ im Hauptwerk sowie Terz $1\frac{3}{5}'$ im Oberwerk sind wahrscheinlich erst von Migendt bei der Aufstellung der Orgel hinzugefügt worden.[12] Daraus kann auf eine gewisse Eigenständigkeit Migendts innerhalb der Werkstatt Wagners geschlossen werden.

Seine Mitwirkung ist auch für den Bau der Orgel der *Angermünder St. Marien-Kirche* im Jahre 1745 nachgewiesen, da er dort am 7. 6. 1745 10 Thaler für verauslagten Fuhrlohn quittierte.[13] Ein Jahr später unterschrieb Migendt einen Vertrag mit dem Spandauer Magistrat zur Wiederherstellung der 1740 bei einem Brand stark beschädigten Orgel der *St. Nikolai-Kirche* in Spandau.[14] Er schloß diesen Vertrag ohne Wagner und auch nicht in dessen Auftrag, denn er haftete für das Gelingen seiner Arbeit. Wie damals üblich erhielt er erst Monate später, nach erkennbar gutem Gelingen der Arbeit, am 7. Juli 1748 die letzte Teilzahlung der vereinbarten 300 Thaler.[15]

Die Orgel für die *St. Petri-Kirche* zu *Berlin*

Im Jahr 1747 wurde Wagners Entwurf zum Bau einer Orgel mit 50 Registern für die Berliner St. Petri-Kirche genehmigt.[16] Da die finanziellen Mittel zum Bau der Orgel nicht vorhanden waren, konnte mit den Arbeiten jedoch nicht sofort begonnen werden.[17] Wagner wollte auch zunächst die Orgel in *St. Marien* zu *Salzwedel* fertigstellen. Da diese Arbeit ihn aber voll in Anspruch nahm, delegierte er den Neubau in *St. Petri* an Peter Migendt. Als Wagner 1749 in Salzwedel verstarb, oblag es Migendt, den ersten Bauabschnitt der Petri-Orgel mit 11 Registern auf Hauptwerk und Pedal selbständig zu vollenden. Georg Rahn schrieb 1853 dazu: »Der vom Orgelbauer Wagner 1747 gefertigte Anschlag wurde genehmigt, wodurch die Struktur der Orgel auf 8 Bälge und 50 klingende Stimmen berechnet war, die eine spätere Vergrößerung der Stimmkraft offen hielt, da man vorläufig nur zur Anbringung von 4 Bälgen und 11 klingenden Stimmen im Hauptmanual und Pedal, und noch 8 im Manual und 3 im Pedal die Mittel hatte. Sie erhielt außerdem 1301 Pfeifen, vier Ventile, Tremulant und eine Koppel zum Obermanual und Oberklavier, mit einem Kostenaufwand von 1510 Thlr. Am ersten Adventsonntage 1749 wurde sie durch den

7. GStA, Pr. Br. Rep. 40, Nr. 1637, Bl. 7.
8. Callensee (Kallensee) wurde am 6. 12. 1741 beerdigt, EZA Fotokopie des Totenbuch St. Marien, Berlin.
9. Org-1931/32, Vol. XI, S. 88 f.
10. Freundl. Mitteilung des Orgelbaukontraktes durch den Trondheimer Domorganisten P. F. Bonsaksen.
11. Wie Anm. 10.
12. Wie Anm. 10.
13. PfA Angermünde, Kirchenrechnungsbuch.
14. ASMS, St. Nikolai Spandau, Nr. 57.
15. Wie Anm. 14.
16. Scmi-1809, S. 39 f.
17. Rahn-1853, S. 49 f.

Trondheim, Dom
Orgel von Joachim Wagner, aufgestellt und erweitert von Peter Migendt, 1740

damaligen Probst Süßmilch feierlich eingeweiht. Im Jahr 1751 wurde von dem Orgelbauer Migent das Oberklavier gefertigt, die leeren Felder mit Principalpfeifen besetzt [die aber bis zum Untergang der Orgel beim Kirchenbrand 1809 nie klingend gemacht wurden, da die Windladen noch fehlten][18] und vom Bildhauer Wasser und dem Maler Fischer Verzierungen angebracht, ...«[19]
Die Orgel wurde nicht so gebaut, wie sie nach Wagners Kostenanschlag geplant war. Auch die bei Adlung oder in der »Sammlung einiger Nachrichten« wiedergegebene Disposition wurde nie ausgeführt.[20] Die Gründe hierfür sind uns nicht bekannt. Wahrscheinlich hat immer noch der von Joachim Wagner um 1730 entworfene Kostenanschlag für eine Riesen-Orgel mit 110 Registern (siehe Einleitung zum 2. Kapitel) die Orgelbauer und Kirchenvorsteher in seinem Bann gehalten, so daß der Blick für das Machbare und die Proportionen getrübt war.[21] So ist es auch nicht verwunderlich, daß der Prospekt der Petri-Orgel, obwohl er 1747 für 50 Register geplant war, um 13 Fuß höher war als der der Garnisonkirchen-Orgel, die damals die größte Berlins war; sie war ebenfalls von Wagner gebaut worden.[22] Auch nach einer Erweiterung durch Ernst Marx auf 26 Register im Jahre 1768 blieb die Petri-Orgel immer noch ein Torso.[23]
Noch vor der Fertigstellung des ersten Bauabschnitts der Petri-Orgel wurde Migendt nach *Salzwedel* gerufen, da er dort für die Fortführung der Arbeiten an der von Wagner begonnenen Orgel benötigt wurde.[24] Migendt konnte aber wegen des Baus der Petri-Orgel keine terminlichen Zusagen geben, so daß schließlich Gottlieb Scholtze das Instrument fertigstellte.[25]

Die Orgelbauten für die *Schloßkirche* und die *St. Gertrud-Kirche* zu *Stettin*

Mit dem Tod Wagners war für Migendt eine neue Situation eingetreten. Er war als langjähriger Mitarbeiter Wagners in Berlin und der Mark bekannt und hat, soweit wir wissen, dessen Werkstatt übernommen und fortgeführt. Anfragen, die Orgelbauten und Reparaturen betrafen, kamen nun an ihn. Seine ersten Instrumente lieferte er 1750 bis 1752 nach Stettin.
1750 erhielt er den Auftrag zum Bau einer einmanualigen Orgel mit Pedal und 13 Registern für die *Stettiner Schloßkapelle.* Diese Orgel konnte bereits am 2. 5. 1751 eingeweiht werden.[26] Nach der Fertigstellung der Schloßkirchen-Orgel erreichte ihn der Auftrag zum Bau eines neuen Werks für die *Stettiner St. Gertrud-Kirche.* Die Einweihung für dieses einmanualige Instrument mit Pedal und 12 Registern erfolgte 1752.[27]

Der Orgelbau für die *Deutsche Friedrichstadt-Kirche* zu *Berlin*

Noch im gleichen Jahr stellte Migendt eine Orgel für die *Deutsche Friedrichstadt-Kirche* (Neue Kirche) am Gendarmenmarkt auf.[28] Die Orgelweihe fand am 12. 11. 1752 statt. Das Werk entsprach den zuvor in Stettin gebauten Instrumenten: ein einmanualiges Werk mit Pedal und dreizehn Registern.[29] Die Disposition ist von Friedrich Marx und dem Musikdirektor Grell überliefert worden und wird nebenstehend wiedergegeben.
Wie bei den beiden Stettiner Orgeln besaßen einige Register in Baß und Diskant geteilte Schleifen. Von dem Gehäuse, das Carl August Buchholz bei einem Neubau 1847 übernahm, ist ein Foto erhalten, das kurz vor dem Abbau durch die Orgelbauanstalt Sauer im Jahre 1882 aufgenommen wurde. Es zeigt in der Prospektgestaltung die Nähe zu den Instrumenten Joachim Wagners. Die Orgel wurde 1882 an die *St. Marien-Gemeinde* in *Ueckermünde* verkauft. Einige Register der alten Migendt-Orgel waren von Buchholz übernommen worden und sind in der heutigen Orgel erhalten.[31]

18. Samm-1757/2.
19. Wie Anm. 16 und 17.
20. Samm-1757/2; Scmi-1809, S. 39 f.; Adlu-1768, Bd. I, S. 198.
21. FrNaB-SiA.
22. Hall-1764, Bd. 3, S. 331.
23. Rahn-1853, S. 50.
24. Stev-1939, S. 37.
25. Wie Anm. 24.
26. Frey-1936, S. 10 f., S. 152. Eine Würdigung der Stettiner Arbeiten findet sich in Kirc-1990, S. 299-301.
27. Frey-1936, S. 61, S. 155.
28. Samm-1757/2, S. 119.
29. PfA-KrJe, Orgelakte der Neuen Kirche.
30. Wie Anm. 29.
31. PfA-KrJe, Orgelakte der Neuen Kirche; Pros-1988, S. 158 f.

Salzwedel, St. Marien, Orgel von Joachim Wagner, vollendet von Gottlieb Scholtze

Berlin, Deutsche Friedrichstadt-Kirche

Manual C, D-c³

Principal	8′
Gedact	8′
Octav	4′
Rohrflöth	4′
Nassat	3′
Octav	2′
Sifflöt	1′
Cornett 3fach	
Mixtur 5fach	
Trompete	8′

Pedal C, D-c¹

Subbaß	16′
Octav	8′
Posaune	16′

Schleifladen, mechanische Traktur, Pedalkoppel[30]

Die Orgel für die *Böhmische Bethlehems-Kirche* zu *Berlin*

Am 6. 2. 1753 unterzeichnete MIGENDT einen Kontrakt zum Bau einer Orgel für die *Böhmische Bethlehems-Kirche* in der Berliner Friedrichstadt. Das Instrument auf der zweiten Empore wurde der Gemeinde am 27. 9. 1753 übergeben.[32] Die Orgel war ein seitenspieliges Brüstungswerk mit einem Manual und ohne Pedal, wie es auch nach *Biesen* bei Wittstock geliefert wurde.[33]
Der reich verzierte, mit Rocaillen und »Glorie« geschmückte Prospekt erhielt seine farbliche Fassung erst 1759 durch den Maler Fischer.[34] Die Disposition des bis 1854 erhaltenen Werks ist in den Akten des Evangelischen Zentralarchivs aufbewahrt. Der Prospekt blieb bis zur Zerstörung der Kirche in den vierziger Jahren unseres Jahrhunderts erhalten.[36] (siehe Einzeldarstellung)

Die Jahre 1753 und 1754 sind für PETER MIGENDT durch Reparaturen und Umsetzungen Berliner Instrumente gekennzeichnet. 1753 stellte er die 1751 von ihm abgebaute ARP-SCHNITGER-Orgel in der neu errichteten *Sebastians-Kirche* auf. Migendt veränderte die Disposition des zweimanualigen Instruments mit 24 Registern nicht.[37] Im gleichen Jahr setzte er die 1720 von RÖDER gefertigte Orgel in den neuen *Dom* am Lustgarten um, wobei er die Disposition beim Aufbau geringfügig veränderte.[38] 1754 führte Migendt in der *Jerusalem-Kirche* eine Reparatur durch, bei der er im Pedal der WAGNER-Orgel eine Trompete 8′ hinzufügte.[39]

Der Bau der Hausorgel der PRINZESSIN ANNA AMALIE VON PREUSSEN

Da MIGENDT sich durch seine Arbeiten in Berlin als ein tüchtiger Orgelbauer und -reparateur ausgewiesen hatte, erhielt er vermutlich den Auftrag zum Bau der Hausorgel der PRINZESSIN ANNA AMALIE VON PREUSSEN. Das Werk wurde im Dezember 1755 fertiggestellt und eingeweiht. Die Ausführung des Orgelbaus hat in den Händen des mit Peter Migendt befreundeten Orgelbauers ERNST MARX gelegen (siehe unten und Einzeldarstellung).[40]

Bau eines Positivs für den *Kirchsaal der Böhmischen Kolonie der Mährisch und Böhmischen Brüder* in der *Berliner Friedrichstadt*

Die Böhmische Gemeinde in Böhmisch-Rixdorf (heute Teil von Neukölln) verhandelte 1755 mit MIGENDT wegen des Baus eines Positivs, wobei am 24. März ein »aufrichtiger Contract verabredet und geschlossen« wurde.[41]
Für das kleine Werk hatte Migendt die »Verkleidung von Bildhauer Arbeit zwischen den Pfeiffen« zu übernehmen. Für das Instrument erhielt er 200 Thaler.[43] Am 15. September 1756 quittierte Migendt den Erhalt der letzten 150 Thaler.[44] Das Positiv wurde 1867 durch ein Werk von Ferdinand Dinse ersetzt.[45]

Im gleichen Jahr, 1756, reparierte Migendt mit zwei Gesellen die Orgel der *Stettiner St. Jacobi-Kirche* nach dem bereits 1752 eingereichten Reparatur-Kostenanschlag.[46] In der *Deutschen Friedrichstadt-Kirche* ist Migendt 1759 mit einer Reparatur nachgewiesen.[47] Über mehrere Monate hinweg reparierten Migendt und MARX die WAGNER-Orgel des *Doms* zu *Brandenburg*.[48]

Die Orgel in der *Dorfkirche* zu *Ringenwalde*

Erst 1760 baute Migendt wieder ein neues Instrument, und zwar in *Ringenwalde*.[49] Die schwierige wirtschaftliche Lage hatte während des Siebenjährigen Krieges die Finanzierung von Orgelbauten nahezu unmöglich gemacht.

BERLIN, BÖHMISCHE BETHLEHEMS-KIRCHE

Manual C, D-c^3

Principal	4′
Gedact	8′
Rohrflöt	4′
Nassat	3′
Octave	2′
Cornet 3fach	
Scharff 5fach	
Trompet	8′

Schleifladen, mechanische Traktur, vermutlich angehängtes Pedal[35]

32. Gott-1985, S. 180; EZA, 14/3969.
33. PfA-Biesen; SAP, Rep. 2 A II, OP 260.
34. Kirc-1990, S. 302.
35. Wie Anm. 32.
36. Kühn-1978, S. 376; EZA, 14/3969.
37. Walc-1940; Fock-1974, S. 207.
38. Davi-1949, S. 25; Samm-1757/2, S. 114.
39. PfA-KrJe.
40. StAM, Dep. Nachlaß Roetzel, Nr. 349.
41. PfA-NKBg.
42. Wie Anm. 41.
43. Wie Anm. 41.
44. Wie Anm. 41.
45. Wie Anm. 41.
46. Frey-1936, S. 44 ff.
47. Kirm-1908, S. 24.
48. DAB, Domrechnungsbücher 1758, 1759, Fol. 114, 116 u. 1760, 1761, Fol. 110.
49. PFA-Ringenwalde.

BÖHMISCHE GEMEINDE BÖHMISCH-RIXDORF (NEUKÖLLN)

Manual

Principal	4 Fuß	von f:an en fronte von fein Engl. Zinn
Octava	2 Fuß	von Metal
Sup:Octava	1 Fuß	von Metal
Mixtur	3 fach	c.e.g.
Gedact	8 Fuß	die dabey befindtlichen Hölttzernen Pfeiffen von A-Horn Holz.[42]

Ringenwalde, Ev. Dorfkirche
Orgel von PETER MIGENDT, 1760

Der Prospekt der Orgel in *Ringenwalde* sowie ein kleiner Pfeifenbestand sind noch heute erhalten.[50] Der Prospekt entspricht in seiner Ausführung dem kleinsten Orgeltyp Wagners, wie er in *Felchow* vorzufinden ist. Nach Kirchner ist es ein einmanualiges Orgelwerk ohne Pedal mit 8 Registern gewesen.[51] Der Orgelbauer Albert Kienscherf war 1913 anläßlich eines Umbaus der Orgel der Frage nach dem ursprünglichen Orgelbauer nachgegangen. Er nannte Ernst Marx als Erbauer der Orgel, allerdings ohne die Quelle seiner Erkenntnisse anzugeben.[52] Das Abnahmegutachten des Organisten Böttcher aus Joachimsthal, das »Peter Migandt« eindeutig als Orgelbauer nennt, war Kienscherf noch unbekannt.[53]

Der Orgelbau für die *St. Nicolai-Kirche* zu *Stettin*

Die Orgel für die *Stettiner St. Nicolai-Kirche* ist, ähnlich dem Neubau der Hausorgel für Anna Amalie, ein Zeugnis der Zusammenarbeit von Migendt und Marx. Der Orgelbau-Kontrakt wurde zwar am 27. 2. 1761 mit Migendt geschlossen, die Akten vermerken aber ausdrücklich die Mitarbeit von Ernst Marx.[54] Die Orgel wurde mit 26 Registern, zwei Manualen und Pedal die größte Orgel Migendts. Die Einweihung erfolgte am 8. 1. 1764.[55] Als die St. Nicolai-Kirche im Dezember 1811 ausbrannte, wurde auch die Orgel ein Raub der Flammen.[56]

Migendts letzte Lebensjahre

1765 wandte sich der Prediger Schadow aus Teupitz wegen einer Reparatur der dortigen Orgel an den Orgelbauer »Miganth«. Migendt führte diese Arbeit jedoch nicht mehr aus, sondern veranlaßte Ernst Marx, einen Reparaturkosten-Anschlag aufzustellen.[57] Migendt starb am 19. September 1767 in Berlin.[58]
Die Orgel in *Passow*[59] bei Angermünde weist in ihrer Gestaltung auf die Orgel in *Ringenwalde* hin; die Ausstaffierung ist der in *Felchow*[60] aber so ähnlich, daß eher Joachim Wagner als Erbauer anzusehen ist. Ähnlich verhält es sich mit der Orgel in *Biesen*[61] bei Wittstock, von der noch der Prospekt erhalten ist. Dieses Brüstungswerk ähnelt der Orgel Migendts in der *Böhmischen Kirche* zu *Berlin,* während die ornamentale Ausgestaltung eher dem Barock entspricht. Wahrscheinlich handelt es sich auch hier um ein Instrument von Joachim Wagner.

Ernst Julius Marx

Ernst Marx war der Orgelbauer, der die Berliner Orgellandschaft in der zweiten Hälfte des 18. Jahrhunderts am nachhaltigsten prägte. In der Mark Brandenburg muß er sich diesen Rang allerdings mit Gottlieb Scholtze teilen.[62]
Ernst Marx wurde am 28.11. 1728 in Ballenstedt im Fürstentum Anhalt-Bernburg geboren.[63] Aus einem Eintrag im Trauregister der Berliner Sophien-Kirche wissen wir, daß sein Vater Obermeister der Tischler in Ballenstedt war.[64] Wahrscheinlich hat Ernst Marx bei seinem Vater zunächst das Tischlerhandwerk erlernt und sich dann auf die Wanderschaft begeben. Vor 1755 war er vermutlich als Geselle bei Peter Migendt in Berlin beschäftigt. Eine Tätigkeit bei Joachim Wagner ist durch Archivalien nicht zu belegen. Allerdings gibt es einen indirekten Beweis für eine Tätigkeit bei Joachim Wagner durch den Bericht der Provisoren und des Organisten Zeidler zu Stralsund St. Marien im Jahre 1775. Dort heißt es über die Orgelbauer Ernst Marx und Johann Gottfried Hildebrandt: Sie »nunmehro die alleinigen Künstler sind welche zur Silbermannschen Schule gehoren, und nach dieses Mannes theorie zu arbeiten verstehen. Beide sind Schüler des berühmten Wagners, welcher bey Silbermann seine Kunst erlernet hatte, und die Silbermannsche theorie so sehr beym Orgelbau erweiterte.«[65]

Berlin, Sophien-Kirche
Orgel von Ernst Marx,
1789-90

50. Berg-1989, S. 26.
51. Kirc-1990, S. 306 f.
52. Wie Anm. 49.
53. Wie Anm. 49.
54. Frey-1936, S. 70; Fred-1921, S. 241.
55. Frey-1936, S. 70, 157.
56. Wie Anm. 54.
57. PfA-Teupitz, B II a 15.
58. Wie Anm. 2.
59. Orgelprospekt in Passow, um 1750 entstanden. Die Eingliederung dieses Werks in die Wagnerschule ist unumstritten, als Erbauer können Joachim Wagner oder Peter Migendt angesehen werden.
60. Orgelprospekt Felchow. Teile der Spieltraktur, Registertraktur sowie der Manualklaviere sind noch original, in der Literatur gilt dieses Werk als eines Joachim Wagners, eine archivalische Bestätigung gibt es dafür nicht.
61. In Biesen, Kreis Wittstock, ist der barocke Orgelprospekt noch erhalten. Bei dem 1825 von Friedrich Marx errichteten Werk handelt es sich vermutlich um einen Neubau unter Verwendung des alten Gehäuses. SAP, Rep. 2A II, OP 260.
62. Scholtze baute für die Berliner Kirchen kein einziges Orgelwerk. Von ihm sind in der Mark Brandenburg aber über 20 Instrumente nachweisbar.
63. Berg-1989, S. 95; PfA Ballenstedt, Taufregister 1728.
64. EZA, Kopie Traubuch der Sophien-Kirche, Berlin.

Die von Bullmann veröffentlichte Aufzeichnung von 1783 über die von Ernst Marx erbauten Orgeln nennt die 1755 gefertigte Orgel für die preußische PRINZESSIN ANNA AMALIE als seine erste selbständige Arbeit. Marx muß bereits vorher längere Zeit in Berlin gewirkt haben, denn sonst hätte er innerhalb der Werkstatt Migendts nicht eine so bedeutende Stellung einnehmen können.
Das Verhältnis zwischen MIGENDT und Marx ist spätestens seit 1755 nicht mehr als das eines Meisters zu seinem Gesellen anzusehen. Beide waren selbständige Orgelbauer, die aber bis zu Migendts Tod im Jahre 1767 gerne zusammenarbeiteten. So findet sich in den Brandenburger Dom-Akten anläßlich der Reparatur der Wagner-Orgel nicht wie üblich die Bezeichnung »dem Orgelbauer und seinem Gesellen« sondern »Denen beyden Orgelbauern 1/4 Jahr bey reparatur der Orgel, Betten zu halten ...«.[66] Im Gegensatz zu Migendt baute Marx auch größere Werke, von denen das in der *Berliner Dreifaltigkeits-Kirche* eines seiner bedeutenderen war.[67]
Von seinen zahlreichen Orgelbauten sind in Berlin nur noch die Amalien-Orgel und der Prospekt der Orgel der *Sophien-Kirche* erhalten. Dagegen gibt es in der Mark Brandenburg noch mehrere vorwiegend kleinere Instrumente: die Orgeln in den Dorfkirchen zu *Falkenwalde,*[68] *Roskow,*[69] *Plötzin*[70] und *Brunne.*[71]
Ernst Marx wurde als Orgelbauer hochgeachtet. Im Jahre 1766 erhielt er von Friedrich dem Großen den Auftrag, die SCHNITGER-Orgel im *Schloß Charlottenburg* zu reparieren. An den Prediger Schadow in Teupitz schrieb er in jenem Jahre, daß er die dortige Orgel reparieren wolle, sobald »die Königliche Arbeit in Scharloden Burg es leiden will«.[72] Spätestens 1773 wurde ihm die Pflege aller Orgeln in den Berliner Kirchen übertragen, die dem städtischen Patronat unterstanden; das waren zu seinen Lebzeiten 14 Instrumente.[73] Marx erläuterte in einem Schreiben an den Magistrat vom 10. 6. 1773, was zu seinen Aufgaben bei der Pflege der Orgeln gehörte: »Dahin gehört nun besonders das Stimmen alle acht Tage, die Reinigung der Pfeifen vom Staube, die Ausbesserung der kleinen Schäden an der Abstractur und sonst dergleichen bei einem alten Werke, wie das der Nicolaikirche ist, nicht selten vorkommen.«[74] Seit 1785 wurden diese Aufgaben von Marx' Schwiegersohn FALCKENHAGEN übernommen, da Marx die meiste Zeit bei Orgelbauten in der Mark verbrachte.[75] Bei Marx lernten und arbeiteten neben seinem Sohn FRIEDRICH MARX und seinem Schwiegersohn Falckenhagen zeitweise auch JOHANN FRIEDRICH WILHELM GRÜNEBERG und JOHANN SIMON BUCHHOLZ.[76]
Ernst Marx und Peter Migendt begründeten eine Familientradition, die über 100 Jahre den Berliner Orgelbau prägte. In einem Bittgesuch des Enkels CARL ERNST FRIEDRICH MARX an die Regierung heißt es: »seit(s) bereits 100 Jahren vererbt sich das Geschäft als Orgelbauer hier in unserer Familie und in dieser Zeit sind viele Orgeln von Marx gebaut, aber gewiß keine vorhanden, die nicht recht zu der Zahl der beßern gezehlt worden. Es ist für mich ein schmerzliches Gefühl, meine Vorfahren mit Ruhm bedeckt zu sehen und mir ist die Gelegenheit abgeschnitten ...«.[77]
Ernst Marx wird die Werkstatt von Peter Migendt übernommen haben. Damit setzte Marx die Tradition Joachim Wagners im Orgelbau fort; er kann als sein wichtigster Nachfolger im märkischen Orgelbau angesehen werden. Ernst Marx hat etwa 30 Orgeln gebaut. Stilistischen Neuerungen hat er sich nicht verschlossen, insbesondere in Hinblick auf die neuen Formen des Rokoko und Empire. Die wagnerschen Techniken gab er an seinen Sohn Friedrich Marx und an Friedrich Wilhelm Grüneberg und Johann Simon Buchholz weiter.
Ernst Marx starb am 25. 3. 1799 in Berlin.[78] Sein Geschäft wurde teils von seinem Schwiegersohn Falckenhagen, teils durch eine Neugründung seines Sohnes FRIEDRICH EMANUEL MARX weitergeführt, der mit seinen Fähigkeiten bei weitem das Können Falckenhagens übertraf.[79]

65. Stadtarchiv Stralsund, Verzeichnis der Akten des Rats-Kirchen-Archivs zu Stralsund, Ki. 35,4; zitiert nach Pros-1966. Ein weiterer Beleg für die Tätigkeit Hildebrandts in Berlin findet sich in Bd. III, S. 148 der Documents Silbermann Bibliothèque Nationale, Paris.
66. DAB, Domrechnungsbücher, 1760/61, Fol. 110, Nr. 113.
67. Wie Anm. 40.
68. PfA Boitzenburg; PfA Falkenwalde.
69. PfA Roskow; DAB, Akte Päwesin, Pä Nr. 69 und 91; Zachow-Guten Paaren, Nr. 2.15. Nur Gehäuse erhalten.
70. DAB, Rechnungsbuch Pl 7 und Pl ü 452.
71. SAP, Rep. 2 A II, OH, Nr. 346-349; DAB, Brunne Nr. 80/14 und 77/46.
72. PfA-Teupitz, B II a 15.
73. SAB, Generalia Nr. 48, 1799-1866.
74. Wie Anm. 73.
75. Wie Anm. 73.
76. Berg-1990, S. 95.
77. SAP, Rep. 2 A II, Gen. 1750
78. EZA, Kopie Totenbuch der Parochial-Kirche, Berlin.
79. Wie Anm. 73.

Roskow, Ev. Dorfkirche
Orgel von ERNST MARX, 1757

Die Orgel der Prinzessin Anna Amalie im *Schloß* zu *Berlin*

Die Orgel aus dem Jahre 1755 für Prinzessin Anna Amalie, die jüngste Schwester Friedrichs des Großen, ist nach einer Aufzeichnung über Ernst Marx' Orgeln aus dem Jahre 1783 seine erste selbständige Arbeit gewesen. Das Instrument stellte ein Novum im Berliner Orgelbau dar, denn die 22stimmige Orgel mit zwei Manualen und Pedal verfügte über einen Manualumfang von C bis f^3.[80] Die Argumente zu der in der Literatur bisher vorherrschenden Meinung, es handele sich um ein Instrument von Peter Migendt, werden im Text über die Orgel der *Karlshorster Kirche Zur frohen Botschaft* (siehe Einzeldarstellung) erörtert.

80. Wie Anm. 40.
81. Kühn-1978, S. 366.
82. Walt-1757, Bl. 22 f.
83. Walc-1940; Walt-1757, Bl. 22 ff.
84. Wie Anm. 40.
85. Samm-1757/2.
86. Wie Anm. 40; Samm-1757/2.

Berlin, Sebastians-Kirche

Hauptwerk C, D, Ds-d^3

Principal	8′
Bordun	16′
Rohrflöt	8′
Octav	4′
Quinta	3′
Octav	2′
Sifflöt	1′
Cornett 3fach	
Mixtur 5fach	
Trompet	8′

Oberwerk C, D, Ds-d^3

Principal	4′
Gedact	8′
Rohrflöt	4′
Nassat	3′
Octave	2′
Quinte	1½′
Mixtur 3fach	
Vox Humana	8′

Pedal C, D, Ds-d^1

Subbaß	16′
Octave	8′
Octave	4′
Quinte	3′
Posaun	16′
Trompet	8′

Schleifladen, mechanische Traktur, Stimmung im Chorton[87]

Die Orgel für die *Sebastians-Kirche* (später *Luisenstadt-Kirche*) in *Berlin*

Die in der Cöllnischen Vorstadt gelegene Kirche aus den Jahren 1751-1753 löste einen Vorgängerbau ab,[81] für den Arp Schnitger 1707-1708 ein zweimanualiges Orgelwerk mit 24 Registern geschaffen hatte.[82] Diese Orgel wurde 1753 von Peter Migendt in der neuen Kirche wieder aufgestellt.[83]
Als zwei Jahrzehnte später ein Neubau geplant wurde, schlug Ernst Marx ein zweimanualiges Werk mit Pedal und 26 Registern vor.[84] Von den Registern wurden jedoch nur 24 ausgeführt.[85] Im Hauptmanual wurde Viola di Gamba und im Oberwerk Vigura 4′ nicht gebaut.[86]
Die Orgel besaß insgesamt 30 Registerzüge, darunter einen Nebenzug für zwei Sonnen.[88] Bis 1840 blieb die Marx-Orgel unverändert. 1841 bauten Lang & Dinse die Orgel wegen der Instandsetzung des Kirchengebäudes ab.[89] Das Instrument wurde nicht wieder aufgestellt, sondern 1844-1845 durch einen Neubau von Lang & Dinse ersetzt.[90]

Die Orgel der *Dreifaltigkeits-Kirche* zu *Berlin*

Der Orgelbau für die *Berliner Dreifaltigkeits-Kirche* wurde ebenfalls Ernst Marx übertragen.[91] Das 1775 gefertigte Werk wurde als eines der besten Instrumente des Orgelbauers angesehen.[92] Die Mitwirkung namhafter Musiktheoretiker beim Entwurf der Disposition ließ die Orgel zu einem über die Grenzen Berlins hinaus bekannten Instrument werden.[93] (siehe Einzeldarstellung)

Die zweite Konzertorgel für die Prinzessin Anna Amalie von Preussen

Prinzessin Anna Amalie erteilte Marx den Auftrag für eine Orgel in dem 1772 erworbenen Palais in der Wilhelmstraße.[94] Dieser entwarf eine Disposition, die 31 klingende Stimmen auf zwei Manualen und Pedal vorsah.[95] Am 22. 5. 1776 wurde der Vertrag geschlossen. Das Werk kam mit der auf Seite 113 wiedergegebenen Disposition zur Ausführung.[96]
Kirnberger hatte sich im Zusammenhang mit diesem Instrument besonders mit der Temperierung von Orgeln befaßt. In den Briefen von 1783 über Ernst Marx' Orgeln heißt es dazu: »Die Stimmung ist auf Cammer Ton eingerichtet. Die Temparatur ist auf eine gantz besondere Art, wovon wol viel zu schreiben wäre. Es sind nur drey Quinten die unter sich schweben, die übrigen sind nebst denen Octaven alle rein.«[98] Ebenso wie das 1755 für die Prinzessin gefertigte Instrument erhielt auch diese Orgel, abweichend von dem sonst bei Marx üblichen Klangumfang, einen Manualumfang von C bis zum f^3.[99] Zu der Ausführung heißt es: »Dieses Werck hat 6 stück Windladen von sehr schön Eichen Holtz,

87. Samm-1757/2; Wie Anm. 40.
88. Wie Anm. 87.
89. Noel-1894, S. 48.
90. Das in der Literatur angegebene Erbauungsjahr 1841-1842 ist nicht richtig. Ein Neubau-Kostenanschlag von September 1844 befindet sich in Kopie in den Akten der KoW-ZSOb.

dazu sind selbige sehr sauber gearbeitet, die darzu gehörige Federn und Stifte ist alles von Messing Drath. 3 stück 10 füssige Bälge, Selbige sind mit eingefaßten Plöttern und Roßadern, auch gedoppelten beledert, Das Regier Werck bestehet aus Eichene Wippen, Eichene Winkelhacken und dergleichen Arme, und ist sehr Mechanisch gearbeitet. Die Abstraktur ist auf den Enden mit Pergament beleimet, nachmals mit Messing Drath beschlagen.«[100]
Die Innenräume des Palais waren im Stil des Rokoko gehalten. Die Ausschmükkung war der in den Schlössern Potsdams sehr ähnlich, so auch das Orgelwerk: »Dieses Werck hat eine Structur oder Gehäuse selbige ist nach der Architektur auf geführet, Auch hat selbige auf beiden Seiten Baß Thürme diese sind von Unten bis Oben anstatt der Seulen mit Palm Bäumen aufgeführet, die Zweige derselben dienen zur Decoration der Baß Pfeiffen, Selbige Structur hat 2 Columen, wo die Pfeiffen 3fach über einander stehen, diese sind von einen geflochtenen Lorber Crantz, Bildhauer Arbeit, von Oben bis Unten anstatt der Decoration umgeben; In der Mitten wo zwey mal Pfeiffen über einander stehen, ist auf dem Ober Gesimse ein Küssen, auf dieses eine Königliche Croun, und über derselben eine große Gloria, wovon die Stralen derselben an der Dekke über die benannte Croun wegschießen. Unter den beiden Baß Thürmen hängen vom Bildhauer verfertigt 2 Bruststücken, das eine ist der Erfinder von der Tonkunst, das zweyte soll seyn der Erfinder der Composition.«[101]
Diese in jeder Hinsicht ungewöhnliche Orgel wurde nur wenig gespielt, denn Anna Amalie wurde durch Rheuma und Gicht daran gehindert.[102] Von Zelter ist bekannt, daß er der Prinzessin auf dieser Orgel vorzuspielen hatte.[103] Nach ihrem Tode wurde die Orgel der *Reformierten Kirche* in *Frankfurt (Oder)* geschenkt. Ernst Marx baute 1789 das Orgelwerk ab und veränderte die Disposition im Hinblick auf die Benutzung als Kirchenorgel.[104] Bei der Umsetzung wurde der Prospekt auch der allzu weltlichen Attribute beraubt, aber noch 1880 ist zu lesen, daß es ein herrlicher »Barockprospekt« sei.[105]
Als 1881 der Architekt Adler den Innenraum der Kirche im gotischen Stil umbaute, wurden Orgelwerk und Prospekt als stilistisch störend empfunden und abgebrochen.[106] Die neue Orgel war ein Instrument der Orgelbauanstalt Sauer.[107]

Die Orgel für die *St. Georgen-Kirche* zu *Berlin*

Nach dem Umbau der Orgel der *St. Jacobi-Kirche* in *Stralsund* erhielt Ernst Marx 1781 den Auftrag zum Bau eines Werks für die *Berliner St. Georgen-Kirche.*[108] In ihr stand noch eine Transmissions-Orgel von Joachim Wagner.[109] Sie scheint aber nicht den Erwartungen der Gemeinde entsprochen zu haben. Bei Beckmann ist 1759 zu lesen: »... so mittelmäßig und nur aus 2 Klavieren, 1 Pedal und Pedalkoppel.«[110]
Ebenso geringschätzig äußert sich der unbekannte Autor der Handschrift im Anhang an die »Sammlung einiger Nachrichten« auf Seite 118: »In der Kirche zu St. Georgen in der Königs-stadt Ein klein Werk von 2. Clavieren welche aber nur eine Windlade haben und Pedal welches theils mit an das Manual angehängt.«[111]
So ist es verständlich, daß die Gemeinde nach dem Neubau der Kirche im Jahre 1780 auch eine neue Orgel aufstellen wollte.[112] 1781 bis 1782 lieferte Ernst Marx ein zweimanualiges Werk mit Pedal und 27 Registern.[113] Wie in der *Dreifaltigkeits-Kirche* wurde das Orgelwerk auf der zweiten Empore über Altar und Kanzel aufgestellt.[114] Wegen der geringen Höhe des Kirchenschiffes war das Werk nur 18 Fuß hoch, aber 24 Fuß breit.[115]
Das Instrument wurde am 23. Sonntag nach Trinitatis im Jahre 1782 eingeweiht.[117]
Es erfuhr das gleiche Schicksal wie die Wagner-Orgel, denn anläßlich des Umbaus der Kirche durch Stüler[118] im Jahr 1848 wurde es durch ein größeres, jetzt dreimanualiges Werk von Carl August Buchholz mit 42 Registern ersetzt.[119]

Zweite Orgel für Anna Amalie von Preußen

A: Im 1ten Manual oder Clavier

Principal	8′	von feinem englischen Zinn hell polirt
Quintadena	16′	von feinem Metall, nämlich 2 Theil Bley und ein Theil Zinn
Bordun	16′	die große Octave von Holz und 3 Octaven von Metall
Violon	8′	von englischen Zinn
Viola di Gamba	8′	von englischen Zinn
Salicinal	8′	von englischen Zinn
Rohrflöte	8′	von Metall
Gedact	8′	von Metall
Flöte douce	8′	von Ahorn Holz
Octava	4′	von englischen Zinn
Quinta	3′	von englischen Zinn
Octava	2′	von englischen Zinn
Mixtur	2′	von englischen Zinn 4fach und durch alle Octaven repetirend C. G. C. G.
Piffora	8′	die große Octave von Holz und 3 Octaven von Metall wovon 2 in duplo ansprechen
Ein Sperr Ventil		

B: Im 2ten Manual

Principal	4′	von englischen Zinn, hell polirt
Gedact, lieblich	8′	die große Octave von Holz, 3 Octaven von Metall
Quintatöne	8′	von Metall
Rohrflöte	4′	von Metall
Nassat	3′	von Metall
Octava	2′	von englischen Zinn
Waldflöte	2′	von Metall
Sifflöte	1′	von englischen Zinn
Ein Sperr Ventil		
Koppel zu beiden Claviren		

C: Im Pedal

Violon	16′	von guten kiefernen Holz, hält in sich
Sub-Bass	16′	von dergleichen
Posaune	16′	von kiefernen Holz, dazu von Metall die Mundstücke, die Zungen und Stimmkrücken von Meßing
Quinta	6′	von Metall
Octava	8′	von englischen Zinn
Bass-Floete	8′	von kiefernen Holz
Ein Sperr Ventil		

Wobey noch zu gedenken, daß der vorstehendermaßen im Haupt Clavier liegende Bourdun dergestalt separiert wird, daß man im Discant sowohl, als auch im Bass allein darauf spielen kann.[97]

Berlin, St. Georgen

I. Haupt Manual

Principal	8′	Englisch Zinn, hell polirt
Bordun	16′	die groß Octav Holtz, 3 Octaven Metall
Rohrflöt	8′	von Metall
Viola di Gamba	8′	von probe Zinn
Octave	4′	von dito
Quinta	3′	von dito
Octave	2′	von dito
Mixtur 5fach	1½′	von dito, durch alle Octaven repitirend
Cimbel 3fach	1′	von probe Zinn, durch alle Octaven repitirend
Cornet 3fach im Discant		von probe Zinn
Trompet	8′	von probe Zinn, die Mundstück, Zungen und Stimmkrücken von Messing
Ein Sper Ventil		
Tremulant.		

II. Ober Werck das zweyte Clavir

Principal	4′	Englisch Zinn, hell polirt
Gedact	8′	von Metall
Quinta Döna	8′	von dito
Rohrflöt	4′	von dito
Nasat	3′	von dito
Octave	2′	von probe Zinn
Quinta	1½′	von dito
Mixtur 4fach aus	1′	von dito, durch alle Octaven repitirend
Vox humana	8′	von probe Zinn, die Mundstücke von Messing
Ein Sperr Ventil		
Eine Gabel Koppel		
Eine gelinde Schwebung		
Ein Sonnen Zug,		wodurch 2 Sonnen mit Glocken zum rumlaufen können gebracht werden.

III. Pedal

Principal	8′	groß Mensur von Englisch Zinn, hell polirt
Sub Baß	16′	von Holtz
Quinta	6′	von probe Zinn
Octave	4′	von dito
Mixtur 3fach aus	2′	von dito
Posaun	16′	die Corpora Holtz, die Mundstück von Metall, Zungen und Stimmkrücken von Messing
Trompet	8′	von probe Zinn, die Mundstück von Messing
Ein Sperr Ventil		
Calcanten Glock		

Zu allen diesen vorgenannten Stimmen, zur Belegung der 6 Stück Windladen, wie auch des innern Regier Wercks ist ein Gehäuse von Kiefern Holtz nach Antiquitätischer Bau Art, das Schnitz Werck von Eichen Holtz ebenfalß Antiquitätisch. Dieses Werck ist 18 fuß hoch, wegen Mangel der Höhe, aber 24 Fuß breit; hat auch dieserwegen 2 principale von 8, und 1 Principal von 4 Fuß. Es presentiret sich sehr schön, hat 4 Bälge von 10 Fuß lang und 5 Fuß breit, dazu auch ein Separirtes Haupt Canal. Die Beiden Clavire sind von schwarz Eben Holtz, die Semitonia Helfenbein, und gehen von C, D, Ds. biß d‴. Das Pedal von Eichen Holtz, und gehet von C. D. Ds. biß d′.
Die Stimmung ist auf Chor Ton eingerichtet, das Werck hat weiter keine Verzierung als daß auf beiden Seiten zwischen zwey Seulen Portal Bogen mit großen Waasen angebracht sind. Dieses Werck kostet zu verfertigen mit allen Zubehörigen und der Stafirung Zweytausend und Funfzig Thaler.
Ernst Marx, Orgelbauer in Berlin«[116]

St. Georgen-Kirche, Kupferstich von J. D. Schleuen, um 1760

91. Wie Anm. 40.
92. Samm-1757/2; Lede-1860, Artikel über Ernst Marx.
93. Kirn-1769, Vorbericht; Abschrift von Marpurgs Manuskript »Abhandlung über die Orgel« im Flade-Nachlaß, DStB.
94. Schriften des Vereins für die Geschichte der Stadt Berlin, Heft III, Berlin 1870, S. 42; ASaF, Kopie des Original-Kontrakts mit Ernst Marx.
95. Wie Anm. 40.
96. ASaF, Kopie des Original-Kontrakts mit Ernst Marx.
97. Wie Anm. 40.
98. Wie Anm. 40.
99. Wie Anm. 40.
100. Wie Anm. 40.
101. Wie Anm. 40; ASaF, Orgelakte der Reformierte Kirche Frankfurt/Oder.
102. ASaF, Orgelakte der Reformierte Kirche Frankfurt/Oder.
103. DZAM, Pr. Br. Rep. 46, W 112 und Rep. 46, W 118 b.
104. ASaF.
105. ASaF; KPB-1912, S. 83, Reformierte Kirche.
106. KPB-1912, S. 83, Reformierte Kirche.
107. ASaF, Orgelakte der Reformierte Kirche Frankfurt/Oder.
108. Wie Anm. 40.
109. Beck-1759, S. 481.
110. Wie Anm. 109.
111. Samm-1757/2.
112. Kühn-1978, S. 359; Rahn-1857, S. 80.
113. Rahn-1857, S. 80.
114. Rahn-1857, S. 121.
115. Wie Anm. 40.
116. Wie Anm. 40; in Rahn-1857, S. 80 und Wegn-1889, S. 46 f. werden 28 Register angegeben.
117. Rahn-1857, S. 80.
118. Kühn-1978, S. 359; Gott-1985, S. 168 f.
119. Haup-1850; Wegn-1889, S. 61.

Das Positiv für den *Betsaal der Herrnhuter Brüdergemeine* in *Böhmisch-Rixdorf*

Über die kleine Orgel des ehemaligen Betsaales in *Böhmisch-Rixdorf* gibt nur die handschriftliche Chronik der Herrnhuter Brüdergemeine zu Rixdorf Auskunft.[120] Aus ihr ist zu entnehmen, daß der Orgelbauer MARX im Jahre 1785 eine kleine Orgel für die Gemeine baute: »Wir bekommen heute [9. 3. 1785] unsere neue kleine Orgel und der Orgel Bauer Johannes Ernst Marx machte alsdann gleich den Anfang dieselbe aufzusetzen.« Bereits am 13. 3. wurde die Orgel eingeweiht. Über dieses Instrument gibt erst eine Reparaturrechnung des Enkels des Erbauers, ERNST MARX JUN., näher Auskunft.[121] Ernst Marx jun. schildert das Positiv als ein sechsstimmiges Werk mit 300 Pfeifen und zwei Bälgen. Bis in das Jahr 1856 blieb das kleine Orgelwerk im Betsaal in Böhmisch-Rixdorf. 1857 wurde es durch ein neues, größeres Instrument von LANG & DINSE ersetzt.[122]

Berlin, Friedrichswerdersche Doppelkirche Ansicht von Osten, Tuschzeichnung von L. L. MÜLLER, 1776

Die Orgel für die *Französisch-reformierte Gemeinde* der *Friedrichswerderschen Kirche*

Das ursprünglich als kurfürstliches Reithaus errichtete Gebäude wurde zu Beginn des 18. Jahrhunderts nach Plänen des Hofbaumeisters GRÜNBERG zur Doppel-Kirche umgebaut.[123] Im Unterschied zu den Simultankirchen, in denen zwei Gemeinden zu unterschiedlichen Zeiten den Gottesdienst im gleichen Raum feierten, war die Friedrichswerdersche Kirche durch eine Zwischenwand in zwei Kirchenräume getrennt.[124]

Die deutsche Kirche erhielt bereits 1744 eine Orgel von WAGNER.[125] Die Französisch-reformierte Kirche, die der Orgelmusik anfangs zurückhaltend gegenüberstand, entschloß sich erst 1785 zum Bau einer Orgel.[126] Den Auftrag erhielt ERNST MARX, der eine Orgel mit 24 klingenden Stimmen schuf. Das Hauptwerk hatte 10, das Oberwerk 8 und das Pedal 6 Stimmen.[127] Die Orgel wurde am 12. 2. 1786 eingeweiht.[128] Im Jahre 1820 mußte die Orgel abgebaut und ausgelagert werden, da die Kirche im Auftrag SCHINKELS abgetragen wurde.[129] Die neue Kirche war aber keine Doppelkirche wie ihre Vorgängerin, so daß nicht zwei Instrumente benötigt wurden.[130] Die abgebaute Marx-Orgel wurde daher in der *Französischen Friedrichstadt-Kirche* eingelagert, wo sie 12 Jahre in Kisten verpackt blieb.[131] Als die Röder-Orgel in der Dorotheenstädtischen Kirche nicht mehr spielbar war, überließ das Französische Konsistorium die MARX-Orgel der *Dorotheenstädtischen Kirche* unter der Bedingung, die Aufstellung der Orgel auf Kosten der deutschen Kirchenkasse auszuführen.[132] Der Aufbau lag in den Händen von CARL AUGUST BUCHHOLZ.[133] Aus der Röder-Orgel wurde Principal 8′ in das Oberwerk der Marx-Orgel übernommen.[134] Ein weiteres Register wurde von Buchholz dem Pedal hinzugefügt. Die Arbeiten waren 1833 abgeschlossen.[135] Die Orgel verfügte jetzt über 26 klingende Register.[136] Anläßlich des Neubaus der Dorotheenstädtischen Kirche wurde die Orgel 1861 abgebaut und 1863 von AUGUST FERDINAND DINSE nochmals aufgestellt.[137] Dabei wurde das Instrument auf 30 Register erweitert. Erst der Neubau von W. SAUER im Jahre 1903 bedeutete das Ende für die Marx-Orgel, denn lediglich Teile des Gehäuses und der Ornamentik wurden wiederverwendet..[138]

Die Orgel für die *Sophien-Kirche* zu *Berlin*

Der Prospekt der 1789 bis 1790 von ERNST MARX erbauten Orgel ziert noch heute den Orgelchor der barocken Kirche.[139] Marx schuf in der *Sophien-Kirche* ein zweimanualiges Werk mit 31 Registern, das bis in das Jahr 1877 ohne wesentliche Veränderungen erhalten blieb.[140] CARL AUGUST BUCHHOLZ gestaltete das Werk um und erweiterte es auf 34 Register.[141] Anläßlich des Kirchenumbaus von 1892 wurde hinter dem Prospekt der Marx-Orgel, dessen Mittelturm etwas vergrößert wurde,

120. PfA-NkBg.
121. Wie Anm. 120.
122. Wüns-1857; Ura, Jg. 53, 1896, S. 43.
123. Kühn-1978, S. 368.
124. Kühn, 1978, S. 368 f.
125. SAB, Rp. 22/404, V. I. 1768-1801, Nr. 20, S. 22.
126. Mure-1885, S. 112.
127. Mure-1885, S. 112; Stec-1887, S. 15 f.
128. Wie Anm. 126.
129. Stec-1887, S. 15 f.
130. Scin-1987, S. 21.
131. Stec-1887, S. 15.
132. Henc-1937, S. 19.
133. Haup-1850.
134. Wie Anm. 132.
135. Haup-1850.
136. Haup-1850; Henc-1937, S. 19.
137. Bär, Jg. 14, 1888, S. 134.
138. Saue-1929; Mund-1920, C 82, S. 432; siehe Fotovergleich vor und nach 1903.
139. KoO-ZSOb.
140. KoO-ZSOb; ZfI, 1892/1893, S. 269; Haup-1850.
141. KoO-ZSOb; EZA, 14/3877.

Berlin, Dorotheenstädtische Kirche,
Orgel von ERNST MARX der ehemals Franz.-ref. Gemeinde der *Friedrichswerderschen Kirche*

ein neues Werk von den GEBR. DINSE mit 36 Registern und mechanischen Kegelladen aufgestellt.[142] 1970 schließlich errichtete die Firma ALEXANDER SCHUKE, Potsdam, nach dem Rückbau des Prospekts auf die ursprüngliche Größe ein neues zweimanualiges Orgelwerk von 28 Registern.[143] (siehe Einzeldarstellung)

Umbau der 1734 von WAGNER errichteten Orgel für die *Französische Kirche* in der *Klosterstraße*

Französische Kirche, Klosterstraße, Orgel von ERNST MARX, 1794
Gehäuse von JOACHIM WAGNER, 1734, verändert

JOACHIM WAGNER hatte 1734 in der *Französischen Kirche* in der *Klosterstraße* eine einmanualige Orgel mit 12 Registern erbaut,[144] die über dem Altar aufgestellt wurde.[145] Ernst Marx führte 1794 einen Umbau und eine Erweiterung durch.[146] Bei dieser Veränderung wurde wahrscheinlich auch das Orgelgehäuse umgestaltet. Zierelemente, die zu Wagners Lebzeiten noch nicht verwendet wurden, lassen diesen Schluß zu.[147] Hermann Mund notierte in seiner Dispositionssammlung die Disposition, wie sie sich vor dem Neubau durch BARNIM GRÜNEBERG im Jahr 1901 darstellte.[148] Der Prospekt der Wagner-Marx-Orgel wurde von Grüneberg wiederverwendet. Die Kirche wurde 1921 an die »Goethe-Bühne« verpachtet und 1923 an die Jüdische Gemeinde verkauft.[149] Der erhalten gebliebene Prospekt wurde spätestens bei der Zerstörung des Gebäudes im Jahr 1945 vernichtet.[150]

Die Orgel für die *Französische Luisenstadt-Kirche* in der *Kommandantenstraße*

Sein letztes Orgelwerk in Berlin baute ERNST MARX 1795 für die Französische Luisenstadt-Kirche.[151] Die Orgel wurde zum ersten Mal am Sonntag, dem 15. Mai 1795, anläßlich des Dankgottesdienstes für den Frieden von Basel gespielt.[152] Im Innern der Orgel befand sich eine Inschrift, die über die Urheberschaft von Marx Zeugnis gab:
»1. Les orgues ont été faites par Mr. Marx Lepère, facteur d'orgues à Berlin, en 1795 pour sept cents écus. Elles furent jouées complèment pour le premier fois la Saint Jean.
2. Les fonctionnaires de l'église de la Louisestadt étaient alors Messieurs Louis Barandon et Antoine Bocquet, pasteurs.
3. Catel, ministre catéchiste.
4. Grand, Jacob, Mathieu, Fraise, de la Barre, anciens.
5. Louis, Chantre Matthieu, organiste Colas, Marguillier, Lariche, Lariche, souffleur d'orgues.«[153]
Über die Disposition der Orgel gibt es keinerlei Unterlagen. Wahrscheinlich war es ein einmanualiges Werk mit weniger als 14 Stimmen. Das Orgelwerk kostete 700 Thaler.[154] Ein Foto aus dem Jahr 1920 zeigt noch das Gehäuse der Marx-Orgel. BARNIM GRÜNEBERG aus Stettin stellte 1910 hinter den alten Prospekt eine zweimanualige Orgel mit 14 Registern.[155] ALEXANDER SCHUKE ersetzte 1936 die Grüneberg-Orgel durch ein zweimanualiges Werk mit 19 Registern und elektrischer Traktur.[156] Die Orgel wurde durch Kriegseinwirkung 1944 zerstört.[157]

ERNST MARX errichtete allein in Berlin mehr als zehn neue Orgeln neben zahlreichen Umbauten und Reparaturen anderer Orgeln. Damit schuf er mehr Orgeln für diese Stadt als irgendein Orgelbauer vor ihm.

LEOPOLD CHRISTIAN SCHMALTZ

LEOPOLD CHRISTIAN SCHMALTZ ist als Orgelbauer nur durch den Bau eines einzigen Werkes bekannt geworden. Er arbeitete bereits vor 1744 bei WAGNER in Berlin. In den Organisten-Akten von *St. Nikolai* in *Luckau* ist zu lesen, daß sich Leopold

142. KoO-ZSOb; Dins-1897, S. 28.
143. KoO-ZSOb; AAScP.
144. Mure-1885, S. 93.
145. Foto des IfD, Meßbildarchiv; Borr-1893, I, S. 172.
146. Mund-1920, B 70.
147. Wie Anm. 145.
148. Wie Anm. 146; Ura, Jg. 59, 1902, S. 8.
149. EZA, 14/3171; Cons-Fr, 12. 6. 1922, II 28, S. 447.
150. KoO-ZSOb.
151. Mure-1885, S. 122; Borr-1893, S. 172.
152. Meng-1928, S. 26.
153. Wie Anm. 152.
154. Wie Anm. 152.
155. ZfI, Jg. 1909/1910; Meng-1928, S. 24; EZA, 14/3177.
156. AAScP.
157. Gott-1985, S. 175.

Kreuzberg, Kommandantenstraße
Französische Luisenstadt-Kirche
Orgel von Ernst Marx, 1795

Christian Schmaltz um die Stelle des 1744 verstorbenen dortigen Organisten bewarb. Schmaltz gab an, daß er aus Berlin komme und »z. Zt. in Condition bey Herrn Wagnern, Orgelbauern in Berlin« sei.[158]
Seit 1748 war er Organist an der *Berliner Garnisonkirche.*[159] In den Jahren 1754 und 1755 errichtete er eine Orgel für die *Französische Friedrichstadt-Kirche.* Es war »ein Werk von 2. Clavieren und Pedal, hat die Principale 8 und 4 Fuß« im Prospekt.[160] Eine eigene Werkstatt und den umfangreichen Werkzeugbestand eines Orgelbauers wird er nicht besessen haben, da keinerlei weitere Instrumente von seiner Hand bekannt sind. Es ist zu vermuten, daß er die Werkstatt Peter Migendts mitbenutzte.
1786 reparierte Ernst Marx das Schmaltzsche Orgelwerk, wobei er auch die Disposition veränderte.[161] Danach blieb das Instrument bis in das Jahr 1905 unverändert erhalten. Die Gebr. Dinse beseitigten 1906 die Orgel und ersetzten sie durch ein dreimanualiges Werk mit 43 Registern.[162] Der Prospekt wurde beibehalten, aber seitlich durch je zwei Felder im Stil des alten Gehäuses ergänzt. Drei Jahrzehnte später, 1935, erfuhr das Orgelwerk nochmals einen Umbau mit einer Erweiterung auf 46 Register durch die Firma Alexander Schuke. Heute zieren nur noch die Schleierbretter, die Glorie und die Ohren der alten Schmaltz-Orgel das 1985 neu gebaute Instrument der Orgelbauanstalt Eule aus Bautzen.[163] (siehe Einzeldarstellung)
Leopold Christian Schmaltz scheint im Jahr 1772 verstorben zu sein, denn sein Sohn Johann Daniel Schmaltz trat im gleichen Jahr die Organistenstelle des Vaters an der Garnisonkirche zu Berlin an.[164]

Johann Friedrich Wilhelm Grüneberg

Der in Zerbst 1751 geborene Johann Friedrich Wilhelm Grüneberg war der Sohn des Organisten und Orgelbauers Philipp Wilhelm Grüneberg.[165] Er wird die Kunst des Orgelbaus bei seinem Vater erlernt haben und vermutlich einige Jahre bei Gottlieb Scholtze in Ruppin und Ernst Julius Marx in Berlin als Geselle beschäftigt gewesen sein. Wenn es auch über diese Zeit keine Archivalien gibt, ist doch die Nähe zu Marx in den Orgelwerken Grünebergs erkennbar. Über die Tätigkeit bei Scholtze gibt eine Inschrift an der Orgel in Müllrose, 1772 von Scholtze errichtet, Auskunft: »Repariert im Jahre 1855 von Ferdinand Landow aus Wriezen ... In den alten Canälen befand sich folgende Notiz: Samuel Friedrich Kähn, Orgelbauer und Tischlermeister aus Neustadt an der Dosse müssen Vorlieb nehmen mit 2 Reichsthlrn. Wochenlohn u. Johann Wilhelm Grüneberg, Orgelbauergesell, gebürtig aus Zerbst, hat an diesem Werke helfen arbeiten 1772.«[166]
Von Grüneberg sind neben Orgeln auch Tafelklaviere und ein bundfreies Clavichord erhalten.[167] Seit 1778 ist er als Bürger in Brandenburg nachweisbar.[168] Grüneberg hatte sich bereits im Jahre 1775 in Brandenburg niedergelassen, wie aus einem Schreiben vom 29. 3. 1778 an das Domkapitel zu Brandenburg hervorgeht: »Nachdem ich mich aber seit 3 Jahren hier in Brandenburg als Orgelbauer ansässig gemacht, so sind mir die Stadt-Orgeln seit dem zur Durchsicht anvertraut worden. Nun ist binnen solcher Zeit der Berlinische Orgelbauer Marx zur Reparatur der Dom Orgel nicht hier gewesen, hat sich auch gegen sichere Leute vernehmen lassen, daß er nicht mehr um der einzigen Dom Orgel willen nach Brandenburg reisen könne, da er die Stadt-Orgeln nicht mehr habe.«[169] Daraufhin erhielt Grüneberg auch die Pflege der *Brandenburger Dom*-Orgel übertragen. In Brandenburg war bereits seit 1751 der aus Potsdam stammende Orgelbauer Salomon Kleinert ansässig,[170] der sich aber nicht gegenüber Grüneberg durchsetzen konnte und sich deshalb dem Tischlerhandwerk zuwandte.[171]
Grüneberg ersetzte 1793 die erst 40 Jahre zuvor von Kleinert erbaute Orgel der

158. PfA Luckau, Organisten-Akte. Wagner hatte Schmaltz beim Bau der Orgel für die Heilig-Geist-Kirche in Magdeburg kennengelernt. Schmaltz arbeitete zu dieser Zeit bei Treutmann (Mitt. von Herrn Michael Behrens, Eilsleben).
159. Sach-1908, S. 225.
160. Samm-1757/2, S. 119.
161. Kirc-1985.
162. Kirc-1985.
163. AAScP; Org-1985; KoO-Ok.
164. Sach-1908, S. 225.
165. DAB, Totenbuch 1803-1813 und St. Gotthardt, Bg. 19, S. 81.
166. Orgelinschrift in der Orgel der Stadtkirche zu Müllrose, Brettchen über der rechten Eingangstür zum Gehäuse.
167. Sammlung Henry Watson, Manchester, beschrieben in: Galpins, Old english instruments; Tafelklavier in Brandenburg im Wohnhaus der Familie Grüneberg.
168. DAB, Bürgerbuchkartei; Bürgerbuch von Brandenburg.
169. Wie Anm. 168.
170. Wie Anm. 168.
171. Totenbuch von St. Johannis, Brandenburg, 1796.

Müllrose, Ev. Stadtkirche
Orgel von Gottlieb Scholtze,
Mitarbeit von Johann F. Wilhelm Grüneberg, 1772

St. Johannis-Kirche zu *Brandenburg* durch ein neues Werk.[172] Für den Berliner Raum fertigte er zwei Orgeln an.

Die Orgel der *Stadtkirche* (spätere *Luisen-Kirche*) zu *Charlottenburg*

Pfarrer Erdmann und der Magistrat zu Charlottenburg versuchten bereits 1765, eine Orgel für die damals schon seit 70 Jahren bestehende Kirche zu beschaffen. Die Bitte an die Prinzessin Anna Amalie von Preußen, ihre Hausorgel der Kirche zu stiften, blieb ohne Erfolg.[173] Erst im Jahre 1780 konnte die Kirche mit ihrer ersten Orgel ausgestattet werden. Dazu hatte Pfarrer Dressel 1779 einen Orgelbau-Kontrakt mit GRÜNEBERG geschlossen; die Kosten sollten sich auf 700 Thaler belaufen. Am 26. Mai 1780 kam die Orgel zu Schiff in Charlottenburg an.[174] Leider fehlen jegliche Unterlagen über den Bau dieser Orgel; lediglich die Chronik des Pfarrers Dressel berichtet darüber, ohne allerdings die Disposition zu erwähnen.[175]
Nach diesem Bericht waren Grüneberg und zwei Gesellen bis zum 29. Juli 1780 mit der Aufstellung des Werkes beschäftigt,[176] worauf es am 30. Juli durch Neumann, den Organisten der Spandauer St. Nikolai-Kirche, abgenommen und eingeweiht wurde.[177] Die angesetzten Kosten waren um 250 Thaler überschritten worden.[178] Das Werk galt damals als etwas Hervorragendes, so daß auch die »Berlinische Nachrichten von Staats- und gelehrten Sachen« vom 1. 8. 1780 darüber berichtete und vor allem die vortreffliche Orgel und den billigen Preis lobte.[179] Es wird sich also sicher um ein größeres, wenn nicht gar zweimanualiges Werk gehandelt haben. Hierfür spricht auch der Vergleich mit Kostenanschlägen anderer Instrumente aus Grünebergs Werkstatt.
Die Orgel wurde 1821 und 1826 von Johann Carl Wilhelm Grüneberg, dem Sohn des Erbauers, repariert[180] und hat auch den Umbau der Kirche durch K. F. SCHINKEL überstanden.[181] Um 1878 wurde das Instrument abgebaut und durch einen Neubau (II+P 30) der Orgelbauanstalt SAUER ersetzt.[182]

Die Orgel für die *Reformierte Kirche St. Johannis* zu *Spandau*

Die 1750 errichtete Kirche besaß bis 1782 keine Orgel.[183] Wohl angeregt durch den Bau der Orgel für die *Charlottenburger Stadtkirche* - der Spandauer Organist Neumann hatte sie abgenommen -, wurde beschlossen, mit GRÜNEBERG über einen Neubau zu verhandeln. Grüneberg zeichnete am 25. 4. 1782 einen Orgelriß, der noch heute erhalten ist,[184] während der Kostenanschlag nicht mehr auffindbar ist.[185] Das Werk aus Grünebergs Werkstatt, dessen Preis 757 Thaler betrug, wurde 1783 in der Kirche aufgestellt.[186] Es handelte sich um ein einmanualiges Werk mit 13 Registern.[187]
Da die Kirche bereits zu Ende des 19. Jahrhunderts jahrelang nicht mehr genutzt wurde, wurde die Orgel der evangelischen Kirche in *Bärenklau,* Kreis Ruppin, geschenkt.[189] Das Instrument wurde von ALEXANDER SCHUKE umgebaut, bevor er es 1903 in Bärenklau aufstellte.[190] Das Werk soll nun, sobald die Restaurierung durch SCHUKE, Potsdam, abgeschlossen ist, in der *Französischen Kirche* in *Potsdam* aufgestellt werden.[191]
Als Schüler Grünebergs sind sein Sohn JOHANN CARL WILHELM GRÜNEBERG und als zeitweiliger Geselle sein Schwager JOHANN SIMON BUCHHOLZ nachgewiesen.[192] Grüneberg blieb dem Erbe WAGNERS, MIGENDTS und ERNST MARX' verbunden. Die Gestalt der 1796 für die *Katharinen-Kirche* zu *Magdeburg* erbauten Orgel zeigt deutlich die Verwandtschaft zum Schaffen Wagners. In der Leipziger »Allgemeine Musikalische Zeitung« vom 4. Juni 1800 befindet sich sowohl die Wiedergabe der Disposition Grünebergs als auch ein Stich des Prospekts dieser Orgel.[193] Grüneberg starb am 12. 8. 1808 in Brandenburg.[194] SB

172. GStA, Rep., B 2, Abt. II, 1321.
173. Kraa-1916, S. 58 f.
174. GStA, II, Pr. Br. Rep., 2 B II, Reg. Pots. IV 3 Sup. Cöln 2572; Kraa-1916, S. 58 f.
175. PfA-ChLu, Chronik des Pfarrers Dressel.
176. Kraa-1916, S. 58 f., 263.
177. BNa, No. 92, 1. 8. 1780.
178. Wie Anm. 176.
179. Wie Anm. 177.
180. GStA, II, Pr. Br. Rep., 2 B II, Reg. Pots. IV. 3 Sup. Cöln 2572.
181. EZA, 14/4272.
182. Ura, 1879, S. 10 f.
183. PfA-SpNi, Akte St. Johannis.
184. Wie Anm. 183.
185. PfA-SpNi, Kostenvoranschlag nur erwähnt.
186. Wie Anm. 183.
187. AAScP, Akte Bärenklau.
188. Mund-1920, C 46/396; Aufzeichnung Pape, 1990; Mitt. Gernot Schmidt, Potsdam, 1991.
189. Wie Anm. 183.
190. AAScP, Akte Bärenklau.
191. Frdl. Mitt. v. Herrn Andreas Kitschke, Potsdam.
192. Berg-1990, S. 92.
193. AMZ, 1800, No. 36, S. 638.
194. Wie Anm. 171.

Klein Glien, Ev. Dorfkirche, Orgel von JOHANN F. WILHELM GRÜNEBERG, 1791

SPANDAU, ST. JOHANNIS
Disposition von 1783

Manual

Principal	8'
Rohrflöte	8'
Gedact	8'
Octav	4'
Cornet 3fach	
Nassat	2⅔'
Octav	2'
Mixtur 2-4fach	
Trompete	8'

Pedal

Subbaß	16'
Violon	8'
Octav	4'
Posaune	8'

Schleifladen, mechanische Traktur, Manual-Ventil, Pedal-Ventil, Sonnen-Zug, Calcanten-Glocke, Tremulant[188]

Jesus Christus gestern und heute
Und derselbe auch in Ewigkeit

Berlin-Mitte
Böhmische Bethlehems-Kirche

Abb. links:
Berlin, Böhmische Bethlehems-Kirche
Orgel von Peter Migendt, 1753
1945 zerstört

Berlin, Böhmische Bethlehems-Kirche
1945 zerstört

Unter der Regierung Friedrich Wilhelms I. siedelten seit 1732 evangelische Emigranten aus Böhmen in der südlichen Friedrichstadt. Vom König erhielt die Gemeinde 1735 Mittel zum Bau einer eigenen Kirche. Am 12. 5. 1737 konnte die Kirche, deren Namen an die *Bethlehems-Kirche* in *Prag* erinnert, eingeweiht werden. Das Gebäude wurde als Rundbau mit vier kurzen Kreuzarmen nach den Plänen von Friedrich Wilhelm Diterichs durch Naumann und Büring errichtet. Der mit einer steilen hölzernen Kuppel überwölbte barocke Raum war von Emporen umzogen, die nur durch die Altarnische unterbrochen wurden.[1]

Am 6. Februar 1753 schlossen die Böhmischen Brüder mit Peter Migendt einen Orgelbauvertrag zur Errichtung einer einmanualigen Orgel.[2] Dieses Instrument mußte als Brüstungspositiv gebaut werden, weil die Emporen keinen Platz für eine andere Form der Aufstellung boten. Migendt vollendete das Werk bis zum September des gleichen Jahres und stellte es dem Kanzelaltar gegenüber auf der obersten Empore auf. Am 27. September erfolgte die Abnahme.[3]

Als besonderen Schmuck erhielt das Migendtsche Instrument eine Glorie, die bis in die Kuppelwölbung ragte. Die Ausstaffierung erfolgte mit Rocaillen in den Schleierbrettern und Palmwedeln an den Flachfeldern der Seitentürme. Zwei Amphoren und zwei Puttenköpfe zierten das Gesims der beiden Seitenfelder. Die Struktur des Instruments entsprach Wagners kleinstem Orgeltyp auf Vierfuß-Basis. Der Berliner Maler Friedrich Fischer faßte und vergoldete das Gehäuse 1759.[5]

Das kleine Werk wurde 1854 anläßlich eines Kirchenumbaus durch ein zweimanualiges mit Pedal und 17 Registern ersetzt. Der Erbauer dieser zweiten Orgel ist nicht zu ermitteln; vermutet wird die Herkunft aus der Werkstatt von Hermann Teschner, Fürstenwalde.[6] Gehäuse und Werk der Migendt-Orgel wurden von der Gemeinde verwahrt und blieben bis in das 20. Jahrhundert unbeachtet. Während der Renovierung der Kirche im Jahr 1912 wurden die Teile wiederentdeckt. Man entschloß sich, das Orgelgehäuse in einen geplanten Neubau einzubeziehen. Im Gemeindeblatt vom April 1912 heißt es hierzu: »Von der alten aus dem Jahr 1753 stammenden Orgel kann nur die künstlerisch wertvolle Vorderansicht wiederverwendet bzw. ergänzt werden. Sie wird aber viel mehr zur Geltung kommen, weil sie unmittelbar an oder richtiger in der Brüstung der Oberempore gerückt werden soll, wo auch nachweislich ihr ursprünglicher Platz gewesen ist.«[7]

Die Frankfurter Orgelbauanstalt Sauer erhielt den Auftrag und stellte in das restaurierte Rokoko-Gehäuse der Migendt-Orgel ein neues zweimanualiges Werk mit Pedal und 22 Registern.[8] Das Orgelgehäuse wurde nach hinten in den Emporenraum, für den Kirchenbesucher unsichtbar, erweitert. Am 8. März 1913 konnten Kirche und Orgel wieder eingeweiht werden.[9] Beide wurden im Februar 1945 zerstört. Die Kirchenruine wurde bis 1963 abgetragen.[10] SB

1. Gott-1985, S. 180; Bads-1987, S. 42-44; Kühn-1978, S. 376; ZfB, 1915, S. 27.
2. EZA, 14/3969.
3. Wie Anm. 2.
4. Wie Anm. 2.; vg. auch Kirc-1990, S. 301-302.
5. Kirc-1990, S. 302.
6. Knak-1887, S. 103.
7. Gemeindeblatt der Bethlehemskirche; Ausschnitt in EZA, 14/3969.
8. EZA, 14/3969; Saue-1929.
9. Wie Anm. 2.
10. Gott-1985, S. 180.

Manual C, D-c^3

Principal	4 Fuß	englisch Zinn
Gedact	8 Fuß	die unterste Octave von Holz, die 3 übrigen von Metall
Rohrflöt	4 Fuß	Metall
Nassat	3 Fuß	Metall
Octave	2 Fuß	Metall
Cornet 3.fach		von c^1 bis c^3, Proben Zinn
Scharff 5.fach		aus 1½ Fuß, Proben Zinn
Trompet	8 Fuß	von c^1 bis c^3, Proben Zinn

Schleifladen, mechanische Traktur, vermutlich angehängtes Pedal, Tremulant, Sonnenzug, Calcanten-Zug[4]

Berlin, Schloßportal zur Lustgartenseite,
Entwurf von Andreas Schlüter, 1698

Karlshorst
Kirche Zur frohen Botschaft

Das Instrument, das sich heute in der Kirche Zur frohen Botschaft in Karlshorst befindet, wurde 1755 als Hausorgel der Prinzessin Anna Amalie von Preussen gebaut.

Anna Amalie, die jüngste Schwester Friedrichs des Großen, wurde am 9. 11. 1723 im Berliner Schloß geboren.[1] Der Familientradition der brandenburg-preußischen Hohenzollern entsprechend wurde großer Wert auf ihre musische Ausbildung gelegt. Seit dem 11. Lebensjahr erhielt sie Musikunterrricht bei dem Cellisten und Domorganisten Gottlieb Hayne. Hayne war der einzige Instrumentalist der ehemaligen Hofkapelle Friedrichs I., der von dem später als Soldatenkönig bezeichneten Friedrich Wilhelm I. nicht entlassen wurde. Curt Sachs nannte Hayne den einzig bedeutenden Musiker am Hof des Soldatenkönigs.[2] Anna Amalie erhielt bei Gottlieb Hayne Klavier-, Geigen- und Gesangsunterricht und wurde später auch im Orgelspiel unterwiesen. Für den Orgelunterricht stand die Röder-Orgel im *Berliner Dom* zur Verfügung.[3] Die um 1704 von dem Hoforgelbauer Nette aufgestellte Orgel in der Schloßkapelle Friedrichs I. war von Joachim Wagner bereits abgetragen worden.[4]

Nach dem Tod des Vaters übernahm Friedrich der Große die Staatsgeschäfte. Die Familienpolitik des Hauses Hohenzollern hatte sich den Zwängen der Staatsraison unterzuordnen. So blieb Prinzessin Anna Amalie unvermählt und wurde 1744 zur Koadjutorin des Stiftes zu Quedlinburg gewählt. Am 16. 7. 1755 wurde sie zur fürstlichen Äbtissin von *Quedlinburg* ernannt.[5] Ihr Leben änderte sich kaum, denn sie lebte insgesamt nur 35 Tage in Quedlinburg.[6] Die Ernenung zur Äbtissin diente in erster Linie der Finanzierung einer eigenen Hofhaltung und der Übernahme einer gehobenen Stellung in der Gesellschaft.[7]

Die Würde der Äbtissin erlaubte ihr eine gewisse Eigenständigkeit. Friedrich, der Zeit seines Lebens in einer regen Korrespondenz mit seiner Schwester stand und selbst der Musik sehr zugetan war, förderte die musikalische Entwicklung der Prinzessin durch Schenkungen von Musikinstrumenten, Büchern und Noten. Diese Sammlung galt schon zu ihren Lebzeiten als eine der bedeutendsten ihrer Art.

In den Jahren 1754-1755 trat der Musiktheoretiker und Johann-Sebastian-Bach-Schüler Johann Philipp Kirnberger in den Kreis der Prinzessin ein. Ihre musikalische Entwicklung wurde von ihm wesentlich beeinflußt. Kirnberger, der Mitglied der königlichen Hofkapelle bzw. der Hofkapelle des Markgrafen Heinrich in Rheinsberg war, wurde Hofmusicus der Prinzessin und ihr Kompositionlehrer. Kirnberger förderte bei ihr die Vorliebe für die Orgel, so daß der Wunsch nach einem eigenen Instrument wuchs, zumal Anna Amalie eine andere Klanggestaltung als die der Röder-Orgel im Dom favorisierte. Der Klang dieser Orgel war ihr zu »weibisch«.[8]

1. ADB-1875, Bd. 1., S. 470.
2. Sach-1910, in Hohenzollern-Jahrbuch, Berlin, Leipzig, 1910, S. 183.
3. DZAM, Pr. Br. Hausarchiv, Rep. 46 W, 118 b.
4. MVP, 1864, XVI, S. 8.
5. wie Anm. 1.
6. Frits-1828, S. 101 f.
7. DZAM, Pr. Br. Hausarchiv, Rep. 46 W, 112, 79f.

Prinzessin Amalie von Preussen
Ölgemälde von Antoine Pesne,
Schloß Charlottenburg

Die Orgelbauer Peter Migendt und Ernst Marx

Während des Jahres 1755 beschäftigte sich Anna Amalie intensiv mit der Konzeption für eine Hausorgel.[9] In der Mitte des 18. Jahrhunderts war der Bau einer Hausorgel in Norddeutschland eine außergewöhnliche Aufgabe, da allgemein die elegante durchsichtige Spielmanier der Cembali und Hammerklaviere bevorzugt wurde. In England dagegen stand die Hausorgel zur gleichen Zeit auf der Höhe ihrer Entwicklung. So verwundert es nicht, daß sich Anna Amalie zuerst an

8. wie Anm. 3.
9. wie Anm. 3.

einen in London lebenden deutschen Instrumentenmacher namens Polman wandte, »der Mann der die Orgel macht ist ein deutscher, gebürtig aus Neustadt, ein Landskind mit nahmen Polman; derselbe kennet Hn. Kirnberg und schreibt das Er klaviere vor ihm verfertiget hat.«[10]

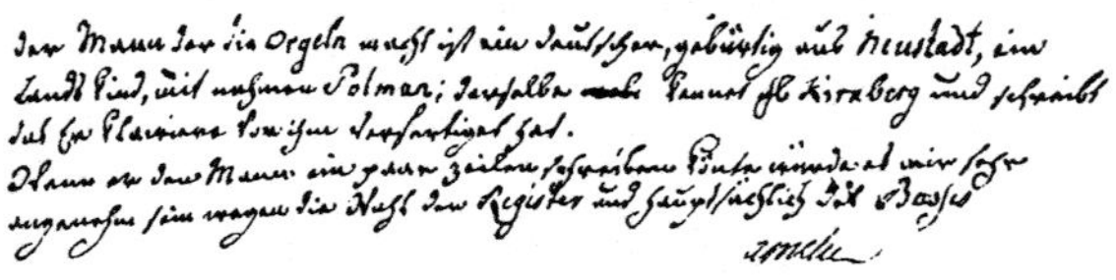

Bitte der Prinzessin Amalie von Preussen an Kirnberger

Amalie bat Kirnberger um den Entwurf einer Disposition: »Wenn er den Mann ein paar Zeilen schreiben könnte würde es mir sehr angenehm sein wegen die Wahl der Register und hauptsächlich des Basses«.[11] Die Verhandlungen führten nicht zum Ziel, und man entschloß sich 1755, einen Berliner Orgelbauer mit dem Bau zu beauftragen. Es ist jedoch bis heute nicht geklärt, mit wem der Orgelbauvertrag geschlossen wurde.

Bis in die dreißiger Jahre unseres Jahrhunderts wurde die Orgel als eine von Joachim Wagner angesehen.[12] Hans Joachim Schuke fand 1934 bei der Begutachtung des Instrumentes an einer Subbaß-Pfeife die Aufschrift »Migendt 1756«. Leider ist diese Aufschrift, die ursprünglich nach der Restaurierung in der Orgel angebracht werden sollte, nicht mehr auffindbar.[13] Die Vermutung, daß es sich bei der »Amalien-Orgel« um ein Werk von Joachim Wagners Meisterschüler Peter Migendt handelt, wird durch die Nennung Migendts als Erbauer der Orgel in Johann Samuel Halles 1764 erschienenen Schrift »Werkstätte der heutigen Künste« noch erhärtet.[14] Nachdem man in der Literatur jahrzehntelang Joachim Wagner als Erbauer der Amalien-Orgel vermutet hatte, wurde von nun an Peter Migendt als Schöpfer des Werkes angesehen.[15]

10. wie Anm. 3.
11. wie Anm. 3.
12. AKScB, Akte Kirche Zur frohen Botschaft; Rens-1941, S. 116.
13. wie Anm. 12.
14. Hall-1764, 3. Band, S. 331.
15. Davi-1949, S. 30.

Im Jahre 1969 veröffentlichte Franz Bullmann den im Staatsarchiv Münster erhaltenen Bericht über die von Ernst Marx bis in das Jahr 1783 gebauten Orgeln. Diese Briefsammlung, die mit Ernst Marx unterzeichnet ist, stammt allerdings nicht aus der Feder des Orgelbauers Marx. Es liegt nahe, daß es sich um eine im Auftrag von Marx erstellte Zusammenfasssung handelt. Als erstes Werk des Orgelbauers Marx wird darin 1755 die Anfertigung der Orgel für die Prinzessin Anna Amalie aufgeführt.[16]

Heute spricht die Quellenlage für eine Urheberschaft des Orgelbauers Ernst Marx. Eine exakte Klärung ist allerdings nicht möglich; eindeutig ist jedoch die Nähe zu den Orgelwerken Joachim Wagners. Festzuhalten bleibt auch, daß Migendt und Marx durch Familienbande eng verbunden waren. Im Januar 1756, unmittelbar nach der Fertigstellung der Amalien-Orgel im Dezember 1755, heiratete Ernst Marx die jüngere Schwester von Migendts Frau.[17] Auch der folgende Zusammenhang spricht für eine enge Bindung Migendt-Marx: Der Orgelbauer Ernst Marx d. J. schrieb am 4. 2. 1837 an den Magistrat, daß seine Familie bereits seit 1731 in Berlin Orgeln baue. Dieses Jahr war der Beginn der Gesellenzeit Migendts bei Joachim Wagner. E. Marx d. J. sah also dieses Jahr als den Beginn der Orgelbau-Tätigkeit der Familie Marx an.[18]

16. StAM, Dep., Nachlaß Roetzel, Nr. 349.
17. Berg-1989, S. 95.

Die Jahre 1755 und 1756 waren für beide Orgelbauer wichtig. 1755 errichtete Peter Migendt ein Haus auf der Contrescarp, der heutigen Memhardstraße; 1756 wurde er Eigentums-Bürger. Marx heiratete und erhielt unmittelbar nach Fertigstellung der Orgel für die Prinzessin Anna Amalie einen Neubauauftrag für die evangelische Kirche in *Roskow.* In den folgenden Jahren haben Migendt und Marx noch bei größeren Werken zusammengearbeitet, so 1762 und 1763 bei dem Orgelbau für *St. Nikolai* in *Stettin.*[19]

18. SAP, Rep. 2 A II, Gen. 1750.
19. Kirc-1990, S. 307 und Berg-1989, S. 96.

Es ist zu vermuten, daß bei dem Bau der Amalien-Orgel Peter Migendt als der in Berlin eingeführte Orgelbauer den Auftrag erhielt, während die Ausführung in den Händen von Ernst Marx lag, der damit, wie damals üblich, vor der Familiengründung die Möglichkeit erhielt, sein Meisterstück anzufertigen. Das würde auch erklären, weshalb der Bericht über die Orgelbauten des Ernst Marx mit der Amalien-Orgel beginnt.

Während Peter Migendt erst 1760 seine nächste Orgel in *Ringenwalde* baute,

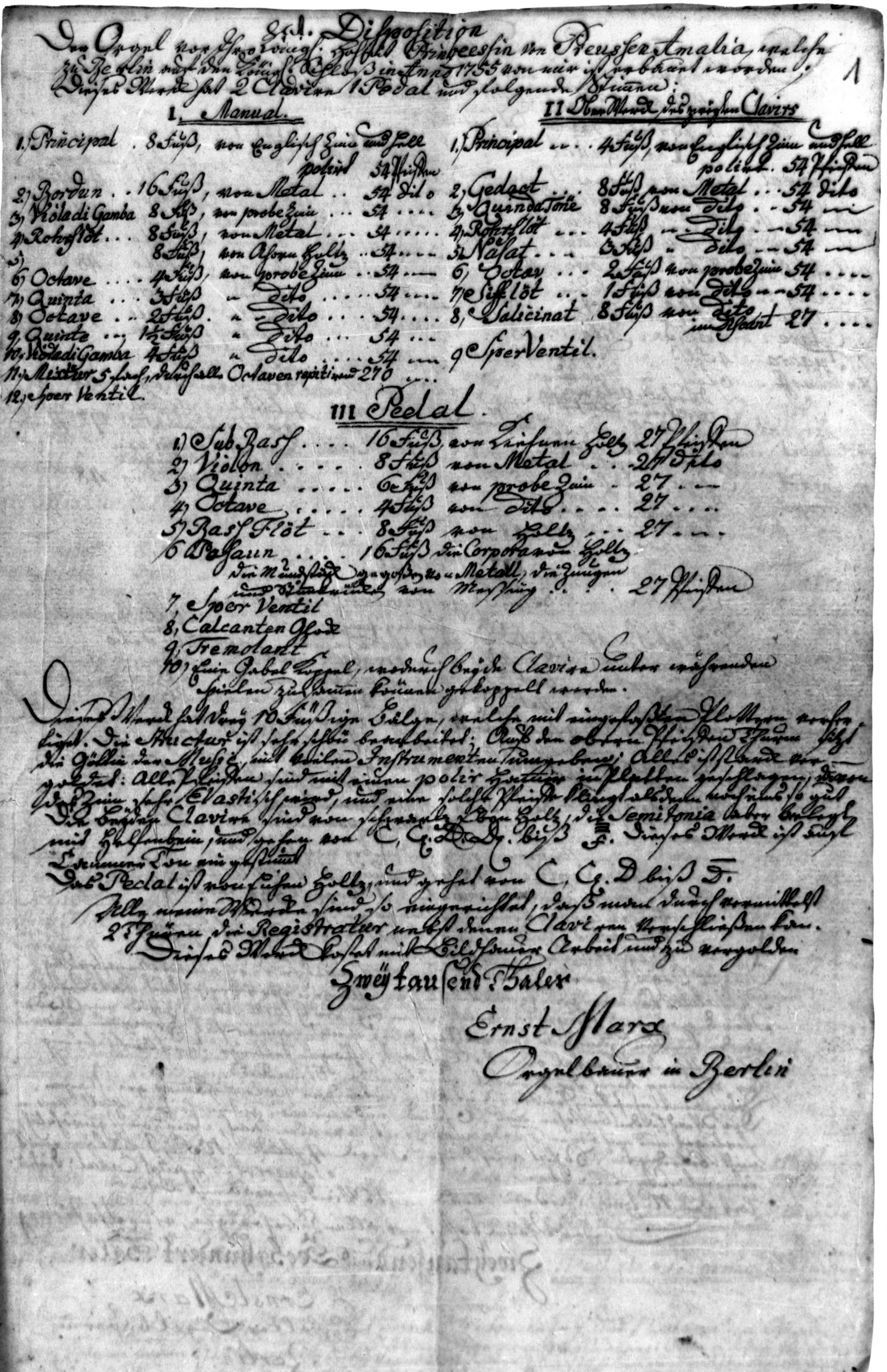

Disposition

Der Orgel vor Ihro Königl. Hoheit Prinzessin von Preussen Amalia, welche zu Berlin auf dem Königl. Schloss in Anno 1755 von mir ist gebauet worden. Dieses Werck hat 2 Claviere 1 Pedal und folgende Stimmen:

I. Manual

1. Principal . 8 Fuß, von Englisch Zinn und hell poliert 54 Pfeifen
2. Bordun . . 16 Fuß, von Metal . . 54 dito
3. Viola di Gamba 8 Fuß, von probe Zinn . . . 54 . . . .
4. Rohrflöt . . . 8 Fuß, von Metal . . . 54 . . . .
5. 8 Fuß, von Ahorn Holtz . . 54 . . . .
6. Octave . . . . 4 Fuß, von probe Zinn . . 54 . . . .
7. Quinta . . . 3 Fuß " dito . . . . 54 . . . .
8. Octave . . . 2 Fuß " dito . . . . 54 . . . .
9. Quinte . . . 1½ Fuß " dito . . . 54 . . .
10. Viola di Gamba 4 Fuß " dito . . . . 54 . . . .
11. Mixtur 5 fach, durchaus Octaven repetirend 270 . . .
12. Sperr Ventil.

II Ober Werck des zweyten Claviers

1. Principal . . . 4 Fuß, von Englisch Zinn und hell poliert . 54 Pfeifen
2. Gedact . . . 8 Fuß von Metal . . . 54 dito
3. Quintadöne 8 Fuß von dito . . 54 . . . .
4. Rohrflöt . . . 4 Fuß " dito . . 54 . . . .
5. Nasat . . . 3 Fuß " dito . . 54 . . . .
6. Octav . . . 2 Fuß von probe Zinn 54 . . . .
7. Sifflöt . . . 1 Fuß von dito . . . 54 . . . .
8. Salicinal 8 Fuß von dito im Discant 27 . . . .
9. Sperr Ventil.

III Pedal

1. Sub Bass . . . . 16 Fuß von Kiefern Holtz 27 Pfeifen
2. Violon . . . . . 8 Fuß von Metal . . . 27 dito
3. Quinta . . . . . 6 Fuß von probe Zinn . 27 . . .
4. Octave . . . . . 4 Fuß von dito . . . . 27 . . .
5. Bass Flöt . . . 8 Fuß von Holtz . . . 27 . . .
6. Posaun . . . . 16 Fuß die Corpora von Holtz, die Mundstücke [illegible] Metall, die Zungen und [illegible] von Messing . . . 27 Pfeifen
7. Sperr Ventil
8. Calcanten Glocke
9. Tremolant
10. Eine Gabel Coppel, wodurch beyde Claviere unter währendem Spielen zusammen können gekoppelt werden.

Dieses Werck hat vorn 16 füssige [illegible], welche mit eingeschnittenen Blättern verzieret. Die Structur ist sehr schön bearbeitet; Auf den obern [illegible] Thürmen sitzt die Göttin der Music, mit [illegible] Instrumenten umgeben; Alles ist schön vergoldet: Alle Pfeifen sind mit einem polir Hammer in Platten geschlagen, wovon das Zinn sehr Elastisch wird, und eine solche Pfeife klingt [illegible] so gut. Die beyden Claviere sind von schwartz Eben Holtz, die Semitonia aber belegt mit Helfenbein, und gehen von C, Cis, D, Dis bis f. Dieses Werck ist durch [illegible] Ton eingestimmt.

Das Pedal ist von [illegible] Holtz, und gehet von C, Cis, D bis d.

Alle meine Wercke sind so eingerichtet, daß man durch vermittelst 2 Zügen die Registratur und das ganze Clavir verschließen kan.

Dieses Werck kostet mit Bildhauer Arbeit und zu vergolden

Zweytausend Thaler

Ernst Marx

Orgelbauer in Berlin

Handschrift aus dem Nachlaß Rötzel im Staatsarchiv Münster

20. DAB, Orgel zu Roskow Pä Nr. 69 und 91; Kirc-1990, S. 306.

erhielt ERNST MARX den Auftrag für seine zweite Orgel bereits 1757. Die Orgel in *Roskow* war eine kleinere Variante der Amalien-Orgel.[20]

Das Orgelwerk

Die Disposition, die in dem 1783 erstellten Bericht der von MARX verfertigten Orgeln angegeben wurde, gibt den ersten Entwurf für die Orgel wieder. In dem Bericht wurde zwar behauptet, daß die Orgel nach dieser Disposition errichtet worden sei; nach heutiger Erkenntnis ist dies aber nicht richtig.
Der erste Entwurf sah eine Orgel mit 25 klingenden Stimmen vor.[21] Zur Ausführung gelangte dann aber ein revidierter Entwurf mit 22 klingenden Stimmen auf 2 Manualen und Pedal. Die Veränderungen gehen vermutlich auf Anraten Kirnbergers zurück, der gerade in der Frage der Disposition von Anna Amalie mehrfach bemüht wurde. Gegenüber der ersten Fassung wurden aus dem I. Manual Quinta $1\frac{1}{2}'$ und Viola di Gamba 4′ entfernt, während im Pedal die Quinte 6′ entfiel.[22] Im Oberwerk wurden Rohrflöte 4′ durch Gedact 4′ und Octav 2′ durch Waldflöte 2′ ersetzt.

21. wie Anm. 16.
22. wie Anm. 16. und Frot-1950.

JOHANN PHILIPP KIRNBERGER

Die Amalien-Orgel wurde 1755 mit folgender Disposition auf Schleifladen gebaut:

I. Manual

1.	Principal	8′
2.	Viola di Gamba	8′
3.	Bordun	16′
4.	Rohrflöte	8′
5.	Octave	4′
6.	Quinte	3′
7.	Octave	2′
8.	Mixtur 4fach	$1\frac{1}{3}'$
9.	Flaute dolce	8′

Oberwerk

1.	Principal	4′
2.	Quintatön	8′
3.	Gedackt	8′
4.	Gedackt	4′
5.	Nassat	3′
6.	Waldflöte	2′
7.	Sifflöte	1′
8.	Salicional	8′

Pedal

1.	Subbaß	16′
2.	Oktave	8′
3.	Octave	4′
4.	Posaune	16′
5.	Baßflöte	8′[23]

23. wie Anm. 22.

Wie die Orgel des *Berliner Doms* stand auch die der Prinzessin Amalie zum leichteren Ensemblespiel im Kammerton. Die Intonation wich von der in der Wagnerschule gebräuchlichen ab. Hierfür wird in erster Linie der Einfluß KIRNBERGERS geltend gemacht werden müssen, aber auch die Besonderheit der Verwendung als Konzert- bzw. Hausorgel, für die es bei Wagner kein Äquivalent gibt.[24] Auffallend ist insbesondere die Positionierung einer Flöte und eines Streichers über den Windkästen, wo normalerweise Zungenstimmen stehen. Dies läßt nur den Schluß zu,

24. DZAM, Pr. Br. Hausarchiv, Rep 46 W, 118 b.

daß Migendt und/oder Marx die Orgel mit vier Zungenstimmen geplant hatten, aber in einer späteren Bauphase, als die Windladen schon fertig waren, statt dessen drei Labiale und Posaune 16′ bauten.

Oberwerk und Pedal haben keine Mixturen. Als Novum muß der Umfang der Manualklaviere angesehen werden: Ein Umfang von C-f³, einschließlich Cis, wurde in Berlin hier zum ersten Mal gebaut.[25]

25. Bull-1969, 1. Bd., S. 11.

Der Gebrauch der Orgel als Konzertinstrument war wohl der Anlaß, dem Orgelbauer einen in Brandenburg-Preußen ungewohnten Klavierumfang vorzuschreiben. Im gleichen Jahr, spätestens aber 1756, entstanden die vier Orgelsonaten CARL PHILIPP EMANUEL BACHS. In der Bachhandschrift P 764 befindet sich folgende Notiz: »Diese 4 Orgelsolos sind für eine Prinzessin gemacht, die kein Pedal und keine Schwierigkeiten spielen konnte, ob sie sich gleich eine schöne Orgel mit 2 Clavieren und Pedal machen ließ, und gerne darauf spielete.« Die Orgelsonaten Carl Philipp Emanuel Bachs setzten diesen erweiterten Manualumfang voraus. In dem 1783 verfertigten Bericht heißt es weiter: »Dieses Werck hat drey 1=Füßige Bälge, welche mit eingefaßten Plottern verfertiget. Die Struktur ist sehr schön bearbeitet; Auf den oberen Pfeiffen Thurm sitzt die Göttin der Music, mit vielen Instrumenten umgeben; Alles ist starck vergoldet: Alle Pfeiffen sind mit einen polir Hammer in Platten geschlagen; davon das Zinn sehr Elastisch wird, und eine solche Pfeiffe klingt als dann noch eins so gut.

CARL PHILIPP EMANUEL BACH

Die beyden Clavire sind von schwartz Eben Holtz, die Semitonia aber belegt mit Helfenbein, und gehen von C,Cs.D.Ds biß f‴. Dieses Werck ist auf Kammer Ton eingestimmt. Das Pedal ist von Eichen Holtz, und gehet von C, Cs. D. biß d′. Alle meine Werke sind so eingerichtet, daß man durch vermittelst 2 Thüren die Registratur nebst denen Clavieren verschließen kan. Dieses Werck kostet mit Bildhauer Arbeit und zu vergolden Zweytausend Thaler.«[26]

Gebaut wurde dieses Werk für einen Saal im zweiten Stock des Lustgartenflügels des *Berliner Schlosses*. Der Saal, das sogenannte Balkonzimmer, lag über dem Flügeleingang in unmittelbarer Nähe zur Zimmerflucht der Prinzessin.[27] Die in der Literatur vielfach anzutreffende Behauptung, die Orgel sei für ihr Palais Unter den Linden gebaut worden, ist falsch. Die Prinzessin erwarb das Haus Unter den Linden 7 erst 9 Jahre nach Fertigstellung der Orgel. Richtig ist hingegen, daß die Orgel nach 1764, bei dem Umzug der Prinzessin aus dem Schloß in dieses Palais, dem späteren Sitz der russischen Gesandtschaft, dort aufgestellt wurde.[28] Bei dem von Werner David aufgeführten Aufstellungsort, dem Palais der Prinzessin in der Wilhelmstraße, handelt es sich um ein Gebäude, das die Prinzessin erst 1772 erwarb.[29] Dafür ließ sie von ERNST MARX eine weitere bedeutende Orgel bauen, die nach ihrem Tod an die *Reformierte Kirche* zu *Frankfurt/Oder* verschenkt wurde.[30] Dieses Instrument wurde in den achtziger Jahren des 19. Jahrhunderts von der Firma SAUER durch einen Neubau ersetzt.[31]

26. wie Anm. 16.
27. wie Anm. 24; Nico-1786, Bd. II, S. 875 f.
28. Bär-1877, Nr. 7, S. 63; WAI-1880, Nr. 24, S. 220.
29. Davi-1949, S. 29; Scne-1870, in: SvGB III; Rave-1939, S. 125 f.
30. ASaF, Orgelakte der Reformierten Kirche zu Frankfurt.
31. wie Anm. 30.

Wie sehr die Prinzessin auf ihre erste Orgel wartete, zeigt ihre Korrespondenz mit Kirnberger und den Mitgliedern der königlichen Familie. Am 8. 12. 1755 schrieb sie an die Prinzessin Wilhelmine: »Heute in 8 Tagen wird meine Orgel ganz fertig sein. Gerade jetzt wird sie gestimmt.« Einige Tage später schrieb sie: »Eine große Neuigkeit, meine liebe Schwester: sehr interesssant für mich, weniger für Sie. Heute habe ich zum ersten Mal auf meiner Orgel gespielt. Die Gräfin Schwerin meinte, sie sei ein bißchen laut, was natürlich ist, aber der Ton ist charmant. Ich bitte sie, teilen Sie dies meinen Brüdern mit. Die Orgel macht mir große Freude. Die Buben von der Straße sind nicht stehen geblieben um zu horschen, obwohl die Balkontüren offen waren, was beweist, daß dieses Instrument nicht die gewöhnliche Kraft hat wie für eine Kirche. Ich werde üben, daß ich jeden von meinen Brüdern in einem Solo begleiten kann, ohne daß ein Halbton von ihrem Bass verloren geht. Wilhelm wird Ihnen erzählen, daß`er bei der Einweihung meiner Orgel anwesend war. Ich laufe nach jedem Abendesssen dorthin. Es ist die einzige Bewegung, die ich mir gebe und die einzige Sache, die mir Spaß macht. Ich werde auch selbstsicherer, denn wie Orpheus, der beim Leierspielen alle Tiere der Umgebung anzog, sammelt sich unter meinem Fenster, an der Treppe, im Korridor die Kanaille. Ich muß darüber lachen, denn ich biete ihnen das Spektakel kostenlos.«[32]

32. DZAM, Pr. Br. Hausarchiv, Rep 46 W, 115.

Das Orgelwerk muß schon unmittelbar nach Fertigstellung als ein Meisterwerk angesehen worden sein, denn die Orgel wurde von SCHLEUEN in Kupfer gestochen, und JOHANN SAMUEL HALLE setzte den Stich als Vignette zu Beginn des Kapitels über die Kunst des Orgelbaus in seinem 1764 erschienenen 3. Band der »Werkstätte der heutigen Künste«. Der Kupferstich zeigt die Tätigkeit des Orgelbauers und illustriert das Kapitel über die Orgelbaukunst. Sowohl Schleuen als Kupferstecher als auch Johann Samuel Halle als Direktor der Königlichen Kadettenanstalt hatten wenig Wissen von der Materie des Orgelbaus. So gibt der Kupferstich zwar ein annähernd getreues Bild der Orgel wieder, aber ein Orgelbauer, der eine Leiter an die Prospektpfeifen lehnt und Zinn- und Holzpfeifen übereinander legt, wird zwar der Vorstellungskraft des Kupferstechers entsprochen haben, nicht aber der Praxis im Orgelbau. Die Werkstatt, die Halle in seiner Schrift beschreibt, dürfte aber der Migendtschen und Marxschen ähnlich gewesen sein.

Die Orgel der Prinzessin ANNA AMALIE, Kupferstich von SCHLEUEN, um 1764, J. S. HALLE, 1764

Umsetzungen der Orgel

Die Orgel blieb vermutlich bis 1767 im *Berliner Schloß*. Anna Amalie erwarb zwar 1764 das Grundstück Unter den Linden 7, die Aufstellung der Orgel scheint aber seinerzeit nicht möglich gewesen zu sein. Der Magistrat zu Charlottenburg und der Pfarrer der dortigen Stadtkirche, ERDMANN, wandten sich 1765 mit der Bitte an die Prinzessin, ihre Orgel der *Stadtkirche* zu *Charlottenburg* zu überlassen. Der Bitte wurde nicht entsprochen.[33] Inzwischen veranlaßte Anna Amalie den Umbau des Hauses zum Palais, der 1767 von dem Architekten Boumann beendet wurde.[34] Das Instrument wurde vermutlich von ERNST MARX umgesetzt, denn Migendt führte schon seit einigen Jahren keine Aufträge mehr aus und verstarb am 19. 9. 1767. Weitere Orgelbauer hat es in dieser Zeit in Berlin nicht gegeben.

33. Kraa-1916, S. 58f.
34. wie Anm. 28.

Das *Palais Unter den Linden 7* wurde für den Musikfreund zu einer der ersten Adressen, denn Anna Amalie nahm großen Einfluß auf das Berliner Musikleben. In ihrem neuen Palais veranstaltete sie musikalische Soireen mit ausländischen Gästen. Ihre bedeutende Musikalien-Sammlung bot ihren Gästen Gelegenheit, neue Werke der Musikliteratur, vor allem der Berliner Schule und Johann Sebastian Bachs, kennenzulernen und kopieren zu lassen. Die Sammlung enthält zahlreiche Manuskripte und Editionen von J. S. Bach, z. B. die Urschrift der Brandenburgischen Konzerte, »Das musikalische Opfer«, weiterhin Werke von Bachs Söhnen, von Händel, Corelli, Lully, Palestrina, Pergolesi etc. Anna Amalie war diejenige, die das Werk J. S. Bachs sammelte, spielte und aufführen ließ. Erst aufgrund ihrer Bemühungen und der Inventarisierung ihres Nachlasses durch KARL FRIEDRICH ZELTER ist es später Mendelssohn gelungen, dem Werk Bachs in der Öffentlichkeit den ihm gebührenden Platz zu geben.[35]

Das Palais der Prinzessin AMALIE Unter den Linden 7, die spätere Russische Gesandtschaft

1772 erwarb die Prinzessin das ehemalige Palais des BARON DE VERNEZOBRE, ließ es als Sommersitz ausbauen und den dortigen Großen Saal im Jahr 1776 mit einer 28stimmigen Orgel von ERNST MARX ausstatten. Daher wurde das Instrument im Palais Unter den Linden nicht mehr ausreichend gepflegt.[36] Die bereits in den siebziger Jahren durch Krankheit gezeichnete Anna Amalie ließ sich bald darauf ganz im Palais in der Wilhelmstraße, dem späteren *Prinz-Albrecht-Palais*, nieder. Das Palais Unter den Linden wurde zeitweise vermietet, während die 1755 gebaute Orgel dort verblieb und zusehends verfiel.[37]

Prinzessin Anna Amalie von Preußen verstarb am 30. 3. 1787.[38] Nach ihrem Testament fielen beide Palais und beide Orgeln dem Prinzen Ludwig von Preußen zu.[39]

Der Prinz verkaufte 1788 das Palais Unter den Linden 7, schenkte aber zuvor Anna Amalies erste Hausorgel dem adeligen Gutsbesitzer VON VOSS für die *Schloßkirche* in *Buch*, die bis dahin noch kein Orgelwerk besaß.[40] Über den Verbleib der Orgel berichtete der Hofprediger Michaelis am 2. 4. 1789: »Es ist bekannt, daß die hochseel. Prinzessin Amalia Königl. Hoheit in jedem ihrer beiden Palais eine Orgel zu ihrem Gebrauche gehabt hat. Die älteste und schadhafte dieser beiden Orgeln in dem Palais unter den Linden ist von des Kronprinzen Königl. Hoheit noch vor dem Verkauf des Gebäudes an einen adeligen Gutsbesitzer mit Genehmigung der Königlichen Majästät verschenkt worden. Die andere aber, welche vor nicht langer Zeit von dem berühmten Marx verfertigt worden, steht noch jetzt ungebraucht und bestaubt in dem Palais in der Wilhelmstraße, welches dem Prinzen Ludwig K. H. in der Erbschaft zugefallen ist.«[41]

Am 17. 5. 1789 heißt es: »In meinem vorigen Berichte habe ich 2 Fehler in Zahlen gemacht. Herr von Voss hat dem Marx für Abnahme und Aufsetzen seiner Orgel nicht 200 sondern 250 Rt. gezahlt.«[42]

Die *Bucher Schloßkirche*, eine der schönsten Barockkirchen Berlins, mußte erheblich umgebaut werden, um die Orgel 1788 dort aufstellen zu können. Der Westeingang wurde zugemauert und eine der Emporen niedriger gesetzt. Trotzdem reichte die Höhe der Kirche nicht aus, um die Orgel in ihrer ganzen Größe aufstellen zu können. Die figurale Bekrönung des Prospektes mußte abgenommen werden, und einige Pfeifen mußten gekröpft werden.[43] Die schadhafte Orgel wurde repariert, die Disposition blieb aber unverändert. Der Schaden muß beträchtlich gewesen sein, wie ein Kostenvergleich ergibt. Während die Umsetzung der größeren zweiten Hausorgel vom Palais in der Wilhelmstraße in die *Reformierte Kirche* zu *Frankfurt (Oder)* einschließlich Umdisponierung mit 225 Thaler zu Buche schlug, kostete die Reparatur für die in Buch aufgestellte Orgel 250 Thaler.[44]

Das Bucher Instrument blieb danach unbeschadet bis ins 20. Jahrhundert. Im Ersten Weltkrieg verzichtete man, in Berücksichtigung des historischen Wertes, auf die Beschlagnahme der Prospektpfeifen. In den Jahren 1924 bis 1926 fand eine Reinigung und Reparatur durch den in Berlin-Tempelhof ansässigen Orgelbauer KAUFMANN statt. Dabei wurde 1925 ein elektrisches Gebläse eingebaut und 1926 die Posaune wiederhergestellt.[45]

Anläßlich der Restaurierung der Bucher Schloßkirche in den dreißiger Jahren beschäftigte man sich erstmals eingehender mit der Orgel. Der Provinzialkonservator PESCHKE stellte dabei fest, daß die Orgel für die Kirche viel zu groß war, das Äußere der farbig gefaßten Orgel mit den in Eichenholz geschnitzten

35. siehe dazu Blec-1965.
36. wie Anm. 16.
37. wie Anm. 28 und Anm. 30.
38. wie Anm. 1.
39. DZAM, Pr. Br. Hausarchiv, Rep 46 W, 128 f.
40. wie Anm. 30.
41. wie Anm. 30.
42. wie Anm. 30.
43. Pfan-1927, S. 105; GStA, Abt. II, Pr. Br. Rep. 2 B, II Reg. Ptsd., 1 Gen 3895 f.
44. wie Anm. 30.
45. Pfan-1927, S. 105.

Emporen und dem Gestühl nicht zusammenpaßte und das Orgelgehäuse von dem Deckengewölbe gestaucht wirkte. Er bemerkte, daß der Grundgedanke der innerarchitektonischen Wirkung durch den Einbau der Orgel verändert worden war. Da man sich um die Wiederherstellung des von DITERICH konzipierten Kirchenbaus bemühte, mußte die Orgel wie ein architektonischer Fremdkörper erscheinen.[46] Das Wissen um die Geschichte und den Erbauer der Orgel war vollkommen in Vergessenheit geraten und aus den Akten des Pfarrarchivs auch nicht nachvollziehbar. Die Orgel wurde zwar in ihrer Qualität erkannt, sollte jedoch nach genauer Untersuchung in einer der Größe des Instrumentes entsprechenden Kirche aufgestellt werden. 1934 wurde HANS JOACHIM SCHUKE mit der Begutachtung der Orgel betraut.[47]

Schloßkirche Buch, Zustand vor 1943

Ihm fiel sofort auf, daß die Orgel ursprünglich für einen anderen Raum konzipiert worden war. Zuerst vermutete er, daß es sich um ein Werk des Orgelbauers Wagner handelte. Er bemerkte aber, daß der Gesamtklang der Orgel ein anderer als der der übrigen noch vorhandenen Wagner-Orgeln war. Der Klang entsprach eher einem »Kammer-Instrument« als einer Kirchenorgel. Den Zustand der Orgel bezeichnete er als traurig. Aufgrund der für eine Wagner-Orgel ungewöhnlichen Disposition schloß er, daß diese vor etlichen Jahrzehnten verändert worden sein mußte. Er schrieb: »man hat ihr mit Ausnahme der Posaune 16′ sämtliche Zungenregister (Trompete 8′ in I., Vox Humana 8′ in II., Trompete 8′ Pedal) genommen. Hierdurch hat das Werk an Glanz und Kraft eine große Einbuße erlitten.«[48]

Diese aus dem Vergleich mit Dispositionen Wagners getroffene Einschätzung bestimmte auch die Restaurierung der Orgel in den Jahren 1959 und 1960. Leider unterlag man hier einem Irrtum, denn die Disposition, die Schuke vorgefunden hatte, war original. Außer der Posaune 16′ hatte das Orgelwerk keines der im Barock so beliebten Zungenregister besessen.

In seinem Gutachten schilderte Hans Joachim Schuke den Zustand der in Buch stehenden Orgel: »Vor allen Dingen aber hat die Orgel eine schlechte Behandlung erfahren. Ein großer Teil der Zinnpfeifen, die in bedeutend überwiegender Menge in der Orgel vorhanden sind, ist an den Rändern eingedrückt oder willkürlich eingeschnitten, viele Pfeifen sind verbeult, die Windbahnen einzelner Pfeifen sind ungleichmäßig, ein Teil der Pfeifen steht krumm und schief im Pfeifengestühl. Zwei große Zinnpfeifen liegen beschädigt und verbeult in der Orgel umher. Das Quintatön 8′ im II. Manual ist so zugerichtet, daß es völlig unbrauchbar geworden ist. Leider hat aber auch der Holzwurm bei einzelnen Holzpfeifen und den Holzbechern der Posaune 16′ Schäden angerichtet, wodurch diese Pfeifen in ihrer Ansprache gelitten haben. Auch die Bälge und vor allem die Windkanäle sind vom Holzwurm in Mitleidenschaft gezogen,... . Die Mechanik der Orgel ist in Ordnung und funktioniert gut.«[49]

Die Bucher Kirche wurde 1938 in ihren ursprünglichen Zustand zurückgeführt. Auf Peschkes Veranlassung kaufte der Gemeindekirchenrat von *St. Marien* und *St. Nikolai, Berlin,* die alte Orgel der Bucher Kirche an, um sie nach erfolgter Restaurierung in St. Nikolai als zweite Orgel aufzustellen.[50] Im Jahre 1939 wurde die Orgel in Buch abgebaut; Windladen, Mechanik und Pfeifenwerk wurden in die Werkstatt Schukes nach Potsdam gebracht. Die geplante Renovierung der St. Nikolai-Kirche kam 1939 zum Stillstand; als Interimslösung wurde das Orgelgehäuse mit Prospektpfeifen in einem Seitenschiff der St. Marien-Kirche aufgestellt.[51] Von Mitarbeitern des Instituts für Denkmalpflege wurde der Orgelprospekt 1943 im Keller der *Berliner Münze* eingelagert.[52]

Nach 1945 wurden die Orgelgehäuseteile und die Prospektpfeifen in der alten Sakristei der St. Marien-Kirche eingelagert. Im Jahre 1952 wurde dokumentiert, was noch von der 1939 ausgebauten Bucher Orgel erhalten geblieben oder abhanden gekommen war:

46. EZA, 14/3347.
47. AASP, Buch.
48. wie Anm. 47.
49. wie Anm. 47.
50. EZA, 14/3347.
51. wie Anm. 47.
52. wie Anm. 47.

Abb. rechts: *Schloßkirche Buch,* um 1900

Karlshorst, Kirche Zur frohen Botschaft

1. Das Orgelgehäuse vollständig vorhanden, zum Teil beschädigt, es fehlte die rechte Spielschranktür.
2. Die Prospektstöcke bis auf die von drei Prospektfeldern.
3. 32 klingende Prospektpfeifen von Zinn im beschädigten Zustand. Es fehlten 65 klingende Prospektpfeifen. Von den stummen Prospektpfeifen war nur eine vorhanden, 38 fehlten.
4. Magazinbalg in beschädigtem Zustand.
5. Elektrisches Gebläse.
6. Spielschrank mit 2 Manualklaviaturen und Registeranlage in sehr beschädigtem Zustand, Pedalklavier fehlt.
7. Wellenrahmen der Tastenmechanik, 2 Manualwellenrahmen, 2 Pedalwellenrahmen, 1 Winkelscheid mit Eisenwinkel in beschädigtem Zustand.
8. Gerüstwerk nur teilweise vorhanden.

Bei Schuke in Potsdam lagerten noch folgende Metallpfeifen:

Pedalwerk mit Trompete 8′, Posaune 16′ (Stiefel alt), Oktave 4′ (alt), Oktave 8′ (alt) und Subbaß 16′

I. Manual C, Cis-f^3

1.	Bordun	16′	d-f^3				
2.	Rohrflöte	8′	C-f^3				
3.	Gambe	8′	C-f^3 (konisch)				
4.	Oktave	4′	C-f^3				
5.	Quinte	2⅔	C-f^3				
6.	Oktave	2′	C-f^3				
7.	Mixtur	4fach	C	= 1⅓′	1′	⅘′	⅔′
			c^0	= 2′	1⅓′	1′	⅘′
			c^1	= 2⅔′	2′	1⅗′	1⅓′
			c^2	= 4′	2⅔′	2′	1⅗′
			c^3	= 5⅓	4′	2⅔	2′
			Zerlegung der Chöre:				
			1′	= C-h^0			
			2′	= c^0-f^3			
			4′	= c^2-f^3			
			⅔′	= C-H			
			1⅓′	= C-h^1			
			2⅔′	= c^1-f^3 (f^1 und d^2 fehlen)			
			5⅓′	= c^3-f^3 (c^3, cis^3 fehlen)			
			⅘′	= C-h^0			
			1⅗′	= c^1-h^2 (cis^2, d^2 fehlen)			

II. Manual C, Cis-f^3

1.	Gedackt	8′	E-f^3
2.	Quintadena	8′	C-f^3 (1 Pfeife fehlt)
3.	Salicional	8′	c^1-f^3
4.	Gedackt	4′	C-f^3
5.	Nassat	3′	C-f^3
6.	Waldflöte	2′	C-f^3 (schwach konisch)
7.	Sifflöte	1′	C-f^3 (5 Pfeifen im Diskant fehlen)

Pedal C, Cis-d^1

1.	Oktave	8′	G-d^1
2.	Oktave	4′	C-d^1

Weiterhin waren sämtliche Windladen für die beiden Manuale und das Pedal, die Abstraktur der Orgel, ein Großteil der Holzpfeifen und Posaunenbecher (die aber beim Abbau wegen des starken Wurmfraßes zerschnitten worden waren) erhalten geblieben.[53]

53. wie Anm. 47.

Karlshorst, Kirche Zur frohen Botschaft

Die *St. Nikolai-Kirche* war bei Kriegsende bis auf die Umfassungsmauern zerstört und kam als Aufstellungsort nicht mehr in Frage.[54] Die Gemeinde von *St. Marien* hat daraufhin die Orgel 1956 der evangelischen Kirchengemeinde *Karlshorst* zur Aufstellung in der wiederhergestellten *Kirche Zur frohen Botschaft* geschenkt. Erst 1960 konnte die durch die Potsdamer Firma Alexander Schuke restaurierte Amalien-Orgel wieder aufgestellt werden. Dabei wurde die historische Substanz beibehalten, die Disposition allerdings barockisiert: drei Zungenregister wurden eingebaut: in das I. Manual Trompete 8′ anstelle von Flauto dolce 8′, in das Oberwerk Vox humana 8′ anstelle von Salicional 8′ und in das Pedal Trompete 8′ anstelle der Baßflöte 8′. Die Labialpfeifen erhielten neue Kerne und damit einen niedrigeren Aufschnitt. Pfeifen bis zur 2/3′-Lage haben heute Stimmschlitze.

Die Disposition, wie sie von Schuke 1960 »rekonstruiert« wurde, und noch heute unverändert besteht, lautet:

54. Kühn-1978, S. 348 f.

Hauptwerk

1.	Principal	8′	im Prospekt, C-h außer e Zinn alt, Rest Zinn nach alter Mensur neu gefertigt
2.	Viola di Gamba	8′	Zinn alt, konisch, aufgearbeitet
3.	Bordun	16′	C-cis Holz neu, ab d Zinn alt, aufgearbeitet
4.	Rohrflöte	8′	Zinn alt, aufgearbeitet
5.	Octave	4′	Zinn alt, aufgearbeitet
6.	Quinte	3′	Zinn alt, aufgearbeitet
7.	Octave	2′	Zinn alt, aufgearbeitet
8.	Mixtur 4fach	1 1/3′	Zinn alt, aufgearbeitet, Zusammensetzung wie oben
9.	Trompete	8′	Schuke 1960 neu

Oberwerk

1.	Principal	4′	C-c außer G Zinn alt, im Prospekt, G, cis-f^2 Zinn neu im Prospekt, ab fis^2 Zinn neu auf der Lade
2.	Quintadena	8′	Zinn alt, aufgearbeitet
3.	Gedackt	8′	C-Dis Holz neu, ab E von Zinn alt, aufgearbeitet
4.	Gedackt	4′	Zinn alt, aufgearbeitet
5.	Nassat	3′	Zinn alt, aufgearbeitet, bis h^1 als Rohrflöte, danach konisch offen
6.	Waldflöte	2′	Zinn alt, schwach konisch, aufgearbeitet
7.	Sifflöte	1′	Zinn alt, aufgearbeitet, c^2-f^3 1960 neu
8.	Vox humana	8′	Schuke 1960 neu

Pedal

1.	Subbaß	16′	Holz, 1960 neu
2.	Octavbaß	8′	C-Fis Holz neu, ab G Zinn alt
3.	Octavbaß	4′	Zinn alt
4.	Posaune	16′	Kehlen alt und unbeledert, Stiefel alt, Becher und Zungen 1960 neu
5.	Trompete	8′	Schuke 1960 neu[55]

55. wie Anm. 47.

Der Zug »Coppel« ist die Manualkoppel, die als Gabelkoppel nach Wagnerschem Vorbild original blieb. Eine Pedalkoppel I-P wurde neu angelegt unter Nutzung des Zuges »Ventil-Baß«. Die übrigen Sperrventile wurden stillgelegt. Die Orgel hat keine Pedalkoppel II-P. Bei gekoppelten Manualen und gezogener Pedalkoppel wird das Oberwerk mit ins Pedal gekoppelt.

Der Spieltisch wurde aufgearbeitet und die Klavierwangen erneuert. Die Manubrien, kastanienbraun in Wagnerscher Manier gedrechselt, blieben original. Schuke fertigte ein neues Pedalklavier mit Tasten aus Eichenholz an. Die Spieltraktur wurde erneuert und mit neuen Wellenbrettern und Aluminium-Wellen sowie neuen Abstrakten und Ledermuttern mit Filz versehen. Nur das Pedalwellenbrett mit

Holzwellen blieb alt. Die Registertraktur wurde zum großen Teil nach altem Vorbild ebenfalls neu gefertigt.

Die Windversorgung ist nicht original. Der Doppelfaltenbalg mit Schöpfer dürfte aus dem letzten Jahrhundert stammen. Die Kanäle sind neu; auch ein Tremulant wurde neu angelegt. Die Orgel erhielt zunächst eine gleichschwebende Stimmung mit a' = 440 Herz, vor wenigen Jahren jedoch eine Temperierung nach Kirnberger III. Die farbliche Fassung wurde im alten Stil erneuert. Die Orgelweihe in der Kirche Zur frohen Botschaft fand am 19. 6. 1960 statt.[56]

Die ehemalige Hausorgel der Prinzessin Anna Amalie ist heute das einzige in wesentlichen Teilen noch original erhaltene Werk des 18. Jahrhunderts in Berlin. Es entspricht allerdings mit seinem prächtigen, majestätischen Plenum sicher nicht dem Original, wenn auch das Instrument durch die hervorragende Akustik der Kirche Zur frohen Botschaft sehr gewonnen hat. Der schöne Prospekt, der in seiner ornamentalen Ausgestaltung vollkommen erhalten blieb, ist mit seiner filigranen Ausschmückung ganz dem höfischen Rokoko verpflichtet. Die Qualität des Schnitzwerks ist von überragender Bedeutung und geht auf Entwürfe Johann Michael Hoppenhaupts zurück.[57] Die Verwendung einer Engelsschwinge in den Rocaillen deutet auf eine Gestaltungsform hin, die ansonsten nur der Bildschnitzer und Orgelbauer Gottlieb Scholtze beim Bau seiner Orgeln verwendet hat.

Die ehemalige Konzert- bzw. Hausorgel der Prinzessin Amalie von Preußen ist dank ihrer Restaurierung ein überzeugendes Werk der hohen Kunst des Berliner Orgelbaus im 18. Jahrhundert und ein wichtiges Zeitdokument einer bereits wieder als historisch zu bezeichnenden Form der Restaurierung. SB/UP

56. wie Anm. 47; Scuk-1966.
57. Vgl. Ornamententwürfe im Kupferstichkabinett, Berlin-Dahlem.

Spieltisch der Orgel

Berlin-Mitte
Dreifaltigkeits-Kirche

Berlin, Dreifaltigkeits-Kirche
1945 zerstört

Die Friedrichstadt hatte seit ihrer Anlage zu Anfang des 18. Jahrhunderts bereits mehrere Kirchenneubauten bekommen, als im westlichsten Teil, hinter dem Potsdamer Tor, 1739 die Dreifaltigkeits-Kirche als letzte Stiftung Friedrich Wilhelms I. errichtet wurde. Favre und Naumann schufen auf dem dreieckigen Grundstück im Zwickel zwischen Mauer-, Mohren- und Kanonierstraße einen Rundbau, der in den Dimensionen der weiter südlich auf der Mauerstraße, an der Ecke Schützen- und Krausenstraße zwei Jahre zuvor fertiggestellten Böhmischen *Bethlehems-Kirche* nahekam. Nur in der Fassade traten vier angedeutete Kreuzarme in Erscheinung; der Innenraum war, bis auf Wandvorsprünge, gänzlich zentral angelegt. Unter der äußeren hohen und der flachen inneren Holzkuppel, erstere überragt von einer offenen Laterne mit dem Geläut, wurde die Zentralraumkonzeption durch die dreigeschossige Emporenanlage unterstrichen, die allseitig umlief. Entsprechend der Sitzordnung in preußischen Amtskirchen war jedoch diese baulich konsequente Rundform nicht auf das Inventar übertragen; die quer bzw. rechtwinklig angeordneten Bänke waren auf den Kanzelaltar hin orientiert, der dem Haupteingang gegenüber stand.

Eine Orgel war beim Bau der Kirche nicht vorgesehen; die Gemeinde gab sich mit einem geschenkten Positiv zufrieden. Erst 1774 konnte dank einer Stiftung des Regierungsrats Rudolphi mit der Planung einer großen Orgel durch Ernst Marx begonnen werden.[1] Dieser hatte zunächst ein Werk mit 2 Manualen, Pedal und 31 klingenden Stimmen vorgeschlagen, vollendete das Werk 1775 aber nur mit 28 Stimmen und stellte es auf der zweiten Empore über Kanzel und Altar auf.[2]

Gegenüber dem ersten Entwurf war vor allem die Disposition des Pedals verändert worden. Die im I. Manual vorgesehene Flaute Amor 8′ wurde nicht gebaut. Im Oberwerk wurden Prinzipal 8′ durch 4′ und Octave 4′ durch Sifflöt 1′ ersetzt. Im Pedal fielen Violon 8′, Quinta 6′ und Mixtur 3fach fort, während Trompete 8′ als neues Register hinzugefügt wurde. Die Disposition, wie sie 1774-1775 zur Ausführung gelangte, ist nebenstehend wiedergegeben.

Das Instrument stand im Chorton und wurde am 5. November 1775 eingeweiht.[4] In dem 1783 verfaßten Bericht über Ernst Marx' Orgelbauten wird das Instrument folgendermaßen beschrieben: »Dieses Werck hat auch schöne Zierathen von groß und klein Figuren, auch schöne Schnitz= oder Bildhauer Arbeit. Die Struktur oder Gehäuse ist sehr schön von Gesimse und Ausbiegung; Die Clavire spielen sich sehr leicht, und wird von Kennern dieses Werck für das Beste gehalten, es kost überhaupt Zweytausend und Zweyhundert Thaler. Hiebey aber habe ich keinen Verdienst gehabt, sondern noch Minus.«[5]

Der Prospekt ist in den Grundteilen klar gegliedert und breit angelegt. Die schwingenden und flachen Felder im Wechsel sind unter leichten Architraven zusammengefaßt, wobei das Abschlußgebälk der mittleren, zweigeschossigen Gruppe überhöht ist. Voluten, ohne den Charakter einer Gehäusefassung, umgrenzen in den

1. Lomm-1889, S. 42. Ernst Marx erwarb 1775 für 50 Thaler das Positiv der Dreifaltigkeitskirche [SAP, Rep. 2 A II R, Nr. 1742].
2. StAM, Dep. Nachlaß Roetzel, Nr. 324; Samm-1757/2, S. 129.
3. Samm-1757/2, S. 129.
4. Lomm-1889, S. 159.
5. StAM, Dep. Nachlaß Roetzel, Nr. 324.

Zwickeln des überhöhten Mittelteils kleine Pfeifenfelder, deren Schwung sich in den außenliegenden Bänder- und Schnörkelwerken der durch Pfeiler gefaßten Gruppen fortsetzt. Posaunenengel über den seitlichen Hauptgruppen und das Dreifaltigkeitssymbol in der Gloriole über der Mittelgruppe, sowie Vasen auf den bereits weit herabgeschwungenen Außenpfosten geben dem Prospekt ein beschwingtes Gepräge, das in der Verbindung dieser beinahe »unpreussischen« Heiterkeit mit der breiten, pyramidalen Grundgestalt zur Einzigartigkeit dieser Orgel beiträgt.

Das Instrument ist durch ein Experiment bekannt geworden, für das KIRNBERGER verantwortlich war; dieser hat hier erstmals in einer Orgel eine Septime einbauen lassen, allerdings ohne Erfolg. Im Vorbericht zu seinen 1769 erschienenen »Vermischte Musikalien« hat er sich näher zu dieser als »i« bezeichneten Stimme geäußert.[6] Nach dem Bericht des Organisten dieser Orgel, KÜHNAU, erwies sich die von Marx gebaute Septime nur im vollen Werk und mit Manualkoppel als brauchbar. Er notierte, daß das Register aus der Oktave 4′ gezogen wurde und das C zwischen a und b, jedoch näher zum b stand.[7]

In der Fachwelt war diese Neuerung äußerst umstritten und für die damaligen Hörgewohnheiten sicherlich unangenehm. Marpurg hat sich in der nur als Manuskript überlieferten »Abhandlung über die Orgel« ausführlich mit Kirnbergers Experiment beschäftigt: »Ich kann nicht umhin, des von dem Herrn Kirnberger angestellten unglücklichen Versuchs einer neuen Mixtur allhie zu gedenken. Demselben fiel es ein, sich zwischen der großen 6 und der kleinen 7 einen consonierenden Mittelton den er ›i‹ nannte, in dem Verhältnis 7:4 zu denken und solchen auf der hiesigen Dreifaltigkeitsorgel (einem Werke, das dem Orgelbauer Marx Ehre macht) mit höherer Genehmigung anbringen zu lassen. So sehr dieses ›i‹ durch alle Grundstimmen unterstützt ward, so wollte es niemals, auch nie auf einer einzigen Taste mit den Oktaven in einen einzigen Ton zusammengehen. Alle Welt hörte eine Dissonanz, nur nicht der Erfinder des ›i‹ Registers. Ein geschickter Harmonist, der den Einfall des Herrn Kirnberger gern unterstützen wollte, schlug vor, zu dem ›i‹ Register das ganze Werk zusammenzuziehen, vielleicht ist das ›i‹ überschrien worden. Aber in demselben Falle hätte man dem ›i‹ jedes andere dissonierende Intervall substituieren können und aus dieser Mescolanza konnte nicht eine brauchbare Mixtur oder eine zweckmäßig konstruierte Vergleichung oder Verschönerung eines anderen Registers erzeugt werden. Wenn ich nicht irre, so ist dieses ›i‹ Register, welches als ein Denkmal unharmonischen Gefühls dastand, nach der Zeit zu einem brauchbaren Register umgeschaffen worden. Der selbige Kirnberger hatte schon ein Jahr vorher, ehe er auf den Einfall kam, eine Dissonanz zum Range einer Konsonanz zu erheben, über Abnahme des Gehörs geklagt.«[8]

Über den Zeitpunkt des Ausbaus des Septimen-Registers gibt es keine Hinweise. In den folgenden Jahren, zumal in der Regierungszeit Friedrich Wilhelms III., war die Orgel der Dreifaltigkeits-Kirche ein beliebtes Instrument für Orgelkonzerte. Organisten aus anderen Städten und dem Ausland gastierten mit Vorliebe an dieser Orgel. Auf Wunsch des Königs wurden derartige öffentliche Konzerte unterbunden, da sie nach seiner Ansicht nicht mit der Würde des Gotteshauses in Einklang standen.[9]

Während der Besetzung Berlins durch die Truppen Napoleons wurde die Orgel beschädigt und in den folgenden Jahren repariert.[10]

Die von Marx erbaute Orgel blieb bis in das Jahr 1896 unverändert erhalten und wurde im gleichen Jahr durch einen Neubau der Orgelbau-Anstalt W. SAUER ersetzt.[11] Hinter dem schönen Prospekt wurde ein dreimanualiges Werk mit Pedal und 37 Registern aufgestellt. In den Jahren 1935-1936 wurde es durch G. F. STEINMEYER & CO. nochmals erweitert und hatte danach vier Manuale und 56 Register, davon 4 Transmissionen.[12] (siehe Einzeldarstellung der Hindenburg-Gedächtnis-Orgel) Im November 1943 brannte die Kirche aus. Die noch erhaltenen Reste des Inventars wurden im Frühjahr 1945 zerstört.[13]

SB

Im Hauptmanual

Principal	8′
Rohrflöt	8′
Bordun	16′
Viola di Gamb	8′
Quinta	3′
Octave	4′
Octave	2′
Viol di Gamb	4′
Scharff aus 1½′	5fach
Cornett 3fach	von G bis c‴
Trompet	8′

Im Oberwerk 2ten Claviers

Principal	4′
Dito engere Mensur	8′
Gedact	8′
Rohrflöt	4′
Nassat	3′
Octave	2′
Quinta	1½′
Mixtur 4fach aus	1′
Vox humana	8′ von G, gis, a, b, h, c′ bis c‴
Sifflöt	1′
Tertz	2′

Im Pedal

Principal	8′
Offener Subbaß	16′
Octave	4′
Choralflöt	2′
Posaun	16′
Trompet	8′

Schleifladen, mechanische Traktur, 3 Sperr-Ventile, Tremulant, Koppelzug, Kalkanten-Glocke.[3]

6. Kirn-1769, Vorbericht; Mahr-1930, S. 209.
7. Kühn-1786, Anhang.
8. Abschrift von Marpurgs Manuskript im Flade-Nachlaß, DStB.
9. EZA, 14/4030.
10. Gesc-1839, S. 28 f.
11. EZA, 14/4030.
12. EZA, 14/4030.
13. Gott-1985, S. 181; Kühn-1978, S. 378.

Berlin-Mitte
Sophien-Kirche

Die erste Erweiterung der historischen Doppelstadt *Berlin-Cölln* in Richtung Norden war die *Spandauer Vorstadt.* Sie entstand gemeinsam mit der Friedrichstadt und der weit im Westen vor dem Dorf *Lietzow* und dem Lustschloß der Königin Sophie Charlotte, der »Lützenburg«, geplanten, späteren Stadt *Charlottenburg.* Sehr bald entstand in der Bürgerschaft der Wunsch, eine eigene Kirche und einen eigenen Pfarrer zu haben, der dem Magistrat mit einer Eingabe am 20. November 1711 unterbreitet wurde.[1] In dieser Sache wurde auch die dritte Gemahlin Friedrichs I., Sophie Luise (1685-1735), um ihre Unterstützung gebeten. Am 11. Juni 1712, dem Geburtstag Friedrichs I., legte die Königin Sophie Luise selbst den Grundstein zum Bau der neuen Kirche in der Spandauer Vorstadt.[2] Mit 4.000 Talern dotierte sie den Bau am 31. August 1712 unter der Bedingung, daß ihr bei Lebzeiten das Patronatsrecht zustünde.[3]

Die Sophien-Kirche wurde am 18. Juni 1713 durch den Propst Johann Porst (1668-1728), der durch die Herausgabe des »Berliner Gesangbuches« 1708 bekannt geworden ist, eingeweiht. Kein Vertreter der königlichen Familie wohnte der feierlichen Einweihung bei. Was war geschehen ? Am 25. Februar 1713 war König Friedrich I. gestorben. Der Kronprinz und Nachfolger, Friedrich Wilhelm I. (Regierungszeit 1713-1740), hatte die dritte Ehe seines Vaters mit der Prinzessin Sophie Luise von Mecklenburg mißbilligt und die 28jährige, verwitwete Königin kurzerhand nach Mecklenburg zurückbringen lassen, wo sie einsam 1735 starb und in der Nicolai-Kirche zu *Schwerin* beigesetzt wurde.[4] Am 18. Mai 1716 ordnete der König an, daß die »vor dem Spandauischen Thore allhier vor einigen Jahren neuerbaute, biß hero sogenannte Sophien=Kirche hinführo nicht mehr Sophien=Kirche sondern Spandauische Kirche genannt werden soll«. Diese Bezeichnung bürgerte sich jedoch niemals ein, denn die Gemeinde bewahrte ihre Dankbarkeit gegenüber der unglücklichen Stifterin der Kirche auch weiterhin. Nach dem Tode Friedrich Wilhelms I. ordnete König Friedrich II. an, daß die Kirche ihren ursprünglichen Namen zurückerhielt.[5]

Der schlichte Saal besitzt sechs Joche und drei Längsachsen, die alle unter einem großen Satteldach mit einer flachen inneren Holzdecke zusammengefaßt sind. Zwei Dreiecksgiebel ohne Gesimse und kaum akzentuierte Portale, sowie eine karge Ausstattung gaben der Erscheinung des Gebäudes zunächst wenig Ausdruck. Der Baudirektor Grael schuf im Auftrag Friedrich Wilhelms I. 1729-1735 einen fünfgeschossigen Turm, der mit seinen stark profilierten Obergeschossen unter der vielfach geschweiften kupfernen Haube mit vergoldeter Zierspitze zu einem Wahrzeichen des barocken Berlin wurde. Nachdem die Versuche zum Münzturm Andreas Schlüters bereits während der Bauphase scheiterten und alle übrigen Barocktürme - St. Petri, St. Georgen, Parochial, Waisenhaus u. v. m. - im 19. Jahrhundert bzw. im Zweiten Weltkrieg verloren gingen, ist nur der Sophien-Kirchturm (außer den nach gänzlich anderem Muster entworfenen Kuppeltürmen auf dem Gendarmenmarkt) der einzig verbliebene Barockturm des alten Berlin.

1. Witt-1912, S. 6 f.
2. Kühn-1978, S. 382.
3. Witt-1912, S. 9.
4. Witt-1912, S. 12-16.
5. Kühn-1978, S. 382.

Berlin, Sophien-Kirche

6. Witt-1912, S. 20.
7. Witt-1912, S. 165.
8. Witt-1912, S. 48 und 21.
9. Samm-1757/2, S. 117.
10. Fock-1974, S. 264 f.
11. Fock-1974, S. 68.
12. Fock-1974, S. 199.
13. Vgl. auch Fock-1974, S. 48/49.

Berlin, Turm der *Sophien-Kirche*

1833/1834 erhielt die Sophien-Kirche die seitlichen Sakristeianbauten. 1892 bekam ihr Inneres das im wesentlichen bis heute erhaltene Gesicht: Die flache Decke wurde um ein beträchtliches in den Dachraum hinein erhöht und zu den Wänden hin »neubarock« ausgerundet. Um der Feuchtigkeit zu entrinnen, hob man den Fußboden und baute neue Emporen ein. Der flache Saalabschluß hinter dem Altar wurde im ersten Joch durch eine nur innen sichtbare »Schein«-Apsis aufgeteilt, zu deren Seiten sich, innerhalb des Außenkubus, Treppenhäuser und Nebenräume befinden. Der Ostgiebel wurde neubarock verkleidet. Von dieser Fassung ist im Zuge der Beseitigung von Schäden nach dem Zweiten Weltkrieg lediglich das Giebeldreieck im Osten auf den Ursprungszustand »zurückgebaut« worden.

Kurz nach der Ernennung des ersten Pfarrers der Sophien-Gemeinde, FRIEDRICH LÜDERWALD, berief die Königin Sophie Luise auch den ersten Kantor, MATTHIAS BEILS (auch BAYL), und zwar schon am 19. September 1712, und zahlte zunächst aus ihrer Schatulle deren Gehälter.[6] Aus der Schilderung der Kirchenweihe ist leider nicht zu schließen, ob die Sophien-Kirche von Anfang an eine Orgel besaß. Von dem nachfolgenden Kantor, PETER KOPPE, wird berichtet, daß er ab Dezember 1723 auch die Orgel spielte und dafür als Jahresvergütung 12 Taler zusätzlich erhielt.[7] An anderer Stelle vermerkt der Sophien-Chronist, daß die Sophien-Gemeinde sich beim Gottesdienst eines »Positivs« bediente, ehe sie 1790 eine richtige Orgel bekam.[8] Ein Zeitgenosse beschreibt um 1760 die erste Sophien-Orgel so:[9] »In der Spandauer Vorstadt oder Sophien=Kirche. Ein klein Werk von Einem Manual= Clavier mit 14. Stimmen. Hat das Principal 4. Fuß in Front. Und ist durch den Schnittger jun. Ao. 1714 aufgesetzet.« Es kann sich nur um FRANZ CASPAR SCHNITGER (1693-1729) aus Hamburg handeln, der im Auftrag seines Vaters Arp Schnitger, des preußischen Hoforgelbauers, die bestellte Orgel in der Sophien-Kirche aufstellte und wahrscheinlich auch intonierte. Franz Caspar Schnitger besuchte seit September 1707 das *Gymnasium Zum Grauen Kloster in Berlin* und wohnte während dieser Schuljahre in der Hamburger Straße,[10] also in der Spandauer Vorstadt, in unmittelbarer Nähe der ab 1712 entstehenden Sophien-Kirche. Seine Jugendlichkeit beim Aufbau der Orgel überrascht - er war erst 20 oder 21 Jahre alt. Andererseits ist seine Tätigkeit in der väterlichen Werkstatt bereits 1710 nachweisbar.[10]
Das Schnitgersche Instrument war vermutlich auf der umlaufenden Empore, an der nördlichen Längsseite, dem Altar gegenüber aufgestellt. Einzelheiten über diese Orgel, vor allem die Disposition, ließen sich bisher nicht auffinden. Es ist aber anzunehmen, daß die Orgel bei 14 Registern über ein eigenständiges, gut ausgebautes Pedal verfügte. Arp Schnitger erbaute diesen Orgeltyp 1695 in der Kirche zu *Moorburg* bei Hamburg, der hier aus Platzmangel nur ein Manual mit 9 und ein Pedal mit 4 Registern erhielt,[11] und 1699 im Kloster *Berge* bei Magdeburg.[12] Letztere soll insgesamt 13 Register umfaßt haben.
1790 wurde die Orgel abgebrochen, als ERNST MARX aus Berlin ein neues, wesentlich größeres Werk errichtete. STEFAN BEHRENS äußerte die Vermutung, die Orgel Schnitgers sei möglicherweise nach *Königs Wusterhausen* umgesetzt worden. Hier hat sich ein schönes Orgelgehäuse im norddeutschen Stil bis heute erhalten.
Dem Pfarrer CHRISTIAN KÜHTZE (1744-1801), seit 1784 an der Sophien-Kirche in Amt, gelang es, JOHANN FRIEDRICH KÖPJOHANN, ein vermögendes Gemeindeglied, zu einer großzügigen Spende für den Bau einer neuen Orgel zu veranlassen. Köpjohann wurde am 16. Dezember 1718 in Berlin geboren und starb hier am 6. Juni 1792. Er war holländischer Abstammung und von Beruf Schiffsbaumeister. Seine Werft und sein Wohnhaus lagen am Ufer der Spree, wo die Straße heute noch Schiffbauerdamm heißt und sich in der Mitte des 18. Jahrhunderts einige Schiffbauer mit ihren Werkstätten niedergelassen hatten. An diesen Vorgang erinnert die Inschrift, die sich auf einer Holztafel an der Südseite des heutigen Orgelgehäuses befindet[13]

14. Vgl. Kirc-1990/2, S. 32 ff., besonders S. 40 f.
15. Gerb-1790, Spalte 895.
16. PfA-MiSo, Akte »Revision und Reparatur der Orgel«, 1842-1919.
17. EZA, Kopie des Totenbuchs der Neuen Kirche Berlin.

Königs Wusterhausen, Ev. Kirche
Orgelgehäuse möglicherweise aus der *Sophien-Kirche*

Berlin, Sophien-Kirche, Holztafel an der Orgel

Berlin, Sophien-Kirche
Orgel von Ernst Marx, 1789-90

und sozusagen die »Geburtsurkunde« der Orgel darstellt. Sie lautet: »Dieses neue der Ehre Gottes gewidmete schöne Orgelwerk ist auf Ostern 1789 angefangen und 1790 um gleiche zeit vollendet so das dasselbe am Sonntage Jubilate zum Gottesdinstlichen gebrauch eingeweihet worden. / Herr Johann Friedrich Köpjohann vornehmer Bürger Eigenthümer und Schiffbauer Meister hat sich durch schenkung der Kosten zu der Orgel sowohl als zu ihrem Chore bey dieser Kirche ein gesegnetes Andenken gestiftet. / ... und der berühmte Orgelbauer Herr Ernst Marx hat die Orgel Verfertiget.«

Ernst Marx (1728-1799) war »bestalter Orgelmacher« in Berlin und vordem Schüler und Mitarbeiter Joachim Wagners und Peter Migendts.[14] Neben Gottlieb Scholtze aus Neuruppin war Marx der unbestrittene Orgelbaumeister in Preußen, vor allem in Berlin. Wie sehr die zeitgenössische Fachwelt ihn schätzte, auch über die Grenzen Preußens hinaus, kann man daran ablesen, daß der Sondershäuser Hoforganist Ernst Ludwig Gerber 1790 in seinem »Historisch=Biographischen Lexikon« Ernst Marx aufführte und würdigte,[15] während er den bekannten Peter Migendt nicht einmal erwähnte. Marx schuf in der Sophien-Kirche sein bis dahin größtes, eigenständiges Werk. Es umfaßte 31 Register auf 2 Manualen und Pedal. Kostenanschlag und Kontrakt haben sich bis jetzt nicht ermitteln lassen. Aus späteren Aufzeichnungen[16] erfahren wir jedoch die Disposition, die nebenstehend wiedergegeben ist.

Die Klaviaturen-Umfänge wie auch die Disposition im Hauptwerk und Pedal folgen noch ganz den Wagnerschen Grundsätzen. Im Oberwerk deutet sich der beginnende musikalische Geschmackswandel an, wie er bereits in der Amalien-Orgel von 1755 zu beobachten war: gegenüber einer breiteren labialen Grundlage treten die höheren Aliquoten zurück. Immerhin gibt die Mixtur 4fach, die in der Amalien-Orgel völlig fehlte, dem Oberwerk noch genügend Gewicht und Eigenständigkeit. Daß das Pedal ohne Koppelung auskommt, kraftvoll angelegt ist und eine Quinta 6′ enthält, zeigt ein weiteres Mal die Abhängigkeit vom Wagnerschen Vorbild. Der Prospekt mit seinem schönen Rokoko-Schnitzwerk, der eines der schönsten Berliner Orgelgehäuse ist und sich bis heute erhalten hat, zeigt im Mittelturm Principal 8′ des Hauptwerkes und in den gleichfalls gewölbten Seitentürmen Principal 8′ des Pedals. Die oberen Pfeifenreihen der flachen Zwischenfelder sind stumm. Das Oberwerk ist im Prospekt nicht sichtbar. Als Standort der Marx-Orgel wählte man die westliche Empore, die eigens dafür verstärkt und verbreitert werden mußte. Die Kosten hierfür hatte Schiffsbaumeister Köpjohann ebenfalls gestiftet. Das Verlegen der neuen großen Orgel an die Westseite war möglich geworden, nachdem König Friedrich Wilhelm I. der bis dahin turmlosen Kirche den prachtvollen, 69 m hohen Barockturm mit dem zweigeschossigen Säulenaufbau und der geschweiften Haube in den Jahren 1729-1735 im Westen hatte anfügen lassen. Dabei waren die ursprünglichen drei Westfenster zugemauert worden.

Ernst Marx, der sich bereits 1756 in der Sophien-Kirche hatte trauen lassen, wohnte im Bereich der Spandauer Vorstadt, in der Rosenthaler Straße Nr. 17. Hier befand sich auch seine Werkstatt. Bis zu seinem Tode am 25. März 1799 stimmte und pflegte er die Sophien-Orgel. 1828 verzeichnen die Akten erstmalig eine Reparatur[16] - »nur der notwendigsten Dinge«, ohne einen Eingriff in die klangliche Substanz - die der Berliner Orgelbauer Ernst Carl Friedrich Marx (1801-1855) vornahm. Er ist Nachfolger in der Marx-Werkstatt und der Enkel des Firmengründers. 1843 führte er eine weitere Instandsetzung aus, die am 26. September 1843 der Musikdirektor und Orgelrevisor August Wilhelm Bach kritisch prüfte und abnahm. Bis zu seinem Tode[17] am 30. Oktober 1855 pflegte und stimmte Ernst C. Fr. Marx die Orgel der Sophien-Kirche. Dann übernahm Carl August Buchholz die Betreuung. Der Pflegevertrag mit ihm wurde am 5. Februar 1856 von den Behörden genehmigt.[16]

Orgel der *Sophien-Kirche,*
erbaut von Ernst Marx 1789/1790

Hauptwerk (I) D-c³

Principal	8′	Prospekt
Bordun	16′	
Gamba	8′	
Rohrflöte	8′	
Octava	4′	
Spielflöte	4′	
Quinta	3′	
Octava	2′	
Cornet 3fach		
Mixtur 5fach		
Cimbel 3fach		
Trompete	8′	

Oberwerk (II) C, D-c³

Principal	4′
Quintatön	8′
Salicional	8′
Lamento	8′
Gedact	8′
Fugara	4′
Rohrflöte	4′
Waldflöte	2′
Mixtur 4fach	
Dulcian	8′

Pedal C, D-d¹

Violon	16′	
Subbaß	16′	
Principal	8′	Prospekt
Bassflöte	8′	
Quinta	6′	
Octava	4′	
Mixtur 3fach		
Posaune	16′	
Trompet	8′	

Schleifenladen, mechanische Traktur, ManualCoppel,
3 Sperrventile, Tremulant, Zimbelstern

18. Witt-1912, S. 165; PfA-MiSo, Akte »Revision und Reparatur der Orgel«, 1842-1919.
19. Witt-1912, S. 133 ff. Die Einweihungsfeier wurde auf einem übergroßen Gemälde festgehalten, auf dem auch die Orgel abgebildet ist. Es hängt heute in der Sakristei der Sophien-Kirche.
20. PfA-MiSo, Orgelakte II, 1924-1940.
21. PfA-MiSo, Orgelakte III, 1945 - lfd.

C. A. Buchholz wohnte in unmittelbarer Nähe der Sophien-Kirche an der Ecke August-/Kleine Hamburger Straße, und war die renommierteste Firma in Berlin. 1860 und 1870 legte er Kostenanschläge vor, die jedoch nicht zur Ausführung kamen. Im Zusammenwirken mit dem neuen Sophien-Organisten, dem Königl. Musikdirektor KARL SCHULZ (hier tätig 1874-1897),[18] unterbreitete Buchholz am 10. Januar 1876 einen neuen »Kostenanschlag zur Verbesserung der Orgel« in Höhe von 5.901 Mark, der noch im gleichen Jahr genehmigt und im darauffolgenden Jahr ausgeführt wurde. Buchholz' Plan sah neben einer Reparatur vor allem einen tiefgreifenderen Umbau vor.

Das Hauptwerk blieb in seinem Aufbau erhalten, lediglich einige Register wurden teilweise erneuert. Für das Oberwerk fertigte Buchholz eine neue Windlade an, die jetzt das große Cis und eine Schleife zusätzlich enthielt. Der Registeraufbau wurde einschneidend verändert. Besonders fallen dabei Principal 8′, Aeoline 8′, Quintatön 16′ und die zur Progressio harmonica gewandelte Mixtur ins Auge. Das Pedal bekam 2 neue Register, Nasard 10 2/3′ und Violon 8′, für die eine Zusatzlade erstellt wurde. Um im Spielschrank die neuen Pedalregisterzüge unterzubringen, wurden die Züge für Tremulant und Zimbelstern stillgelegt. Wegen des erheblich höheren Windbedarfs im Oberwerk und Pedal fertigte Buchholz vier neue Keilbälge an und veränderte die Anlage des Balghauses. Alle drei Klaviaturen wurden neu und enthielten nun die Taste Cis. Die Orgel umfaßte jetzt 34 Register. Am 10. August 1877 erfolgte die Abnahme durch Professor CARL AUGUST HAUPT (1810-1891), den Nachfolger August Wilhelm Bachs im Amt des Orgelrevisors.

Nach dem Erlöschen der Orgelfirma Buchholz mit dem Tod ihres letzten Inhabers, CARL FRIEDRICH BUCHHOLZ, wurde am 10. August 1885 ein Pflegevertrag mit dem Berliner Orgelbauer ALBERT LANG abgeschlossen.

Das Jahr 1892 brachte für die Sophien-Kirche eine schon längere Zeit fällige innere und äußere Umgestaltung. Das dabei erreichte Aussehen hat sie bis heute im wesentlichen behalten. Im Kircheninneren wurde die Decke angehoben und mit schönen Stuckaturen versehen. Die Kanzel wurde nach links an den Triumphbogen versetzt. Den Ostabschluß der Kirche gestaltete man zu einer halbrunden Apsis, und sämtliche Emporen wurden neu und massiv auf flacher Wölbung angelegt. Zuvor hatte man die Orgel abgetragen. Nun erbaute die Berliner Firma GEBR. DINSE ein völlig neues Werk. Es umfaßte 36 Register auf 2 Manualen und Pedal. Die Pfeifen standen auf Kegelladen, die mechanisch angesteuert wurden. Die Traktur des Hauptwerks und die Manualkoppel waren mit Barkerhebeln versehen. Das II. Manual stand in einem Schwellkasten mit Jalousien. Statt des bisherigen Spielschrankes wurde ein freistehender Spieltisch angelegt, bei dem der Spieler der Orgel den Rücken zukehrte. Das wertvolle Marx-Gehäuse von 1790 behielt Dinse bei, erhöhte aber den Mittelturm, um einige Pfeifen der großen Oktave von Principal 16′ des Hauptwerkes im Prospekt aufstellen zu können. Die Einweihung von Kirche und neuer Orgel fand am 20. Dezember 1892 in Gegenwart des Kaisers und seiner Gemahlin statt.[19] Bei den Erneuerungsarbeiten hatte die Kirche erstmalig eine elektrische Beleuchtung erhalten.

Die 1917 beschlagnahmten Prospektpfeifen ersetzte Firma STEINMEYER aus Oettingen 1919 in Zink. Ein im Jahre 1936 unterbreitetes Kostenangebot der Firma STEINMEYER zur Elektrifizierung der Traktur kam nicht zur Ausführung.[20]

Nach der Beseitigung der im Zweiten Weltkrieg entstandenen kleineren Schäden an Kirche und Orgel übernahm Firma ALEXANDER SCHUKE, Potsdam, die Pflege der Orgel. Im November 1953 führte sie eine Reinigung mit kleiner Instandsetzung durch, der ein Gutachten mit Kostenanschlag vom 19. Mai 1951 vorausgegangen war.[21] Überlegungen zu einer klanglichen Umgestaltung der spätromantischen, stark grundtönigen Disposition führten am 17. April 1958 zu einem neuen Kostenanschlag, der aber zunächst nicht realisiert werden konnte.

Orgel der *Sophien-Kirche*, Umbau durch CARL AUGUST BUCHHOLZ

Hauptwerk (I) C, (Cis), D-c^3

Principal	8′	Prospekt
Bordun	16′	Große Octave erneuert
Gamba	8′	ganz neu, Zinn
Rohrflöte	8′	
Octava	4′	
Spielflöte	4′	
Quinta	3′	
Octava	2′	
Cornett 3fach		
Mixtur 5fach		
Cimbel 3fach		
Trompete	8′	ab c^1 neue übergroße Körper aus Zinn

Oberwerk (II) C, Cis-c^3

Principal	8′	ganz neu, Zinn
Quintatön	16′	große Octave neu, Holz
Salicional	8′	große Octave neu
Gedact	8′	große Octave neu
Aeoline	8′	neu, Zinn
Principal	4′	ganz neu, Zinn
Fugara	4′	
Rohrflöte	4′	
Waldflöte	2′	und Nassard 2 3/4′
Progr. harm.		
Dulcian	8′	

Pedal C, (Cis), D-d^1

Violon	16′	neu, Holz
Subbaß	16′	neu, Holz
Nasard	10 2/3′	neu, Holz
Violon	8′	neu, Holz
Principal	8′	Prospekt
Bassflöte	8′	
Quinta	6′	
Octava	4′	
Mixtur 3fach		
Posaune	16′	
Trompete	8′	

Schleifenladen, mechanische Traktur, ManualCoppel, 3 Sperrventile

22. PfA-MiSo, Akte mit Restaurierungsbericht zum Orgelprospekt.
23. Die in Kühn-1978, S. 383, angegebene Jahreszahl 1976/1977 ist bezüglich des Orgelprospekts falsch. Die Orgel wurde 1790 nicht von Wagner sondern von Ernst Marx erbaut.
24. Auss-1980, S. 284-288 und S. 295-299.

Anfang des Jahres 1961 begannen umfangreiche Renovierungsarbeiten im Kircheninneren, die auch den Orgelbereich einschlossen. So wurden durch Schuke-Mitarbeiter im Januar 1961 die Pfeifen des Hauptwerks und des Pedals ausgelagert. Nur das Schwellwerk blieb spielbar. Zugleich bot sich die Möglichkeit einer gründlichen Bestandsaufnahme aller Orgelteile. Sie führte zu der Erkenntnis, daß eine Generalreparatur und tiefergreifende Umdisponierung zu kostenaufwendig und nicht zu empfehlen sein würden.
So legte Schuke am 12. Juli 1961 einen Kostenanschlag für eine neue Orgel mit 28 Registern auf mechanischen Schleifenladen mit 2 Manualen und Pedal vor, den die Sophien-Gemeinde alsbald akzeptierte und in Auftrag gab. Sie mußte sich jedoch bis zur Fertigstellung noch 9 Jahre gedulden. Es sollte das alte Orgelgehäuse wiederverwendet, aber der Mittelturm auf seine ursprüngliche Höhe von vor 1892 zurückgeführt werden. Nachträglich vereinbarte man noch einige Veränderungen an der Disposition im Pedal, den Tremulanten im Hauptwerk und einer elektrischen Registertraktur. Der damalige Organist Erwin Klagge konnte sogar Hans-Joachim Schuke vom Plan eines Spielschrankes abbringen und einen freistehenden Spieltisch mit Blickrichtung zur Orgel - trotz der mechanischen Tastentraktur, die dadurch mehrfach abgewinkelt werden mußte - durchsetzen.
Am 21. Juni 1970 wurde die neue Orgel eingeweiht. Etliche Holzpfeifen der Vorgängerorgel, vielleicht auch der von 1877, kamen zur Wiederverwendung. Sämtliche Metallpfeifen wurden neu. Sie widerspiegeln die kompromißlose, klare Klangvorstellung Hans-Joachim Schukes, die auf offene Windzufuhr bei den Pfeifenfüßen und Kernspaltintonation setzt. Ein Blick auf die nebenstehende Disposition zeigt, daß das II. Manual eindeutig als ein Oberwerk mit reicher Aliquotenbesetzung konzipiert ist und nur eine sehr schmale labiale Basis besitzt, obwohl es im Schwellgehäuse steht. Das Pedal ist kraftvoll angelegt und bedarf kaum der Koppelungen. Es entspricht nahezu dem Marxschen Aufbau. Der Winddruck ist differenziert angelegt: Für das Kleinpedal, das hinter den Seitentürmen plaziert ist, 82 mm WS, für das Großpedal, das im hinteren Orgelbereich und ebenfalls nach C- und Cis-Seite angeordnet ist, 80 mm und für beide Manualwerke 70 mm WS.
Bei der Orgeleinweihung 1970 fehlte am Gehäuse das gesamte Rokoko-Schnitzwerk. Es war während des Zweiten Weltkrieges abgenommen und in einem sicheren Raum des Kirchturms verwahrt worden. Während der jahrzehntelangen Lagerung hatte es Schaden genommen und war in viele Einzelteile zerfallen. Verschiedene Stücke fehlten überhaupt. Den Auftrag zur Restaurierung der Schnitzereien erhielt der Holzbildhauer und Restaurator Karl-Heinz Gross, Berlin-Müggelheim.[22] In mehrjähriger Arbeit gelang die Wiederherstellung des prächtigen, wertvollen Schnitzwerks. Dabei sind die beiden schmalen, langen Schleierbretter der Seitenfelder des Mittelturms eine freie Rekonstruktion, die ursprünglichen waren bei der Gehäuseveränderung 1892 verlorengegangen.
1975 bekam das Orgelgehäuse von 1790 seine heutige Farbfassung und Vergoldung. Die Ornamente konnten sogleich wieder angebracht werden und machen die Orgel zum bedeutendsten Ausstattungsstück der Sophien-Kirche.[23] Beziehungsreich krönt den Prospekt eine »Glorie«, ein Strahlenkranz mit einem Dreieck und dem Auge Gottes in der Mitte - ein Symbol der Trinität. Die gleiche »Glorie« ziert auch die Orgelgehäuse in der *Berliner Marien-Kirche* (Wagner 1719-1723) und der *Französischen Friedrichstadt-Kirche* (Schmaltz 1754/1755). Sie prangte ebenfalls an der Orgel der *Dreifaltigkeits-Kirche* (Marx 1775). Die 1980 im Alten Museum zu Berlin gezeigte Ausstellung »Restaurierte Kunstwerke in der DDR« enthielt neben dem rekonstruierten Orgelgehäuse Gottfried Silbermanns in der Katholischen *Hofkirche* zu *Dresden* auch den wiedererstandenen Prospekt der *Sophien-Kirche* zu *Berlin* und machte damit auf die Bedeutung und Aussagekraft des Berliner Orgelbaus im 18. Jahrhundert aufmerksam.[24]

CK

Orgel der *Sophien-Kirche*, Orgelneubau von Alexander Schuke, Potsdam, 1970

Hauptwerk (I) C-g^3

Principal	8′	ab C im Prospekt
Quintadena	16′	C-H alt
Rohrflöte	8′	C-H alt
Oktave	4′	
Spitzflöte	4′	
Nassat	2 2/3′	
Oktave	2′	
Mixtur 5fach	1 1/3′	
Cymbel 3fach	1/2′	
Trompete	16′	
Tremulant		

Schwellwerk (II) C-g^3

Gedackt	8′	C-A alt
Principal	4′	
Nachthorn	4′	
Oktave	2′	
Blockflöte	2′	
Terz	1 3/5′	
Quinte	1 1/3′	
Sifflöte	1′	
Scharff 4fach	1′	
Krummhorn	8′	
Tremulant		

Pedal C-f^1

Principal	16′	Holz, alt
Subbaß	16′	Holz, alt
Principalbaß	8′	ab D im Prospekt
Gedacktbaß	8′	Holz, alt
Choralbaß	4′	z. T. im Prospekt
Mixtur 5fach	2 2/3′	
Posaune	16′	
Trompete	8′	

Schleifenladen, mechanische Tastentraktur, elektro-pneumatische Registertraktur, Koppeln: II/I, I/P, II/P, 2 freie Kombinationen, Organum plenum.

Berlin, Sophien-Kirche
Zustand ohne Ornamente, um 1970

Berlin-Mitte
Französisch-Reformierte Friedrichstadt-Kirche

Berlin, Gendarmenmarkt, M. F. Adolph, Vue du Marche de Gens d'Armes. Kolorierter Kupferstich von C. B. Schwarz, 1788

Vor allem in der Friedrichstadt, der westlichen Neustadt Berlins zu Beginn des 18. Jahrhunderts, hatten sich viele französische Protestanten, die hugenottischen »Réfugiés«, niedergelassen. Nachdem die erste bescheidene Französisch-Reformierte Kapelle 1700 in der späteren Luisenstadt durch den Umbau einer Scheune entstanden war - sie wurde 1728 nach nochmaligem Umbau zur Kirche »erhoben«, und blieb bis in den Zweiten Weltkrieg erhalten -, wurde in der großen »Neustadt« im Westen des Stadtkerns eine erheblich größere Kirche dieser Denomination benötigt.

Die für die eigene Gemeinde planenden Baumeister Cayard und Quesnay errichteten am Nordende des Gendarmenmarktes, des zentralen Platzes der Friedrichstadt, einen Saalbau nach dem Vorbild der 1685 zerstörten Hugenottenkirche in *Charenton.* Das 1705 eingeweihte Bauwerk hat den Grundriß einer kurzen Arena, mit zwei Langseiten und zwei schmalen, halbrund abschließenden Giebeln ohne Bekrönung. Bis zum Bau des ersten Theaters auf der Platzmitte diente das Areal den »Gens d'Armes« als Exerzierfeld. Die am südlichen Rand inzwischen entstandene »Neue Kirche« und die Französische Kirche, beide in der gleichen Bauflucht errichtet, wurden erst durch den Theaterbau von den Kasernengebäuden freigestellt.

1780-1785 gab Baumeister Unger jedoch auf Geheiß des Königs beiden Kirchen Turmbauten gleicher Gestalt nach Entwürfen von Gontard. Die städtebauliche Wirkung dieser durch die Kirchengemeinden nicht akzeptierten und auch nicht nutzbaren Kuppeltürme war einziger Grund für ihre Errichtung: Die bis heute unter städtischem Patronat stehenden Türme sind Zitate der *Piazza del Popolo* in *Rom* - es war die Absicht, die Piazza in ihrer großartigen Wirkung zu übertreffen. Erst in der Wiederaufbaufassung nach den Zerstörungen durch den Zweiten Weltkrieg ist der Kuppelturm der Französischen Kirche in allen Etagen ausgebaut und erschlossen. Der Monumentalität der Türme zufolge erhielten die Kirchen im Volksmund die Namen »Französischer Dom« und »Deutscher Dom«.

Das Innere der Kirche mit seiner schlichten, umlaufenden Empore und der flachen Innenkuppel war durch die strengen Bankreihen und den nahezu schmucklosen Kanzelkorb geprägt, der einziger Konzentrationspunkt reformatorischer Gottesdienste war. Erst 1754-55 kam eine Orgel in die Kirche, deren Prospektgestalt jedoch an künstlerisch schlüssiger und zeitgemäßer Aussage nicht hinter dem außergewöhnlichen Instrument in der Dreifaltigkeits-Kirche zurückstand. Die Orgel blieb bis 1906, ihr Gehäuse bis 1944 erhalten.

Am 7. Mai 1944 sank bei einem Fliegerangriff die Kirche in Schutt und Asche. Der Wiederaufbau der bis auf die Grundmauern zerstörten Kirche war viele Jahre ungewiß und konnte erst 1978 begonnen werden. Heute ist ihr wiedererrichteter Innenraum eine nahezu authentische Kopie des Vorkriegszustandes; wenngleich um eine halbe Etage angehoben. In Höhe der ehemaligen Empore wurde eine Zwischendecke eingezogen, auf der sich der »neue« Kirchsaal befindet, der in ökumenischer Gemeinschaft mit anderen Innenstadtgemeinden genutzt wird. Seine Kuppel ragt jetzt in den ehemals völlig unausgebauten Dachraum des Kirchenschiffes hinein. Unter der Zwischendecke entstanden Gemeinderäume. Die erneute Einweihung fand am 17. April 1983 statt.

Bezüglich einer neuen Orgel waren sorgfältige Überlegungen notwendig. Einerseits war die französisch-reformierte Gemeinde im Ostteil der Stadt nach 1945 sehr klein geworden und außerstande, einen größeren, dem Kirchenraum angemessenen Orgelneubau zu finanzieren. Andererseits verlangten die günstige zentrale Lage und die räumliche Nähe zum wiederaufgebauten *Schauspielhaus* am *Platz der Akademie*, das seinerseits 1984 eine 74registrige Konzertorgel der Dresdner Firma Jehmlich erhalten hatte, eine Konzeption, die weit über den »hauseigenen« Bedarf der französischen Gemeinde hinausreicht und eine Vielfalt in der Berliner Orgellandschaft bejaht. Neben dem in Deutschland einmaligen Hugenottenmuseum, das in den unteren Räumen des angrenzenden Turmes untergebracht ist und die Einwanderung der Réfugiés seit 1685 und ihre Integration in den brandenburg-preußischen Staat dokumentiert, und der in den oberen Turmräumen aufgestellten, bedeutenden Bibliothek mit französischer und reformiert-theologischer Literatur galt es, einen musikalischen Akzent mit der neu zu schaffenden Orgel zu setzen.

Berlin, Franz.-ref. Friedrichstadt-Kirche

Turmbau von C. v. Gontard
Links im Bild die Franz. Kirche,
Fotografie, 1882

Franz.-ref. Friedrichstadt-Kirche
Orgel von Gebr. Dinse
(1906-07), Gehäuse von 1755,
seitlich erweitert

Die 1944 verbrannte Orgel besaß ein spätbarockes Gehäuse, das in seiner Grundanlage der Berliner Orgelbauer Leopold Christian Schmaltz[1] († 1772) 1754-55 errichtet hatte. Weitsichtige Gemeindeglieder nahmen während des Krieges die wertvollen Ornamente und Schnitzereien des Gehäuses ab und lagerten sie sicher im unteren Bereich des Turmes ein. Sie überstanden fast unbeschadet die Kriegsereignisse und legten den Gedanken nahe, die neue Orgel nach dem Vorbild von 1755 aufzubauen.

Leopold Christian Schmaltz stammte wahrscheinlich aus Thüringen und erlernte den Orgelbau in *Magdeburg*. Bei dem Magdeburger Meister Christoph Treutmann d. Ä. arbeitete er nachweislich, wenigstens bis 1741.[2] Etwa 1742 kam Schmaltz nach Berlin und wurde Geselle Joachim Wagners. Er half, die Lücke in Wagners Mitarbeiterkreis zu schließen, die durch den Tod von Matthias Callensee im Dezember 1741,[3] des »Vice-Orgelmachers«, und durch das Ausscheiden von George Neumann, der in Berlin selbständiger Instrumentenmacher wurde und am 17. Dezember 1743 das Bürgerrecht erwarb,[4] entstanden war.

Die Disposition von Schmaltz' Orgel ist nicht überliefert. Sie enthielt aber 2 Manuale und Pedal, 3 Keilbälge und Principal 8' im Prospekt.[5] Aus einem Reparatur-Anschlag von 1785 ist zu schließen, daß die Orgel im Hauptwerk u. a. Principal 8', Octave 4', »gedacte Quinta 6 Fuß«, Quinta 3' (?) und Trompete 8', im Oberwerk eine Quinta $1^1/_2$' (?), Cimbel und Vox humana 8' (Discant, also c^1 - d^3) und im Pedal Posaune 16' und Trompete 8', dazu einen Tremulanten besaß.[6] Sämtliche Pfeifen standen auf 4 Stück Windladen. Die Manuale umfaßten 50 Tasten = C, D - d^3. Der Prospekt wurde von einer »Glorie« gekrönt, einem Strahlenkranz, in dessen Mitte ein Dreieck - Symbol der Dreieinigkeit - mit dem Auge Gottes befestigt war. Die gleiche »Glorie« ist noch heute an den prachtvollen Prospekten der *Berliner Marien-Kirche* (Joachim Wagner 1719-1723) und *Sophien-Kirche* (Ernst Marx 1789-90) zu finden. Ernst Marx überholte 1786 die Schmaltz-Orgel gründlich und disponierte sie etwas um.[7]

Der stärkste Eingriff geschah 1905/1906 im Zusammenhang mit dem Umbau der Kirche. Bisher hatte die Orgel ihren Standort auf der Südempore, an der Schmalseite der Kirche, über einem Eingang. Die Kanzel befand sich gegenüber, an der nördlichen Schmalseite. Nun gestaltete man die gesamte Kirche als eine Querhausanlage und orientierte sie nach Osten. Die Gebrüder Dinse errichteten eine neue Orgel (III+P 43) mit pneumatischen Kegelladen auf der östlichen Empore, hinter der Kanzel. Der schöne Schmaltz-Prospekt wurde wiederverwendet, jedoch um zwei Flachfelder und zwei große Seitentürme verbreitert.

Im Hugenotten-Jubiläumsjahr 1935 wurde die Orgel erneut umgebaut. Alexander Schuke veränderte und vergrößerte die Disposition auf 46 Register (darunter 1 Transmission), unter Beibehaltung der Kegelladen von Dinse, und elektrifizierte die Traktur. Der Spieltisch wurde fahrbar. Standort war weiterhin die Ostempore.

Im Zuge des Wiederaufbaus der Französischen Friedrichstadt-Kirche wurde 1981 die Firma Eule-Orgelbau Bautzen gebeten, Vorschläge und Gedanken für einen Orgelneubau zu entwickeln. Eine Besichtigung der erhaltenen Schnitzwerksteile ergab, daß sie relativ vollständig und gut erhalten waren. Die Abmessungen der Ornamente und ein Foto, das die Orgel vor ihrem Umbau 1905 zeigt, ermöglichten, das Gehäuse von 1755 zu rekonstruieren. Dazu reifte der Gedanke, im Herzen des Ostteils der Stadt Berlin eine Orgel zu bauen, deren Disposition orientiert sein müsse an der klassischen französischen Orgel des 18. Jahrhunderts und deren Spielanlage und Klaviaturen-Umfänge die Wiedergabe von Orgelkompositionen auch des 19. und 20. Jahrhunderts gestatten. Zugleich sollten erstmalig im Bereich der früheren DDR Handwerkstechniken und Bauweisen des historischen Orgelbaus wieder angewandt werden. So wurde als weiterer Berater Bernd Sulzmann, Orgelsachverständiger des Landesdenkmalamtes in Baden-Württemberg und

Franz.-ref. Friedrichstadt-Kirche
Orgel von 1754-55,
Zustand vor 1906

1. Samm/2, S. 119.
2. Kirc-1990/1, S. 37 f.
3. Wie Anm. 2., S. 33.

4. Sach-1908, S. 311, Nr. 391.
5. Wie Anm. 1.
6. Kirc-1985.
7. Wie Anm. 2., siehe dort Anm. 10.

besonderer Kenner des historischen französischen Orgelbaus, hinzugezogen. Wegen knapper Raumverhältnisse in dem vorgegebenen Gehäuse und nicht allzu großer Höhe durch die Deckenwölbung im hinteren Orgelbereich entschieden die Firma Eule, Sulzmann und der Beauftragte der Zentralstelle für Orgelbau im Ev. Konsistorium Berlin-Brandenburg, das Pedal mit nur wenigen Registern, jedoch mit zweifachen Extensionen auszustatten und stattdessen die beiden Manuale reicher zu besetzen. Außerdem sollten die Rohrwerke üppiger vertreten sein und im Klang französische Brillanz erhalten. Einem labialen Plenum solle ein Zungenplenum ebenbürtig gegenübertreten können. So entstand die nebenstehende Disposition.
Nach einem Entwurf von Orgelbaumeister Helmut Werner, dem Restaurator in Firma Eule, erstellte die Tischlerei Friedrich Fieber in Markersdorf bei Görlitz das Gehäuse. Es ist in Massivholzbauweise in Fichte/Kiefer gefertigt. Die Wände und Türen sind in Rahmen-Füllung-Technik ausgeführt und die Kränze und Gesimse massiv gearbeitet. Frau Rosemarie Lehmann, Holzbildhauerin in Berlin-Rahnsdorf, führte die Ergänzung und Restaurierung der alten Schnitzereien aus. Die Firma Alfred Schultze, Berlin, übernahm die Vergoldungsarbeiten. Und die Firma Carl Giesecke & Sohn in Göttingen fertigte nach den Mensurenangaben von Bernd Sulzmann die Zungenstimmen an.
Gemäß dem alten Orgelbauergrundsatz, daß eine gute Orgel von innen nach außen geplant werden müsse, entwarf Firma Eule die Orgel und ihre innere Anlage. Das Hauptwerk befindet sich unmittelbar hinter dem Prospekt. Die Pfeifen stehen auf der Hauptwerkslade entsprechend dem Prospektverlauf. Das Cornet 5fach ist aufgebänkt, mit Metallkondukten ohne Kröpfung, und gleich hinter dem Prospekt plaziert. Das Pedal ist hinterständig. Mit dem Hauptwerk auf gleicher Höhe und nur durch den Stimmgang getrennt befindet sich das Positiv. Die Schleifladen bestehen aus Eichenholz, mit Fundamentbrettern aus mehrfach verleimten Spezialschichtholz. Die Ventilkästen sind beim Positiv an der Ladenvorderseite zugänglich und beim Hauptwerk und Pedal nach hinten orientiert. Die Holzschleifen laufen zwischen Dichtungsringen. Die Pfeifen bei Positiv und Pedal sind in C- und Cis-Seite geteilt, dabei C / Cis jeweils mittig. Entsprechend der bewährten sächsischen Tradition ruhen die Windladen auf eichenen Ständern und Querhölzern. Selbst die Laufböden und Wellenbretter der Mechanik bestehen aus Eiche. Die Spieltraktur ist durchweg in Holzbauweise angelegt, die Winkel und Winkelrechen entsprechend in Hartholz. Die Mechanikglieder arbeiten an den Achsstellen ohne Austuchung.
Die Metallpfeifen sind auf Länge geschnitten. Montre 8′ - und davon die Töne D - e^3 im Prospekt - wurde aus 75prozentigem Zinn gefertigt. Er erhielt in den drei Türmen aufgeworfene Rundlabien, in den Flachfeldern gedrückte, französische Spitzlabien. Alle gedeckten Metallpfeifen und Rohrflöten wurden zugelötet und seitlich mit großen Bleibärten versehen. Die Bombarde 16′ erhielt Schallbecher aus Kiefer in voller Länge. Zugunsten von Ladenbälgen wurde auf einen Magazinbalg verzichtet. Damit ist jegliche Windstößigkeit vermieden. Deshalb kamen auch Drucktremulanten zur Anwendung, keine Kanaltremulanten. In den Manualen beträgt der Winddruck 69 mm WS, im Pedal dagegen 72 mm WS. Die Stimmung der Orgel wurde gleichstufig temperiert angelegt. Im 8′ schwingt das a′ mit 440 Hz. Der Intonateur der Firma Eule, Herr Schwarzenberg, verstand es, sich in die für ihn ungewöhnlichen Intonationsverfahren und die ihm neue Klangwelt, wie sie eine französische Orgel des 18. Jahrhunderts auszeichnet, sehr gut einzufühlen.
Nunmehr erhielt das neue Werk seinen endgültigen Aufstellungsplatz über dem Haupteingang auf der Westempore, der Kanzel gegenüber. Die Einweihung der Orgel fand am 15. September 1985 unter reger Beteiligung der Öffentlichkeit statt. Das technisch, klanglich und optisch überzeugende Ergebnis rechtfertigt nachträglich den Willen und den Mut aller Verantwortlichen, im Zentrum Berlins ein ungewöhnliches Instrument zu schaffen.

CK

Disposition der Eule-Orgel von 1985

I. Manual Koppelmanual

II. Manual Hauptwerk, C-a^3

Bourdun	16′	
Montre	8′	Prospekt
Bourdun	8′	
Prestant	4′	
Quinte	2⅔′	
Doublette	2′	
Larigot	1⅓′	
Cornet 5f. ab a^0	8′	
Fourniture 4f.	1′	
Trompette	8′	
Vox humaine	8′	
Clairon	4′	
Tremblant doux		

III. Manual Positiv, C-a^3

Bourdon doux	8′
Salicional	8′
Prestant	4′
Flute	4′
Nazard	2⅔′
Flageolet	2′
Tierce	1⅗′
Sifflet	1′
Cimbale 3f.	⅔′
Cromorne	8′
Tremblant doux	

Pedal C-f^1, Extensionen bis f^3

Grand Bourdon	16′	
Bourdon	8′	Extension ab c^0
Flute	4′	Extension ab c^1
Flute	8′	
Prestant	4′	Extension ab c^0
Octavin	2′	Extension ab c^1
Bombarde	16′	
Trompette	8′	Extension ab c^0
Clairon	4′	Extension ab c^1

Schleifladen, mechanische Tasten- und Registertraktur, zwei Pedalkoppeln als Züge und Tritte in Wechselwirkung, Zungen-Einführungstritt

Franz.-ref. Friedrichstadt-Kirche
Orgel von EULE-ORGELBAU,
Bautzen, 1985
Gehäuse rekonstruiert,
Ornamente teilweise alt

Die Orgeln der Frühromantik
1800–1875

Im Jahre 1799 ging in Berlin mit dem Tod des Orgelbauers Ernst Marx die Epoche der direkten Wagner-Schüler zu Ende.[1] Kurz danach erhielt die spätbarock geprägte Orgelbautradition durch den katholischen Geistlichen, Organisten und Musiktheoretiker Abbé Georg Joseph Vogler neue Impulse.[2]
Der 1749 in Würzburg geborene und 1814 in Darmstadt gestorbene Abbé Vogler gehört zu den umstrittensten Musikerpersönlichkeiten des 18. und 19. Jahrhunderts. Durch seine Aufenthalte in Berlin beeinflußte er sowohl den Orgelbau als auch das Sachverständigenwesen entscheidend.[3] Vogler, der seine Lebensaufgabe im ständigen Suchen nach neuen musikalischen Effekten sah, erfand unter anderem eine mechanische Orgel, die er »Orchestrion« nannte.[4]
Die Entdeckung des Terzo suono der Differenztöne bei Doppelgriffen durch den Geiger Giuseppe Tartini inspirierte Vogler bei seiner Tätigkeit als Berater für Orgelbaufragen. Er fand heraus, daß sich aus zwei Konsonanztönen tiefere Differenztöne erzeugen und auf diese Weise die kostspieligen 32′-Pfeifen einsparen lassen.[5] Durch extensive Anwendung dieses Prinzips gelangte Vogler zu seinem »Simplifikationssystem«, das als eine Besonderheit der Frühromantik in die Literatur des Orgelbaus eingegangen ist. Bei seinen zahlreichen Gastspielen als Orgelvirtuose pries er diese Form des Orgelbaus als vortrefflich, ja sogar »patriotisch«.[6]
In Berlin fand er in dem Organisten Tschockert, der seit 1796 an der katholischen *St. Hedwigs-Kirche* tätig war,[7] einen Schüler, der sein Gedankengut bis in die zwanziger Jahre des 19. Jahrhunderts vertrat. Vogler weilte in den Jahren 1800-1802 mehrfach in Berlin.[8] Zusammen mit der Simplifikation der Orgel der St. Hedwigs-Kirche[9] gelang es ihm auch, den Organisten der *St. Marien-Kirche,* Friedrich Ludwig Seidel, für die Anwendung dieses Systems an der Wagner-Orgel zu gewinnen.[10] 1802-1804 wurde von der Königlichen Regierung in Potsdam der Neubau der *Neuruppiner Orgel* unter Voglers Oberaufsicht gestellt, der das Werk von Johann Simon Buchholz nach seinen Vorstellungen anfertigen ließ.[11]
1802 hatte Vogler aus Breslau eine Schrift an die Königliche Regierung in Potsdam gesandt, die den Titel trug: »Patriotischer Vorschlag wie in den Königl. Preußischen Staaten das neue Simplifikations-System für den Orgelbau allgemein könnte eingeführt werden.«[12] Dieser Vorschlag dokumentiert eindrucksvoll die Argumentationsweise Voglers und gibt zugleich einen Einblick in die Situation des Orgelbaus um 1800.[13]
Noch im gleichen Jahr erhielt Vogler den Bescheid, »daß bei vorkommenden Fällen [d. h. Orgelneubauten] in Berlin der Tschockert zu Rath gezogen werde. Bei anderwartigem Orgelbau dagegen würde es viel zu viel Kosten ...«[14] Was dieser Bescheid für Vogler bedeutete, belegt sein Schreiben vom 29. 10. 1802, in dem es unter anderem heißt, daß sein »neues Simplifikations-System für den Orgelbau von der Königl. Preußischen-hohen Landes=Regierung einen solchen ausgezeichneten Schutz und solch kräftige Einwirkung auf die Gemeinnützigkeit erfahren« habe.[15] Das Simplifikationssystem wurde einige Jahre nach dem durch Falckenhagen durchgeführten Umbau der Wagner-Orgel in der *Berliner St. Marien-Kirche* von dem Orgelbauer *Friedrich Marx* in einer 1806 erschienenen Schrift »Ueber die mißlungene Umschaf-

1. EZA, Totenbuchkopie der Parochial-Kirche, Berlin.
2. DZAM, R.g. KK 1b Fasc. 4 / Blatt 3; Scaf-1888; Rupp-1929, S. 94-126; Scwe-1938.
3. DZAM, R.g. KK 1b Fasc. 4 / Blatt 3.
4. Hube-1970, S. 200.
5. Wie Anm. 4.
6. Lede-1860, Artikel über Abbé Vogler.
7. DZAM, R.g. KK 1b Fasc. 4 / Blatt 3; Sach-1908, S. 222.
8.-15. Wie Anm. 3.

Abb. links: *Schloß Köpenick,* Orgel von C. A. Buchholz, 1846

Ueber die
mißlungene Umschaffung
der
Sankt-Marien-Orgel
in Berlin
nach Abt Voglers Angabe
herausgegeben
von
Friederich Marx,
Orgelbauer in Berlin.

Berlin,
gedruckt bei Georg Friedrich Starke.

Abbé Georg Joseph Vogler

fung der Sankt-Marien-Orgel in Berlin nach Abt Voglers Angabe« scharf kritisiert. Gotthold Frotscher faßte die Bedeutung des Simplifikationssystems und seiner darauf aufbauenden Interpretation in seiner »Geschichte des Orgelspiels« treffend zusammen: »Sein Simplifikationssystem läßt rigoros beiseite, was andere beibehalten, obwohl sie teilweise darüber hinausgewachsen sind. Und man muß Vogler immerhin Gerechtigkeit dahin zuteil werden lassen, daß er seine Gedanken konsequent durchzuführen bestrebt ist, wenn sie auch krause Wege gehen und alle Tradition als totes Besitztum verwerfen. Das Ideal von Voglers Orgelspiel ist die programmatische Abschilderung von dramatisch bewegten Abläufen, mit denen er sein Instrument vorführen will. Dieses Ideal erfordert Verflüssigung und Verdünnung der Farben, Labilität der Klangkomplexe und Auflockerung des Gesamtklangs. So entstehen Ansätze zu einem Instrument, das die lockere Satzweise und die akkordische Bindung der frühromantischen Konzertmusik wiederzugeben fähig ist. Der Irrtum Voglers und seiner Nachfolger ist, daß er diese Orgelform, bevor sie noch ihre rechte Ausbildung erfahren hat, typisiert und sie auch für die Kirchenorgel verbindlich machen will. Vogler leitet damit das denkmalschänderische Ummodeln alter Orgeln ein, das im 19. Jahrhundert zur Manie wird«.[16]

Mit seiner Ansicht, auf jedem Werk solle jede Fußlage labial nur einmal vertreten sein, stand er im Widerspruch zu seinen Zeitgenossen. Die Einführung des stummen Prospekts geht auf ihn zurück; er sah die »Gesichtspfeifen« sogar als schädlich an.[17] Progressiv waren seine Neigung zu einem tiefen, gravitätischen Klang (Quinte und Terz zum 32′ im Hauptwerk, 32′ im Hinterwerk), der Verzicht auf gemischte Stimmen, der Einbau eines Jalousie- und sogar eines Windschwellers.

Wenn sich auch diese Anregungen nicht haben durchsetzen lassen, so hatte doch sein Vorschlag zur Schaffung der Stelle eines »Orgelinspektors« (Orgelsachverständigen), die erstmals mit dem Organisten Tschockert besetzt wurde, für Berlin und die spätere Geschichte des deutschen Orgelbaus eine nachhaltige Wirkung[18]: Vogler muß für Preußen als der Initiator des Sachverständigenwesens angesehen werden.

16. Frot-1959, Band 2, S. 998.
17. Wie Anm. 3.
18. Wie Anm. 3.

Orgelbauer um 1800 in Berlin

Nach dem Tode von Ernst Marx waren folgende Orgelbauer in Berlin tätig:
- Ludwig Salomon Hennefuss,[19]
- Johann Friedrich Falckenhagen, Schwiegersohn von Ernst Marx,[20] der mit Unterstützung von Marx' Witwe dessen Werkstatt übernahm,
- Friedrich Marx, Sohn von Ernst Marx,[21] der nach dem Tod des Vaters eine eigene Werkstatt gründete, und
- Johann Simon Buchholz, Marx' ehemaliger Geselle[22].

Nicolai führte im Anhang seiner »Beschreibung der Königlichen Residenzstädte Berlin und Potsdam« zu Ende des 18. Jahrhunderts noch einen Orgelbauer Lockstedt auf, von dem aber keine weiteren Nachrichten überliefert sind.[23]

Ludwig Salomon Hennefuss errichtete Orgelwerke 1785 in der *Reformierten Kirche* zu *Lindow*[24] (I 7) und 1793 in der *Dorfkirche Berlin-Blankenburg*[25] (I 8). 1794 reparierte und baute er die Orgel der *Dorfkirche Berlin-Malchow* um.[26] Er ist bis in das erste Viertel des 19. Jahrhunderts in Berlin nachgewiesen.

Johann Friedrich Falckenhagen übernahm nach dem Tod seines Schwiegervaters dessen Werkstatt in Berlin.[27] Friedrich Marx war beim Ableben seines Vaters nicht in Berlin. Auf Fürsprache der Witwe Marx wurde Falckenhagen vom Berliner Magistrat mit Kontrakt vom 13. Juni 1799 die Pflege der Orgeln städtischen Patronats übertragen.[28] Es stellte sich jedoch bald heraus, daß er dieser Aufgabe nicht gewachsen war, so daß die Orgelpflege Friedrich Marx und Johann Simon Buchholz übertragen wurde.[29]

Von Falckenhagen ist kein einziger Orgelneubau bekannt. Lediglich ein Neubau-

19. IfMPK, Instrumentenbauer-Kartei.
20. RBB, Acta betreffend die Stimmung und Reparatur der Orgeln in den unter dem Patronat des Magistrats stehenden Kirchen hießiger Residenz (Magistrats-Registratur von Kirchen- u. Schulsachen).
21. Wie Anm. 20.
22. Lede-1860, Artikel über Johann Simon Buchholz.
23. Nico-1786, Anhang »Nachrichten von Künstlern«, S. 104.
24. SAP, Rep. 2 A II R Nr. 1742, Lindow.
25. PfA-PaBl.
26. EZA, 14/4997.
27. Wie Anm. 20.
28. Wie Anm. 20.
29. Wie Anm. 20.

kosten-Anschlag für die *Dorfkirche* in *Seelow* ist nachgewiesen. In den Beschwerden der Berliner Organisten über seine mangelhafte Arbeit wird auch immer wieder darauf hingewiesen, daß sich Falckenhagen nicht durch einen eigenen Orgelneubau ausgewiesen habe.[30] Bekannt geworden ist Falckenhagen durch die bereits erwähnte unrühmliche Simplifikation der Orgel der *Berliner St. Marien-Kirche* nach den Plänen von Abbé Vogler. Der Organist Seidel bemerkte dazu in einem Schreiben an den Berliner Magistrat: »... wie der Orgelbauer Falckenhagen, welcher mit demselben [Magistrat] einen Contract zur Stimmung der Orgeln geschlossen, sich jetzo bei Umschaffung der Marienorgel nach des Herrn Abt Voglers System so ungeschickt und unwissend erzeigt hat, daß ich förmlich darauf antragen muß, es möge Eurem hochedlen Magistrate gefallen, ihm den Kontract sogleich aufzukündigen ...«[31] Falckenhagen war nicht in der Lage, die Tradition des 18. Jahrhunderts fortzuführen. Hier hatte Friedrich Marx mehr Erfolg. Er gründete unmittelbar nach seiner Rückkehr nach Berlin hier eine eigene Werkstatt.[32]

30. Wie Anm. 20.
31. Wie Anm. 20.
32. Friedrich Marx etablierte sich in der Kochstaße 57.
33. EZA, Taufbuchkopie der Sophien-Kirche.
34. EphA, Beeskow Acta Nr.57; die Marx Orgel wurde um 1932 durch die Kino-Orgel des *Berliner UFA-Palastes* am Zoo ersetzt.
35. AMZ-1817, Spalte 658.

Friedrich Marx und sein Sohn Ernst Carl Friedrich Marx

Friedrich Marx wurde 1767 in Berlin geboren und erlernte das Orgelbauerhandwerk bei seinem Vater.[33] Bis zum Tod des Vaters im Jahre 1799 war er in dessen Werkstatt tätig, aber er führte auch kleinere Arbeiten auf eigene Rechnung aus. Friedrich Marx, der als tüchtiger Orgelbauer angesehen wurde, erreichte jedoch nicht die Bedeutung seines Vaters.

In Berlin ist bisher kein einziges Werk aus seiner Hand nachgewiesen. Zu seinen größten Orgelwerken zählt die 1818 erbaute Orgel der *St. Marien-Kirche* zu *Beeskow* (II+P 23).[34] Für *Hohenofen* bei *Neustadt an der Dosse* baute er nach den Plänen Karl Friedrich Schinkels ein Werk mit Zinkpfeifen. Schinkel hatte dazu einen gußeisernen Prospekt entworfen. Die auf Schinkel zurückgehende Idee der Verwendung von Zinkpfeifen setzte sich aber nicht durch; das Instrument ließ der Orgelrevisor Friedrich Wilke beseitigen.[35] Auffallend ist die klassizistische, dem Empire verpflichtete Prospektgestaltung, die auch die Orgeln in *Lüdersdorf* und *Groß Kreutz* prägte und hier noch zu sehen ist. Diese Instrumente entstanden außerhalb des Einflusses Schinkels. Zu den Werken und Prospekten, die heute noch teilweise erhalten sind, zählen unter anderem die in *Biesen* (Kreis Wittstock), *Lüdersdorf*, *Selbelang* und *Groß Kreutz*.[36]

Groß Kreutz,
Orgel von Friedrich Marx

Der 1801 geborene Sohn Ernst Carl Friedrich Marx setzte nach dem Tod des Vaters 1826 das väterliche Geschäft fort.[37] Sein Ruf wurde durch eine mehrjährige Krankheit, aber auch durch unzuverlässige Arbeit, arg in Mitleidenschaft gezogen. In einem Bittgesuch an die Regierung in Potsdam vom 10. 8. 1835 führte er unter anderem aus, das Geschäft hätte geblüht, »wenn ich nicht in der Fortführung meines Geschäfts durch eine falsche ärztliche Behandlung drei Jahre an fast gänzlicher Verlahmung darin gestört worden wäre, ich bin während dieser Zeit durch mir unbekannte Personen für todt erklärt, was ich zwar später in öffentlichen Blättern wiederrufen habe, jedoch hat in dieser unglücklichen Zeit mein Geschäft sehr gelitten und ist auch dadurch mein sonst sehr bekannter Nahme etwas in Hintergrund gesetzt worden ...«[38]

36. DAB, Re 194 u. 195, Selbelang; DAB, Acta Ü 517 Gra. E 70, Lüdersdorf; EphA, Lehnin, Gen. Abt. BO Nr.2, Großkreutz; SAP, Rep 2AII =P 260 Bd.1, Biesen.
37. EZA, Totenbuchkopie der Neuen-Kirche; EZA, Taufbuchkopie der Parochial-Kirche.
38. Wie Anm. 20.

In der Literatur wurde des öfteren die von den Zeitgenossen überlieferte geringe Wertschätzung des Ernst Carl Friedrich Marx fälschlicherweise auf den Vater und Großvater übertragen. Oft wurden sogar durch ungenaue Recherchen die drei Generationen Marx als ein Orgelbauer angesehen.[39] In Berlin ist kein einziges Orgelwerk von Ernst Marx d. J. nachzuweisen; hingegen hat er in *Neutrebbin* (Kreis Seelow) ein kleines Instrument errichtet.[40] Zahlreiche Pflegeverträge in Berlin wurden auf Anraten des Musikdirektors August Wilhelm Bach gekündigt; lediglich die Sophien-Orgel durfte er bis zu seinem Tode im Jahre 1855 pflegen.[41]

39. so auch in Steh-1967, S. 38 f.
40. Wie Anm. 20.
41. PfA-KrJe; Frdl. Mitt. Ch. Kirchner.

Die Orgelbauer Johann Simon Buchholz und Carl August Buchholz

Fast ein Jahrhundert lang - von 1788/1789 bis 1885 - lebten und arbeiteten drei Generationen der Orgelbauerfamilie Buchholz in Berlin. Buchholz-Orgeln haben in vielfältiger Hinsicht stilbildend in Berlin gewirkt. Johann Simon Buchholz, 1758 in Schloßvippach in Thüringen geboren,[42] lernte den Orgelbau in Magdeburg bei Adam Heinrich Rietz und ging später zu Johann Wilhelm Grüneberg, dessen Schwager er 1788 wurde. In Berlin war er auch bei Ernst Marx beschäftigt,[43] bevor er 1788 und 1789 Neubauten nach *Prenzlau*[44] und *Bernau*[45] lieferte.

Der Tastenumfang seiner Instrumente betrug bei den Manualen C-f^3 und beim Pedal C-c^1. Im Gegensatz zu den Orgelwerken seines Sohnes Carl August verwendete er noch das in der Barockzeit übliche Ebenholz für die Untertasten und Elfenbein für die Obertasten. Entgegen der in der älteren Literatur vorzufindenden Behauptung, daß Carl August Buchholz der Erfinder der Windlade mit keilförmigen Schleifen gewesen sei, weist die von Johann Simon Buchholz 1812 errichtete Orgel in *Altentreptow* bereits dieses Konstruktionsmerkmal auf.[46]

Die Orgelprospekte wurden häufig mit stummen Orgelpfeifen versehen. Die Orgel für den durch Karl Friedrich Schinkel umgebauten *Berliner Dom* besaß einen derartigen Prospekt.[47] Der Zeit entsprechend wurden klassizistische, flache und in den Raum integrierte Prospekte gefertigt. Die Ideen des Abbé Vogler und seines Schülers Tschockert, der als Orgel-Inspektor im ersten Viertel des neunzehnten Jahrhunderts die Entwicklung in Berlin und Brandenburg beeinflußte, mußten von Johann Simon Buchholz, wie der Bau der Dom-Orgel zeigt, orgelbaulich umgesetzt werden. Die Herstellung der Prospekte lag anscheinend in den Händen von Tischlern, so daß bereits zu Johann Simon Buchholz' Lebzeiten der Orgelbauer das Werk hinter den Prospekt zu setzen hatte.[48]

Bereits seit 1817 hatte Johann Simon Buchholz in seinem Sohn Carl August einen selbständig schaffenden Mitarbeiter. Beim Bau der Orgel des Berliner Doms ist auch der später selbständige Orgelbauer Wilhelm Lang nachgewiesen.[49] Um 1820 nahm Johann Simon Buchholz seinen Sohn als Teilhaber in seine Firma auf.[50]

Im Amts-Blatt der Königlichen Regierung zu Potsdam und der Stadt Berlin ist in Nummer 36 aus dem Jahre 1821 zu lesen: »Bekanntmachung der Vollendung eines sehr gut gelungenen Orgelbaues durch Buchholz & Sohn in Alt-Schöneberg (Amt Mühlenhoff), indem kein Zweifel obwaltet, daß letztere sich nicht stets so gut wie bei dem Orgelbau in Alt-Schöneberg bewähren werden.

Potsdam, den 24. 8. 1821.«

Bis zu seinem Tode baute J. S. Buchholz etwa dreißig Orgeln, von denen sechzehn zwei Manuale hatten.[51] Sein größtes Orgelwerk baute er für die *Marien-Kirche* in *Barth* (Vorpommern) mit zwei Manualen und 36 klingenden Registern.[52] Die Instrumente zeichnen sich durch einen silbrigen und klaren Klang aus.[53] Wie hoch die Kunst von Johann Simon Buchholz geschätzt wurde, zeigt auch der Auftrag zum Bau einer Orgel für das *Königliche Akademische Institut für Kirchenmusik*.[54]

In *Berlin* ist keine Orgel dieses Meisters erhalten geblieben. In der Mark Brandenburg stellt die Orgel der *Dorfkirche* zu *Wachow* das einzige noch in Teilen erhaltene Zeugnis des Orgelbauers Johann Simon Buchholz dar. In Vorpommern birgt die Orgel der *Petri-Kirche* zu *Altentreptow* noch Windladen und Pfeifenwerk des Berliner Meisters.

Friedrich Wilke, der Johann Simon Buchholz bereits von seiner Zeit als Lehrer am *Gymnasium des Grauen Klosters* zu *Berlin* (1788-1791) kannte, bemerkte 1836 in der Allgemeinen Musikalischen Zeitung, Nr. 43, S. 699: »Mit Achtung nenne ich die Herren Orgelbauer Buchholz und Sohn zu Berlin. Der Vater, Johann Simon Buchholz, starb im Jahre 1825 leider viel zu früh für die Kunst; dessen Sohn aber wirkt

42. Lede-1860, Artikel über Johann Simon Buchholz; AMZ-1825, S. 188.
43. Wie Anm. 42.
44. Schw-1957, S. 185ff; Manusk. Pfr.Buchholz »Versuch einer Chronik«, Prenzlau St. Nikolai, S. 88.
45. GStA, X. Rep. 2B Abt. II 1534.
46. siehe hierzu auch Pros-1988, S. 153.
47. siehe hierzu das Gutachten zur Buchholz-Orgel in *St. Petri, Berlin*, von August Eduard Grell, abgedruckt in MuK-1970, S. 353 ff.
48. Wie Anm. 47.
49. Carl August Buchholz errichtetet 1817 in der *Sabinen-Kirche* zu *Prenzlau* sein erstes Orgelwerk, Schw-1957, S. 185 ff.
50. Amts-1821, Nr. 36.

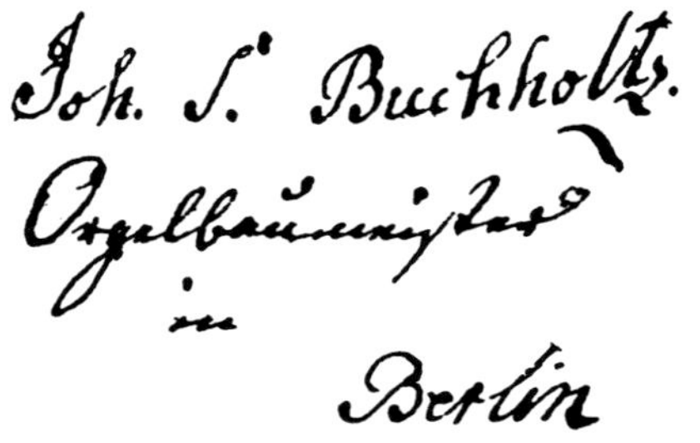

51. Lede-1860, Artikel über Johann Simon Buchholz, S. 78f.
52. Pros-1988, S. 154.
53. Pros-1988, S. 149 ff.
54. Haup-1850.

nach wie vor mit lobenswerthen Eifer fort. Des Ersteren Orgeln zeichnen sich durch besonders zarten Ton und die des letzt genannten durch Kraft u. Fülle, Beider aber durch vorzüglich saubere, dauerhaft und ächt Kunstgerechte Arbeit, so wie durch vorzügliche, der Zeit trotzende Materialien aus.« Die Langlebigkeit der guten Materialien konnte die Zerstörung der Buchholz-Orgeln, hervorgerufen durch die technologische Entwicklung im Orgelbau des 19. Jahrhunderts, nicht aufhalten.

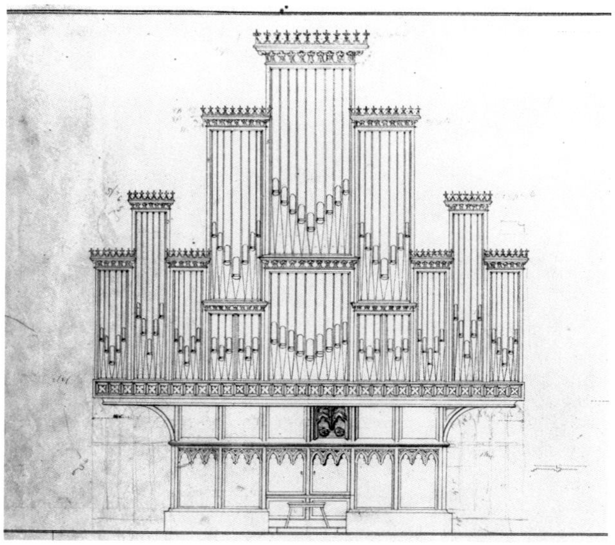

Berlin, Friedrichswerdersche Kirche, Entwurf von Karl Friedrich Schinkel

55. Lede-1860, S. 78f.
56. Haup-1850.
57. Mitt. Ch. Kirchner.
58. Hein-1882, S. 254.

Carl August Buchholz

Carl August Buchholz war nach Ernst Marx der Meister, der den Berliner Orgelbau am nachhaltigsten prägte. Er errichtete sein erstes Werk 1817 in der *Prenzlauer Sabinen-Kirche.* Nicht nur die Vielzahl seiner Instrumente - Ledebur nennt von 1817 bis 1861 über 100 Orgeln von seiner Hand, darunter 10 mit drei und vier Manualen[55] - ist dafür entscheidend gewesen, sondern auch die ideale Symbiose zwischen ihm und dem Orgelsachverständigen, Organisten und Lehrer Carl August Haupt. Haupt war der erste Organist an der von Buchholz 1834 errichteten Orgel der *Berliner St. Elisabeth-Kirche.*[56]
Als sicherer Nachweis einer Buchholz-Orgel können die keilförmigen Schleifen angesehen werden, wenn von dem in *Hohen Neuendorf* bei Berlin von Ferdinand Lange erbauten Instrument abgesehen wird.[57] Seit dem Jahre 1835 sind nie andere Windladen in der Werkstatt von Buchholz gefertigt worden.[58] Die Kritik an dieser Art der Schleiflade wurde mehrfach von Organisten widerlegt, die Gelegenheit hatten, eine Buchholz-Orgel spielen zu dürfen. Der Organist der *Berliner St. Petri-Kirche,* Albert Heintz, schrieb 1882 als Entgegnung auf einen gegen Buchholz gerichteten Vorwurf: »Niemals ist an den Schleifladen der genannten beiden Orgeln [Berlin, Andreas-Kirche, und Berlin, St. Petri] auch nur der geringste Fehler vorgekommen, wer nur sie zu behandeln hat, wird niemals Durchstecher kennen lernen. Ich kann mir wohl denken, dass weniger solide Orgelbauer mit dieser Lade nicht fertig werden konnten, aber von deren Leistung oder Urtheil darf man sich doch nicht bestimmen lassen und einer seit länger als 50 Jahren im anerkanntesten Rufe stehenden Werkstatt, wie die der Herren Buchholz & Sohn ist, nicht zuzutrauen, dass sie bei der keilförmigen Schleiflade verharrt wäre, wenn sie etwas Besseres an deren Stelle zu setzen gewusst hätte.«[59]
Bei der Herstellung der Schleifen mußte mit großer Genauigkeit gearbeitet werden. Mittels flacher Federbänder wurden die keilförmig geschnittenen Schleifen aus Eichenholz in ebenfalls keilförmige Schleifenbahnen eingepaßt. Dadurch wurde eine flexible Anpassung bei klimatisch bedingten Veränderungen der Hölzer erreicht.
Die Mechanikanlage war übersichtlich und wurde in der traditionellen Form mit Wellenbrettern ausgeführt. Kleinere Orgeln wurden bevorzugt seitenspielig angelegt. Die Registerzüge lagen dann oberhalb des Notenpults und fanden ihre Fortsetzung direkt im Schleifenzug. Die Manubrien, die entweder aus Ebenholz bestanden oder schwarz gebeizt wurden, trugen weiße, stark gewölbte Porzellanschilder. Buchholz verwendete wiederholt den Manualumfang C-g^3.
Bei zweimanualigen Orgeln waren die Registerzüge rechts und links neben den Manualen angebracht, wobei die Register von oben nach unten nach Fußtonlagen geordnet waren.

Berlin, Friedrichswerdersche Kirche, Orgel von Carl August Buchholz, 1829-30

59. Wie Anm. 58.
60. Wie Anm. 53.
61. Wie Anm. 53.

Dietrich Prost sieht in der Rohrflöte, die sich durch eine große »Raumlinienstärke« auszeichnet, das schönste Buchholz-Register.[60] In seinem Aufsatz »Das Wirken der Berliner Orgelbauer Buchholz in Vorpommern«, gibt Prost eine Charakteristik ausgewählter Buchholz-Register.[61]
Der Meinung Prosts, Buchholz' Prospektentwürfe seien langweiligste »Tischlergotik«, die sich nicht von den meisten Erzeugnissen seiner Zeitgenossen unter-

schieden, muß entschieden widersprochen werden.[62] Diese Sichtweise, die nicht auf Proportionen, Maßwerk und den reichen Schatz an Profilleisten abhebt, nivelliert zu stark. Buchholz hat durch die Zusammenarbeit mit KARL FRIEDRICH SCHINKEL eine bis ins kleinste Detail durchkonzipierte und feinst abgestimmte Gestaltung erlernt.

Die Formenvielfalt seiner Prospektgestaltung ist erstaunlich. Handelt es sich bei größeren Instrumenten zumeist um Architektengehäuse, so dürften die kleineren Orgelwerke durchaus auch in der Gestaltung nach Entwürfen Buchholz' gefertigt worden sein. Zu Schinkels Lebzeiten, zumindest bis 1840, zeigt sich zuerst ein klarer flächiger Prospektaufbau in Rundbögen. Ändert sich die Gestalt der Flächen - Wechsel von Rundbogen zu Rechteck -, so tritt der Mittelturm leicht heraus. Eine Aufteilung in Rechtecke, wie bei der Gestaltung der Orgel für die Friedrichswerdersche Kirche - Entwurf von K. F. SCHINKEL, ausgeführt von dem Tischlermeister ELSHOLTZ - findet immer häufiger Anwendung. Pfeifenfelder (mit zum Teil stummen Pfeifen) werden nebeneinander und hintereinander in verschiedenen Größen angeordnet, so daß eine starke Plastizität entsteht.

Die säulenförmige Anordnung von Prospektfeldern, wie sie für die Orgeln der *St. Elisabeth-Kirche* und der *Nazareth-Kirche* erstmals von Schinkel konzipiert wurde, fand nicht nur bei Buchholz-Orgeln Anwendung. Zu finden ist diese auch bei LANG & DINSE (*Berlin, Luisenstädtische Kirche*) und HEISE (*Potsdam, St. Nikolai-Kirche*). Zu beobachten ist auch eine frühe Einbeziehung gotischer Stilelemente, wie bei der 1834 von Buchholz errichteten Orgel der *Berliner Heilige-Geist-Kapelle.* Vorbild für die gotisierende Prospektgestaltung waren die Giebel der in der Mark Brandenburg noch zahlreich vorhandenen Gebäude der norddeutschen Backsteingotik, aber auch gotische Altäre.

Aus Gründen der Kostenersparnis wurde in den 1830er Jahren eine Typologie der Dorfkirchen-Prospekte festgelegt.[63] Dies führte zu einer oberflächlichen Vereinheitlichung der Orgelgehäuse, die dem Orgelbauer nur geringe Möglichkeiten eigener Gestaltung ließ. Hiervon war auch Carl August Buchholz betroffen, der versuchte, durch gelungene Proportionen und feine Abstimmungen innerhalb des Füll- und Maßwerks dennoch zu eigenständigen Entwürfen zu kommen.

Nach dem Tod Heises im Jahre 1848 bewarb sich Carl August Buchholz für seinen Sohn um dessen Nachfolge. Offensichtlich plante er in Potsdam eine Filiale, in der er CARL FRIEDRICH BUCHHOLZ als Teilhaber einsetzen wollte.[64] In einem Schreiben an die Regierung in Potsdam verwies Carl August Buchholz darauf, daß sein Sohn in Pommern für ihn Orgeln gebaut habe: »Die beste Gelegenheit zur Ausbildung im Orgelbaufache hatte er schon in meinem Geschäfte, und … hat derselbe seine Tüchtigkeit bewährt«. Die Regierung teilte ihm jedoch wenig später mit, daß sich bereits CARL LUDWIG GESELL um die Fortführung des Heiseschen Geschäftes bemüht habe.[65] Nach der Rückkehr seines Sohnes Carl Friedrich Buchholz von CAVAILLÉ-COLL um 1850 nahm Carl August Buchholz ihn als Teilhaber in seine Firma auf. Später als sein ehemaliger Mitarbeiter FERDINAND LANGE erhielt Carl August Buchholz erst 1853 vom König die Ernennung zum Akademischen Künstler.[66] In der Begründung für die Auszeichnung wurden besonders seine Verdienste beim Bau der Orgel für die *Berliner St. Petri-Kirche* hervorgehoben. Diese erst späte Ehrung geht wohl auf seine Bescheidenheit zurück. Er versah seine Werke nicht mit seinem Namenszeichen. Eintragungen in Laden, Signaturen an Pfeifen oder Füllungen des Rahmenwerks sind nicht bekannt. Theoretische Beiträge zu Fragen des Orgelbaus, wie sie von Kollegen seinerzeit veröffentlicht wurden, fehlen bei Carl August Buchholz vollständig.

Allein in Berlin errichtete Carl August Buchholz über zwanzig Orgelwerke. Von diesen wurden mindestens fünf in Zusammenarbeit mit Karl Friedrich Schinkel gestaltet. Heute existiert in Berlin nur noch ein einziges Orgelwerk von Carl August

62. Wie Anm. 53.

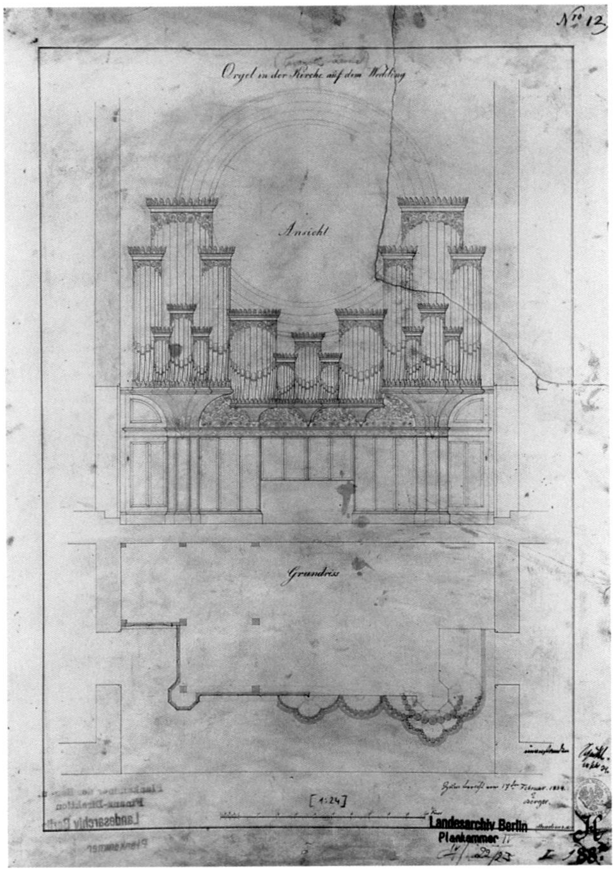

Wedding, Nazareth-Kirche, Entwurf von KARL FRIEDRICH SCHINKEL

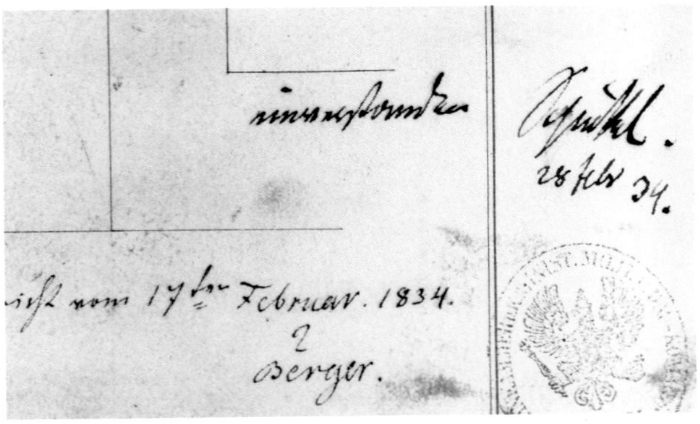

Wedding, Nazareth-Kirche, Detailvergrößerung, Bestätigung durch Schinkel

63. SAP, Rep. 2A II Gen. Nr. 1750.

64. SAP, Rep. 2A II Gen. Nr. 1751.

65. Wie Anm. 64.

66. Lede-1860, S. 78 f.; AdK, Reg. 1. Nr. 137.

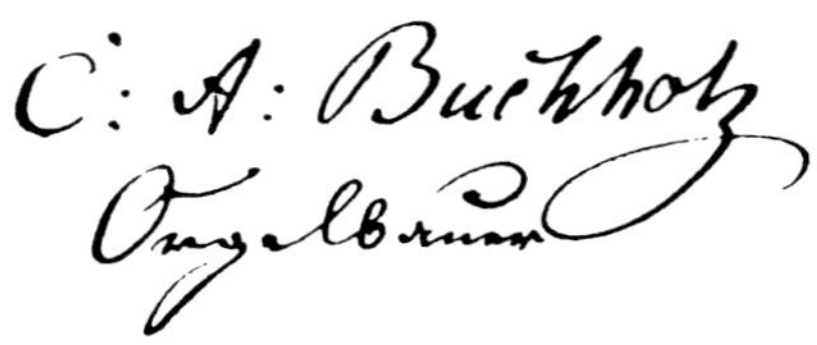

Buchholz. Das aus seiner mittleren Schaffensperiode stammende und mehrfach umgebaute Werk (II+P 9), das 1901 bis 1978 in der *Katholisch-Apostolischen Kirche* in *Berlin-Kreuzberg* stand, befindet sich heute unrestauriert in Berliner Privatbesitz.[67]
Um 1870 wurden Neubauten aus der Werkstatt Buchholz & Sohn in der Kl. Hamburger Straße, Berlin-Mitte, immer seltener. Carl August Buchholz war bereits über 70 Jahre alt. Sein Sohn war vermutlich durch Krankheit in seiner Schaffenskraft behindert. Er überlebte seinen Vater nur um wenige Monate.[68] Die »Orgelbauzeitung« aus dem Jahre 1884, S. 226, berichtete anläßlich des Todes von Carl August Buchholz: »Die alte bekannte Buchholzwerkstatt, an der Ecke der August- und Kleinen Hamburger Str., mit ihren 17 Fenstern, zeigte schon seit Jahren fast immer geschlossene Läden. Jetzt ist der Familienbesitz veräußert und die Werkstatt nach einem der neuen Stadttheile verlegt.«
Buchholz hatte zahlreiche Mitarbeiter und Schüler, so Wilhelm Lang, Ferdinand Lange und Ferdinand Dinse, die sich in den 30er Jahren des 19. Jahrhunderts mit eigenen Werkstätten etablierten.[69] Weitere Schüler waren Bergen aus Halberstadt, Rohn aus Wormditt (Ostpreußen), Baumgarten aus Zahna (bei Wittenberg), sein Neffe Barnim Grüneberg und sein Sohn Carl Friedrich Buchholz.[70] Beim Umbau der Stellwagen-Orgel zu *St. Marien* in *Stralsund* werden als Gesellen noch Gottlob Pohl aus Schlesien und Christian Speckmann aus Herford genannt.[71]

Wilhelm Lang, Ferdinand Lange, Albert Lang und Ferdinand Dinse

Bei Johann Simon Buchholz bzw. Carl August Buchholz lernten und arbeiteten Wilhelm Lang, Ferdinand Lange und Ferdinand Dinse. Aus dem Kreis der Mitarbeiter der Buchholz-Werkstatt wurden zwei eigene Werkstätten gegründet. Ferdinand Lange etablierte sich um 1835 in Berlin.[72] Wilhelm Lang gründete mit seinem späteren Schwiegersohn Ferdinand Dinse in der Berliner Alten Jakobstraße ein eigenes Unternehmen unter der Firmenbezeichnung Lang & Dinse.[73] Aus diesem Unternehmen entwickelte sich die in der zweiten Hälfte des 19. Jahrhunderts neben Wilhelm Sauer, Frankfurt/Oder, führende Orgelbauwerkstatt der Mark Brandenburg.

Wilhelm Lang

Wilhelm Lang (1794-1858) war als Pfeifenmacher bei Buchholz beschäftigt.[74] Er erhielt seine Ausbildung bei seinem Vater Josef Lang, der von Beruf Holz-Uhrenmacher war, und dem Orgelbauer Johann Simon Buchholz. Er ist bereits 1817 bei der Aufstellung der Berliner Dom-Orgel als Mitarbeiter von Johann Simon Buchholz nachgewiesen.[75] Er selbst berichtete: »seit einer Reihe von Jahren habe ich dem Geschäfte des Orgelbauers Buchholz hieselbst, als Werkführer vorgestanden ...« August Wilhelm Bach bemerkte in seinem Bericht vom 9. 1. 1840, einem Zeugnis über den von Lang & Dinse eingereichten Neubaukosten-Anschlag für die Orgel des *Berliner Missionsbetsaals,* daß »die Herren Lang und Dinse schon als anerkannt gute Arbeiter aus der Werkstatt des rühmlichst bekannten Orgelbauers Hrn. Buchholz hervorgegangen sind.«[76]
Die 1839 in der Alten Jakobstraße 20 von Wilhelm Lang und seinem späterem Schwiegersohn Ferdinand Dinse gegründete Orgelbauanstalt Lang & Dinse entwickelte sich rasch zu einer gutgehenden Firma.[77] Repräsentative Orgelbauaufträge blieben nicht aus. So erhielt das junge Unternehmen 1841 den Zuschlag zum Bau der Orgel für die *Berliner Luisenstadt-Kirche* (II+P 29).[78] Nach dem Tod des Potsdamer Orgelbauers Heise (1848) vollendeten sie die Orgel der *Potsdamer Friedens-Kirche.*[79] Die in der Buchholz-Werkstatt konstruierten keilförmigen

67. 1978 von einem Berliner Organisten erworben.
68. Ura-1885, S. 61.
69. Berg-1989, S. 93.
70. Eute-1855, S. 197.
71. Pros-1967, Teil II, S. 280.

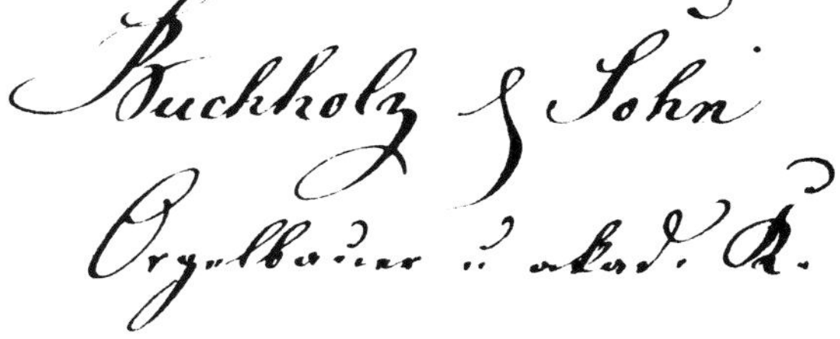

Boitzenburg, Orgel von Carl August Buchholz & Sohn, 1849/50

Berlin, Luisenstadt-Kirche Orgel von Lang & Dinse, 1841/42

72. Wie Anm. 69.
73. Wie Anm. 69.
74. Lier-1988, S. 164
75. SAP, Pr. Br. Rep. 10A, Domkirche Nr 255 u. f.
76. SAP, Rep. 2A II Gen. 1750.

77. Wie Anm. 76.
78. KoW-ZSOb.
79. Kits-1983, S. 40.

Schleifen durften von Lang & Dinse bei ihren eigenen Orgelbauten nicht verwendet werden. Aus der Werkstatt Lang & Dinse sind noch die Orgeln von *Neulietzegöricke* (1843), *Altwustrow* (1845) sowie *Schönwerder* (1856) erhalten. Nach dem Tod Langs am 18. 10. 1858 führte Ferdinand Dinse die Orgelbauanstalt allein fort.[80]

80. Lier-1988, S. 164f.

Ferdinand Dinse

Der 1811 vermutlich in Biesenthal bei Bernau geborene Ferdinand Dinse erlernte beim Berliner Meister C. Schultze in den Jahren 1825-1829 das Tischlerhandwerk.[81] Er ging als Tischler zu Carl August Buchholz und erlernte dort den Orgelbau.[82] Nach der Gründung der Orgelbauanstalt Lang & Dinse und der Übernahme der Firma als Alleininhaber nach dem Tod Langs erwarb er ein Grundstück in der Dresdner Straße 9 in Berlin-Kreuzberg. Dinse setzte um 1865 im Haus Dresdner Straße 12 die Firma unter seinem Namen fort.[83] Am 1. 1. 1872 übergab er die Firma seinen beiden Söhnen Oswald und Paul Dinse, die diese zu einem der führenden Orgelbaubetriebe Deutschlands ausbauten.[84] Von Ferdinand Dinse sind in der Mark noch die Instrumente in den Kirchen zu *Herzfelde, Görzig, Kienbaum, Biesenthal* und *Wiependorf* erhalten. Im Raum Berlin baute er unter anderem die Orgeln der Dorfkirchen *Marzahn* (1871) und *Biesdorf* (1872).[85]

81. Wie Anm. 80.
82. Wie Anm. 80.
83. Wie Anm. 80.
84. SAP, Rep. 2 A II Gen. 1751.
85. Wie Anm. 84.; PfA-Dorfkiche Marzahn; KoO-ZSOb; PfA-Dorfkirche Biesdorf.

Biesenthal, Orgel von Ferdinand Dinse, 1859

Albert Lang

Am 18. 10. 1860 teilte Albert Lang der Potsdamer Regierung mit, daß er sich in Berlin etabliert habe und an Aufträgen interessiert sei.[86] Dabei verwies er ausdrücklich auf die Ausbildung und mehrjährige Tätigkeit als Werkführer bei seinem Vater Wilhelm Lang in der Alten Jakobstraße.

Er übernahm nicht die Werkstatt seines Vaters, sondern gründete ein eigenes »Orgelatelier« in der Alexandrinenstraße 109 in Kreuzberg, da sein Vater bereits 1858 verstorben war und sein Onkel Ferdinand Dinse als Teilhaber der Orgelbauanstalt Lang & Dinse die Werkstatt weiterführte.[87]

Langs Kunst stand in der Buchholz-Tradition und entfaltete sich vor allem in Berlin, aber auch in der Neumark und im Norden der Mark. Das einzige noch erhaltene Werk dieses Meisters in Berlin findet sich in der *Tabor-Kirche* in *Hohenschönhausen.* Dieses einmanualige Werk mit Pedal und sieben Registern stammt aus dem Jahre 1862.[88]

Vereinzelt waren kleine Werke nur mit angehängtem Pedal ausgestattet. Das Oberwerk zweimanualiger Orgeln wies in der Regel nur drei Stimmen auf. Nicht immer wurde eine Klangkrone disponiert, wie beispielsweise eine Progressiv Harmonika. Weitchöre waren bei Lang durch Gedackt 8′, Rohr- und Hohlflöte 8′ sowie Flaute dolce 4′ vertreten. Orgeln, deren Pedal eine eigene Lade besaßen, erhielten stets einen Subbaß 16′, häufig aber zusätzlich einen Violon 8′.

Der äußere Entwurf ging von Flachfeldprospekten aus, die als schlichter Rundbogen- oder Spitzbogentyp ausgeführt wurden. Die zumeist dreigliedrige, seltener viergliedrige Flächenaufteilung wies Verzierungen nur in Gestalt unterschiedlicher Profilleisten, Pilaster und Filialen auf. Gelegentlich waren die Obergesimse mit Blattfriesen versehen. Von Lang sind in Berlin und der Mark Brandenburg etwa 20 Orgelwerke nachweisbar.[89]

86. Wie Anm. 84.
87. Wie Anm. 84.
88. PfA-KrJa.
89. In *Berlin* erhielt die *Jesus-Kirche* in *Kreuzberg* 1876 ein zweimanualiges Werk mit 15 Registern und 1863 die *Dorfkirche Berlin-Weißensee* ein einmanualiges Werk.

Ferdinand Lange

Ob und inwieweit der Orgelbauer Ferdinand Lang(e) mit dem Orgelbauer Wilhelm Lang, mehrfach auch »Lange« geschrieben, verwandt war, ist bisher noch nicht zu ermitteln gewesen. Ebenso fehlen die genauen Lebensdaten.

Aus einem Bittgesuch Ferdinand Langes an die Regierung in Potsdam vom 29. 7. 1839 ist zu entnehmen, daß Ferdinand Lange zuerst das Tischlerhandwerk erlernt hat und danach in der Fremde arbeitete. Er war 12 Jahre »bei den vorzüglichsten Orgelbaumeistern Deutschlands conditioniert u. zwar bei Grüneberg in Stettin, u. bei Buchholz in Berlin.«[90] In Berlin bezeichnete er sich als Orgelbauer und Instrumentenmacher. Am 3. Februar 1843 erhielt er die Auszeichnung »Akademischen Künstler«.[91] Für seine Ernennung setzten sich besonders die Professoren Schubarth und Seebeck ein.[92] Am 9. 9. 1843 empfahl der Minister für geistliche Angelegenheiten der Regierung ausdrücklich den Orgelbauer Ferdinand Lange. Von ihm sind in Berlin keine Instrumente nachweisbar. In *Hohen Neuendorf* bei Berlin befindet sich ein von ihm gefertigtes Werk, das noch die sonst nur bei Buchholz anzutreffende Lade mit keilförmigen Schleifen aufweist.[93]

90. SAP, Rep. 2 A II Gen. 1750.
91. Adk, Reg. 1 Nr. 137.
92. Wie Anm. 91.
93. Mitt. Ch. Kirchner.

Berliner Kleinmeister der Frühromantik

Als Kleinmeister waren in Berlin noch die Orgelbauer Carl Friedrich Kühnzack, Wilhelm Müller, C. G. Babe und Wilhelm Remler tätig.[94] Während Carl Friedrich Kühnzack und Wilhelm Müller hauptsächlich Reparaturen ausführten, sind von Babe und Remler mehrere Neubauten nachgewiesen.

94. KoW-ZSOb, KoO-ZSOb.

Carl Gustav Babe

Carl Gustav Babe gehörte zu den Orgelbauern in der ersten Hälfte des 19. Jahrhunderts, die sich nicht gegenüber den großen Werkstätten von Buchholz und Marx durchsetzen konnten.

Babe kam 1805 aus Stralsund nach Berlin und gründete eine Werkstatt in Köpenick.[95] Neben Reparaturen führte er 1819 zwei Orgelbauten aus; so fertigte er für die *Schloßkapelle* in *Köpenick* ein Positiv und im gleichen Jahr für die dortige *St. Laurentius-Kirche* ein Positiv mit 6 Registern.[96] Musikdirektor Wilke traf ein vernichtendes Urteil über das Positiv in der Schloßkapelle, lobte nur die Tischlerarbeit und sprach ihm die Fähigkeit zum Bau einer Kirchenorgel ab.[97]

In *Berlin-Niederschönhausen* errichtete Babe 1821 in der *Ev. Kirche* ebenfalls ein sechsstimmiges Positiv.[98] Babe beklagte sich des öfteren bei der Regierung: »Es sind nur 3 Orgelbauer in der großen Residenzstadt Berlin, und doch habe ich in Hinsicht des Orgelbaus so wenig Beschäftigung, daß ich davon allein nicht leben kann.«[99]

Da er keine Aufträge erhielt, fertigte er zwischenzeitlich ohne Bestellung, sozusagen auf Lager. In den Akten finden sich immer wieder Bittgesuche an die Königliche Regierung um Vermittlung einer neuen Orgel, die in der Werkstatt stehe. Um 1829 verlegte Babe seine Werkstatt nach Berlin-Mitte, und 1842 trat sein Sohn in die Firma ein.[100] Die *Dorfkirche* in *Rudow* erhielt 1844/1845 ein Positiv und die *Dorfkirche Marienfelde* 1846 ein einmanualiges Werk mit Pedal und sieben Registern von Babe & Sohn.[101] Im *Musikinstrumentenmuseum* ist eine Drehorgel von Babe erhalten geblieben.[102] In der Literatur ist von ihm auch die Erfindung einer »Flaschenorgel« belegt.[103] In der Umgebung Berlins und in der Mark haben sich aus seiner kleinen Werkstatt bislang neun Orgelwerke nachweisen lassen.

95. SAP. 2 A II Gen. Nr. 1750.
96. Wie Anm. 95.
97. Wie Anm. 95.
98. Wie Anm. 95.
99. Wie Anm. 95.
100. Wie Anm. 95.
101. Wie Anm. 95.
102. IfMPK, Instrumentenbauer-Kartei.
103. Wie Anm. 102.

Buchholz, Orgel von Wilhelm Remler & Sohn, 1888

Wilhelm Remler und die Firma W. Remler & Sohn

In der zweiten Hälfte des 19. Jahrhunderts war der in Berlin ansässige Orgelbauer Wilhelm Remler ein vielbeschäftigter Orgelbauer kleinerer Instrumente. Den größten Teil seiner Orgeln stellte er in den Dorfkirchen der Mark Brandenburg auf. Von den über 50 Orgeln aus seiner Werkstatt sind noch die Werke in *Potzlow* (Kreis Prenzlau), *Kiekebusch* (Kreis Königs Wusterhausen) und *Rotberg* (Kreis Königs

104. KoO-ZSOb.
105. PfA-ReHe.
106. PfA-ReDL.

Wusterhausen) unter anderem erhalten. In der Dorfkirche zu *Buchholz* stellte er 1888 ein zweimanualiges Werk mit 10 Registern auf.[104] Die Dorfkirche in *Hermsdorf*[105] erhielt 1886 und die Dorfkirche in *Lübars*[106] 1889 ein kleineres einmanualiges Instrument von ihm.

107. PFA-Herzfelde.
108. Bab-1853, Eintrag Remler; Bab-1853 Ff.
109. SAP, Rep. 2 A II Gen. Nr. 1751.
110. Wie Anm. 105.
111. Wie Anm. 105.
112. Wie Anm. 105.
113. PfA-TiSM; PfA-KrSJ.
114. PfA-SpNi.

Wo Wilhelm Remler geboren wurde und bei wem er lernte, ist bisher noch unbekannt. Er wurde um 1835 geboren, wie Ermittlungen des Pfarrers Egeler zu Rehfelde aus dem Jahre 1895 ergaben.[107] Im Berliner Adreßbuch von 1853 ist er auf dem Grundstück Kochstr. 25 erstmals nachgewiesen. Remler wechselte bis zu seinem Tode am 6. 2. 1896 siebenmal den Wohnsitz.[108] Am 10. 1. 1880 teilte er der Regierung mit, daß nunmehr sein Sohn »welcher bisher in meinem Geschäft thätig gewesen, als Mitinhaber meines Geschäftes eingetreten ist und wird die neue Firma lauten W. Remler & Sohn, Friedrichstraße 235.«[109]

Die Hauptschaffensperiode Remlers lag in den achtziger Jahren des neunzehnten Jahrhunderts. Sein Sohn muß bereits früh verstorben sein, und der kleine Orgelbaubetrieb hat mit den ständigen technischen Neuerungen im Orgelbau nicht mehr Schritt halten und sich gegen die modern ausgerüsteten Betriebe wie Dinse und Sauer nicht durchsetzen können.

Im Jahre 1893 erhielt Remler eine Anzahlung zum Neubau der Orgel in *Lichtenow*, den er allerdings nicht mehr ausführte.[110] Die Ermittlungen, die sich mit der Wiederbeschaffung der Anzahlung beschäftigen, geben einen Einblick in das Leben und Ende einer kleinen Orgelbauwerkstatt. Aus dem Bericht des Fußgendarms Petereit geht hervor, daß der »genannte Remler sich hierselbst in der Kaiser Friedrichstraße 13 [Pankow] bei Wollitz aufhalten soll. Beschäftigt ist derselbe in der Orgelbauerei [für Drehorgeln] Frati Baccigalupo u. Co. Berlin, Schönhauser Allee 70-76.«[111] Der Nachlaß des am 6. 2. 1896 verstorbenen Orgelbaumeisters Wilhelm Remler umfaßte neben einigen Kleidern nur einen Holzkoffer mit Werkzeug, Zeichnungen und Büchern.[112]

Auswärtige Orgelbauer

Kreuzberg, Böhmische Brüdergemeine, Orgel von Carl Böttcher, 1857

Neben den Berliner Orgelbauern wurden im 19. Jahrhundert in zunehmendem Maße auswärtige Meister in Berlin tätig. Neben kleineren Orgelbauanstalten wie Gottlieb Heise, Carl Ludwig Gesell, Carl Eduard Gesell, Carl Schultze in Potsdam, Johann Tobias Turley und Johann Friedrich Turley in Treuenbrietzen, Friedrich Hermann Lütkemüller in Wittstock, Carl Böttcher in Magdeburg und Moritz Baumgarten aus Zahna errichteten auch Firmen Orgelwerke in Berlin, die wesentlich die Entwicklung des romantischen Orgelbaustils beeinflußten wie die von Johann Friedrich Schulze aus Paulinzella in Thüringen. Dieser baute 1845-1847 die Instrumente im Bezirk *Tiergarten, St. Matthäus,* und in *Kreuzberg, St. Jacobi.*[113] Zu erwähnen ist nicht zuletzt die 1880 in der *Spandauer St. Nikolai-Kirche* von Friedrich Ladegast erbaute Kegelladen-Orgel.[114]

Johann Tobias Turley

115. SPA, Rep. 2 A II Gen. Nr. 1750.
116. SPA, Rep. 2 A II Z, Brachwitz 420.
117. SPA, Rep. 2 A II OH Nr. 976.

Johann Tobias Turley (1772-1829), von Beruf Weißbäcker, war Autodidakt. Er gab 1814 die Herstellung von Backwaren auf und widmete sich fortan ganz dem Orgelbau.[115] Bereits 1796 hatte er sein erstes Werk an die Kirchengemeinde in *Brachwitz* bei Belzig geliefert.[116] Mit dem Auftrag der Königlichen Regierung in Potsdam zum Bau einer neuen Orgel für *Hohenbruch* bei Kremmen kam es für Johann Tobias Turley und Johann Friedrich Turley zu einer schicksalhaften Begegnung mit dem Musikdirektor Wilke aus Neuruppin.[117] Wilke, der sowohl dem Vater als auch dem Sohn stets wohlgesonnen war und die durch die fehlende Orgelbauerlehre nicht zu verleugnenden Schwächen auszugleichen suchte, protegierte die beiden so sehr, daß sich Johann Simon Buchholz und Carl August Buchholz über Wilkes Voreingenommenheit bei der Ausschreibung des Orgelbaus für die *Ev. Kirche* in *Joachimsthal* beschwerten.[118] Die Orgel in Joachimsthal wurde Johann Tobias Turleys größtes Werk. Eine Besonderheit dieses Instruments war, daß unter den Metallpfeifen nur Zinnpfeifen waren, die aus gewalzten Platten gefertigt und nicht wie üblich gegossen und gehobelt waren.[119] Da Turley trotz der Unterrichtung durch Wilke das Ausdünnen nicht beherrschte, blieb ihm nichts anderes übrig, als andere Fertigungstechniken und Werkzeuge zu entwickeln.

118. SPA, Rep. 2 A II A Nr. 904; SAP, 2 A II Gen 1750.
119. Wie Anm. 118.

Das kleine Orgelwerk, das 1826 für die Kirche in *Wölmsdorf* angefertigt wurde, entstand in Zusammenarbeit mit seinem Sohn Johann Friedrich und steht heute im *Königin-Elisabeth-Hospital* in *Berlin-Lichtenberg*.[120] Das einmanualige seitenspielige Werk mit Pedal und neun klingenden Stimmen besitzt ein schlichtes klassizistisches Gehäuse.

In dem Nachruf des Musikdirektors Wilke auf Johann Tobias Turley bezifferte er dessen Werk auf 20 Orgelneubauten und 30 Orgelreparaturen.[121] Unter den Neubauten befanden sich nur einmanualige Instrumente, wobei die Orgel in Joachimsthal mit 12 Registern sein größtes Orgelwerk darstellte.

Joachimsthal, Ev. Kirche, Orgel von Johann Tobias Turley

Johann Friedrich Turley

Am 13. 5. 1829 zeigte Johann Friedrich Turley (1804-1855) den Tod seines Vaters (9. 4. 1829) bei der Regierung an und verband diese Nachricht mit der Bitte um einen Auftrag zum Orgelbau.[122] Er untermauerte diese Bitte mit der Bemerkung, daß er seit drei Jahren mit seinem Vater den Orgelbau gemeinschaftlich betrieben habe.[123]

Als ersten eigenständigen Auftrag erhielt er den bereits mit seinem Vater verhandelten Orgelneubau in *Wildberg*, Amt Alt Ruppin.[124] Nach der Revision wurde vermerkt: »Der Orgelbauer Turley in Treuenbritzen hat sich durch den Bau der neuen Orgel in der Kirche zu Wildberg (Amt Alt Ruppin) eben nicht sehr bewährt.« Der Berliner Musikdirektor A. W. Bach bemängelte am 10. 8. 1830 die Stimmung der Orgel zu Wildberg.[125] Die Königliche Regierung richtete daraufhin an Turley die Aufforderung, die Orgel zu stimmen und »... übbrigens aber haben Sie sich zu befleißigen, sich in Ihrer Kunst nach den Andeutungen des Herrn Bach zu vervollkommmnen, um sich dadurch unser Vertrauen zu erwerben.«[126] August Wilhelm Bach hatte bereits am 20. 4. 1830 anläßlich des Orgelneubaus für die Kirche in *Pritzwalk* notiert: »Der g. Turley ist ein junger thätiger Arbeiter, der nicht ohne Talent ist, aber leider bei keinem Meister im Orgelbauen gelernt hat, sondern mehr den Orgelbau aus eigenem Nachdenken unternommen und bis jetzt betrieben hat, weshalb derselbe, wenn er auch allen Fleiß darauf verwendete, wohl nicht ein Werk von bedeutendem Umfange ganz regelrecht erbauen durfte.«[127]

120. KoO-ZSOb; PfA-KEH.
121. BAMZ-1829, S. 213,; SPA, 2 A II Gen. 1750.
122. SPA, 2 A II Gen. Nr. 1750.
123. Wie Anm. 122.
124. Wie Anm. 122.
125. Wie Anm. 122.
126. Wie Anm. 122.

Trotz gelegentlicher Aufträge erlangte Turley nicht das Vertrauen der Regierung. Daraufhin wurde im Jahr 1842 beschlossen: »Der Ob. Turley zu Treuenbritzen wird wegen seiner Unzuverlässigkeit, wovon die untrügbarsten Berichte uns vorliegen, gar nicht beschäftigt.«[128]

Johann Friedrich Turley zeigte am 15. 1. 1845 an, daß er die Orgelbaukunst gemeinsam mit seinem Halbbruder Albert Turley betreibe; anscheinend, um neues Vertrauen bei der Regierung zu gewinnen.[129] Die Gebrüder Turley verließen Treuenbrietzen und etablierten sich um 1845 in Brandenburg.[130]

127. Wie Anm. 122.
128. Wie Anm. 122.
129. Wie Anm. 122.
130. Wie Anm. 122.

Als Gegengewicht zu den negativen Aussagen über diesen, auch im Kreis seiner Mitbewerber umstrittenen Orgelbauer sei hier noch sein Mentor Musikdirektor Wilke zitiert: »Unter seinen Erfindungen, von welchen ich hier den Gebrauch des Elfenbeins zu Mundstücken der Zungenstimmen, die der Verstimmung weniger als die von Metall ausgesetzt sind, die eigene Art, Knochen zu präparieren, und seine

Lichtenberg, Diakoniewerk Königin Elisabeth
(Königin-Elisabeth-Hospital)
Orgel von JOHANN FRIEDRICH TURLEY, 1826

schrägen Vorschläge an hölzernen Orgelpfeifen nenne, ist die wichtigste: Labialpfeifen ohne Kerne zu arbeiten, die eine überraschend schöne, sanfte u. ätherische Orgelstimme geben«.[131] Wilke verfaßte 1832 einen Bericht über die von Turley 1831 gefertigte 36stimmige Orgel (II+P) der *St. Jacobi-Kirche* zu *Perleberg* und 1839 einen ausführlichen Bericht über die durch Turley aufgestellte Orgel in *St. Katharinen* zu *Salzwedel.* Turley wurde darin als »gewissenhafter und geschickter Arbeiter«, der »seine Meisterschaft aufs Neue documentiert« habe, dargestellt.[132]
In *Berlin* stellte Johann Friedrich Turley nur ein Werk auf. In der Kirche zu *St. Peter und Paul auf Nikolskoje* errichtete er ein einmanualiges Werk mit Pedal und acht Registern.[133] Das Orgelgehäuse ist mit leichten Veränderungen noch heute erhalten und umschließt ein zweimanualiges Werk mit 19 Registern der Firmen ALEXANDER und KARL SCHUKE.[134] An der 1826 für die Kirche zu *Wölmsdorf* errichteten Orgel, heute im *Königin-Elisabeth-Hospital* in *Berlin-Lichtenberg,* weist eine Aufschrift auf seine Urheberschaft hin.[135] Von Johann Friedrich Turley sind über 10 Instrumente nachweisbar, von denen die in *Perleberg, St. Jacobi* (II+P 36), und in *Salzwedel, St. Katharinen* (II+P 42), die größten waren.[136] In den Jahren 1829 bis 1833 lernte und arbeitete bei ihm der Orgelbauer FRIEDRICH HERMANN LÜTKEMÜLLER.[137]

131. IfMPK, Instrumentenbauer-Kartei.
132. Wilk-1839, S. 45.
133. Bern-1987, S. 137 ff.
134. Wie Anm. 133.
135. PfA-KEH.
136. Wilk-1832, S. 1 ff.; Wilk-1839, S. 1 ff.
137. IfMPK, Instrumentenbauer-Kartei.

Salzwedel, St. Katharinen
Orgel von JOHANN FRIEDRICH TURLEY

DER POTSDAMER ORGELBAU: HEISE, GESELL, SCHUKE

GOTTLIEB HEISE

Der 1785 in Querfurt geborene GOTTLIEB HEISE erlernte die Kunst des Orgelbaus bei GEORG CHRISTIAN KNECHT in Tübingen. Von 1820 bis zu seinen Tode 1848 war er Orgelbaumeister in der Potsdamer Charlottenstraße 50.[138] Sein erster Auftrag war die Reparatur der Orgel in *Lychen* im Jahre 1820.[139] In der *Dorfkirche* zu *Mariendorf* stellte Heise 1846 ein einmanualiges Instrument auf.[140] Weitere Orgelwerke sind von ihm in Berlin nicht nachweisbar, während im Potsdamer und Spandauer Umland von ihm zahlreiche Reparaturen und Neubauten bekannt geworden sind. 1846 erbaute er die Orgel in *Nieder-Neuendorf* bei Berlin.[141] Seit 1830 nutzte Heise als einziger Orgelbauer die von Turley entwickelte Maschine zum Walzen von Zinnplatten.[142] Zu seinen bedeutendsten Instrumenten zählten die 1837 errichtete Orgel der *Potsdamer St. Nikolai-Kirche* (II+P 26), die der dortigen *Friedens-Kirche* sowie die der *Neuruppiner Klosterkirche.*[143]

CARL LUDWIG GESELL und CARL EDUARD GESELL

Nach Gottlieb Heises Tod im Jahre 1848 übernahmen CARL LUDWIG GESELL und CARL SCHULTZE dessen Orgelbauanstalt. Gesell wurde am 24. 1. 1809 in Potsdam geboren und erlernte vermutlich bei HEISE das Orgelbauerhandwerk.[144] Die Werkstatt verlegte er 1856 in die Potsdamer Junkerstraße 36, die heutige Gutenbergstraße 71.[145] Neben zahlreichen kleineren Instrumenten in der Mark Brandenburg errichtete er die Orgel der *Heiligengeist-Kirche* in *Potsdam.*[146] In Berlin stellte er in der *Dorfkirche* zu *Kladow* (1865) ein Orgelwerk auf.[147]
Carl Ludwig Gesell starb am 7. 3. 1867 in Potsdam.[148] Sein Nachfolger wurde sein Sohn CARL EDUARD GESELL, der 1845 in Potsdam geboren wurde.[149] Er erlernte das Orgelbauerhandwerk bei seinem Vater. Danach arbeitete er mehrere Jahre bei den Orgelbauern SOHNRECK in Köln und FR. MEYER in Herford.[150]
Nach dem Tode des Vaters übernahm er 1867 dessen Firma. 1877 baute er ein Werk für die *Dorfkirche* in *Gatow* und 1878 ein sechsstimmiges Orgelwerk für den Gemeindesaal der *Steglitzer Matthäus-Kirche.*[151] Er lieferte aber auch Orgelwerke nach *Konstantinopel* und *Buenos Aires.*[152] Nach seinem Tode am 8. 4. 1894 setzte der Schüler ALEXANDER SCHUKE die Tradition des Orgelbaus in Potsdam fort.[153]

138. Sche-1970, S. 1 ff.
139. SPA, Rep. 2 A II Gen. 1750.
140. PfA-TeMa.
141. PfA-ReDH.
142. IfMPK, Instrumentenbauer-Kartei.
143. Wie Anm. 138.
144. Wie Anm. 138.
145. Wie Anm. 138.
146. Wie Anm. 138.
147. PfA-SpKl.
148. Wie Anm. 138.
149. Wie Anm. 138.
150. Wie Anm. 138.
151. PfA-SpKl.
152. Wie Anm. 138.
153. Wie Anm. 138.

Carl Schultze

Bei Heise arbeitete neben Gesell auch Carl Schultze, der zuvor bei Johann Christian Müller, Breslau, tätig war und mit Gesell die Werkstatt Heises übernahm. Gesell und Schultze errichteten gemeinsam 1861 die Orgel in der Dorfkirche Stolpe (I+P 7).
Zwischen 1861 und 1864 trennte sich Carl Schultze von Gesell und eröffnete eine eigene Werkstatt. Die Dorfkirche Zehlendorf erhielt von ihm 1864-65 ein einmanualiges Werk mit Pedal und 7 Registern.

154. Vernichtung der Marx-Orgel der *Reformierten Kirche Frankfurt, Oder; Bernauer Orgel; Berlin St. Nikolai; Berlin Parochial-Kirche.*

Das Orgelgehäuse im 19. Jahrhundert

In der zweiten Hälfte des 19. Jahrhunderts sind zahlreiche wertvolle Instrumente vor allem aus der Barockzeit zerstört worden.[154] Während einerseits die technischen Möglichkeiten beim Orgelbau geradezu explodierten und Orgeln mit immer neuen Spielhilfen gefragt waren, wurden andererseits die barocken Orgelprospekte als den Kirchenraum störend empfunden. Dies hatte zumeist den Abriß des gesamten Orgelwerks zur Folge. Das Postulat der Stilreinheit, wie es vor allem in der Ära nach Schinkel vorherrschte, führte auch in der Prospektgestaltung zu einer historistischen Strömung. Da aber für spätmittelalterliche bzw. gotische Kirchen kaum Orgelprospekte bekannt waren, kam es meistens trotz des Postulats der Stilreinheit zu einem Stilgemisch. In der »Zeitschrift für Bauwesen« widmete man sich erstmals 1853 diesem Thema.[155]
Eine Berufung auf Schinkel war dabei nicht möglich, denn Schinkel, dem oft das Nachahmen vorgeworfen wurde, zeichnete seine Position zum historischen Erbe anders: »Um ein wahrhaft historisches Werk hervorzubringen, ist nicht abgeschlossenes Historisches zu wiederholen, wodurch keine Geschichte erzeugt wird, sondern es muß ein solches Neues geschaffen werden, welches imstande ist, eine wirkliche Fortsetzung der Geschichte zuzulassen.«[156]
Das immer mehr spezialisierte Sachverständigenwesen sorgte im 19. Jahrhundert dafür, daß die Orgelbauer - wobei der Fabrikorgelbau vorerst noch ausgeschlossen blieb - zwar bei einem Neubaukosten-Anschlag Vorschläge zum Orgelgehäuse fertigten, diese aber von der Oberbaudeputation häufig abgelehnt bzw. modifiziert wurden. Der Architekten-Prospekt wurde immer mehr die Regel. So kam es seitens der Orgelbauer immer wieder zu Formulierungen wie: »Das Gehäuse soll die Kirche auf ihre Kosten machen lassen.«[157] Durch die Teilung von Prospektentwurf und technischer Anlage des Orgelwerks kam es notgedrungen zur »Fassadenorgel«. Dem noch nicht durch Normen festgelegten Orgelbau blieb auch kaum etwas anderes übrig. Nachdem Abbé Vogler sich 1802 vehement für eine Reduzierung der Kosten beim Orgelbau eingesetzt und zinnerne, klingende Prospektpfeifen für unnötig befunden hatte, traten um 1830 in Preußen Bestrebungen auf, eine gewisse Normierung als Leitlinie für den Orgelbauer, Gemeindekirchenrat und Patron zu erarbeiten.[158] Schinkel, der sich in den dreißiger Jahren mit den sogenannten »Normalkirchen« auseinandersetzte und versuchte, bei sparsamer Ökonomie die verschiedenen Leitgedanken von Anforderungen der Kirchengemeinde, des Architekten, des Orgelbauers und des Materials zu vereinen und zu einer gelungenen Synthese zu gelangen, fertigte auch eine Reihe von Grundtypen des Orgelprospekts an.[159] Musikdirektor Wilke reichte in den 1830er Jahren drei in der Ausstattung reduzierte Prospektzeichnungen ein, nach denen Orgelgehäuse vornehmlich für die kleinen Landgemeinden angefertigt werden sollten.[160] Nach 1850 wurden für Orgelneubauten bereits Regulative von der Königlichen Regierung erlassen,[161] die letztlich zu einer Festlegung von Normmaßen von seiten des Verbandes Deutscher Orgelbauer in den zwanziger Jahren des 20. Jahrhunderts führten.[162]

Prospektvorschlag Wilkes in Anlehnung an einen Entwurf Heises für *Freyenstein*

155. ZfB-1853, Bl.9.
156. Blun-1981, S. 278.
157. SPA, 2 A II A Nr. 904.
158. Wie Anm. 139.
159. Sammlung der Zeichnungen in der Nationalgalerie, Berlin-Mitte.
160. Wie Anm. 139.
161. EZA, Instruktion für die formale Behandlung der Orgelbauten vom 3. 10. 1876; Instruktion vom 5. 2. 1904; Instruktion vom 13. 2. 1847.
162. EZA 7/5828.

Die Nachfrage nach Kirchenorgeln wuchs im 19. Jahrhundert an. Fast jede Kirchengemeinde trug um 1830 den Wunsch nach einer Orgel vor, wenn noch kein Instrument vorhanden war. Der lange Zeitraum eines Orgelbaus, der sich im 18. Jahrhundert noch über ein Jahr erstrecken konnte, mußte verkürzt werden. Die Trennung in Prospektanfertigung nach Vorstellung der Oberbaudeputation oder der untergeordneten Baubehörde und Abstimmung mit dem Orgelbauer erwies sich langfristig als zu zeitraubend. Wurden die Orgelprospekte in Berlin und Brandenburg in der ersten Hälfte des 19. Jahrhunderts zumeist von Tischlereibetrieben zugeliefert, trat nach 1870 doch stärker wieder die Fertigung von Prospekt und Orgel in einer Werkstatt in den Vordergrund. Da die größeren Orgelbau-Anstalten inzwischen mit Dampfbetrieb ausgestattet wurden, begann nun unvermeidlich der Weg zur Serienorgel, vornehmlich bei kleineren Instrumenten. Kleinere Instrumente wurden nach Vorlagen gefertigt und auf Wunsch mit gotischem, byzantinischem, romanischem oder Renaissance-Prospekt angeboten.[163]
Die künstlerische Ausgestaltung wurde nur bei größeren Werken noch individuell entworfen. Der Orgelprospekt hat im 19. Jahrhundert die große Bedeutung, die er im Barock hatte, verloren.

Prospektentwurf von Friedrich Hermann Lüttkemüller für *Velten*, 1857

163. Wie Anm. 162, Musterprospekte.
164. DZAM,R. g. K. K. 1b.
165. SPA, 2 A Reg. Pottsd. II Gen. Nr. 1751.
166. Wie Anm. 165.
167. Wie Anm. 166.

Die Orgelsachverständigen des 19. Jahrhunderts

Die Institution des Orgelsachverständigen ist bisher noch nicht untersucht worden. Vogler kann für sich in Anspruch nehmen, das Orgelsachverständigenwesen in Preußen eingeführt zu haben. Sicherlich gab es schon seit dem 16. Jahrhundert Organisten, die Orgelneubauten abnahmen und später auch Kostenanschläge und Dispositionen prüften. Ihre eigentliche Tätigkeit blieb aber das Organistenamt. Durch den von Vogler vorgeschlagenen Organisten der St. Hedwigs-Kirche zu Berlin, Tschockert, kommt eine Tätigkeit auf, die damals mit »Orgel-Inspektor« bezeichnet wurde.[164] Dieser Personenkreis unterstand der Oberbaudeputation[165] und erhielt später als Amtsbezeichnung den Titel »Musikdirektor«. Zur Zeit August Wilhelm Bachs wurden sie den Bauinspektoren gleichgestellt, unterstanden aber weiterhin der Oberbaudeputation.[166] Nach Tschockert, der Voglers Ideen in den ersten dreißig Jahren des 19. Jahrhunderts durchgesetzt und den Plan für die von Johann Simon Buchholz gefertigte *Berliner Dom-Orgel* entworfen hatte, gab es mehrere Orgelsachverständige, Inspektoren und Musikdirektoren gleichzeitig in Berlin.[167] Dies hing einerseits mit den Patronatsverhältnissen (Magistrat, König), andererseits mit einer Aufgabenteilung zusammen. In Berlin-Brandenburg gab es mehrere Stufen von Orgelsachverständigen:

Orgelsachverständige der Königlichen Regierung,
Orgelsachverständige der Oberbaudeputation,
Orgelsachverständige für die einzelnen Regierungsbezirke,
Orgelsachverständige des Magistrats zu Berlin.[168]

Zu den für Berlin wichtigen Sachverständigen gehörten im 19. Jahrhundert nach Tschockert: Karl Friedrich Zelter, August Wilhelm Bach, Eduard August Grell, Friedrich Wilke, Carl August Haupt, Julius Schneider, Otto Dienel und Heinrich Reimann.[169]

Carl August Haupt prägte im 19. Jahrhundert für lange Zeit die Richtlinien des Orgelbaus in Berlin. Er war ganz der Tradition der Buchholz-Werkstatt verhaftet und im Orgelbau eher konservativ orientiert.[170] Die Orgeln von Carl August Buchholz verkörperten sein Orgelideal, das an Registrierhilfen nicht interessiert war.[171] Seine Nachfolger Otto Dienel, Heinrich Reimann und Karl Straube setzten sich um die Jahrhundertwende gegen den konservativ eingestellten Haupt durch. Der Bau der Orgel von Schlag & Söhne in der alten *Philharmonie* kann als Wendepunkt zum Orgel- und Klangideal der Spätromantik angesehen werden.[172] SB

168. Wie Anm. 165.
169. Wie Anm. 165.
170. Hama-1966, S. 113f.
171. Wie Anm. 170.
172. Zfl-1888/1889, S. 163f.

Berlin, Alter Dom,
Gemälde von
Eduard Gärtner

Berlin-Mitte
Alter Dom

Berlin, Alter Dom

Die *Erasmus-Kapelle* im *Berliner Schloß*, 1451 gebaut, und die spätere *Dominikaner-Klosterkirche* aus dem 14. Jahrhundert, die zur Reformation zur ersten »Dreieinigkeits-Kirche« Berlins gemacht wurde, waren die Vorgängerbauten der 1747-50 am Lustgarten durch Boumann d. Ä. errichteten, kleineren Domkirche.
Der querrechteckige Predigtsaal mit flacher Kassettendecke und zentraler Kuppel wurde 1817 im Inneren, 1820-22 auch außen durch Schinkel umgebaut. Nunmehr wirkte der schlichte Bau streng klassizistisch; seine Hauptkuppel hatte kleine Kuppeltürme zur Seite bekommen, die den Mittelrisalit akzentuierten. Der Saal hatte ein Tonnengewölbe erhalten; dem mit Chorschranken abgeteilten Altarraum an der einen Schmalseite stand die Orgel gegenüber, die hinter einer korinthischen Kolossalordnung und verschleiernden Architraven verborgen war. Ihre drei Prospektfelder zwischen den raumhohen Säulen waren flächig angelegt.
Dieser Neubau durch Johann Simon Buchholz, der damals der bedeutendste Orgelbauer Berlins war, ersetzte die alte Orgel von Johann Michael Röder. Das Instrument erhielt zunächst 32 Register auf 2 Manualen und Pedal. Nach 1820 wurde es auf 38 Register erweitert.
Man kann seiner Disposition[1] eine gewisse Eigentümlichkeit nicht absprechen. Deutlich ist zu sehen, daß Buchholz nicht aus einer bestimmten Schule kam und daß man sich in einer Übergangszeit befand. So erkennt man verschiedene, teilweise widersprüchliche landschafts- und zeitgebundene Tendenzen. Mitteldeutsch ist das eher zurückhaltend besetzte Pedal, das weder einen ausgebauten Prinzipal- noch einen Weitchor aufweist; der einzige 8′ gehört der modernen Familie der Streicher an. (Das könnte auf Buchholz' Schwager Johann Wilhelm Grüneberg zurückgehen.) Der Verwendungszweck der Blockflöte 2′ ist schwer vorzustellen: Klangkronenersatz kann sie nicht sein, und die Zeit von Sopran-c.f.-Durchführungen im Pedal ist lange vorbei. Bei den Zungen ist der 8′ zweimal, der 4′ gar nicht vertreten. Das Hauptwerk ist weitgehend traditionell besetzt; bemerkenswert, daß außer dem Cornet 3fach auch Quinte 2⅔′ und Terz 1⅗′ als Einzelregister vorhanden sind: eine französische Eigenart, die Gottfried Silbermann übernommen hatte, wo Buchholz sie sich vielleicht abgeschaut hat. Streicher fehlen im Hauptwerk noch; im Oberwerk steht dagegen Viole d'amour 4′, während die 16′- und 8′-Streicher zwar vorgesehen sind, aber noch nicht für so wichtig gehalten wurden, daß sie sofort gebaut werden mußten. Auch die Zahl der 8′-Charakterstimmen hält sich noch in engen Grenzen.
Über die weitere Geschichte des Instrumentes liegen keine Nachrichten vor. Der alte Dom wurde 1893 abgerissen und durch einen repräsentativen Neubau ersetzt. Der Verbleib der Orgel ist nicht mehr nachzuweisen. US

1. Berg-1989, S. 34.

Hauptwerk C-f³

Prinzipal	16′	
Quintatön	16′	
Prinzipal	8′	
Gemshorn	8′	
Rohrflöte	8′	
Nassat	5¹⁄₃′	
Oktav	4′	
Nachthorn	4′	
Quinte	2²⁄₃′	
Oktav	2′	
Terz	1³⁄₅′	
Larigot	1¹⁄₃′	
Quintdecima	1′	
Cornet 3fach		
Mixtur 4-6fach		
Trompet	8′	Diskant
Trompet	8′	Baß

Oberwerk C-f³

Bordun	16′	
Salicional	16′	vakant
Prinzipal	8′	
Gedackt	8′	
Quintatön	8′	
Violdigamba	8′	vakant
Oktav	4′	
Viole d'amour	4′	
Quinte	2²⁄₃′	
Oktav	2′	
Mixtur 4fach		
Scharf 6fach		
Fagott	16′	
Trompet	8′	

Pedal C-c¹

Prinzipal	16′
Violon	16′
Violoncello	8′
Quinte	5¹⁄₃′
Oktav	4′
Blockflöte	2′
Bombard	16′
Posaune	8′
Dulcian	8′

Schleifladen, mechanische Traktur, Manualkoppel, drei Sperrventile, Tremulant

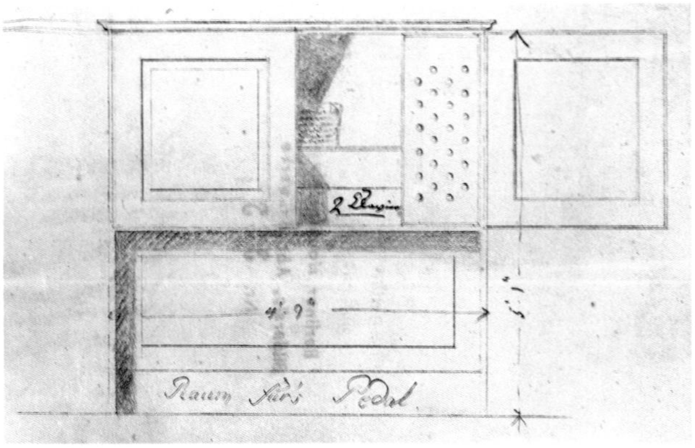

Entwürfe von Carl August Buchholz für eine Orgel im Alten Dom

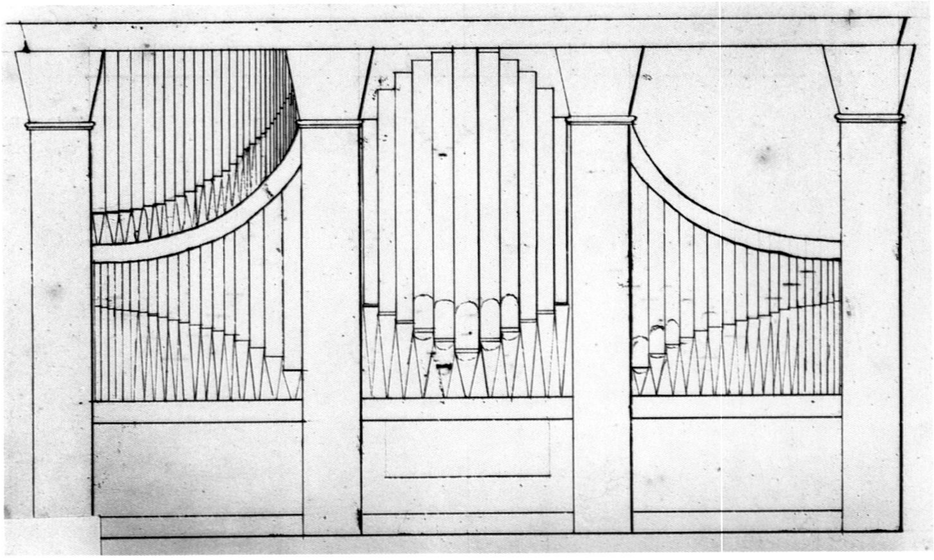

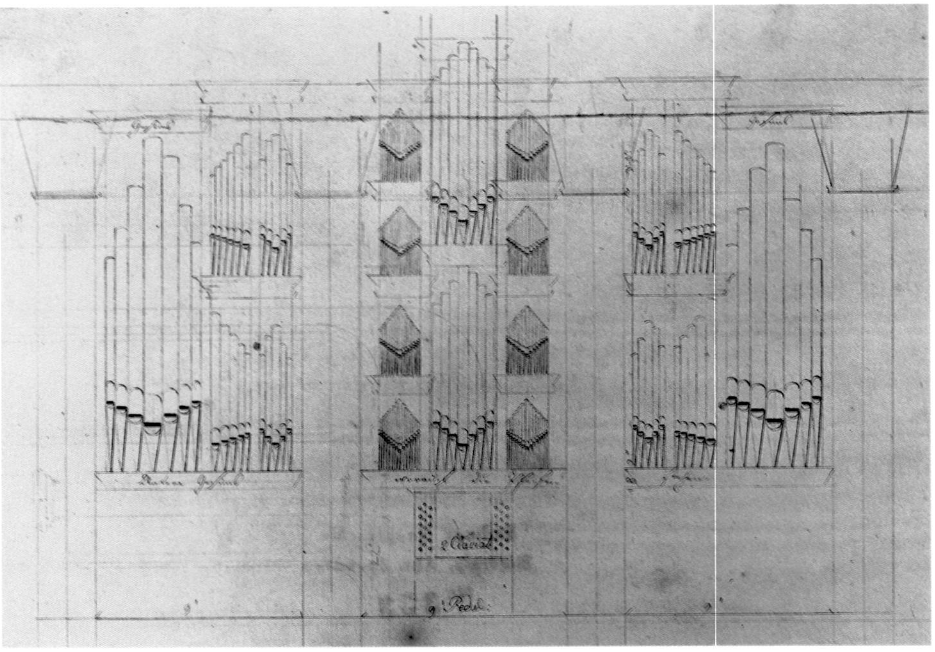

Berlin, Alter Dom

Lichtenberg
Diakoniewerk Königin Elisabeth

Manual $C\text{-}c^3$

Principal	8′	C-Fs Holz gedeckt, G-H Holz offen, ab c^0 im Prospekt, neu
Gedackt	8′	C-H Holz, $c\text{-}c^3$ Zinn, alt
Oktave	4′	C-H Holz, $c\text{-}c^3$ Zinn, alt
Rohrflöte	4′	$C\text{-}c^3$ alt
Nassat	2⅔′	$C\text{-}c^3$ alt, Rohrnassat
Oktave	2′	$C\text{-}c^3$ alt
Mixtur 2fach	1⅓′	$C\text{-}c^3$ alt
	1′	$C\text{-}c^1$ alt, ab cs^1 durch neue Pfeifen vervollständigt

Pedal $C\text{-}c^1$

Subbaß	16′	$C\text{-}c^1$ Holz, alt
Principalbaß	8′	$C\text{-}c^1$ Holz offen, alt

Schleifladen, mechanische Traktur, Pedalkoppel[4]

Lichtenberg, Diakoniewerk
Spieltisch der Orgel

1. Die Angaben in dieser Darstellung gehen zurück auf eine Beschreibung der Restaurierung durch Rainer Nass, Erzhausen.
2. Berg-1989, S. 36, 104.
3. wie Anm. 1.
4. wie Anm. 1.; Aufzeichnung des Verfassers im Frühjahr 1989.

Die im *Ev. Königin-Elisabeth-Hospital* stehende Orgel mit 7 Registern im Manual und 2 Stimmen im Pedal wurde 1826 von Johann Friedrich Turley aus Treuenbrietzen für die Kirche in *Wölmsdorf* bei Jüterbog, 60 km südlich von Berlin, erbaut. Dort stand sie in der Brüstung einer Empore. Auf der Innenseite des Pulpetenbrettes fand sich die Inschrift: »Johann Friedrich Turley junior IIter Regierungs.Orgelbauer Treuenbrietzen, 1826«.[1] Turley wurde am 23. 6. 1804 in Treuenbrietzen geboren, war vor allem im Raum Treuenbrietzen-Belzig, aber auch im Norden der Mark Brandenburg tätig und starb 1855 unweit Cöthen.[2]
Die Gemeinde konnte das Geld für eine Restaurierung dieser Orgel nicht aufbringen und hatte daher das Instrument 1967 abgetragen. 1969 wurde es von Rainer Nass, Berlin, in *Lichtenberg* aufgestellt, restauriert und um die fehlende Balganlage und die 1917 abgelieferten Prospektpfeifen ergänzt.[3]
Die Orgel wurde in der Krankenhaus-Kapelle zu ebener Erde, von wenigen Veränderungen abgesehen, wieder aufgebaut. Der neue Standort ließ den Platz für eine originalgetreue Balg- und Tretanlage nicht zu. Die Windversorgung übernehmen heute ein Ventilator, ein kleiner Vorbalg und ein Balg zur Manuallade. Die originale Stimmung im Chorton (½ Ton über Normal) wurde beibehalten.
Das Pfeifenwerk war bis auf die Prospektpfeifen und einige Mixturpfeifen vorhanden, jedoch stark beschädigt. Die Mensuren der Prospektpfeifen konnten dem Mensuraufriß auf dem Prospektstock abgenommen werden. Der Verlauf der Labien wurde in Anlehnung an noch erhaltene Turley-Orgeln neu gestaltet. Die Holzpfeifen zeigten Wasserschäden und Wurmfraß, konnten aber wiederhergestellt werden. Ein Vergleich der Principalmensur mit der des Oberwerks in *Angermünde* zeigt, daß Turley noch stark in der Tradition Wagners gearbeitet haben muß. Eine Besonderheit ist die Mixtur. Sie repetiert nicht; beide Chöre laufen vom großen C bis zum c^3 durch.
Die Manuallade mit einem Fundamentalbrett war gerissen und mußte von Grund auf überarbeitet werden. Die Pedallade, die aus einer einzigen Bohle besteht, in die Kanzellen eingestemmt sind, befand sich in einem guten Zustand. Die Manualklaviatur hatte sich so stark verzogen, daß an eine Wiederverwendung nicht zu denken war. Eine in den Abmessungen gleichartige alte Klaviatur wurde neu eingebaut. Als Zugeständnis an die heutige Zeit wurde eine Pedalkoppel angelegt, ohne die Substanz der Traktur zu verletzen.
Da die Brüstung am ursprünglichen Standort zurückbleiben mußte, waren an dem Gehäuse Erweiterungsarbeiten erforderlich. Die Vorderseite des Unterbaus und ein Gehäusedach wurden neu angefertigt; die Gesimse wurden bis an die Rückwand weitergeführt.

UP

Lichtenberg, Diakoniewerk Königin Elisabeth
Orgel von Johann Friedrich Turley, 1826, vormals *Wölmsdorf*

Wannsee, St. Peter & Paul auf Nikolskoje
Orgel von JOHANN FRIEDRICH TURLEY, 1837

Wannsee
St. Peter & Paul auf Nikolskoje

Zarin Feodorowna von Rußland, ehemals Prinzessin Charlotte von Preußen, äußerte um 1830 anläßlich eines Aufenthaltes auf der *Pfaueninsel*, daß es schön wäre, wenn vom gegenüberliegenden Steilufer der Havel Glockengeläut herüberklänge. König Friedrich Wilhelm III. ließ daraufhin, nachdem bereits das russische Blockhaus auf *Nikolskoje* (= »Nikolaus zu eigen«) errichtet worden war, eine »im russischen Style« gehaltene Kirche errichten. Stüler, dessen erster Entwurf nicht »russisch« genug ausfiel, wurde von Albert Dietrich Schadow unterstützt und bekam durch Schinkel, der die Turmfront skizzierte, die wesentliche »russische« Anregung. Die Kirche, 1834-1837 gebaut, hat das Schiff der Schinkelschen »Normalkirche« der Berliner Vorstädte; der Bau unterscheidet sich von der *St. Johannis-* oder der *Nazareth-Kirche* wesentlich nur durch den Turmriegel und die große Terrasse davor. Das Radfenster dieses Turmriegels ist blind und liegt zudem höher als die Öffnungsebene der Kirchenfenster; die Orgel auf dem Chorboden steht somit in einem geschlossenen, lichtlosen Raum.

Das Gehäuse des Instruments - gebaut 1837 von dem Treuenbrietzener Johann Friedrich Turley - ist nicht mit den zeitgleichen Entwürfen Schinkels und seines Umkreises zu vergleichen; Einflüsse des Orgelbauers sind zu vermuten. Der unter einem flachen Giebel schrankartig geschlossene Prospekt besitzt lediglich drei rundbogige Pfeifenfelder, deren flächige Anordnung, durch zaghafte Pflanzenornamentik belebt, nur von einer volutenartigen Konsole über dem Spielschrank plastisch durchbrochen wird. In der Größe entsprach das Instrument der kleinen Kirche: Es besaß 8 Register auf einem Manual und Pedal.

Mit Schreiben vom 7. 10. 1897 erstellte Alexander Schuke, Potsdam, einen Kostenanschlag über Reinigung und Reparatur;[1] über die Ausführung ist nichts bekannt. 1917 wurden die Prospektpfeifen an den Reichsmilitärfiskus abgeliefert.[2] Mitte der dreißiger Jahre wurde die Kirche durch die »Sonnabend-Orgelfeierstunden für Ausflügler« zu einem gutbesuchten kirchenmusikalischen Aufführungsort, und die kleine Orgel genügte den Ansprüchen nicht mehr.[3] Auch sollte sie zum 100jährigen Jubiläum der Kirche einwandfrei instandgesetzt sein.[4] So vergrößerte 1937 die Firma Alexander Schuke, Potsdam, das Werk um ein zweites Manual. Das erste Manual wurde umdisponiert, und auch das Pedal wurde erweitert. Das Gehäuse, die Windladen und ein Teil der Register Prinzipal 8′, Rohrflöte 4′, Oktave 2′, Gedackt 8′, Prinzipal 4′, Subbaß 16′ und Flöte 8′ blieben alt.

Der Zweite Weltkrieg hatte hier relativ geringfügige Folgen: gestohlene Pfeifen und Feuchtigkeitsschäden wegen fehlender Fenster. Schon im Mai 1945 führte die

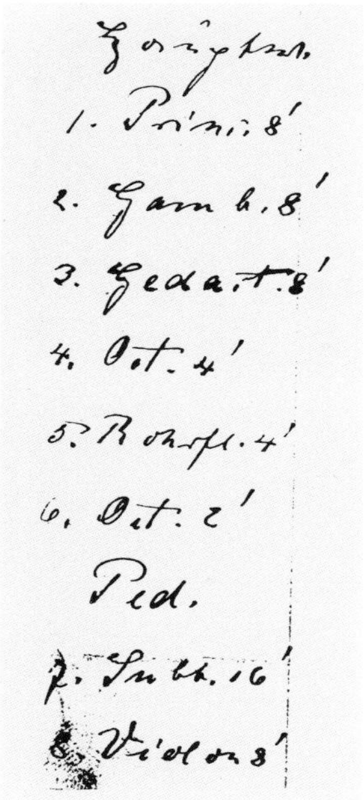

Disposition von 1837

Manual

Principal	8′
Gambe	8′
Gedact	8′
Octave	4′
Rohrflöte	4′
Octave	2′

Pedal

Subbaß	16′
Violon	8′

Schleifladen,
mechanische Traktur

1. PfA-ZePP.
2. Bern-1987, S. 145, 146.
3. Scmi-1937, S. 114.
4. Bern-1987, S. 140.

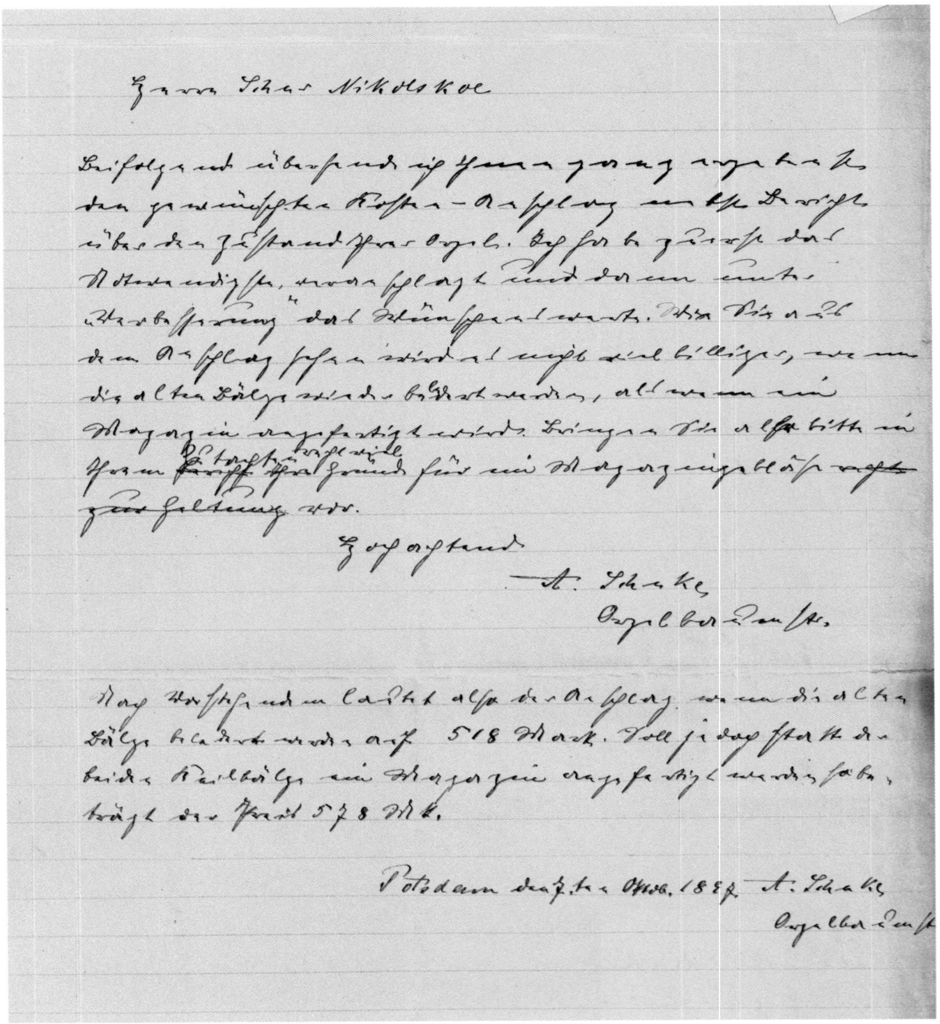

Disposition von 1937[6]

I. Manual C-f^3

Quintade 16′
Prinzipal 8′
Gemshorn 8′
Rohrflöte 4′
Sesquialtera 2⅔′ + 1⅗′
Oktave 2′
Mixtur 4fach

II. Manual C-f^3

Gedackt 8′
Salicional 8′
Prinzipal 4′
Blockflöte 4′
Waldflöte 2′
Oktävlein 1′
Cymbel 3fach
Krummhorn 8′

Pedal C-f^1

Subbaß 16′
Flöte 8′
Nachthorn 4′
Posaune 8′

Schleifladen, mechanische Spieltraktur, pneumatische Registertraktur, Manualkoppel, zwei Pedalkoppeln, zwei freie Kombinationen, Tutti

Firma Schuke, Potsdam, die notwendigen Reparaturen aus.[5] Aber 1949 erstellte sie ein Gutachten und baute ein Jahr später die Orgel um: Die Registerzahl blieb, aber Quintade 16′ und Gemshorn 8′ im I. Manual wurden durch eine neue Koppelflöte 8′ nebst Prinzipal 4′ und Salicional 8′ aus dem II. Manual ersetzt; die Sesquialtera kam ins II. Manual, wo auch eine neue Quintade 8′ hinzugefügt wurde. Das Werk erhielt eine neue elektropneumatische Registertraktur.
1956 und 1966 erfolgten Reparaturen; 1977 wurde durch ROMAN ILISCH, Berlin, ein Riß in der Hauptwerkslade abgedichtet.
Weitere Umbauten und Reparaturen fanden 1985-1987 durch die Berliner Orgelbauwerkstatt KARL SCHUKE statt: Die Disposition blieb zwar unverändert, aber die Orgel erhielt einen neuen Spieltisch, eine mechanische Registertraktur und eine Setzeranlage; die Prospektpfeifen werden erneuert. So vereint das Instrument heute sowohl in den Pfeifen als auch in der Spielanlage Material aus seinem gesamten Lebenslauf.
US

5. Alle weiteren Angaben nach Bern-1987, S. 142-145.

Disposition von 1987

I. Manual C-f^3

Prinzipal	8′	Prospekt 1987, C-F Holz, 1837
Koppelflöte	8′	C-H, a-f^3 1950, c-gis 1986
Salizional	8′	1937
Oktave	4′	C-e, fs^2 1985, f-f^2 1837 Prinzipal 8′ (f^1-f^3), g^2-f^3 1837
Rohrflöte	4′	1837
Oktave	2′	1837, aber um einen Halbton nach oben gerückt
Mixtur 4fach		1937, neuer Pfeifenstock
		C 1 1/3′ 1′ 2/3′ 1/2′
		c 2′ 1 1/3′ 1′ 2/3′
		c^1 2 2/3′ 2′ 1 1/3′ 1′
		c^2 4′ 2 2/3′ 2′ 1 1/3′
		c^3 5 1/3′ 4′ 2 2/3′ 2′

II. Manual C-f^3

Gedackt	8′	C-H 1937, ab c 1950
Quintadena	8′	1950
Blockflöte	4′	C-h 1985, c^1-f^3 1937
Waldflöte	2′	C-H 1985, c-f^3 1937
Oktävlein	1′	C-f^2 1837 aus Oktave 4′, fs^2-f^3 1937
Sesquialtera 2fach	2 2/3′	C-E 1937, F-f 1985, fis-f^3 1937
	1 3/5′	C-F 1985, Fis-f^3 1937
Cymbel 3fach		1937
		C 1/2′ 1/3′ 1/4′
		A 2/3′ 1/2′ 1/3′
		f 1′ 2/3′ 1/2′
		ds^1 1 1/3′ 1′ 2/3′
		c^2 2′ 1 1/3′ 1′
		a^2 2 2/3′ 2′ 1 1/3′
Krummhorn	8′	1985
Tremulant		

Pedal C-f^1

Subbaß	16′	1837 (?), den Spunden nach nicht original
Flöte	8′	1937, evtl. aus Violon 8′ umgearbeitet (?)
Nachthorn	4′	1937
Posaune	16′	1985

Schleiflade für I. Manual und Wellenbrett 1837, Fundamentbrett 1986, Ausgleichsbalg 1985, Schleiflade II. Manual 1937, Ausgleichsbalg 1985, mechanische Spieltraktur, mechanische Registertraktur mit 32fachem Setzer, Manualkoppel, zwei Pedalkoppeln [6]

6. Bern-1987, S. 146-147.

Treptow, Bekenntnis-Kirche
Orgel von JOHANN
CHRISTOPH SCHRÖTHER, 1827

Treptow
Bekenntnis-Kirche

Der Leiter des Kirchlichen Bauamtes, Curt Steinberg, plante die Kirche, die 1932 fertiggestellt wurde. Die spätexpressionistische Architektur, die Steinberg zusammen mit seiner Vorliebe für gelbe und gelb-rot-geflammte Hartbrandklinker auch einige Jahre später bei der *Martin-Luther-Gedächtnis-Kirche* in *Mariendorf* anwendete, prägt hier einen Straßenfrontbau, dessen geschlossene und wenig profilierte Fassade im wesentlichen durch die konsequente Vertikalgliederung signifikant ist. Das riesige Trichterportal beschwört bereits die Monumentalität der dreißiger Jahre; die aufgesetzten Türme über dem Traufgesims erinnern noch an Werkbund und Bauhaus. Der Innenraum ist ebenfalls von den archaischen, oftmals in den zwanziger und dreißiger Jahren mystifizierten Materialien Klinker, Terrakotta und Holz bestimmt.
Mit dem Neubau der Kirche wurde bei der Firma W. Sauer, Frankfurt/Oder, eine Orgel in Auftrag gegeben, die 1931 aufgestellt wurde und heute noch erhalten ist.
Im Untergeschoß der Kirche steht seit 1979 ein Positiv, das der Niederlausitzer Orgelbauer Johann Christoph Schröther d. J. (1774-1859) aus Sonnenwalde für die Dorfkirche in *Lieske*, Kreis Spremberg, erbaut hatte. Am 24. Juni 1827 war es in Lieske eingeweiht worden.[1]
Das kleine Werk umfaßt auf einem Manual und Pedal 6 Register, die auf Schleifladen mit mechanischer Traktur stehen. Das hübsche nachbarocke Gehäuse ist oben geschlossen. Der Winddruck beträgt 60 mm WS. Die Stimmtonhöhe ist nahzu ein Ganzton höher als normal. Die 1917 beschlagnahmten Prospektpfeifen aus Zinn wurden später in Zink ersetzt. Die Firma Hermann Eule, Bautzen, führte 1955 eine größere Reparatur und klangliche Erneuerung aus.[2]
Um 1976 erwarb Ludwig Glöckner, Berlin, das Positiv. Dann kaufte es die Bekenntnis-Gemeinde und ließ es durch Axel Stüber 1978-1979 instandsetzen. Das Pedalklavier und die Orgelbank mußten nach den verwurmten Originalen neu gefertigt werden.[3] Eine gründliche Restaurierung steht noch aus und ist dringend erforderlich.

CK

1. KoO-ZSOb.
2. Archiv Eule, Bautzen.
3. Wie Anm. 1.
4. KoO 1944.

Manual C-c³

Principal	4'	ab F im Prospekt
Gedackt	8'	alt
Rohrflöte	4'	1955
Waldflöte	2'	1955
Mixtur 3fach	1⅓'	1955
Schwebung		

Pedal C-c¹

Subbaß	16'

Schleifladen, mechanische Traktur, PedalCoppel[4]

Berlin, St. Elisabeth-Kirche
Orgel von Carl August
Buchholz, 1834, 1945 zerstört

Berlin-Mitte, Wedding, Moabit
Die vier Vorstadtkirchen von Karl Friedrich Schinkel

Die nördlich der Stadtmauer gelegenen Ansiedlungen gehörten ab 1806 zur Sophiengemeinde; die Wege zur Kirche waren weit. Vor allem, weil der sich in diesen Vorstädten entwickelnden Not der Menschen nach Auffassung der Kirchenleitung nur missionarisch begegnet werden konnte, gab es ab 1827 Überlegungen zum Bau von zwei Vorstadtkirchen. Die Pläne entwarf Karl Friedrich Schinkel. Mit dem Bau der Kirche vor dem *Rosenthaler Tor* wurde 1830 begonnen. Nach einer die Situation verschärfenden Choleraepedemie erhöhte der König 1832 die Zahl der Kirchen bei gleichbleibenden Finanzmitteln auf vier; die Pläne wurden geändert - verkleinert - und alle vier Kirchen (*St. Elisabeth, Mitte; Nazareth* und *St. Paul, Wedding; St. Johannis, Moabit*) 1834 einschließlich der Orgeln fertiggestellt. Alle Instrumente stammten aus der Werkstatt von Carl August Buchholz.
Die einfachen, rechteckigen Säle mit seitlichen Emporen sind an den Schmalseiten durch je zwei seitliche Nebenräume in zwei Etagen ergänzt, zwischen denen sich die Eingangshalle mit der Chor- und Orgelempore auf der Portalseite, und das Vorchorjoch an der Altarseite befindet. Eine Halbkreisapsis schließt den Bau jeweils ab und gibt ihm - mit wenigen Attributen wie etwa Giebelkreuzen über dem flachgeneigten Satteldach - sakrale Prägung. Von dieser Struktur aller vier »Normalkirchen« weicht *St. Elisabeth* lediglich durch ihre Gesamtdimension und die offene Vorhalle ab; sie wurde ja bereits größer begonnen, als der Plan zu vier kleineren Kirchen entstand.

Die Prospektentwürfe Schinkels

Für seine Entwürfe zu den Orgeln der vier Vorstadtkirchen zeichnete Schinkel lediglich die Orgelgehäuse. In den ersten fünf Darstellungen fehlt der Spieltisch: ein Hinweis darauf, daß sich der Baumeister nur mit der innenarchitektonischen Wirkung der Orgeln befaßte; die Instrumente sind nur unter dem Gesichtspunkt der Integration in den Raum erfaßt.
Die Grundidee dieser vier Orgelgehäuse ist eine - scheinbare - Auflösung des Werks in Prospekttürme. Schinkel führte die turmartig angeordneten Prospektpfeifen nur halbkreisförmig aus, erreichte aber durch eine geschickte Anordnung unterschiedlicher Pfeifentürme den Eindruck einer vollplastischen Gruppe zylindrischer Werkteile. Der an der Lösung technischer Aufgaben sonst engagierte Schinkel hat hier, unter dem Diktat der kurzen Bauzeit und der bescheidenen Mittel, eine nur oberflächliche Synthese von Orgelprospekt und Orgelwerk gefunden. Die Prospekte waren in allen vier Kirchen ästhetisch äußerst gekonnt konzipierte Fassaden; nicht mehr und nicht weniger.
Die kunstvolle Abwechslung von Pfeifentürmen unterschiedlicher Höhe und Durchmesser und ihre Anordnung zueinander auf mehr oder minder vorspringenden Radien formte eine bewegte Skulptur. Die stummen Schaupfeifen in den Prospekten waren aus versilbertem Lindenholz gefertigt. Die Türme standen auf vorkragenden halbkreisförmigen Konsolen - die in ihrer Höhe niemals Windladen hätten aufnehmen können -, auf denen die Fußzone der darauf stehenden Pfeifenreihen durch einen Blätterfries aus vergoldetem Zinkguß »verschleiert«, also verzierend verdeckt wurde. Ein Krönungsgesims aus Palmetten, über dem Hauptgebälk der Turmverdachung, war ebenfalls aus vergoldetem Zink. Der Unterbau der Orgeln war in der Struktur, farblich und ornamental den Emporenbrüstungen angepaßt.

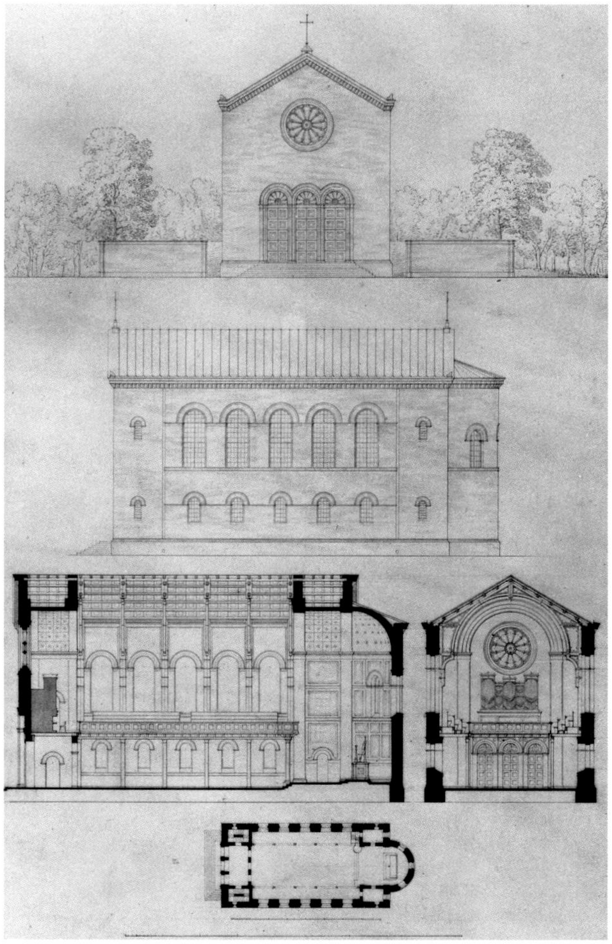

Kirche in Moabit bei Berlin *(St. Johannis-Kirche)*,
Ansichten, Schnitte, Grundriss;
Feder- und Tuschezeichnung K. F. Schinkel

Wedding, Nazareth-Kirche
Entwurf von Karl Friedrich Schinkel, Orgel von Carl August Buchholz, 1834, 1906 veräußert

Berlin-Mitte, *St. Elisabeth-Kirche*

Im Prospekt der Orgel wirkten im Zusammenhang der Rundtürme, die in verschiedener Breite, Höhe und in der Tiefe gestaffelt den Prospekt gliedern, die drei kleineren Türme in der Mitte wie ein hochgestelltes Rückpositiv: die Anordnung eines Architekten, der von Orgelbautraditionen weitgehend unabhängig eine Fassade entwickelt, die das Innere der Orgel nicht wiedergibt. Entsprechend des »antikischen« Dekors der nahezu standardisierten Architektur der »Normalkirche« erhielt die Orgel von St. Elisabeth klassizistische Details, wie Akanthus und Mäanderbänder und Friese, die der Gebälkornamentik der römischen Antike entnommen sind. Die Prospektpfeifen waren stumm und aus Lindenholz hergestellt.
Beschrieben wird die Orgel von Oberbauinspektor Berger 1835 folgendermaßen: »Die Front des Orgelgehäuses ist mit stummen versilberten Pfeifen aus Lindenholz verziert und mit Blätterreihen von Zink gekrönt, die in Goldfarbe gemalt sind. Der Untersatz der Orgel ist in Braun mit blauen und gelben Verzierungen geschmückt.«[1]
Das Instrument besaß 18 Stimmen auf 2 Manualen und Pedal; die Verwendung einer Progressio harmonica im Untermanual anstatt einer repetierenden Mixtur und die Pedaloktavkoppel weisen Buchholz als fortschrittlichen Orgelbauer aus.
1836 schloß Buchholz einen Pflege- und Instandhaltungsvertrag, den er bis 1885 erfüllte. Danach übernahm die Firma Gebr. Dinse die Betreuung; 1888 änderte sie die Disposition.[3]
1930 führte Heinrich Dinse eine Reparatur durch. 1938 war dann die Zeit gekommen, die Orgel den neuen Ansichten der Orgelbewegung anzupassen: die Firma Alexander Schuke, Potsdam, baute sie ab und errichtete einen Neubau, bei dem der Prospekt und große Teile des Pfeifenmaterials erhalten blieben. Dabei wurde sie auf 21 Register erweitert.
Im März 1945 wurden Kirche und Orgel zerstört; die erhaltenen Umfassungsmauern werden gesichert und können später Grundlage eines Wiederaufbaus sein.

Disposition St. Elisabeth, 1834[2]

Untermanual	C-f³
Bordun	16′
Prinzipal	8′
Rohrflöte	8′
Oktav	4′
Spitzflöte	4′
Quinte	3′
Oktav	2′
Progressio harmonica 2-4fach	

Obermanual	C-f³
Salicional	8′
Gedackt	8′
Gemshorn	4′
Flaut travers	4′
Nasard	3′
Violini	2′

Pedal	C-d¹
Violon	16′
Subbaß	16′
Prinzipal	8′
Posaune	16′

Schleifladen, mechanische Traktur, Manualkoppel, Pedalkoppel, Pedaloktavkoppel, zwei Ventile, drei Bälge

Wedding, *Nazareth-Kirche*

Auch am Orgelprospekt der Nazareth-Kirche benutzte Schinkel dieselben Strukturelemente wie in St. Elisabeth, nämlich gestaffelte Rundtürme. Er gruppierte sie aber in der Form eines zur Mitte beidseitig fallenden Bogens, um die Fensterrosette freizulassen. Der stumme Prospekt wurde wieder aus versilberten Lindenholz-Pfeifen gebildet; die Krönungsgesimse und die Glieder über den Konsolen bestanden aus Blätterreihen, die in Zink gegossen und vergoldet waren.
Mit 11 Registern[4] war die Orgel kleiner als in St. Elisabeth, aber genauso groß wie die Instrumente in den beiden anderen neuen Kirchen, St. Paul und St. Johannis. Man darf also annehmen, daß die Disposition der von St. Paul sehr ähnlich, vielleicht sogar mit ihr identisch war.
1836 wurde mit Buchholz ein Pflegevertrag geschlossen. Eine Reinigung wurde 1866 durchgeführt. 1885 kündigte Buchholz wegen Krankheit den Pflegevertrag und empfahl Albert Lang als Nachfolger.[5]
Im dritten Quartal des letzten Jahrhunderts hatte sich die Gemeinde stark vergrößert, so daß schon um 1870 die Kirche zu klein war. So wurde neben der alten Nazareth-Kirche eine neue gebaut und 1893 eingeweiht. Sie erhielt ein Instrument der Firma Gebr. Dinse. Die alte Kirche nutzte man für Gottesdienste nicht mehr und baute sie 1906 zum Gemeindehaus um. Das Inventar wurde verkauft; die Orgel erwarb die *Altlutherische Gemeinde* in der Usedomstraße für 150 Mark.[6] Über ihren weiteren Verbleib war nichts in Erfahrung zu bringen.

1. Rave-1939, S. 337.
2. Haup-1850.
3. Mund-1920.

4. PfA-WeNa, Reinigungs-Kostenanschlag vom 18. 7. 1866.
5. PfA-WeNa.
6. Neub-1926.

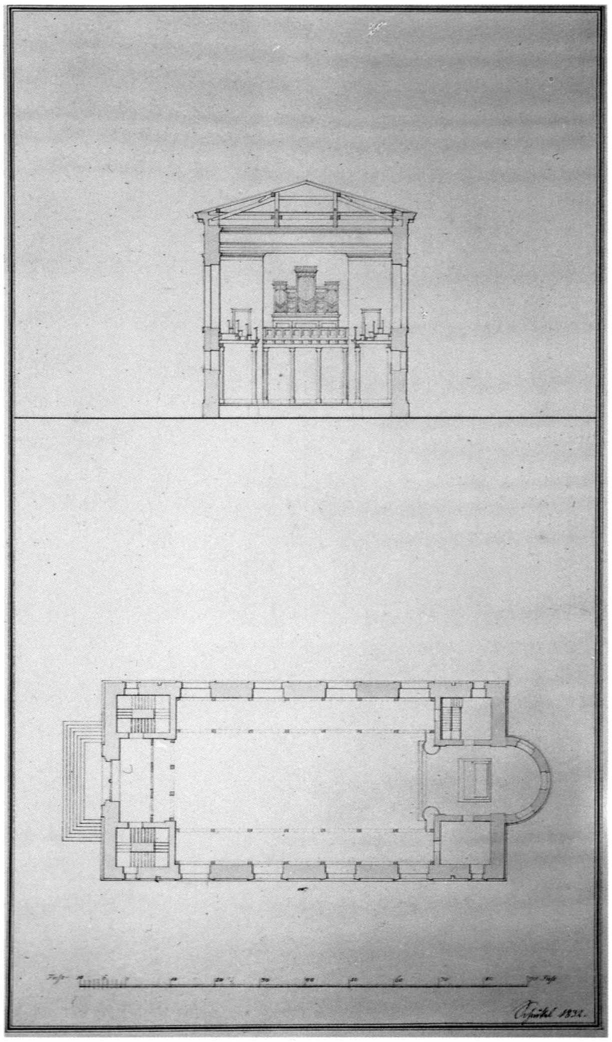

Kirche auf dem Gesundbrunnen *(St. Pauls-Kirche)*; Entwurf (Feder, Tusche), Querschnitt; K. F. Schinkel 1832

Disposition St. Paul, 1834[2]

Untermanual

Principal	8′
Rohrflöte	8′
Octav	4′
Spitzflöte	4′
Quinte	2⅔′
Octav	2′

Obermanual

Gemshorn	8′
Gedact	8′
Dulzflöte	4′

Pedal

Subbaß	16′
Violon	8′

Schleifladen, mechanische Traktur, Manualkoppel, Pedalkoppel, zwei Bälge

Wedding, *St. Pauls-Kirche*

Karl Friedrich Schinkel hatte für die vier Vorstadtkirchen unterschiedliche Gestaltungen vorgelegt. Während für Nazareth und St. Johannis die Formen des sogenannten »Rundbogenstils« in freier Rezeption der Formen toskanischer Romanik in ziegelsichtiger Bauweise ausgeführt wurden, fand für St. Elisabeth und St. Paul eine sogenannte »antikische« Bauweise Verwendung. Hierbei setzte Schinkel neben den entsprechenden strukturellen Formen auch Schmuckformen ein, die der römischen Antike entliehen sind. Akroterien - Giebelzieren - aus Gußzink, mächtige Pilaster, die als Vorlagen das Langhaus in Joche und die Giebel entsprechend der Vorderseite des viersäuligen Tempels teilen, korinthische Kapitelle und Fenster- und Portaldetails entsprechen neben der Farbgebung antiker Bauten diesem Vorbild.

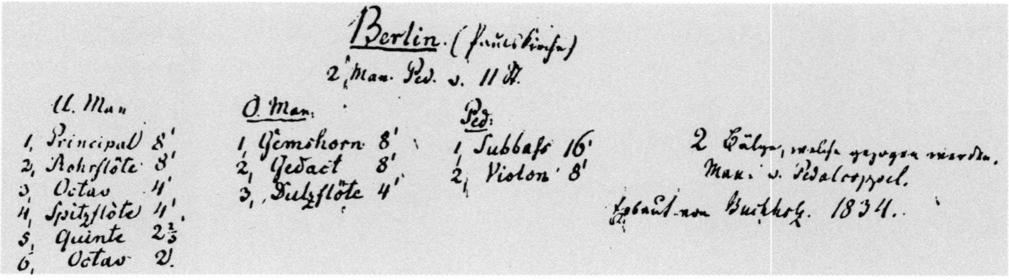

Die Orgel wurde von Carl Buchholz 1834 gebaut; sie erhielt 11 Register auf zwei Manualen und Pedal. Im Übergabebericht ist uns eine Beschreibung erhalten: »Das Orgelgehäuse steht unmittelbar auf der Chorbrüstung, enthält unten eine Vergitterung von Füllungen mit durchbrochenen goldgelb gemalten Arabesken, wohinter die Chorsänger plaziert werden können, und darüber auf größeren und kleineren Konsolen ruhend die aus Lindenholz gefertigten versilberten stummen Pfeifen der Orgelfront mit Kranz von goldgelb bemalten, aus Zink gegossenen Blättern oben und unten. Der Untersatz des Gehäuses ist in gleichen Farben gemalt wie die Chorbrüstung.«[7]

Bald nach dem Bau wurde mit Buchholz ein Pflegevertrag abgeschlossen.

1859 wünschte der Organist einen »Windablasser«, da der überschüssige Wind nach dem Spiel nicht entweichen wollte. August Wilhelm Bach wurde um ein Gutachten gebeten. Er bestätigte zwar, daß an manchen Orgeln ein »Windablasser« angebracht sei, aber diese Vorrichtung würde nur selten angewandt, da sich der überschüssige Wind von selbst verflüchtigen würde. Vermutlich sei das Gebläse schadhaft, man solle Buchholz mit einer Untersuchung beauftragen.[8] Vom Einbau eines Evacuanten rät er ab, denn der Wind entströme nicht ohne Geräusch und störe so nur die Predigt.

Buchholz begutachtete im Frühjahr 1860 die Orgel, fertigte aber keinen Bericht an. Im Sommer teilte der Organist dem Kirchenvorstand mit, der Zustand der Orgel sei befriedigend. Das könne sich aber bei feuchter Witterung wieder ändern.[9]

Im Jahr 1845 war der Orchelchor erweitert worden, damit Vorsänger und Chor Platz fanden. Der Spieltisch war aus Platzgründen nicht vor dem Gehäuse, sondern an seiner Seite angebracht. 1879 wurde er durch die Firma Gebr. Dinse in Verbindung mit einer Reparatur vor das Instrument gestellt.[10]

Buchholz kündigte 1885 aus Gesundheitsgründen den Pflegevertrag. Die Betreuung übernahmen die Gebr. Dinse, die auch 1891 die Orgel um ein (nicht näher genanntes) Register erweiterte.[11]

1906 baute die Firma E. F. Walcker & Cie. für die Kirche eine neue Orgel. Das alte Instrument wurde abgebaut und an den Gastwirt Ballschmieder in der Badstraße für 150 Mark verkauft. Hier wurde sie im großen Saal links neben der Bühne aufgestellt. Nach sieben Jahren ohne Pflege wurde sie 1913 mit großen Mühen zum letzten Mal gespielt.[12] Ihr weiterer Verbleib ist nicht bekannt.

7. Rave-1939, S. 338 f.
8. PfA-WeSP, Chronik des Pfarrers Bellermann.
9. PfA-WeSP.
10. PfA-WeSP, Rechnung der Firma Dinse vom 14. 10. 1879.
11. PfA-WeSP.
12. Fest-1935, S. 99.

Unter den vier Vorstadtkirchen war *St. Johannis* die einzige, die am Tag ihres Namenspatrons, Johannes des Täufers, am 21. Juni 1835 eingeweiht wurde. Der Bau, der wie die anderen Kirchen dem Grundriß- und Raumstrukturmuster folgte, das Schinkel zuvor als »Normalkirche« für die nordwestlichen Vorstädte entwickelt hatte, gilt als »Prototyp« hinsichtlich der Kompliziertheit handwerklicher Durchführung. Der insgesamt höher und weniger kubisch-gedrungen gestaltete Baukörper, dessen Langhaus um ein Joch länger ist als das der stilistisch ähnlichen Nazareth-Kirche, wurde im Inneren nicht mit der bei den übrigen drei Vorstadtkirchen obligatorischen Flachdecken versehen. Seine sichtbare Dach- bzw. Deckenkonstruktion war mit reich verziertem, stilistisch der oberitalienischen Romanik entlehntem hölzernen Tragwerk versehen.

Das Inventar entsprach im wesentlichen der Ausstattung der übrigen Kirchen; Altar, Kanzel und Taufe, die Bänke und alles weitere Mobiliar war, von schmükkenden Details abgesehen, standardisiert.

Die Orgel, ebenfalls von Buchholz gebaut, war 1833 bereits fertig. Ihr Prospekt gruppierte sich, ähnlich der Gestaltung in der Nazareth-Kirche, in Rundtürmen aufgelöst um das Radfenster der Eingangsseite, dem »liturischen Westgiebel«, der hier Richtung Süden zeigt. Durch diese Himmelsrichtung hatte der Lichteinfall - wie bei der ebenfalls nach Süden ausgerichteten Nazareth-Kirche - besondere Bedeutung für den Innenraum.

Das Instrument besaß 11 Register auf zwei Manualen und Pedal.[13] Die Disposition ist nicht überliefert, dürfte aber der von St. Paul sehr ähnlich oder sogar gleich gewesen sein.

Schon 1844 befaßte sich Friedrich August Stüler mit Erweiterungsentwürfen für die Kirche. Das Gotteshaus der stark gewachsenen Gemeinde erhielt daraufhin bis 1853 den Glockenturm, das Schul- und das Pfarrhaus - beide symmetrisch die Kirche flankierend - und den verbindenen Arkadengang vor der Kirche. Stüler hatte ähnliche Anlagen für viele kleinere Kirchen in Brandenburg und Berlin entworfen. Während dieses Bauzustandes, 1872, heißt es in einem Gutachten des Organisten Dienel: »der Zustand der Orgel ist sehr schlecht.«

Durch die Urbanisierung Moabits in den letzten 20 Jahren des vorigen Jahrunderts wuchs die Kirchengemeinde überproportional. Baurat Max Spitta schuf 1895/96 einen Anbau, der schon parallel dazu durch eine Filialkirche, die *Heilands-Kirche,* ergänzt werden mußte, um die Gottesdienstgemeinde unterbringen zu können. Spitta setzte ein Querhaus, ein Vorchorjoch und einen die Gestalt der Schinkelapsis wiederholenden Chorschluß an das Schinkelsche Langhaus. Sakristei und ein weiterer Nebenraum hinter den Arkaden Stülers, an den Seiten des Westgiebels, ergänzten neben aufwendigen Freitreppen vor allen Giebeln und deren Portalanlagen die Wirkung als »Großkirche« im Sinne der Zeit. Im Inneren wiederholte Spitta die Gestaltung Schinkels akribisch.

Im Zuge dieser Erweiterung errichtete die Firma E.F. Walcker & Cie. 1896 eine neue Orgel mit 34 Registern. Der alte Prospekt wurde abgebaut; Buchholz-Pfeifen wurden aber teilweise wiederverwendet. Dieses Instrument wurde 1943 mit der Kirche zerstört.[14]

Den vereinfachten Wiederaufbau von 1955/57 planten Otto Bartning und seine Mitarbeiter Werry Roth und Rudolf Dörzbach nach einem Konzept des Landeskonservators und ehemaligen Bauhauslehreres Hinnerk Scheper. Während die meisten der modernen Strukturen und Ausstattungsstücke kaum Bezug auf die ursprüngliche Form nehmen, folgt die Konzeption der neuen Orgel wieder dem Schinkelschen, zwingenden Prinzip der raumgestaltenden Umfahrung der Rosette der Westseite. US

St. Johannis-Kirche, Schnitt, Max Spitta, um 1890; Bestandszeichnung vor dem Umbau

13. PfA-TiSJ, Alfred Werbeck, Chronologie zur Geschichte der Ev. Gemeinde *St. Johannis* zu Berlin. Handschrift. Hier auch eine von Oberbauinspektor Berger verfaßte Beschreibung der Orgel.
14. Damals ging auch das gesamte Gemeindearchiv verloren, so daß wir weitere Unterlagen nicht mehr besitzen.

Berlin, St. Nikolai-Kirche
um 1900

Berlin-Mitte
St. Nikolai-Kirche

Berlin, St. Nikolai-Kirche

Die St. Nikolai-Kirche ist die älteste Pfarrkirche Berlins. Sie liegt in unmittelbarer Nähe des Flußübergangs und des ältesten Marktes, dem Molkenmarkt. Die erste steinerne Kirche Berlins stand ungefähr 150 Jahre; nur der westliche Abschluß dieser Basilika, ein mehrgeschossiger Querbau, hat sich bis heute in den Türmen erhalten. Vermutlich als Folge des Stadtbrandes von 1376 wurde schon vor 1379 mit dem Bau einer stattlichen gotischen Backsteinkirche begonnen. Vollendet wurde der Bau erst um 1400 nach einer längeren Unterbrechung, die offenbar auf einen zweiten Stadtbrand um 1380 zurückzuführen ist. Ihre heutige Gestalt erhielt sie in der Mitte des 15. Jahrhunderts. Die Seitenschiffe dieser etwa 60 Meter langen und sieben Joche umfassenden mächtigen Hallenkirche sind an der Ostseite um das Mittelschiff herumgeführt und bilden hier einen neunteiligen polygonalen Umgang. Eine Besonderheit bilden die niedrigen, zwischen die Strebepfeiler eingeschobenen Kapellen.[1]

1. Bads-1987, S. 13-15, 17-18, 191; Gott-1985, S. 163.

In ihrer gotischen Gestalt zeigte sich die Kirche bis in das 19. Jahrhundert. Renaissance und Barock ließen das Äußere nahezu unverändert. Erst bei der großen Restaurierung 1876-1878 wurde das als unfertig empfundene Turmwerk vervollständigt. In dieser Zeit erhielt die Kirche die Obergeschosse ihrer Backsteintürme mit den für das Stadtbild Berlins charakteristischen Doppelspitzen.[2]

Im Zweiten Weltkrieg wurde die Nikolaikirche bis auf die Umfassungsmauern zerstört. Bis in die achziger Jahre stand sie als Ruine im Zentrum der Stadt. 1983 begann man mit der Restaurierung; heute beherbergt sie ein stadtgeschichtliches Museum.[3]

Die erste uns bekannte Orgel der Kirche war ein Instrument des Hoforganisten und Orgelbauers BLASIUS LEHMANN aus dem Jahre 1519. Beckmann bemerkte 1759 in seiner handschriftlichen Chronik von Berlin und Cölln: »Die Orgel hat, wie man davon gewisse Nachricht haben können, an die 300 Jahr gestanden«.[4]

Im 17. Jahrhundert wurde die St. Nikolai-Kirche durch die hier ausgeübte Kirchenmusik weit über die Grenzen Berlins hinaus bekannt. Dieser Ruhm ist zwei Persönlichkeiten zu danken: JOHANN CRÜGER und PAUL GERHARDT. Die von Paul Gerhardt gedichteten und von Johann Crüger vertonten Kirchenlieder werden noch heute gesungen. Gerhardt war von 1657 bis 1666 Pfarrer und Crüger von 1622 bis zu seinem Tod 1662 Organist an St. Nikolai.[5] Das lebendige kirchenmusikalische Leben und die Initiative des regen Organisten ADRIAN LUTHEROTH führten 1706-1708 zu einem Orgelneubau. ARP SCHNITGER kam über Magdeburg nach Berlin und baute hier ein Werk mit 40 Registern auf drei Manualen und Pedal.[6]

Im Jahre 1790 veränderte ERNST MARX dieses Instrument, um es dem neuen Zeitgeist anzupassen. Einige Jahrzehnte später setzte sich der Organist von St. Nikolai, AUGUST HAUPT, für ein neues Instrument ein.[7] CARL AUGUST BUCHHOLZ erhielt den Auftrag, das erst gut hundert Jahre alte Werk durch einen Neubau zu ersetzen. Buchholz trug die Schnitger-Orgel am 1. 3. 1846 ab. Die neue Orgel konnte noch im gleichen Jahr, am 7. 11. 1846, als dessen Opus 87 fertiggestellt werden.[8]

Dieses Instrument war die erste große dreimanualige Orgel des 19. Jahrhunderts in Berlin. Haupt urteilte über »sein« Werk: »Die Orgel ist ausgezeichnet durch Großartigkeit und Pracht in der Gesamtwirkung, wie eben durch schöne und charakteristische Abstufung der Klangfarben im Einzelnen. Die Principale, die Gamben und die durchschlagenden Zungenwerke, Dulcian 16′ und Vox angelica 8′, gehören zu den schönsten Leistungen der neueren Orgelbaukunst.«[9]

Haupt notierte weiter, daß die Orgel Schleifladen mit den für Buchholz typischen Keilschleifen ohne Belederung, ein zweckmäßigeres Koppel-System und eine Pedal-Oktave-Koppel hatte. Außerdem hatte Buchholz bei ihr zum ersten Mal eine eigene Erfindung zum leichteren Spiel eingebaut. Hierbei handelt es sich vermutlich um Vorventile in den Ventilen der Manualladen, denn im Kostenanschlag für die neue Orgel in St. Petri schrieb Buchholz: »... die Spiel=Ventile mit der auch an der hiesigen Nicolai=Orgel angebrachten neuen Vorrichtung, wodurch eine leichtere Spielart erlangt wird, versehen.«[13]

In den Jahren 1878 bis 1879 wurde die alte hölzerne Orgelempore durch eine neue, massive ersetzt.[14] Bei dieser Gelegenheit mußte die Orgel umgesetzt werden.

Die Orgel wurde keine 60 Jahre alt. 1902 wurde sie durch einen Neubau mit pneumatischen Kegelladen der Firma WILHELM SAUER aus Frankfurt/Oder ersetzt.[15]

Hierbei wurden nach Aufzeichnungen von HANS-JOACHIM SCHUKE 31 Register von Buchholz wiederverwendet. Das Gehäuse blieb erhalten, wurde aber geringfügig verändert. Das neue Instrument enthielt alle Neuerungen des spätromantischen Orgelbaus und als erste Orgel Berlins ein elektrisches Gebläse.

Bis in die Kriegsjahre blieb die Orgel unverändert. Mit der Zerstörung der Kirche ging auch die Orgel verloren.
SB

2. Bads-1987, S. 192; Gott-1985, S. 163.
3. Bads-1987, S. 192; Gott-1985, S. 163-164.
4. Beck-1759, S. 29.
5. Riem-1894, S. 211.
6. Fock-1974, S. 205-207; Haup-1850.
7. Haup-1850.
8. Haup-1850; Haup-1847, S. 87.

Disposition von 1846 (C. A. Buchholz)[10]

Hauptwerk

Principal	16′
Quintatön	16′
Principal	8′
Gemshorn	8′
Gambe	8′
Rohrflöte	8′
Octave	4′
Spitzflöte	4′
Quinte	2 2/3′
Octave	2′
Cornet 5fach	
Scharf 5fach	
Cimbel 3fach	
Trompete	8′

Unterwerk

Geigenprincipal	8′
Bourdon	16′
Piffaro	8′
Hohlflöte	8′
Gedact	8′
Octave	4′
Flauto traverso	4′
Spitzquinte	2 2/3′
Flageolet	2′
Progr. harm. 2-4fach	
Vox angelica	8′

Oberwerk

Principal	8′
Bourdon	16′
Salicional	8′
Gedact	8′
Octave	4′
Nasard	2 2/3′
Rohrflöte	4′
Octave	2′
Flageolet	1′
Mixtur 5fach	
Dulcian	16′
Oboe	8′

Pedal

Principal	16′
Violon	32′
Violon	16′
Subbaß	16′
Nasard	10 2/3′
Principal	8′
Violon	8′
Baßflöte	8′
Octave	4′
Posaune	32′
Posaune	16′
Trompet	8′
Cläron	4′

»Hierzu gehören 8 Blasebälge zu 10 Fuß lang und 5 Fuß breit, von denen 5 den Manualen und 3, mit höheren Windgraden, dem Pedale den Wind geben. Der Tastenumfang der Manuale reicht von c - f‴, der des Pedals con C - f′. Alle Manuale können gekoppelt werden, selbst während des Spielens; die Pedalkoppel faßt jedoch nur das Hauptwerk. Für Liebhaber der Außenseite sei hier bemerkt, daß diese im Style der Kirche gothisch ausgeführt, und daß der Pfeifen=Prospekt aus 3 sechzehnfüßigen Feldern, jedes von 7 Pfeifen, und aus 4 achtfüßigen Thürmen, jeder von 21 Pfeifen, durch zwei Etagen steigend, gebildet ist.«[11]
»Die Orgel hatte 3250 Pfeifen und kostete 6300 Thaler.«[12]

Berlin, St. Nikolai-Kirche
Orgel von Carl August Buchholz, 1846

9. Haup-1847, S. 88.
10. Haup-1847, S. 87
11. Haup-1847, S. 87-88.
12. Wie Anm. 9.
13. Wie Anm. 9; PfA-MiPL, Acta betr. Die Orgel in der Sct: Petri Kirche, 1834-1870, Fol. 123-129.
14. Bär, Jg. 7, 1881, Nr. 2593, S. 49; MVB, Jg. 21, 1904.
15. Saue-1929; IBZ 1901/02, S. 889.
16. IBZ 1901/02, S. 889, 891; AAScP, Akte St. Nikolai; Mund-1920, 335, C 27.

Disposition von 1902 (Sauer)[16]

I. Manual C-g^3

Prinzipal	16′	Zinn, z. T. Prospekt (B)
Quintatön	16′	C-H Holz, Rest Zinn (B)
Prinzipal	8′	Zinn, z. T. Prospekt (B)
Viola di Gamba	8′	C-Fs Holz, offen, Rest Zinn (S)
Flûute harm.	8′	C-H Holz, gedeckt, c-h Holz offen, $c^{1-h}1$ Zinn, offen, c^2-g^3 Zinn überblasend (S)
Gemshorn	8′	C-H Holz, Rest Zinn (S)
Rohrflöte	8′	C-H Holz, gedeckt, Rest Zinn (B)
Stentorflöte	8′	Doppelflöte, C-h Holz offen, c^1-h^1 Zinn, offen, Rest Zinn überblasend (S)
Oktave	4′	Zinn (B)
Rohrflöte	4′	Zinn (B)
Spitzflöte	4′	Zinn (B)
Rauschquinte 2fach	2⅔′	Zinn (B)
Kornet 3-4fach	2⅔′	Zinn (B)
Scharf 5fach	2′	Zinn (B)
Fagott	16′	C-H Holz, Rest Zinn
Trompete	8′	Zinn, g^2-g^3 labial

Pedal C-f^1

Violonbaß	32′	Holz (B)
Prinzipal	16′	Zinn, Prospekt (B)
Violon	16′	Holz (B)
Subbaß	16′	Holz (S)
Salicetbaß	16′	Holz (B)
Nasard	10⅔′	Holz (B)
Prinzipal	8′	Zinn, z. T. Prospekt (B)
Violon	8′	Holz (B)
Baßflöte	8′	Holz (B)
Oktave	4′	Zinn (B)
Posaune	32′	Holz (B)
Posaune	16′	Holz (S)
Trompete	8′	Zinn (S)
Clairon	4′	Zinn (S)

II. Manual C-g^3

Prinzipal	8′	Zinn, z. T. Prospekt (B)
Bordun	16′	C-h Holz, Rest Zinn (B)
Salicional	16′	C-h Holz, C-E gedeckt, Rest Zinn (S)
Schalmei	8′	C-H Holz, offen, Rest Zinn (S)
Koncertflöte	8′	C-H Holz, gedeckt, c-h^1 Holz, offen, c^2-cs^2 Zinn, Rest Zinn überblasend (S)
Gedackt	8′	C-H Holz, Rest Zinn (B)
Salicional	8′	C-H Holz, offen, Rest Zinn (S)
Dolce	8′	Zinn, C-H gedeckt (S)
Oktave	4′	Zinn (B)
Flauto dolce	4′	C-H Holz, Rest Zinn (B)
Nasard	2⅔′	Zinn, konisch (B)
Piccolo	2′	Zinn (S)
Mixtur 5fach	2′	Zinn (B)
Klarinette	8′	C-h^1 Zink, fs^2-g^3 labial (S)
Cor anglais	8′	g^2-g^3 labial (S)

III. Manual C-g^3 (im Schweller)

Geigenprinzipal	8′	C-H Holz, Rest Zinn (S)
Gedeckt	16′	C-h Holz, Rest Zinn (B ?)
Gamba	16′	C-Fs 5⅓′, G-fs Holz, Rest Zinn (S)
Spitzflöte	8′	C-H Holz, gedeckt, c-h Holz, offen, c^1 h^1 Zinn, Rest Zinn überblasend (S)
Soloflöte	8′	C-H Holz, Rest Zinn (S)
Gedackt	8′	C-H Holz, Rest Zinn (B ?)
Quintatön	8′	Zinn (S)
Aeoline	8′	C-H Holz, Rest Zinn (S)
Voix céleste	8′	c-g^3 Zinn (S)
Oktave	4′	Zinn (B)
Traversflöte	4′	C-f Holz, offen, Rest Zinn überblasend (S)
Viola	4′	Zinn (S)
Flageolet	2′	Zinn (S)
Progressiv 2-4fach	2⅔′	Zinn (B)
Oboe	8′	g^2-f^3 labial (S)
Vox humana	8′	im besonderen Schweller, Zinn (S)

Kegelladen, pneumatische Traktur, II-I, III-I, III-II, I-P, II-P, III-P, 3 freie Combinationen, Piano-Pedal, mf-Pedal, Forte, Tutti, Walze, Walze ab, Rohrwerke ab, Handregister ab, Tremolo Vox humana, Windanzeiger, 2 Gebläse für 80 u. 140 mm Druck, Hochdruckventilator, Rohrwerke u. Stentorflöte in I haben 140 mm WS.
B = Buchholz, S = Sauer.

Berlin, St. Nikolai-Kirche
Orgel von Wilhelm Sauer, 1902, Gehäuse 1846, verändert

Berlin, St. Petri-Kirche
Neubau von Johann Heinrich Strack

Berlin-Mitte
St. Petri-Kirche

Die westliche Halbstadt der alten Handelsmetropole Berlin-Cölln, auf der Insel zwischen Spree und Kupfergraben gelegen und schon im Mittelalter unter Aufgabe des eigenen Namens Cölln in die Gesamtstadt aufgegangen, besaß eine bereits aus den eigenen Anfängen stammende romanische Stadtkirche. Diese älteste Kirche Cöllns, St. Petri geweiht, wurde etwa 1350/60 durch einen hochgotischen Hallenbau, ähnlich der Berliner St. Nikolai-Kirche, ersetzt. Wesentliche Änderungen im 16., 17. und 18. Jahrhundert gipfelten in dem Anbau eines hölzernen Turms, der vor Fertigstellung zusammen mit der Kirche 1730 abbrannte. Der Ersatzbau von Grael wurde 1734 unter seinem einstürzenden, ebenfalls noch unvollendeten massiven Turm begraben. Die vierte St. Petri-Kirche schließlich, ein schlichter Saalbau, brannte 1809 ab, und die Gemeinde blieb über 40 Jahre ohne Kirche. Die Petri-Gemeinde hielt in dieser Zeit ihre Gottesdienste im Dom ab.

Im Zuge eines Wettbewerbs für Entwürfe zum Neubau der Petri-Kirche erhielt 1846 der Baumeister Johann Heinrich Strack (1805-1880) den Auftrag zum Bau einer neugotischen Backsteinkirche. Die 1853 fertiggestellte fünftürmige Anlage aus gelben Ziegeln mit stark überhöhten, zinkgedeckten Fialen und Turmdächern - ganz im Geist der idealisierten Gotik Stülers - hatte eine typisch hochgotische Innenraumstruktur mit Westturm, jeweils einjochigem Langhaus, Querhaus und Vorchor und angehängtem Fünfachtelchor. Die sehr breit und dafür kurz angelegten Schiffe ließen jedoch den Eindruck eines Zentralraumes zu.

In den großen, mit 1.500 Sitzplätzen konzipierten Innenraum wollte man auch eine repräsentative Orgel bauen. Carl August Buchholz, der bedeutendste Berliner Orgelbauer im 19. Jahrhundert, bewarb sich um den Auftrag und reichte am 13. März 1848 einen Kostenanschlag mit einem Dispositionsentwurf für ein großes Werk mit 54 Registern auf 4 Manualen und Pedal ein. Es sollte das größte Instrument in Berlin werden und 6.869 Taler kosten.[1] Neben dem Hauptwerk und Pedal sollte es ein Ober=Manual, ein Unter=Manual und ein Fernwerk, das in einem Schwellgehäuse steht und über einen Fußtritt zu bedienen ist, enthalten. Sorgfältig, zum Teil sehr detailliert, beschrieb Buchholz seinen geplanten Orgelbau. Er soll mit 8 Keilbälgen versehen werden, »jeder 10 Fuß lang und 5 Fuß breit. ... Die Fang=Ventile werden mit besonderen Rahmen eingesetzt, die Belederungen durch geheftete Leisten geschützt und über dem Gewichte verschlossene Kasten angebracht, damit der Wind nicht durch unnütze Hände seine abgewogene Gleichheit verlieren kann. Fünf von diesen Bälgen liefern den Wind für die 4 Manuale 36 Grade stark und drei Bälge für das Pedal allein mit 40 Graden Windstärke. ... Die Parallelen (Schleifen) werden nach meiner eigenthümlichen Erfindung keilförmig hergestellt, ... Die Register=Knöpfe werden poliert und erhalten verschiedene mit den Rahmen der Tastaturen, welchen sie geeignet sind, übereinstimmende Farben und eingelegte Porzellan=Etiquettes mit schwarzer Schrift.«

Auch die Bauart einzelner Register charakterisiert Buchholz genauer: z. B. »Trinuna 8 Fuß, 14 löthiges Zinn, angenehme Gamben=Intonation«, »Vox angelica 8 Fuß, Rohrwerk mit durchschlagenden Zungen, die Corpora aus 14 löthigem Zinn« und »Violone 32 Fuß. Dieser große Contra=Baß wird vom großen F an, offener Mensur, aus gutem Kiefernholz angefertiget, die fünf tiefsten Töne dagegen werden durch

1. PfA-MiPL, Acta betr. Die Orgel in der Sct: Petri Kirche, 1834-1870, Fol. 123-129.

offene 16 Fuß Pfeifen, in Verbindung mit $10\frac{2}{3}$ Fuß Pfeifen, welche gedeckt sind, auf akustischem Wege erzeugt.« Exakt gibt Buchholz die Zusammensetzung und die Repetitionen des Scharf 5 fach im Haupt=Manual an, wenn er notiert:
»bei C aus $2'$, $1\frac{1}{3}'$, $1'$, $\frac{4}{5}'$ und $\frac{2}{3}'$; bei c $2\frac{2}{3}'$, $2'$, $1\frac{3}{5}'$, $1\frac{1}{3}'$ und $1'$; bei c′ $4'$, $2\frac{2}{3}'$, $2'$, $1\frac{3}{5}'$ und $1\frac{1}{3}'$; bei c″ $5\frac{1}{3}'$, $4'$, $3\frac{1}{5}'$, $2\frac{2}{3}' + 2'$; bei c‴ $8'$, $5\frac{1}{3}'$, $4'$, $3\frac{1}{5}' + 2\frac{2}{3}'$.«
Hier fällt auf, daß Buchholz das Scharf 5fach nach dem Vorbild von Joachim Wagner anlegt, nämlich in allen Lagen terzhaltig.
Strack fertigte im Frühjahr 1848 einen Entwurf für einen neugotischen Orgelprospekt. Sodann wurden die Orgelbauer Buchholz aus Berlin und Karl Friedrich Ferdinand Buckow aus Hirschberg/Schlesien aufgefordert, entsprechend dieser Prospektzeichnung Dispositionen und Kostenanschläge einzureichen mit der Maßgabe, eine Gesamtsumme von 5.000 Talern nicht zu überschreiten. Am 3. Juli 1848 legte Buchholz seinen Entwurf[2] mit 48 Registern auf drei Manualen und Pedal vor. In einem Begleitschreiben[3] merkte er dazu an:
»... so kann ich nicht unterlassen den Wohllöblichen Vorstand darauf und auf die Gründe für die Zweckmäßigkeit eines solchen Orgelwerks, welche ich dem ersten Plane vorausschickte, aufmerksam zu machen.
Noch immer kann ich nicht glauben, daß bei Erbauung der Orgel für eine neue, große und schöne Kirche, welche enorme Summen kostet, es nicht die Aufgabe, ein vorzügliches, passendes, dem jetzigen Standpunkte der Kunst entsprechendes Orgelwerk zu erlangen, sondern vielmehr der Preis seyn soll, welcher für die Größe und Güte der Orgel maaßgebend wird. Es ist mir daher auch der beikommende Plan aus nothwendiger Überzeugung unter den Händen gewachsen und übersteigt der Kosten=Anschlag die vorgeschriebene Summe der 5000 Thlr. um circa 800 Thlr. Wenn gleich ich nun einen kleineren Orgelbauplan nicht empfehlen mag, so versteht es sich von selbst, daß ich auch schon eine recht schöne Orgel zu dem Preise von 5000 Thlr. liefern kann, und müßten in diesem Falle nur die beiden 32 füßigen Register im Pedale und die Stimme Dulcian 16 Fuß im Unter=Manuale wegfallen. ...«
Auch K. Fr. F. Buckow reichte am 15. Juli 1848 einen Kostenanschlag mit Dispositionen[4] ein, der ebenfalls eine dreimanualige Orgel mit Pedal, jedoch mit 49 Registern vorsah. Die Kosten veranschlagte er mit 5.297 Talern. Das Unter=Manual sollte durchweg zartstreichenden Charakter bekommen und in einem Jalousie-Schwellkasten stehen. Die Zungenstimmen Trompete 8′ im Hauptwerk und Posaune 16′ und Tromba 8′ im Pedal würden Becher aus Zink erhalten. Als eine Besonderheit disponierte Buckow im Hauptwerk eine »Flauto fundamento 32′« aus Fichtenholz, von c^0 an und gedeckt.
Drei bekannte Berliner Organisten wurden gebeten, sich zu den Dispositionsentwürfen und Kosten gutachterlich zu äußern: Der Königl. Musikdirektor Dr. Hahn, Organist der Petri-Gemeinde, August Wilhelm Bach (1796-1869), Marienorganist und Direktor des Königlichen Instituts für Kirchenmusik, und Eduard August Grell (1800-1886), Orgelinspector für Berlin, Domorganist und späterer Leiter der Berliner Singakademie. Alle drei haben sich sorgfältig und kritisch mit den Entwürfen auseinandergesetzt und ausgeführliche Gutachten mit z. T. größeren Dispositionsänderungswünschen erarbeitet. Die Stellungnahme Grells,[5] die sich jedoch nur mit dem Buchholz'schen Vorschlag beschäftigt und dazu einen eigenen, erheblich reduzierten Dispositionsentwurf (III+P 40) vorlegt, veröffentlichte Hermann J. Busch im vollen Wortlaut. Hahn und Bach gingen besonders auf Klang-, Material- und Kostenfragen ein. Trotz der bereits überschrittenen Bausumme forderte Hahn zusätzlich im Pedal einen Principal 8′ und den vollständigen Ausbau von Violone 32′. Er schrieb dazu:[6]
»... Ferner sollen die tiefsten Töne der Violone 32′ durch offene 16′ und gedeckte $10\frac{2}{3}$ Fußton=Pfeifen künstlich erzeugt werden, womit ich aber durchaus nicht befreunden kann. Erlaubt es die Höhe der Kirche nicht, eine 32 füßige Stimme

2. Wie Anm. 1, Fol. 28-33.
3. Wie Anm. 1, Fol. 24 und 27.
4. Wie Anm. 1, Fol. 46-53.
5. Busc-1970.

St. Petri-Kirche
Orgel von Carl August Buchholz, 1853

aufzustellen, dann muß man sich freilich helfen, wie es eben geht; allein hier, wo der Platz vollständig vorhanden ist, muß ich mich aufs Entschiedenste dagegen erklären. Diese Stimme muß bis zum tiefsten C, und zwar nicht gedeckt, sondern offen durchgeführt werden.« Zur Frage des Schwellwerks, das sowohl Buchholz als auch Buckow bauen wollten, äußerte Hahn:[6] »Für das Unterwerk ist noch ein Crescendo=Zug / Tonschweller / disponiert. Durch diese Vorrichtung kann allerdings eine wahrhaft zauberische Wirkung hervorgebracht werden; dennoch muß ich mich bei einem Werke von nur drei Manualen dagegen erklären, weil die Intonation durchweg etwas stumpfer gehalten werden muß, wodurch das Werk an Fülle und Tonfrische verliert.«

Bach schreibt in seinem Gutachten vom 10. September 1848[7] u. a.:

»Nach unpartheiischer Beurtheilung der Anschläge also, kann ich nur dem von Buchholz den Vorzug geben, auch kommt es diesem Meister zu gut, daß er am Orte wohnend, den Zufälligkeiten bei der Arbeit nicht ausgesetzt ist, welche die weite Entfernung des Wohnortes für Buckow veranlassen kann. Buchholz hat sich außerdem durch eine Anzahl großer vortrefflicher Orgelwerke in Frankfurt a.d. Oder, Stralsund, Pelplin u. in unserer Stadt durch die Orgel St. Nikolai-Kirche als den ausgezeichnetsten Meister in seinem Fach bewährt, mit welcher Erklärung indeß dem gleichfalls erprobten Rufe des Buckow kein Abbruch geschehen soll. / Übrigens habe ich beide Anschläge genau durchgesehen u. an den betreffenden Stellen meine Bemerkungen zu wünschenswerthen Verbesserungen hinzugefügt. Der Buchholzische, in dieser Art festgestellt, würde, so ausgeführt, die Anschlagssumme von 5797 Thlr. nicht überschreiten; könnte man indeß diese bis auf 6000 Thlr. erhöhen, um die im Obigen noch angeführten Register in die Disposition aufzunehmen, so würde man ein Werk erhalten, das auf länger als 150 Jahre nicht nur den gottesdienstlichen Gesang verherrlichen, sondern auch für Organisten u. Orgelbauer, behufs des Studiums der Orgelbaukunst, von größtem Nutzen sein könnte.«

Am 6. März 1849 genehmigte der Magistrat den Orgelneubau nach der von Buchholz am 29. Dezember 1848 nochmals überarbeiteten Disposition, entsprechend den Wünschen des Organisten Hahn. Der Kontrakt[8] wurde am 20. November 1849 unterzeichnet und die Bausumme auf 6.224 Taler festgelegt. Hierin waren jedoch die Kosten für das Orgelgehäuse einschließlich der Ornamente und für die inneren Gerüste, Treppen, Zwischenböden und die Lager für die Windladen und Bälge nicht inbegriffen. Es sollten zunächst nur 48 Register gebaut, aber die Windladen und das Regierwerk bereits auf 60 Register angelegt werden.

Am 21. Oktober 1851 reichte der Berliner Bildhauer Otto Müller seinen Kostenanschlag für die Anfertigung und den Entwurf der Ornamente am Gehäuse ein. Stracks Prospektzeichnung sah als Bekrönung der mächtigen Orgelfassade 3 dreiteilige, neugotische, mit Pfeifen besetzte Felder vor. Buchholz wollte sie jedoch nicht mit klingenden Pfeifen füllen, weil er keine Windlade in dieser enormen Höhe anlegen, keine Frontladen bauen oder unnötig lange Konduktierungen anbringen wollte. Zudem sollte die Mechanik der 4 Manuale so ökomisch wie möglich angelegt werden. Deshalb verlangte er für die Anfertigung der zusätzlichen 177 Stück »Scheinpfeifen«, die ebenfalls aus englischem Zinn und mit aufgeworfenen Labien gefertigt werden müßten, nochmals 540 Taler. Musikdirektor Hahn verteidigte am 7. Mai 1852 die Notwendigkeit dieser Nachforderung des Orgelbauers.

Am 5. August 1853 zeigte Carl August Buchholz dem Kirchenvorstand die Fertigstellung der Orgel an. Das Protokoll über die Abnahme im Beisein der Musikdirektoren Bach und Hahn wurde am 21. September 1853 unterzeichnet.[9] Es enthält zugleich die vollständige Disposition und eine Zeichnung über die Wirkungsweise der pneumatisch arbeitenden Koppelmaschine. Erstmalig wendete Carl August Buchholz zur Erleichterung der Spielart bei großen Orgeln hier die Barker-Maschine an. Sein Sohn, Carl Friedrich Buchholz (1821-1885), hatte in den

6. Wie Anm. 1, Fol. 56-59.
7. Wie Anm. 1, Fol. 34-40.
8. Wie Anm. 1, Fol. 116-121.
9. Wie Anm. 1, Fol. 149-155.

Disposition von 1866

Hauptmanual (II) C-f³

Principal	16′	ab C im Prospekt
Bourdon	16′	
Principal	8′	
Viola da Gamba	8′	
Rohrflöte	8′	
Octava	4′	
Flauto traverso	8′	1866 eingebaut
Spitzflöte	4′	
Nasard	5 1/3′	
Quinta	2 2/3′	
Super-octave	2′	
Cornett 5fach	8′	ab g⁰
Scharf 5fach	2′	
Cymbel 3fach	1′	
Trompete	8′	

Ober Manual (IV) C-f³

Praestant	8′	Prospekt
Quintatön	16′	
Salicional	8′	
Gedact	8′	
Octava	4′	
Rohrflöte	4′	
Nasard	2 2/3′	
Violini	2′	
Flageolet	1′	
Mixtur 5fach	2′	
Hautbois	8′	
Tremulant		

Unter Manual (I) C-f³

Geigenprincipal	8′	
Bourdon	16′	
Flauto dolce	8′	
Gemshorn	8′	
Trinuna	8′	
Nachthorn	4′	
Viole d'amour	4′	
Flauto amabile	4′	
Nachthorn	4′	
Progr. harm. 3-5fach	4′, 2 2/3′, 2′	
Clarinetto	8′	1863 eingebaut

Jahren 1847-48 in Paris bei CAVAILLÉ-COLL gearbeitet und dort das Prinzip des Barker-Hebels kennengelernt. So liest man am Schluß des Protokolls: »Es wird durch die Maschine nicht nur die Spielart erleichtert, sondern sie gewährt ein vollständiges Koppel=Werk, wodurch Zehn verschiedene Arten von Koppelungen hervorgebracht werden können.

Der Piano-Zug fürs Pedal mittelst Tritts auf der linken Seite, zu welcher Einrichtung ein doppelter Windkasten, nebst Ventilen und Regierwerk incl. Vorder=Pedal= Windladen erforderlich war.«

Die Orgel hatte bei der Abnahme bereits 53 der geplanten 60 Register - Buchholz hatte gegenüber dem Kontrakt auf eigene Rechnung noch einige mehr gebaut.

Die neue Orgel mit ihrem filigranen hochgotischen Prospekt, zeittypisch in mehreren wimperggedeckten Türmen über spitzbogigen überhöhten Arkaden angelegt, blieb Buchholz' größtes Werk in Berlin. Sie wurde unter großer Beteiligung am 16. Oktober 1853 mitsamt der Kirche feierlich eingeweiht.[10] In Anerkennung seiner hohen Verdienste um die Orgelbaukunst wurde Carl August Buchholz am 5. Dezember 1853 von der Königlichen Akademie der Künste zum »Akademischen Künstler« ernannt.[11]

Inzwischen hatte die Petri-Gemeinde einen neuen Organisten bekommen: Albert Heintz. Er machte am 24. April 1862 an den Kirchenvorstand eine Eingabe und beschwerte sich, daß die Orgel noch immer unvollständig sei. Wenigstens drei der noch fehlenden Register müßten dringend gebaut werden, um die klanglichen Lükken zu schließen, nämlich Fagott 16' im Pedal, Klarinette 8' im Untermanual und Posaune 32'.[12] Bereits am 8. Dezember 1862 konnte C. A. Buchholz über 65 Taler für den Einbau eines neuen Registers Fagott 16' quittieren.[13] Und am 3. Juli 1863 war auch die neue Klarinette 8' eingefügt und bezahlt.[13] Noch 3 Jahre dauerte es, bis die letzten 5 Register angefertigt werden konnten. In einem Brief an eine ungenannte Person äußerte sich Buchholz über die zu erwartenden Kosten und schrieb:[14]

»Geehrtester Herr

Endlich komme ich dazu Ihre Frage wegen der Posaune 32' beantworten zu können, und bitte wegen der Verzögerung um gütige Entschuldigung.

In dem Anschlage zur Orgel d. d. 13. März 48 ist obige Stimme mit 180 rt. berechnet; durch die seit jener Zeit aber bedeutend gestiegenen Preise der Nutzhölzer und aller Materialien, so wie durch die erforderliche Aufpaßung der Stiefel und des Anghänges dieser großen Körper, bin ich nicht im Stande diese Stimme unter 220 rt. zu liefern.

Piffaro 8' würde jetzt incl. Aufpaßung 85 rt. kosten; / Gemshorn 4' d. d. = 47 rt.; / Flauto traverso 8' d. d. = 80 rt.; / Gamba 16' im Pedale d. d. = 90.

Mit bestem Gruße hochachtungsvoll Ihr ergebener

Berlin 1 Septbr: 65. gez. C. A. Buchholz«

Der Vertrag über die Herstellung dieser Register wurde am 9. Februar 1866 unterschrieben. Und bereits am 12. Mai zeigte »C. A. Buchholz & Sohn, Orgelbauer u. akad: K:« die Fertigstellung des Instruments an und bat um Revision und Abnahme.[15]

Die zu ihrer Zeit größte und modernste Orgel in Berlin war nun vollendet und legte ein beredtes Zeugnis vom technischen Können und künstlerischen Gestaltungswillen ihres Erbauers ab. Anläßlich einer Revision der Orgel schrieb der Organist Heintz am 25. Mai 1870 in seinem Bericht:[16] »Die Orgel der St. Petrikirche ist in vortrefflichem Zustand.«

1905-06 wurde die Buchholz-Orgel durch einen Neubau von WILHELM SAUER, Frankfurt/Oder, ersetzt. Das Gehäuse wurde übernommen. Keine 40 Jahre später fiel dieses Instrument dem Krieg zum Opfer. Die Kirchenruine stand noch ohne Dach und Gewölbe bis 1960; obwohl weit stärker beschädigte Kirchen wiederaufgebaut wurden, sprengte man St. Petri und legte dort einen Parkplatz an. CK

Schwellwerk (III) C-f³

Fugara	8'	
Doppelflöte	8'	
Piffaro	8'	1866 eingebaut
Gedact	8'	
Flauto traverso	4'	
Gemshorn	4'	1866 eingebaut
Dulcian	16'	
Vox angelica	8'	

Pedal C-d¹

Principal	16'	ab C im Prospekt
Violone	32'	
Violone	16'	
Subbaß	16'	
Gamba	16'	1866 eingebaut
Nasard	10⅔'	
Violone	8'	
Octava	8'	
Baßflöte	8'	
Octava	4'	
Posaune	32'	1866 eingebaut
Posaune	16'	
Fagott	16'	1862 eingebaut
Trompete	8'	
Clairon	4'	

Schleifladen, mechanische Traktur, 6 Sperr-Ventile, davon zwei fürs Pedal, 3 Manual-Coppeln, 1 Pedal-Coppel, Tremulant fürs Ober Clavier, Evacuant.
»Die Calcantenglocke ist unter den Clavieren angebracht.«

10. RBB, Kirchliche Fest= Ordnung bei der Einweihung der St. Petri-Kirche zu Berlin am 16. October 1853. Die Angabe bei Kühn-1978, S. 350, ist falsch.
11. MGG, Bd. 15, Kassel, 1973, Sp. 1160.
12. Wie Anm. 1, Fol. 186/87.
13. Wie Anm. 1, Fol. 190 und 194.
14. Wie Anm. 1, Fol. 201.
15. Wie Anm. 1, Fol. 211/12 und 213.
16. Wie Anm. 1, Fol. 218.

Kreuzberg
St. Jacobi-Kirche

Die südliche Erweiterung der Luisenstadt bekam 1844/1845 nach einem Entwurf Friedrich August Stülers eine eigene Kirche. Stüler verwirklichte den Bau in den von Friedrich Wilhelm IV. favorisierten Formen »altchristlicher Basiliken«, die dem pietistischen Monarchen als Zeichen des urchristlichen und somit idealen Bekenntnisses erschienen. Der dreischiffigen Basilika, mit Obergaden über einem die Schiffe teilenden Architrav und Säulen korinthischer und ionischer Ordnung über und unter den Emporen, sind neben der Halbkreisapsis des Altarraums Nebenbauten beigegeben, die sogenannten Pastophorien. Der Portalfront vorgelagert ist ein dreiseitig geschlossenes Atrium, dem der flachgedeckte Campanile neben einem Seitenschiff der Kirche asymmetrisch angefügt ist. Seitlich des Atriums sind das Pfarr- und das Predigerhaus in den 50er und 60er Jahren des 19. Jahrhunderts angefügt worden.

Kreuzberg, St. Jacobi-Kirche
Ansicht aus dem Atrium

Der Raum der Basilika war durch die geometrische, an römisch-frühmittelalterliche Vorbilder anknüpfende Kassetten- und Friesmalerei auf hellem Grund geprägt. Der Altarraum erhielt Anfang unseres Jahrhunderts ein Glasmosaik mit den überlebensgroßen Darstellungen Christi und mehrerer Apostel, das die ursprüngliche Freskomalerei ersetzte.

Für die neue Kirche gab zunächst die Berliner Werkstatt Lang & Dinse 1844 einen Kostenanschlag für ein Instrument mit 28 Registern auf zwei Manualen und Pedal und folgendem Registeraufbau ab:

I: 16.8.8.8.4.4.2⅔.2.III.III-V.8
II: 16.8.8.8.4.4.2⅔.2.III
Ped: 16.16.10⅔.8.8.4.16.8

Aber dann trat ein Konkurrent auf:[1] Johann Friedrich Schulze, Paulinzella, reichte im Oktober 1844 ebenfalls einen Kostenanschlag mit Zeichnung und einer weit unkonventionelleren Disposition ein:

HW: 32.16.16.8.8.8.8.6.4.4.3.2.III.V.8
OW: 16.8.8.8.8.4.4.3.2.
Ped: 16.16.12.8.8.8.32.16

Der Orgelsachverständige August Wilhelm Bach nahm weder für den einen noch für den anderen Orgelbauer Stellung. Lang & Dinse zeigten sich beunruhigt und erboten sich, ein »außerordentlich großartiges Werk« zu erbauen, und erstellten einen neuen Kostenanschlag mit vergrößerter Disposition und doppeltem Pedal:

I: 16.16.8.8.8.4.4.2⅔.2.III.III-V.8
II: 16.8.8.4.4.2⅔.2.III
III: 8.8.8.4.4.2
1.Ped: 32.16.10⅔.8.4.16.8
2.Ped: 16.16.8.8

Schulze dagegen warb mit seiner Progressivität. Er verwies darauf, daß »der Orgel-

1. Alle Angaben zur Entstehung der Orgel PfA-KrJa. Vgl auch Scul-1850, Nr. 73, und Scul-1860, Nr. 71.

bau in unserer Zeit sehr viele Fortschritte gemacht hat, wo nicht jeder Orgelbauer Gelegenheit hat, selbige zu benutzen oder benutzen will.« Seinem Brief legte er ein gedrucktes Werbeblatt »Vorzüge der neuen Orgel in der Moritzkirche in Halle a/S.« bei. Dort wurden aufgezählt: stumme Prospektpfeifen, wodurch die Kondukten entfallen, die Windladen von allen Seiten zugänglich und vom Prospekt unabhängig werden; schrägliegende Windladen mit besserer Klangabstrahlung; hängende Ventile, auf denen kein Dreck liegenbleiben kann; ganz einfache Traktur; gebogenes Pedal, bei dem die Außentasten höher liegen als die Mitte; durchschlagende Zungen, ganz aus Zink und Messing, also witterungsunabhängig, und im Ton stärker als gewöhnlich; drittes Klavier mit eigenem Windmagazin mit Regulator, so daß es 8 Grad Wind weniger hat als die beiden anderen Klaviere und die sanften Stimmen angenehmer intoniert werden können; ferner heben die Magazinbälge die Windstößigkeit auf, die durch Unzulänglichkeiten der Balganlage oder Balgbedienung entstehen kann.

Der Pfarrer wollte vermitteln und schlug vor, beide Firmen sollten die Orgel gemeinsam bauen. Eine Konferenz wurde einberufen, auf der sich SCHULZE unter bestimmten Bedingungen dazu bereit erklärte; LANG & DINSE lehnten jedoch schriftlich ab. Man schickte zu Ihnen, aber sie erklärten, die Orgel solle »von einem Meister allein gearbeitet« werden, und kamen nicht.

So wurde mit Schulze ein Bauvertrag geschlossen. Während der Rücktrittsfrist holte man jedoch noch einmal Erkundigungen ein: in *Breslau* bei ADOLPH HESSE und in *Halberstadt, Prettin* und *Stettin,* wo Instrumente von Schulze standen. Alle Zeugnisse waren positiv; der Halberstädter Ober-Organist FERDINAND BAAKE schrieb gar, MENDELSSOHN-BARTHOLDY habe sich dahingehend ausgesprochen, »daß die hiesige Domorgel die schönste aller Orgeln sei, die er bis jetzt gespielt oder gehört habe, so daß sie alle berühmten Orgeln, welche Deutschland, England und Frankreich besitze, in jeder Hinsicht übertreffe.«

Mittlerweile bewarben sich noch ein C. LOEWE aus Staßfurt und ein A. BERTE aus Berlin für seinen namentlich nicht genannten Schwiegervater um den Bau. Im März 1845 waren LANG & DINSE doch bereit, beim Bau mitzuwirken. Man einigte sich folgendermaßen: SCHULZE liefert Hauptwerk- und Pedalstimmen sowie die entsprechenden Laden, für das Oberwerk Flauto traverso 4′ nebst Aufstellung und Intonation, die stummen Prospektpfeifen nach Zeichnung STÜLERS und zwei Windreservoire; die anderen Arbeiten (Gehäuse, Oberwerklade und -register, Traktur, 3 Bälge, Windkanäle etc.) führen Lang & Dinse aus. Bis Pfingsten 1846 sollte die Orgel fertig sein. Für die Zwischenzeit stellen Lang & Dinse eine Interimsorgel auf.

Die Orgel wurde entsprechend dieser Vereinbarung gebaut, allerdings fand die Abnahme erst im Juli 1847 statt.

Eine Beurteilung der Arbeiten der drei Orgelbauer findet sich in einem Reisebericht des Pastors Heinrich Ludwig Gustav Nieder von 1847 zur Vorbereitung des Orgelneubaus im Bremer Dom. Hier heißt es unter anderem: »In Berlin hörten wir zunächst zwei Schulzesche Orgeln, in der Jacobi und in der Matthaeus-Kirche, von denen die erste noch nicht vollendet ist. In beiden Orgeln ... fanden wir alle Vorzüge der Schulzeschen Orgeln nicht allein wieder, sondern auch in mancher Hinsicht noch bedeutende Fortschritte, die uns das fortwährende Bestreben des Künstlers zeigten, Vollendeteres zu leisten. Dies war sowohl der Fall in den Labialwerken, besonders in den streichinstrumentenartigen Stimmen, als auch besonders in den Rohrwerken, in welchen die Posaunen u. Trompeten mit den freischwebenden Stimmen einen durchaus kräftigen, runden und klaren Ton zeigten, so daß sie an Kraft hinter den Zungenstimmen mit aufschlagenden Zungen nicht zurückstanden, dagegen deren, besonders in der Tiefe sehr unangenehmes Klappern, Rasseln und Klieren gänzlich vermeiden ...

Kreuzberg, St. Jacobi-Kirche
Zwei Geschosse des Campanile

… Das Brustwerk in der Jakobi-Kirche zeigt einen von den Schulzeschen Orgeln sehr verschiedenen Charakter, viele Mängel der Intonation, an die man nur durch einzelne Töne erinnert wurde. Auf unsere Frage nach der Ursache erfuhren wir, daß Schulze, nachdem er den Contract für sich abgeschlossen, auf Wunsch vieler Gemeindeglieder aus eigenem guten Willen zweien in der Gemeinde lebenden Orgelbauern die Anfertigung des Brustwerks überlassen habe, jetzt aber, da dieser Theil in der Intonation zu sehr von dem übrigen abweiche, daran gehen wolle, es aus freiem Entschluß, entsprechend dem Wunsche des Organisten, ordentlich zu intonieren, ein Unternehmen, das wohl von Gutmütigkeit ein Zeugnis ablegt, da die betreffenden Orgelbauer hernach leicht das Gute für sich in Anspruch nehmen, vom Mißlungenen aber ihm die Schuld zuschreiben könnten …«[2]

In der St. Jacobi-Kirche war ein Instrument mit fortschrittlichen Zügen entstanden: Trompete und Posaune waren durchschlagend; das Pedal war als reines Baßklavier gedacht, der 4′ kam erst durch Vorschlag von A. W. Bach hinein; es wurde offensichtlich mit 32′ in Pedal und Hauptwerk und 16′ im Oberwerk ein gravitätischer Gesamtklang angestrebt. Und wenn die unten wiedergegebene Beschreibung von 1930 den Klang von 1846 wiedergibt, hatte Schulze auch bei der Intonation die Spätromantik schon vorweggenommen.

Der Prospekt entsprach ganz der Schinkelschule; die Entwürfe des Lehrers Stülers zu den »Normalkirchen« im Norden Berlins und zahlreiche andere geplante oder realisierte Prospekte Schinkels, Stülers und Persius' spiegeln nicht den inneren Werkaufbau der Orgel wider, sondern gliedern in Flächen- und Rundturmreliefs, deren Pfeifen oftmals stumm waren, wobei aber hier die Anordnung von äußeren Rundtürmen und dazwischenliegenden Flachfeldern noch an historische Vorbilder erinnert.

1862 war eine Reparatur dringend erforderlich. Der Organist wandte sich vergebens an Schulze, worauf die Arbeiten an Albert Lang vergeben wurden, der schon früher kleinere Schäden unentgeltlich beseitigt hatte. 1878 ersetzte er die Trompete 8′ durch eine neue, aufschlagende. 1879 lieferte er eine neue Orgelbank und nahm die »alten Pfeifen der Posaune mit 15 Mark in Zahlung«. Dinse erstellte 1882 einen Kostenanschlag für eine Reinigung; über die Ausführung ist nichts bekannt. 1889 reparierte Albert Lang kleinere Schäden, ersetzte zerbrochene Zungenblätter bei Pedalposaune 16′, -trompete 8′ und Manualtrompete 8′ und baute 3 Sperrventile ein. (Die Abweichung vom Bauvertrag ist nur so zu erklären, daß inzwischen kleinere Umbauten stattgefunden hatten, die in den Akten nicht angegeben sind.) 1891 ersuchte er um Erhöhung der jährlichen Pflegepauschale. 1893 gab er einen Kostenanschlag für eine Reinigung und Neuintonation ab, der von Otto Dienel als Sachverständigem unterstützt und erweitert wurde.[3]

Neben den üblichen Reinigungs- und Reparaturarbeiten wurde der (labiale) Dulzian 8′ durch Gambe 8′ ersetzt, Trompete 8′ erhielt neue Zungen, und die ganze Orgel wurde neu intoniert.

Der Organist war 1899 mit dem Instrument nicht mehr zufrieden und schlug dem Gemeindekirchenrat die Gründung eines Orgelbaufonds für einen Neubau vor, hatte damit aber keinen Erfolg.

1901 gab Lang wegen hohen Alters die Pflege der Orgel auf. Dinse übernahm 1901 zweimal Reparaturen, die Pflege der Orgel ging dann aber an Alexander Schuke, Potsdam, über.

Der Zustand des Instrumentes wurde sehr unterschiedlich beschrieben. Dinse nannte es »baufällig« (er wollte wohl einen Neubau erreichen), Schuke erklärte das Pfeifenwerk für gut, meinte aber, in einigen Jahren müßten Laden und Gebläse ersetzt werden. (Ein neues Gebläse baute er 1902 auch ein.) Der Organist klagte über empfindliche Störungen beim gottesdienstlichen Spiel (Heuler und Hänger), die

Abb. links:
Kreuzberg, St. Jacobi-Kirche
Orgel von Johann Friedrich Schulze und Lang & Dinse, 1846, 1945 zerstört

2. SAHP, Rep 113, L. 3649. Den Hinweis auf diesen Bericht verdanken die Verfasser Herrn W. Hackel, Dresden, und Herrn W. Topp, Achim.

3. Die Angaben weichen wieder ab: als Pedalzungen werden jetzt Posaune 16′ und Fagott 8′ genannt.

Disposition von 1846

Hauptwerk C-f³

Bordun	32′	von g an
Bordun	16′	
Prinzipal	8′	
Dulzian	8′	labial
Gedackt	8′	
Hohlflöte	8′	
Quinta	6′	gedackt
Oktave	4′	
Spitzflöte	4′	
Quinte	3′	
Oktave	2′	
Cymbel 3fach	2′	
Mixtur 5fach	2′	
Kornett 5fach		von g an
Trompete	8′	einschlagend, die Körper von Zink

Oberwerk C-f³

Lieblich Gedackt	16′	
Geigenprinzipal	8′	
Salicional	8′	tiefe Oktave in Geigenprinzipal überführt
Rohrflöte	8′	
Prinzipal	4′	
Flauto traverso	4′	gebohrt und inwendig lackiert
Gemshornquinte	3′	
Oktave	2′	
Mixtur 3fach	1⅓′	

Pedal C-d¹

Posaune	32′	durchschlagend, Zinkbecher
Posaune	16′	durchschlagend, Zinkbecher
Subbaß	16′	
Violon	16′	
Violon	8′	
Oktavbaß	8′	
Gedackt	8′	
Oktav	4′	

Schleifladen, Manualkoppel, Pedalkoppel, drei Sperrventile, Kalkantenglocke

Otto Dienel 1902 in einem Gutachten auf die Gasbeleuchtung und die Heizung der Kirche zurückführte: »die Feuchtigkeit schlägt sich an den kalten Orgelteilen nieder, so daß z. B. die Tasten trockengewischt werden müssen und sich an den Pfeifen und Gehäusewänden Wassertropfen bilden.« Störungen an der mechanischen Traktur konnten so nicht ausbleiben. Als Abhilfe nannte er: das Gehäuse zu durchbrechen, damit Pfeifen und Traktur freiliegen, das Orgelinnere allmählich und gleichmäßig zu heizen, das Gebläse in einen Raum mit Kirchentemperatur zu legen, und Heizung und Beleuchtung zu vermeiden, welche »Säuren« bilden. Eine röhrenpneumatische Traktur mochte er nicht ohne Einschränkung empfehlen; mancher Organist, der seine Schleifladenorgel in eine röhrenpneumatische habe verwandeln lassen, habe sich nach seinem alten Werke zurückgesehnt.
1905 wurde für die Schöpfbälge ein elektrisches Gebläse eingebaut. Es gab auch hier, wie schon früher und später an der Orgel, etwas rätselhafte Störungen, die offensichtlich durch mutwillige Eingriffe hervorgerufen wurden. Anscheinend hat der Organist versucht, das Instrument als unzuverlässig darzustellen, um einen Neubau zu erreichen.
Die Pflege der Orgel wurde von 1912 bis 1929 von Gebrüder Dinse geleistet. Als 1915 das Gebläse versagte, erklärten sie eine Reparatur für sinnlos; Schuke, der es gebaut hatte, führte sie aus.
Zwei Jahre später beschloß der Gemeindekirchenrat zum 75jährigen Jubiläum der Kirche einen Orgelneubau. Ein Fonds wurde gegründet, und 1919 reichten W. Sauer, Schlag & Söhne und P. Furtwängler & Hammer Kostenanschläge ein. Die Kosten waren aber der Gemeinde zu hoch.[4]
Zu den altersbedingten Mängeln der Orgel kam jetzt, in den zwanziger Jahren, noch der Wandel des Klangideals hinzu: »Das betont 16füßige Hauptwerk ist dick und dumpf, und die ungeschlachten Holzflöten tragen auch nichts zur Verfeinerung bei; daneben steht unvermittelt das schreiende Mixturwerk. Das Pedal ist zwar kräftig, aber ebenfalls plump und undeutlich.«
Ein Neubau war aus finanziellen Gründen wieder nicht möglich. Der Orgelbaufonds war der Inflation zum Opfer gefallen und man faßte einen Umbau ins Auge. Prospekt, Gebläse, ausgebesserte Traktur und Windladen wurden übernommen und fast sämtliche Zinnpfeifen umintoniert wiederverwendet. Der Winddruck wurde gesenkt, im Oberwerk ein Schweller neu eingebaut und die Disposition nach einem Entwurf von Wolfgang Auler gemäß der Orgelbewegung grundlegend umgestaltet. Dabei wurde das Oberwerk als Brustwerk konzipiert. Die Arbeiten führte die Firma Kemper, Lübeck, aus.
Mit dem Klang mancher erhaltener Schulze-Register war der Sachverständige Carl Elis zwar nicht zufrieden, aber insgesamt urteilte er: »Die Intonation, namentlich der neuen Stimmen, ist sehr gut und die Mischungsfähigkeit überraschend. Die Orgel füllt den Raum der Kirche tonlich durchaus, trotzdem oder gerade weil die Kraftstimmen Schulzes entfernt sind und der Winddruck vermindert ist. Bei polyphonem Spiel hebt sich jede Linie klar von der anderen ab.«[5]
1934-1936 fanden durch die Firma Kemper weitere Umstellungen statt:[6]
HW: + Spitzflöte 4′, Scharf 3fach ⅔′; - Holzflöte 4′, Mixtur 5-7fach
OW: + Hohlflöte 8′; - Quinte 2⅔′
Ped: + Prinzipal 8′, Gemshorn 4′, Trompete 8′; - Oktavbaß 8′, Gedackt 8′, Oktave 4′
Im Februar 1945 ging die Orgel zusammen mit der Kirche und dem ganzen Stadtviertel bei einem Flächenbombardement in Flammen auf. Damit ging das letzte Schulzesche Material in Berlin verloren. Die erhaltenen Reste der Umfassungsmauern der Kirche, dazu der Campanile, die Altarapsis mit dem erhaltenen Christus aus dem Mosaik und das Atrium, dienten 1954-1957 als Basis für den - im Inneren vereinfachten - Wiederaufbau, der dann ein Instrument der Firma E. F. Walcker & Cie. erhielt.

US/UP

Disposition 1930

Hauptwerk

Gedackt	16′	aus dem OW
Prinzipal	8′	tiefe Oktave neu aus Kupfer
Quintade	8′	umgearbeiteter Dulcian
Rohrflöte	8′	aus dem OW
Quinte	5⅓′	umgearbeiteter Salicional
Oktave	4′	aus dem OW
Holzflöte	4′	
Nasat	2⅔′	
Oktave	2′	
Rauschpfeife 2fach	1⅓′+1′	aus der Zimbel
Mixtur 5-7fach		
Dulcian	16′	
Trompete	8′	

Oberwerk (Schwellwerk)

Gedackt	8′	aus dem HW
Prinzipal	4′	aus dem HW
Quintade	4′	
Quinte	2⅔′	
Oktave	2′	
Tertian 2fach		
Klein Sedetz	1′	
Mixtur 3fach		
Regal	8′	Nach Lübeck
Tremulant	kleine Orgel St. Jakobi	

Pedal

Subbaß	16′
Oktavbaß	8′
Gedackt	8′
Oktave	4′
Nachthorn	2′
Rauschpfeife 5fach	
Posaune	16′
Klarine	4′
Kornett	2′

Schleifladen, mechanische Traktur, Manualkoppel, Pedalkoppel

Tiergarten
St. Matthäus-Kirche

Tiergarten, St. Matthäus-Kirche

Orgel von Johann Friedrich Schulze, um 1846

Die erste westliche Stadterweiterung Berlins vor dem Potsdamer Tor, das ehemalige Geheimratsviertel, erhielt bereits während der ersten Phase ihrer Entstehung, 1844-1846, nach Entwürfen von Friedrich August Stüler ihre Kirche. Der schlichte, fast ganz als »zeitgenössisch« zu bezeichnende Bau, dessen Ornamentik sich auf die - oberitalienische Vorbilder zitierende - Bänderung des Mauerwerks der drei gleich hohen Schiffe und auf die ebenfalls aus der Toskana stammenden Motive der Apsis beschränkt, hat als einziges noch »romantisches« Element den für Stüler typischen spitzen Turmhelm über dem einfachen Hauptturm erhalten. Die Joche der Schiffe,

Tiergarten, St. Matthäus-Kirche
Orgel von Johann Friedrich Schulze, um 1846,
1900 beseitigt

die gesamte Innenstruktur des Bauwerks mit der Apsis und den Pastophorien, alles ist in der Architektur fast funktionalistisch thematisiert. Der Innenraum entsprach bis zur Zerstörung der Kirche 1945 in vielem dem der *St. Jacobi-Kirche*, wenngleich hier optisch leichtere, hölzerne und somit den Raum nicht in Schiffe gliedernde Ausbauelemente verwendet wurden. Die Hallenwirkung des hellen Raumes wurde auch nach der Wiederherstellung 1956-1960, wenngleich mit zeitgemäßen Materialien und schlichter, gänzlich ornamentloser Gestaltung wieder erreicht. Der Eindruck des Äußeren ist nahezu authentisch.

Die Orgel wurde von Fleischwaren-Händler Niquet gestiftet[1] und von JOHANN FRIEDRICH SCHULZE, Paulinzella, um 1846 gebaut. Sie besaß zwei Manuale und Pedal und 26 klingende Stimmen auf Schleifladen.[2]

Die Disposition des Instrumentes aus Paulinzella ist bis heute unbekannt geblieben. Da die Instrumente SCHULZES aber in ihrer Grundstruktur eine gewisse Systematik erkennen lassen, die auch mit den von Lang genannten Registern in Einklang gebracht werden kann, ist eine Rekonstruktuion nicht allzu schwierig. Die Abweichungen der in der Randspalte wiedergegebenen vermuteten Disposition von der wirklich gebauten dürften geringfügig sein. Fragezeichen sind beispielsweise bei folgenden Registern angebracht: Besetzung der für SCHULZE typischen 32′-Lage im Hauptwerk (eventuell Verwendung einer Suboktavkoppel OW-HW), Besetzung der 2⅔′-, 2′- und Mixtur-Lagen im Hauptwerk und Oberwerk sowie Besetzung der 4′-Lage im Pedal. Die Abweichung in der Registerzahl könnte unter anderem in der Zusammenfassung von Quinte 2⅔′ und Octave 2′ zu einem Zug begründet sein.[3]

Der Prospekt entsprach auch hier der Schinkelschule und war streng in Rundtürme und schmale Flächen geteilt, die jedoch nicht mehr die plastische Dramatik Schinkelscher Entwürfe aufweisen. Aufstellungsort der Orgeln in Kirchen des 19. Jahrhunderts war nahezu grundsätzlich die - liturgische - Westempore, über der Portalfront gelegen; hier, wie bereits seit der Barockzeit vielerorts, wurde das Bauwerk jedoch nicht mehr »geostet«, so daß die »West«-Empore hier im Norden der Kirche steht.

Über die ersten Jahrzehnte der Orgel liegen keine Unterlagen vor; die Akten setzen erst 1892 ein, als die Kirche renoviert werden sollte. In diesem Zusammenhang reichte ALBERT LANG einen Kostenvoranschlag für eine Generalreparatur ein. Ein halbes Jahr später bescheinigte der Organist ordnungsgemäße Durchführung, stellt aber fest, daß sich die Orgel jetzt schneller als bisher verstimmt, und wünschte eine Durchstimmung alle 3 Wochen.[4]

Kurz vor der Jahrhundertwende wies die Orgel wegen ihres Alters von 53 Jahren »deutliche Spuren der Zerstörung«[5] auf, die Gemeinde wünschte einen Neubau - sie schätzte die alte Orgel offensichtlich nicht sehr - und ließ durch Albert Lang ein Gutachten erstellen. Neben den üblichen Altersspuren - SCHULZES Orgeln litten oft an einer ausgeschlagenen Mechanik - bemängelt er falsche Mensuren bei Prinzipal und Viola da Gamba im Hauptmanual und Salicional und Geigenprinzipal im Obermanual. Die beiden überblasenden Flöten 8′ und 4′ sprechen schlecht an, Violon 16′ und 8′ im Pedal sind zu eng und neigen zum Überblasen. »Erträglich« sind die Gedackte aus Holz und die Posaune im Pedal. Alle Metallpfeifen sind aus schlechtem Material und besitzen viel zu dicke Wandungen, so daß man sie mit dem Stimmhorn nicht stimmen kann; eine reine Stimmung besonders der Füllstimmen Mixturen, Quinte und Cornet sei so nicht zu erzielen. Er plädierte für einen Neubau.[6] Die Firma GEBRÜDER DINSE gab daraufhin einen Kostenanschlag ab. Das Holzmaterial der alten Orgel war für sie ohne Wert; das Metall »dürfte mit etwa 100 Mark zu bewerten sein«.[7]

1900 errichtete Dinse das neue Instrument mit 42 Registern auf drei Manualen und Pedal. Damit war das Schicksal der zweiten Berliner Schulze-Orgel besiegelt.

US/UP

Mutmaßliche Orgeldisposition, um 1846

Hauptwerk

Principal	8′	
Bordun	16′	
Bordun	32′	ab g^0
Gambe	8′	
Gedact	8′	
Rohrflöte	8′	
Octave	4′	
Gemnshorn	4′	
Quinte	2⅔′	
Octave	2′	
Cornet 4fach		
Mixtur 5fach		
Trompete	8′	

Oberwerk

Geigen Principal	8′
Liebl. Gedackt	16′
Liebl. Gedackt	8′
Salicional	8′
Flauto traverso	8′
Principal	4′
Flauto traverso	4′

Pedal

Violon	16′
Subbaß	16′
Octavbaß	8′
Violon	8′
Octave	4′
Posaune	16′

Schleifladen, mechanische Traktur, Manualkoppel, Pedalkoppel

1. Gesc-1896, S. 87.
2. Scul-1850, Nr. 72; Schul-1860, Nr. 72; PfA-TiSM. Der Kostenanschlag von Albert Lang über Abtragung, Reinigung, Reparatur, Intonierung und Stimmung vom 25. 6. 1892 gibt nur 24 Register an.
3. Dieser Entwurf geht auf eine extensive Korrespondenz mit Herrn W. HACKEL, Dresden, mit Mitteilungen zum Werkverzeichnis und zu Dispositionen zurück. Vgl. auch Scul-1850 und Scul-1860.
4. PfA-TiSM, Schreiben des Organisten vom 4. 12. 1892.
5. PfA-TiSM, Brief des Gemeindekirchenrats an die Königliche Ministerial-Militär und Baukommision vom 13. 12. 1898.
6. PfA-TiSM, Gutachten Albert Langs vom 2. 2. 1899. Es bleibt die Frage, inwieweit er der Gemeinde nach dem Mund geredet hat; immerhin hatte er 1892 die ganze Orgel überholt.
7. PfA-TiSM, Brief des Organisten H. Kaveran an den Gemeindekirchenrat vom 11. 2. 1899.

Hohenschönhausen, Tabor-Kirche
Orgel von Albert Lang, 1862

Hohenschönhausen
Tabor-Kirche

Spieltisch der Orgel

Pedaltraktur

Die *Dorfkirche* von *Hohenschönhausen*, erst im 20. Jahrhundert »*Tabor-Kirche*« genannt, stammt teilweise bereits aus dem 13. Jahrhundert. Die beiden östlichen Joche des einfachen Langhauses stammen aus dem ausgehenden 13. Jahrhundert und sind unter dem Satteldach mit den übrigen zweischiffigen Jochen aus dem 14. und 15. Jahrhundert von spätgotischen Giebeln zusammengefaßt und eingewölbt. Ähnlich der Bauten in *Buckow* und *Mariendorf* trennen Pfeiler und Scheidbögen die Schiffe; sie lassen den Raum, in seiner Mitte stehend, eigentümlich unentschieden wirken. Anbauten aus der Zeit um 1900 geben der Kirche äußerlich ein für märkische Dorfkirchen atypisches Aussehen; zudem fehlt im Hinblick auf diese Charakteristik seit 1953 der wegen Baufälligkeit abgetragene Turm aus dem frühen 17. Jahrhundert. Er ruhte, wie beispielsweise die erhaltenen Fachwerktürme in *Wittenau* und *Rixdorf*, auf den Balkenlagen des ersten Joches der Kirche und trat damit im Innenraum nicht in Erscheinung.

Spätmittelalterliches Inventar - der Marienaltar und einige Holzbildnisse - ist erst 1924 aus *Wartenberg* in diese Kirche gekommen, während die ursprüngliche Kanzel aus der Reformationszeit an Ort und Stelle erhalten blieb.

Die schlichte Orgel der ehemaligen Dorfkirche gehört zu den wenigen Instrumenten, die nahezu original aus dem 19. Jahrhundert auf uns gekommen sind. 1862 erbaute sie der Berliner Orgelbauer Albert Lang und stellte sie im Altarraum auf. Die Orgel erhielt mechanische Schleifladen und eine für die Berliner Umgebung typische Disposition.[1] Da der Raum über dem Altar beschränkt war, fand Lang die einmalige Lösung, das Pedalwerk unter dem Manualwerk aufzustellen.

Der Prospekt umfaßt 3 neugotische Spitzbogenfelder und ist fast schmucklos. 1904 wurde die Orgel abgebaut und ausgelagert, weil die Kirche erweitert und im Inneren umgestaltet werden sollte. Gebrüder Dinse stellten 1905 die Orgel wieder auf, nun aber auf der kleinen südlichen Barockempore,[2] und tauschten dabei entsprechend dem damaligen Geschmack Octave 2′ gegen Salicional 8′ aus.[3]

Die 1917 beschlagnahmten Prospektpfeifen wurden nach 1920 in Zink ersetzt. Vermutlich in diesem Zusammenhang fügte man eine Zusatzschleife mit einer neuen Octave 2′ ein. Diese Arbeiten führte wahrscheinlich der Berliner Orgelbauer Alfred Lenk aus, der 1935 die Orgel reparierte und ihre Pflege bis zu seinem Tode 1965 innehatte. 1985 wurde sie durch Rainer Wolter wieder spielbar gemacht.

US

Disposition von 1862

Manual C-f³			Pedal C-d¹
Principal	8′	Prospekt	Subbaß 16′
Gedact	8′		
Octav	4′		
Rohrflöte	4′		
Octav	2′		

Schleifladen, mechanische Traktur, Pedalcoppel, Calcantenglocke

1. PfA-PaHe; PfA-KrJa.
2. Abb. in Tros-1987, S. 156 f.
3. PfA-HoTa.

Wannsee, Dorfkirche Stolpe

Wannsee
Dorfkirche Stolpe

Friedrich August Stüler wurde durch Friedrich Wilhelm IV. aufgefordert, die baufällige Dorfkirche zu *Stolpe* zu ersetzen. Das Dorf lag schon seit Anfang des 19. Jahrunderts inmitten königlicher Parkbezirke und deren Schloßbauten von *Glienicke*, *Babelsberg* und der *Pfaueninsel*. Eindrücke, die Stüler auf seinen Englandreisen gewann und die er vielfach in späteren Entwürfen verarbeitete, finden sich auch in dieser 1858/1859 errichteten Kirche. Ihr englisch anmutender Zentralturm über der Vierung und ihre Dimension - die Kirche ist für das kleine Dorf sehr groß, sie kann ihre »königliche Herkunft« kaum verbergen - sind landschaftsprägend. Der im übrigen im zeitgenössischen »Rundbogenstil« gehaltene Bau hat ein dreijochiges Langhaus und kurze, als Konchen ausgebildete Querschiffe vor dem gleichermaßen konchenartig schließenden Chorraum.

Vor 1860 ist keine Orgel nachweisbar, und die alte, einfache Dorfkirche wird auch kein Instrument besessen haben. Nach dem Neubau der Kirche lag jedoch der Gedanke nahe, ein Instrument aufzustellen. Und da die Gemeinde sehr arm war, stiftete König Friedrich Wilhelm IV. das Instrument und Königin Elisabeth einen Staatsschuldenschein,[1] von dessen Zinsen die Nebenkosten beim Orgelbau, die Unterhaltung der Orgel und die Besoldung für Organist und Kalkant bestritten werden sollten.[2] Das Instrument wurde dann im Mai 1861 von Carl Ludwig Gesell und Carl Schultze, Potsdam, aufgestellt; es erhielt 7 Register auf einem Manual und Pedal und besaß Schleifladen und mechanische Traktur.

1. Wann-1984, S. 8.
2. PfA-ZeWa, Abschrift einer Verhandlung 1860 zur Kostenregelung.

1901 wurden die Orgelempore und 1907 das Instrument durch die Firma DINSE erweitert. Die alten Register und das Gehäuse wurden übernommen, ein II. Manual als Schwellwerk hinzugefügt, Spieltisch, Kegelladen und pneumatische Traktur neu angefertigt.[3] Der Kostenvoranschlag zu dieser Erweiterung gibt Aufschluß über die seinerzeit durchgeführten Arbeiten.

»Das Werk erhält: / Zwei Manuale zu 54 Tasten / ein Pedal zu 27 Tasten / 12 klingende Stimmen / 3 Koppelungen / 2 Kombinationszüge.

Disposition:

I.	Hauptmanual:		
1.	Prinzipal	8 Fuß,	aus dem alten Werke, aber um 2 halbe Töne hinaufgerückt, also in der Mensur erweitert, C und Cis aus Holz neu.
2.	Hohlflöte	8 Fuß,	neu, die tiefe Oktave aus Holz, gedeckt, von c-f aus Zink, von fis an aus 12lötigem Zinn.
3.	Gedeckt	8 Fuß,	alt, repariert.
4.	Oktave	4 Fuß,	alt, repariert
5.	Quintflöte	$2\frac{2}{3}$ Fuß,	alt, repariert
6.	Oktave	2 Fuß,	alt, repariert
II.	Obermanual (Schwellwerk):		
7.	Geigenprinzipal	8 Fuß,	von C-f aus Zink, von fis an aus 14lötigem Zinn.
8.	Aeoline	8 Fuß,	ebenso.
9.	Flauto dolce	8 Fuß,	gedeckt, die tiefe Oktave aus Holz, von c an aus 12lötigem Zinn.
10.	Rohrflöte	4 Fuß,	aus 12lötigem Zinn.
III.	Pedal:		
11.	Subbaß	16 Fuß,	alt, C und Cis neu, die alte Stimme wird um einen ganzen Ton hinaufgerückt und dadurch in der Mensur erweitert.
12.	Violon	8 Fuß,	alt, erhält neue Stimmvorrichtung.
IV.	Nebenregister:		

Glocke / Manualkoppel / Pedalkoppel zum I. Manual / Pedalkoppel zum II. Manual

V. Kombinationen: 1. Mezzoforte / 2. Fortissimo mit den Koppeln

1917 wurden durch die Firma DINSE die zinnernen Prospektpfeifen ausgebaut und an den Reichsmilitärfiskus abgeliefert. Ersetzt wurden sie 1919 in Zink. Bis 1937 führte Dinse die Betreuung der Orgel durch. Zweimal schlug man eine Neuintonation vor (Schreiben vom 3. 11. 1925: »...Neuintonation, die wesentlich von der damaligen im Geschmack des Orgeltones abweicht...«), die aber ebensowenig ausgeführt wurde wie ein Erweiterungsvorschlag der Organistin 1931. Ab 1937 betreute W. SAUER das Instrument.

Den Zweiten Weltkrieg überstand die Orgel mit den üblichen Schäden (Feuchtigkeitsschäden wegen fehlender Kirchenfenster, durchschossene Pfeifen und Diebstahl). 1949 erhielt die Firma ALEXANDER SCHUKE einen Reparaturauftrag.[4]

1952 erfolgte ein Umbau durch die Berliner Orgelbauwerkstatt. KARL SCHUKE gestaltete die Disposition im Sinne der Orgelbewegung um und überholte die pneumatische Traktur.[5] (vgl. S. 212)

1968 führte die Firma STEPHAN-Orgelbau, Berlin, einen weiteren Umbau durch. Die 2′-Register der beiden Manuale wurden getauscht, Gemshorn und Nachthorn neu angefertigt, in beiden Manualen Klangkronen hinzugefügt, sämtliche Pfeifen nachintoniert, die Traktur elektrifiziert, ein neuer fahrbarer Spieltisch aufgestellt und Spielhilfen hinzugefügt.[7] Somit vereinigt das Instrument heute Material von 5 Orgelbauern: Gesell, Schultze, Dinse, K. Schuke und Stephan. US

Disposition 1861 laut Kostenanschlag 1907

Manual

Prinzipal	8′
Gedeckt	8′
Oktave	4′
Quintflöte	$2\frac{2}{3}$′
Oktave	2′

Pedal

Subbaß	16′
Violon	8′

Schleifladen, mechanische Traktur

3. PfA-ZeWa, Kostenanschlag der Firma Dinse zur Erweiterung 1907.
4. PfA-ZeWa.
5. AKScB.
6. AKScB.
7. KOW-ZSOb.

Wannsee, Dorfkirche Stolpe
Orgel von Carl Ludwig Gesell und Carl Schultze, 1861

Dispositionen der Orgel in der Dorfkirche Stolpe

Disposition nach dem Umbau 1952

I. Manual C-f^3

Prinzipal	8′	alt, aufgearbeitet [Gesell / Dinse], 1919
Rohrflöte	8′	C-H alt aus Bordun 8′ [Gesell], c-f^3 Metall neu
Oktave	4′	alt, aufgearbeitet [Gesell]
Gedackt	4′	alt, aus Gedackt 4′ II [Dinse], statt Bordun 8′
Oktave	2′	C-f^1 alt aus Geig.Pr. 8′ II [Dinse], fis^1-f^3 alt aus Oktave 2′ [Gesell], statt Quinte 2⅔′
Mixtur 4fach		vacant

II. Manual (Schwellwerk) C-f^3

Gedackt	8′	C-H alt aus Gedackt 8′ II [Dinse], c-f^3 alt aus Bordun 8′ I [Gesell], statt Geigen-prinzipal 8′
Koppelflöte	8′	C-f^3 Metall neu, statt Aeoline 8′
Sesquialter	2⅔′ + 1⅗′	2⅔′ alt aus Quinte 2⅔′ I [Gesell]; 1⅗′ C-f^3 Metall neu, statt Gedackt 8′
Waldflöte	2′	C-f^1 alt aus Gedackt 8′ II [Dinse], fs^1-f^3 Metall neu, statt Gedackt 4′

Pedal C-d^1

Subbaß	16′	alt, aufgearbeitet [Gesell]
Flöte	4′	alt aus Flöte 8′ I [Gesell], statt Violon 8′[6]

Kegelladen, pneumatische Traktur, Manualkoppel, zwei Pedalkoppeln, zwei feste Kombinationen

Disposition nach dem Umbau 1968

I. Manual C-f^3

Prinzipal	8′	1861, 1919
Rohrflöte	8′	1861, 1952
Oktave	4′	1861
Gemshorn	4′	1968
Waldflöte	2′	1907, 1952
Mixtur 4fach	2′	1968

II. Manual C-f^3 (Schwellwerk)

Gedackt	8′	1861, 1907
Nachthorn	4′	1968
Sesquialtera 2fach		1861, 1952
Oktave	2′	1861, 1907
Zimbel 3fach	1′	1968

Pedal C-d^1

Subbaß	16′	1861
Flöte	4′	1861

Kegelladen, elektropneumatische Traktur, Manualkoppel, zwei Pedalkoppeln, Superoktavkoppel II/P, 2 freie Kombinationen, Tutti

Kladow
Dorfkirche

Kladow, Dorfkirche

Die mittelalterliche Kirche *Kladows* war im Zuge der Kriege 1808 gebrandschatzt worden. Ihre Erneuerung unter Verwendung der alten Grundmauern, genau zehn Jahre später, kam einem Neubau gleich. Naive neugotische Details bestimmten den kubischen Saalbau mit vorangestelltem Westturm; das Innere war durch die dreiseitigen Emporen von drangvoller Enge. Erst nach dem Zweiten Weltkrieg erhielt die Dorfkirche ihren pseudo-klassizistischen Charakter, wobei zudem ein umfänglicher Anbau nach Osten nunmehr die Gestalt des oblongen, dreijochigen Schiffs verunklart.

1. AKScB.
2. PfA-SpKl, Schreiben des Orgelbauers Gesell.
3. PfA-SpKl, Notiz des Organisten vom 8. 8. 1926.
4. PfA-SpKl, Kostenanschläge von A. Schuke vom 17. 8. 1933. Neben den üblichen Arbeiten sollen eine Anzahl zerfressener Holzpfeifen erneuert und Quinte 2⅔′ und Oktave 2′ z.T. mit Bärten versehen und umintoniert werden.
5. PfA-SpKl, Gutachten K. Schukes vom 12. 10. 1950.
6. PfA-SpKl, Rechnung vom 26. 5. 51.
7. AKScB.
8. KoW-ZSOb.

»Im Jahre 1865 wurde, nachdem die Kirche bis dahin ohne Orgel gewesen war, auf dem auf der Abendseite gelegenen Chore eine neu erbaute Orgel aufgestellt. Die Orgel ist erbaut vom Orgelbauer Gesell und hat gekostet 600 Thaler. . .Die Orgel hat 7 klingende Register.« So das Kirchenbuch vom 28. 7. 1880[1] (wobei die Registerzahl wohl ein Irrtum ist - die Orgel hatte 8 Register). Der Erbauer war Carl Ludwig Gesell, Potsdam.
Eine erste Reparatur durch Carl Eduard Gesell ist für 1889 belegt.[2]
Die Prospektpfeifen wurden 1917 an den Reichsmilitärfiskus abgeliefert[3], 1927 baute die Firma Alexander Schuke, Potsdam, einen neuen Zinkprospekt ein. 1933 schlug sie eine Reparatur und den Einbau eines neuen Gebläses vor[4]; über die Ausführung ist nichts bekannt.
Ein Gutachten Karl Schukes von 1950 äußert sich neben dem allgemeinen Zustand der Orgel auch zu ihrer Aufstellung: »Infolge der sehr kleinen und niedrigen Kirche mußte auch die Orgel entsprechend gedrückt aufgestellt werden. Der Spielschrank steht an der Seite und der Orgelprospekt stand früher in der Brüstung der Orgelempore. In späteren Jahren ist die Orgelempore nach vorn erweitert und die beiden Seitenemporen eingebaut worden. Die Orgel dagegen ist auf ihrem alten Platz stehen geblieben. Hierdurch ist die Klangentfaltung der Orgel sehr beeinträchtigt worden, da jetzt der Chor vor der sehr niedrigen Orgel sitzt und die Klangentwicklung im Kirchenraum behindert.«[5]
Als Abhilfe schlägt er eine Reparatur, Umsetzen auf die Seitenempore und eine Erweiterung mit Ersetzen von 3 Gesellschen Registern vor. Durchgeführt wurden aber dann (wohl aus finanziellen Gründen) nur 1951 der Einbau eines elektrischen Gebläses[6] und 1953 eine Reparatur mit geringfügigem Versetzen[7]. Die Seitenemporen wurden 1953 entfernt.
1961 war wiederum eine Reparatur erforderlich; Dieter Noeske, Rotenburg/Fulda, bietet ein Versetzen und Erweitern auf 13 Register an, was aber aus denkmalpflegerischen Gründen abgelehnt wurde. Es findet nur eine Restaurierung statt: die Prospekt-Zinkpfeifen wurden in Zinn ersetzt, die zerfressenen Holzpfeifen der großen Oktaven in Prinzipal 8′ und Gedackt 8′ wurden erneuert.[8] Ferner wurde - die Ansprüche an historisch korrekte Restaurierung waren damals noch nicht so hoch wie heute - die Spieltischanlage erneuert: die neue Manualklaviatur erhält Wipptasten (vorher einarmige Hebel), für die Traktur wurde Metall statt Holz verwendet.
Als 1976 eine Überholung erforderlich wurde, lehnte Karl Schuke den Einbau eines zweiten Manuals und die Erweiterung der Pedalklaviatur ab; dagegen wurde dem zusätzlichen Einbau einer Mixtur, da er »die musikalische Möglichkeiten wesentlich erweitert« und »jederzeit reversibel«[9] ist, zugestimmt. Ferner wurden neben kleineren Reparaturen die 1961 eingebauten Pfeifen durch neue ersetzt, wobei die Prospektpfeifen passend zum klassizistischen Gehäuse Rund- statt Spitzlabien erhielten. Ferner wurde die Traktur einschließlich der Manualklaviatur neu in historischer Bauweise angefertigt, womit sich die Orgel wieder weitgehend in ihrem originalen Zustand präsentiert.
1988 war das Gebläse nicht mehr reparabel und wurde durch ein neues ersetzt.
Heute ist ausgerechnet diese kleine Dorfkirchenorgel die älteste Kirchenorgel im ehemaligen Westteil Berlins. Bemerkenswert ist sie nicht nur wegen des klassizistischen Gehäuses mit seinen drei Rundtürmen, das auf einen Entwurf von Schinkel zurückgeht und das man vom Kirchenschiff aus leider kaum sieht; auch im Klang hat sie ihren eigenen Charakter, wobei besonders die Lautstärkeabstufung der 8′-Register Salicet - Gedackt - Prinzipal und die enorme Fülle des Plenums auffallen.
US

Disposition von 1952[1]

Manual C-f³

Prinzipal	8′	C-H ged. Holz, c-h Prospekt Zink, c¹-f³ Zinn
Gedackt	8′	C-H Holz, c-f³ Zinn
Salicet	8′	C-H mit Prinzipal zusammen, c-f³ Zinn
Oktave	4′	C-h Prospekt Zink, c¹-f³ Zinn
(Rohr)flöte	4′	C-f³ Zinn
Quinte	2⅔′	C-H gedeckt, c-f³ zylindrisch offen Zinn
Superoktave	2′	Zinn

Pedal C-c¹

Subbaß	16′	Holz

Schleifladen, mechanische Traktur, Pedalkoppel

Disposition nach 1976

Manual C-f³

Prinzipal	8′	C-h 1976, c¹-f³ 1865
Gedackt	8′	C-H 1976, c-f³ 1865
Salicet	8′	C-H aus Prinzipal, 1976, c-f³ 1865
Oktave	4′	C-h 1976, c¹-f³ 1865
Flöte	4′	1865
Quinte	2⅔′	1865
Superoktave	2′	1865
Mixtur 3fach		1976

Pedal C-c¹

Subbaß	16′	1865, z.T. erneuert

Schleifladen, mechanische Traktur, Pedalkoppel

Kladow, Dorfkirche
Orgel von Carl Ludwig Gesell, 1865

Berlin, Dom
Orgel von Wilhelm Sauer,
1904-05

Die Orgeln der Hoch- und Spätromantik
1875-1925

Der Orgelbau in den Jahren nach 1875 fand in dem expandierenden Berlin ein weites Betätigungsfeld. Die Kirchen versuchten, mit der industriellen Entwicklung Schritt zu halten; ihre Bautätigkeit war außergewöhnlich. Die großen Stadtkirchen, deren Unterhaltung heute beträchtliche Probleme bereitet, stammen aus dieser Zeit: damals wurden etwa 80 evangelische Kirchen neu gebaut, von denen kaum eine weniger als eintausend Sitzplätze hatte. Ihre Finanzierung ging zumeist auf den »Kirchlichen Hülfsverein« der Kaiserin Auguste Viktoria, Gemahlin des letzten Kaisers, zurück. Selbstverständlich erhielten diese Kirchen eine Orgel; in aller Regel auch schon zur Einweihung des Gotteshauses.
Der von Otto Dienel geplante Neubau der Orgel für die *Philharmonie* (III+P 50), ausgeführt 1888 von Schlag & Söhne aus Schweidnitz, repräsentiert in Berlin einen bedeutenden Wandel im Orgelbau: die Periode der Frühromatik gehörte endgültig der Vergangenheit an; die Frühphase der Hochromantik, die noch ganz von der mechanischen Traktur geprägt war, aber schon Registerkanzellenladen kannte und eine deutliche Veränderung in der Intonation verspüren ließ, wurde abgelöst von den stark technisch bestimmten Instrumenten. Diese Orgeln, die der Spätphase der Hochromatik und ab etwa 1905 der Spätromantik zugerechnet werden, haben Registerkanzellenladen und pneumatische und elektropneumatische Traktursysteme. Dieser Übergang, der in voller Allgemeinheit einzelnen Jahrzehnten nicht zuzuordnen ist, ging in Berlin einher mit dem Ende der Ära von Carl August Bucholz († 1884) und August Haupt († 1891).[1]
Das Orgelwerk in der Philharmonie, dessen klangliche Konzeption von einem Kirchenmusiker entscheidend mitbestimmt worden war, verfehlte seine Wirkung nicht. Es dauerte keine zehn Jahre, bis die Neuerungen auch bei Kirchen-Orgeln gewünscht und gebaut wurden. Die Organisten, die an älteren Instrumenten aufgewachsen waren, sprachen in diesem Zusammenhang aber bereits von einem Niedergang im Orgelbau.[2]

Berlin, Philharmonie
Gehäuse von 1888,
nicht erhalten

1. Alli-1889, S. 163 ff.
2. Gott-1887, S. 99 ff.

Die Gehäusegestaltung

Wie die Baumeister der Schinkelschule, so waren auch die Kirchenarchitekten des Historismus und des Eklektizismus bemüht, alle raumgestaltenden Bestandteile ihrer Werke selbst zu entwerfen. Zunächst fühlten sie sich an die Grundzüge des »Eisenacher Regulativs« von 1861 gebunden, das »Germanischen Stilen« den Vorzug zum Bau von evangelischen Kirchen gab. Diesen Prinzipien wurden auch die Inventare bis in die achtziger Jahre zumeist akribisch unterworfen. Später orientierten sich die Orgelgehäuse und -prospekte stilistisch zumeist eng an der jeweiligen auch neuromanischen, neorenaissance- oder neobarocken Fassung der Gesamtarchitektur. Der eklektizistische Grundsatz der »Freiheit stilistischer Gestalt«, gipfelnd in dem Baumeister-Zitat: »... in welchem Style sollen wir bauen?« wirkte sich nicht nur auf alle eher funktionalen Baulichkeiten aus - so konnten Banken, Wohnhäuser, Bahnhöfe u.v.m. in nahezu jedem »Style« dekoriert werden -, sondern jetzt auch auf Kirchen mit allem Inventar.
Die Prospektelemente dieser Zeit - Flachfelder, Rundtürme - weichen selten von denen der Schinkelzeit ab. Lediglich die Struktur im Deatail und ihre Verzierungen wurden dem jeweiligen Stil angepaßt. Das Gehäuse, das die Pfeifen auf allen Seiten

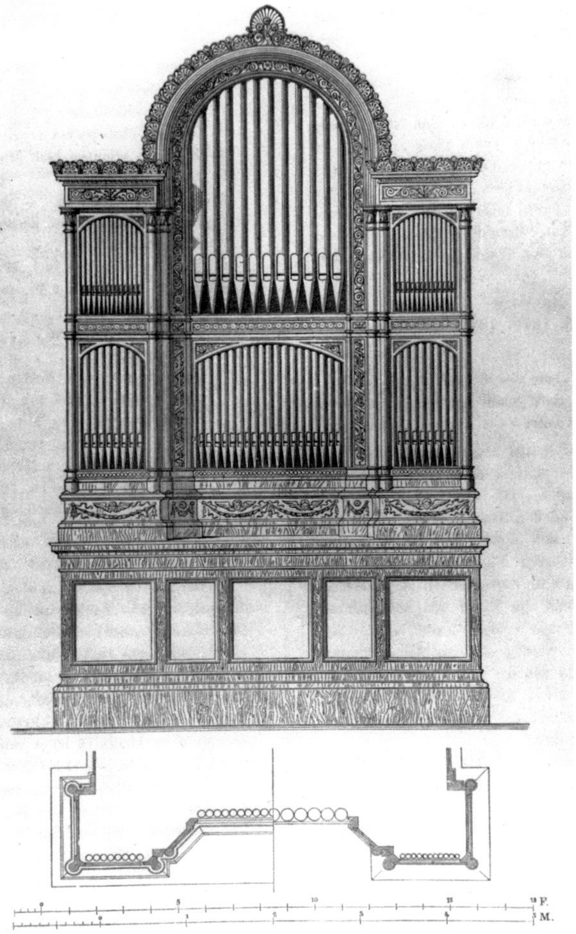

Berlin, Zions-Kirche
Entwurf von August Orth,
1872

Kreuzberg, St. Thomas-Kirche
Orgel von W. Sauer, 1869,
nicht erhalten

umgibt, wurde bei größeren Orgeln schon in der vorigen Epoche weitgehend aufgegeben; jetzt verzichtete man teilweise auch darauf, die Pfeifen im Prospekt nach oben abzuschließen (frühestes Beispiel: *Kreuzberg, St. Thomas*, Sauer 1869). Einzig die Schwellkästen stellten eine Art Gehäuse dar; ihre Pfeifen waren also relativ geschützt untergebracht und haben deshalb später den Krieg oft am besten überstanden. Die Laden wurden vom Prospekt unabhängig, die Pfeifen oft chromatisch auf den Laden aufgestellt. Die Orgel der *Philharmonie* besaß überhaupt keine Prospektpfeifen. Fünf Bogenfenster waren die Schallöffnungen, in die ein der Renaissancezeit entlehntes Gitterwerk eingesetzt wurde.[3]

Laden, Trakturen, Windversorgung, Dispositionen

Zu den wichtigsten Errungenschaften der neuen Zeit gehörten neben der Verwendung von Registerkanzellenladen und der Röhrenpneumatik mit freistehenden Spieltischen die zahlreichen Spielhilfen. Die Kegellade löste über einen Zeitraum von mehreren Jahrzehnten die Schleiflade ab. Die erste Kegellade in Berlin wurde in der *Kreuzberger Christuskirche* 1864 von Sauer erbaut. Zehn Jahre später wurde von Gebr. Dinse in der *Zwölf-Apostel-Kirche* die erste pneumatische Orgel aufgestellt, was den Bau eines freistehenden Spieltisches erleichterte, zahlreiche Spielhilfen ermöglichte und das Spiel von Witterungsproblemen unabhängig machte. (Die ungeheizten Kirchen müssen in der kalten Jahreszeit sehr feucht gewesen sein; aus *St. Jacobi* wird berichtet, daß die Wassertropfen an den kalten Pfeifen und Gehäusewänden herunterliefen.)
Erste Versuche mit der Elektropneumatik wurden 1888 von den Gebr. Dinse in der *Singakademie* und 1895 von Walcker beim Aufbau der Tanaka-Orgel unternommen. Der Winddruck wurde erhöht (*Kirche am Südstern*, Sauer 1897: 180 mm für die Zungen; *Eichwalde* bei Berlin, Weigle 1908: 340 mm für die Hochdruckstimmen). Ein Schwellwerk war mittlerweile die Regel; bei dreimanualigen Instrumenten wurden beide Nebenwerke und schließlich sogar die ganze Orgel (Furtwängler & Hammer, *Paul-Gerhardt-Kirche Schöneberg*, 1910) in Schwellkästen gestellt. Das Fernwerk wurde Mode (z. B. in der *Kaiser-Wilhelm-Gedächtnis-Kirche*, Erweiterung durch Sauer 1897).
Bei großen Orgeln wurde in der Hochromantik das elektrische Gebläse eingeführt (*Kaiser-Wilhelm-Gedächtnis-Kirche*, Sauer 1895), und mit dem Wachsen des Stromnetzes erhielten auch kleinere Instrumente elektrischen Gebläseantrieb, teilweise noch mit Antrieb der alten Schöpfbälge über Motor und Exzenter (*Kreuzberg, St. Jacobi*, Schuke 1905).
Die Disposition nahm die bekannten Züge an: bei nicht ganz kleinen Orgeln erhielt jedes Manual Prinzipal 8′ und einen labialen 16′; die 8′-Lage ist am häufigsten vertreten, die 4′-Lage erhielt etwa die Hälfte ihrer Registerzahl, die 2′-Lage ein Viertel. Nach der Jahrhundertwende begann man, die höheren (zuweilen auch die tieferen) Fußlagen durch Oktavkoppeln zu »ersetzen«. Das Pedal wurde reines Baßklavier, es basiert auf dem 16′. Aliquote verschwanden als Einzelreihen fast ganz; einzige Ausnahme ist die $10\frac{2}{3}$′-Quinte im Pedal, die den akustischen 32′ erzeugt oder stützt. In den gemischten Stimmen wurde oft eine Terz disponiert; aber Mixturen fanden sich auf den Nebenmanualen nur noch bei größeren Orgeln. Der Prinzipalchor war nicht mehr das Rückgrat der Disposition: Er wurde nicht mehr registriert und ist oft nur noch auf dem I. Manual geschlossen vorhanden. Durchschlagende Zungen (z.B. Klarinette) auf II. und III. Manual wurden zur Regel. Die Spielhilfen nahmen an Zahl beträchtlich zu: Rollschweller, feste und freie Kombinationen, Absteller und ab etwa 1910 Oktavkoppeln.
Wenn der Berliner Orgelbau auch an den zeitgenössischen Tendenzen teilhatte, so gab es doch Eigenheiten, die außerhalb des Trends standen und keine Schule

machten: so trat in den gemischten Stimmen gelegentlich die Sept auf (*Dom*, SAUER 1904, $2\frac{2}{7}'$ in Groß-Cymbel 3fach auf I und Septime $2\frac{2}{7}'$ im Pedal; *Paul-Gerhardt-Kirche Schöneberg*, FURTWÄNGLER & HAMMER 1910, $1\frac{1}{7}'$ in der Kornett-Mixtur auf II. und der Harmonia aetherea auf III).
Die klangliche Entwicklung kann man an den heute noch erhaltenen Instrumenten studieren: im Ostteil der Stadt und in der nahen Umgebung sind mehrere Instrumente der Hoch- und Spätromantik unverändert erhalten geblieben. Die Tendenz ist zwar bei allen Orgelbauern ähnlich, aber sie prägte sich sehr unterschiedlich aus. Auch der Tuttiklang ist nicht allgemein unbefriedigend: neben aufdringlichen Werken stehen eher zurückhaltend intonierte, neben düsteren relativ helle Instrumente.

WILHELM SAUER

Der bedeutendste Orgelbauer im Norden Deutschlands, der der Hochromantik zuzurechnen ist und der Spätromantik orgelbautechnisch die Wege ebnete, war WILHELM SAUER.
Der am 23. 3. 1831 geborene war im norddeutschen Raum in der zweiten Hälfte des 19. Jahrhunderts der einflußreichste und bedeutendste Meister.[4] Der Sohn des Schmiedemeisters und späteren Orgelbauers CARL ADOLPH ERNST SAUER lernte bei seinem Vater, der seinerseits im fortgeschrittenen Alter den Orgelbau bei dem in *Ohrdruf* (Thüringen) wirkenden Meister RATZMANN erlernt hatte.[5] Wilhelm Sauer studierte zwei Semester an der *Bauakademie* in *Berlin*, bevor er auf Wunsch des Vaters in dessen Geschäft eintrat. Eine Mitarbeit in der Werkstatt des Vaters ist erstmals 1848, beim Bau der Orgel für die *Stadtkirche* von *Fürstenberg* an der Havel, belegt.[6]
Sauer vervollkomnete seine Kenntnisse bei EBERHARD WALCKER in Ludwigsburg und bei AUGUST NEUBURGER, dem Werkführer von CAVAILLÉ-COLL in Paris.[7] Wilhelm Sauer lernte bei Walcker den Bau der Kegellade kennen. Diese wurde später sein bevorzugter Ladentyp. 1864 erhielt der Neubau der großen Orgel in *Bernau, St. Marien,* Kegelladen von ihm.[8]

4. Falk-1990, S. 13 ff.
5. Wie Anm. 4.
6. Wie Anm. 4.
7. Wie Anm. 4.
8. Wie Anm. 4.

Von der Werkstatt CAVAILLÉ-COLLS wurde Sauer im Bau neuer Register stark beeinflußt. Stimmen wie die überblasende Flûte harmonique, die schwebende Voix céleste und die besondere Art der französischen Zungenstimmen fanden bleibenden Eingang in sein Orgelbauschaffen. Er übernahm auch den voluminösen Klang der Cavaillé-Coll-Orgeln, deren Grundlage eine großzügige Windversorgung war.[9]
Wilhelm Sauer wurde nicht zum Kopisten dieser beiden bedeutenden Orgelbauer. Seine Schwellwerke blieben gegenüber denen des Pariser Meisters bescheidener. Die Besetzung mit Zungen gestaltete er zurückhaltender, während er das Pedal reichhaltiger disponierte.[10] Er entwickelte auch die Kegellade Walckers mit Erfolg weiter.[11]
Auf einer Studienreise durch England lernte er freistehende, vom Werk unabhängige Orgelprospekte kennen, die er später selber gerne baute.[12] Mit einem Aufenthalt in der Schweiz setzte er seine Lehr- und Wanderjahre fort, bevor er endgültig in den väterlichen Betrieb eintrat.
Da Mecklenburg nicht dem Zollverein beigetreten war, erhob Preußen hohe Zölle auf mecklenburgische Waren. Die Werkstatt Sauers in *Friedland* lag dicht an der preußischen Grenze; der Markt in und um Berlin war daher für Sauer lebenswichtig. So blieb der Familie schließlich nichts anderes übrig, als in Preußen selbst Orgeln zu fertigen. Die Filiale des väterlichen Betriebs in *Deutsch Krone* (Westpreußen) übernahm Wilhelm Sauer im Jahre 1855.[13] Der Berliner Organist SUCCO notierte 1855 bereits in der Urania: »Die Herren Sauer Vater und Sohn, betreiben ein ausgebreitetes Orgelbaugeschäft in Friedland (Meckl.) und Deutsch Crone«.[14]

9. Wie Anm. 4.
10. Wie Anm. 4.
11. Falk-1990, S. 65.
12. siehe *St. Thomas Kreuzberg*.
13. Wie Anm. 4.
14. Succ-1855, S. X.

Im Jahre 1857 gründete Wilhelm Sauer zunächst mit seinem Vater die später weithin bekannte Orgelbauanstalt in Frankfurt a. d. Oder.[15] Nach kurzer Zeit übernahm Wilhelm Sauer den Betrieb als Alleininhaber. Seine Opus 1 und 2 kamen nach *Wutzig* und *Schlanow* bei Woldenberg.[16] Fünfzig Jahre später baute er bereits Opus 1000 für das Kurhaus in Wiesbaden.[17]

In Berlin errichtete Sauer sein erstes Orgelwerk 1864 für die *Christus-Kirche*, eine englische Missionsgesellschaft. Es war ein zweimanualiges 18registriges Werk mit drei überblasenden Flöten, drei Zungen, einer Voix céleste und einem Schwellwerk.[18] In Berlin vermochte sich Wilhelm Sauer nur schwer gegen C. A. BUCHHOLZ und FERDINAND DINSE durchzusetzen. Dies lag nicht unwesentlich an AUGUST WILHELM BACH, der als Musikdirektor und Königlicher Ober-Orgelbau-Revisor einen erheblichen Einfluß auf die Vergabe von Orgelbauten hatte. Die von Sauer verwendeten Voix céleste und Flûte harmonique wurden von ihm als »Französelei« verurteilt.[19]

Erst 1869 erhielt eine evangelische Kirche in Berlin ein Instrument von Sauer. Diese Orgel baute er für die *St. Thomas-Kirche* in *Kreuzberg*. Unter den 52 Registern befanden sich allein zehn Zungenstimmen. Für Berlin ungewöhnlich war die Verteilung der Register auf Hauptwerk, Oberwerk, Schwellwerk und schwellbares Rückpositiv sowie Pedal. Der Bau des Rückpositivs ist eine Reminissenz an die großen französischen Orgeln, die Sauer während seiner Lehrzeit in Paris etwa 1852/53 kennengelernt hatte und die er für das große viermanualige Instrument wieder aufnahm; also letzte Nachwirkung einer Tradition, die in Deutschland schon aufgegeben war. Die vom englischen Orgelbau übernommene Praxis des vom Werk unabhängigen Orgelprospekts verband er hier mit »gekrönten« Pfeifen.[20] In dem Abnahmegutachten bemerkte Musikdirektor GRELL, daß diese mehr Zungenstimmen als irgend eine andere Berliner Orgel besitze.[21]

Der Bau dieses Instrumentes eröffnete Sauer die Möglichkeit zu weiteren Orgelbauten in Berlin. Es wurden weit mehr als 100 Instrumente. Technische Neuerungen ergaben sich aus neuen Forschungen bei CAVAILLÉ-COLL und aus seiner späteren Zusammenarbeit mit PAUL WALCKER in Frankfurt (Oder). Sauer erhielt 1881 ein Patent auf die Erfindung des Kombinationspedals. Auch die festen Kombinationen (Gruppenzüge) baute Sauer auf besondere Art. Er erfand auch eine neue Art der Manualkoppelung und einen Rollschweller mit Zifferblatt für die Pedalstimmen. Es handelte sich hier offenbar um die Crescendo-Einrichtung, die die 1884 erbaute Orgel zu *St. Peter* in *Leipzig* als eine der ersten in Deutschland bekommenen hatte.[22] Ehrungen blieben infolgedessen nicht aus. 1883 wurde Sauer Akademischer Künstler, und am 8. 5. 1884 erfolgte die Ernennung zum Königlich Preußischen Hoforgelbaumeister.[23]

Wichtig wurde für Sauer die Bekanntschaft mit Freiherr von MIRBACH, dem Oberhofmeister der Kaiserin AUGUSTE VIKTORIA. Dieser ermöglichte und befürwortete den Bau der großen Orgelwerke Sauers um die Jahrhundertwende. Der Neubau der Orgel für die *Kaiser-Wilhelm-Gedächtnis-Kirche* (1894) und die am 27. 2. 1905 eingeweihte *Dom*-Orgel zu Berlin und der Neubau der Orgel für die alte *Berliner Garnisonkirche* (1909) bildeten den Höhepunkt in Wilhelm Sauers Schaffen und brachten ihm u. a. die Verleihung des Schwarzen Adler Ordens ein.[24]

Am 1. 10. 1910 übergab Wilhelm Sauer die Orgelbauanstalt an seinen Mitarbeiter PAUL WALCKER.[25] Paul Walcker stand der Firma bis 1917 vor. In dieser Zeit entstand die Monumental-Orgel mit 187 Registern für die Jahrhunderthalle in Breslau.[26]

Ein Jahr nach dem Tode Wilhelm Sauers im Jahre 1916 übernahm der Neffe Paul Walckers, OSKAR WALCKER, die Orgelbauanstalt.[27] Oskar Walcker stand der Firma bis 1948 vor. Unter seiner Leitung wurde 1934-1935 die Orgel der *Berliner Franziskaner-Klosterkirche* errichtet, bei der Erkenntnisse der Orgelbewegung Eingang fanden.[28]

Berlin, Zions-Kirche
Orgel von WILHELM SAUER, 1872-73, nach 1947 beseitigt

15. Wie Anm. 4.
16. Wie Anm. 4.
17. Wie Anm. 4.
18. Wie Anm. 4.
19. Wie Anm. 4.
20. PfA-KrTh.
21. Wie Anm. 20.
22. Flad-1960; Erfindungen und Neuerungen sind beispielsweise beschrieben bei Töpfer-Allihn, S. 644, S. 658 f., S. 680f.
23. Wie Anm. 4.
24. Wie Anm. 4.
25. Wie Anm. 4.
26. Wie Anm. 4.
27. Wie Anm. 4.
28. Frot-1939, S. 58; BHE, 1958, S. 138.

Steglitz, Matthäus-Kirche
Orgel von Gebr. Dinse, 1880-81

Gebrüder Dinse

Neben Wilhelm Sauer konnten sich die Gebrüder Dinse als eine überregional bekannte Orgelbauanstalt profilieren. Das Material ihrer Orgeln war sehr gut und die Arbeit einwandfrei, aber im Klang erreichten ihre Instrumente nur guten Durchschnitt. Im Wettbewerb um die zahlreichen Neubauten für die neuen Kirchen bleiben sie hinter Wilhelm Sauer in Frankfurt/Oder zurück, der die meisten und größten Aufträge erhielt.

August Ferdinand Dinse übergab seine Werstatt am 1. 1. 1872 an seine beiden Söhne Oswald Dinse (geb. 22. 8. 1845) und Paul Dinse (geb. 29. 6. 1849).[29] Beide hatten den Orgelbau bei ihrem Vater erlernt. Danach hospitierten sie bei Orgelbauern in anderen deutschen Staaten und Frankreich. Die neu errichtete *Magdalenen-Kirche* in Neukölln erhielt 1879 ein Orgelwerk mit zwei Manualen und 20 Registern der Gebrüder Dinse.[30] Der Prospekt und etwas Material dieser Dinse-Orgel sind bis heute erhalten geblieben.

Das Abnahmegutachten von August Haupt aus dem Mai 1881 über den Orgelbau der *Matthäus-Kirche* in *Steglitz* (II+P 25) zeigt, was die damalige Zeit an den Orgelwerken der Gebrüder Dinse schätzte: »Die sinnig zusammengestellte Disposition enthält neben kräftigen, viel Ton ausgebenden Stimmen auch eine große Anzahl von schönen, überaus sympathisch ansprechenden Klangfarben, deren Intonation in Beziehung auf Charakteristik, Gleichmässigkeit der Tonstärke und Ansprache durchweg als meisterhaft zu bezeichnen ist. Die Mechanik, kunstgerecht und ver-

29. Flad-1960.
30. PfA-NkMa.

ständig angelegt, ist leicht beweglich und wirkt präzis. Das Material ist vorzüglich, die Arbeit sauber und solid ausgeführt, der Kostenpreis bescheiden. Demnach sind die Herren Gebr. Dinse als talentvolle und strebsame Künstler zu erachten, die nicht allein Vorzügliches leisten wollen, sondern auch leisten können, und mögen deshalb hiermit bestens empfohlen sein.«[31]

Die Gebrüder Dinse erhielten 1881 ein Patent für eine neue pneumatische Windlade.[32] Gustav Sander, der als Erfinder der Röhrenpneumatik anzusehen ist, gab in der ZfI, Band IV, S. 65 zu, daß ein späteres Modell seiner Lade auf der Grundlage der Gebrüder Dinse beruhe. Im Jahre 1885 benutzten sie das elektrische System von Welte für den Bau einer Salon-Orgel (II+P 6). Bereits drei Jahre später, 1888, erhielt die von Otzen erbaute *Kirche Zum Heiligen Kreuz* in *Kreuzberg* eine elektropneumatische Orgel (III+P 45) nach dem System von Schmöle & Mols.[33] In Haupts Abnahmegutachten vom 18. 11. 1888 heißt es über diese Orgel: »Der Reichthum des Werkes an schönen, charakteristischen und kostbaren Klangfarben ist fast verblüffend: nicht minder sind es auch die angegebenen reichhaltigen Hülfsmittel für die Spiel-Technik, welche fast alle in der neueren Zeit gemachten Erfindungen und Verbesserungen darstellen und dem Spieler die manigfaltigsten und wunderbarsten Klangwirkungen und Effekte ermöglichen.

1. Die Elektro-Pneumatik, d. h. Electrizität als bewegende Kraft verwendet. In Berlin durch die Gebrüder Dinse in größerem Maaßstabe zuerst angewendet in der Orgel der Sing-Akademie, sodann in der *Kirche Zum Heiligen Kreuz.*
2. 3 Pedalkoppeln statt einer bei den alten Orgeln, durch welche es möglich ist, beliebige Stimmen aus den Manualen im Pedal zu gebrauchen.
3. Eine Collectiv-Koppel, welche durch einen Fußtritt das ganze Werk im Moment in Thätigkeit setzt und nach Belieben wieder verschwinden läßt.
4. 8 Druckknöpfe, welche die einzelnen Manuale, wie auch das Pedal, in verschiedenen Stärkegraden und Klangmischungen in Thätigkeit treten lassen.
5. Crescendo und Decrescendo des 3. Manuals
6. Rollschweller, Crescendo und Decrescendo für das ganze Werk.
7. Manual-Octavkoppel, welche zu jedem Ton die tiefere Octave erklingen läßt, für das I. und II. Manual. Die Wirkung dieser Koppel ist kollosal.
8. Endlich enthält das Werk, was in der Disposition gar nicht angegeben ist, eine Claviatur, vermittelst welcher man die Pedalstimmen mit den Händen spielen kann. Diese Einrichtung befindet sich nur noch an der Orgel der *Singakademie.*«[34]

Die *Friedrichswerdersche Kirche* erhielt 1891 ein dreimanualiges Werk mit 43 Registern aus der Werkstatt der Gebrüder Dinse. Der von Schinkel entworfene Prospekt der Buchholz-Orgel wurde beibehalten.[35] In der *Sophien-Kirche* wurde hinter den Marx-Prospekt 1892 ein neues Werk (II+P 36, einschließlich vier Zungen) der Gebrüder Dinse gestellt.[36]

Auf der *Gewerbeausstellung* in *Treptow* stellten sie 1896 ein Orgelwerk mit 25 Stimmen und mit spanischen Trompeten im Prospekt aus. Diese Orgel wurde nach dem Ende der Gewerbeausstellung erweitert (II+P 36) und in der *Luther-Kirche* in *Spandau* aufgestellt.[37] Dort sind einige Register bis heute erhalten.

Noch weitgehend im Original-Zustand sind mehrere Instrumente des 12-Register-Typus erhalten geblieben, so in der Mark in den *Dorfkirchen* von *Petershagen, Nordend, Gosen, Niederlehme* und *Dahlwitz.*[38]

Der 1897 erschienene »Catalog der Orgelbau-Anstalt Gebrüder Dinse« gibt einen genauen Überblick des Schaffens dieser Werkstatt. In diesem Werkverzeichnis sind über 300 Instrumente verzeichnet. Die Fertigung erfolgte fabrikmäßig, wodurch eine enorme Produktionssteigerung ermöglicht wurde. Die Gebrüder Dinse übernahmen nach 1875 immer mehr die Stellung, die Carl August Buchholz in Berlin eingenommen hatte. Sie wurden im letzten Viertel des 19. Jahrhunderts und in den ersten Jahren des 20. Jahrhunderts der bedeutendste Orgelbaubetrieb Berlins.

31. Dins-1884, S. 5.
32. Flade-1960.
33. PfA-KrHK.

Kreuzberg, Kirche Zum Heiligen Kreuz
Orgel von Gebr. Dinse, 1888, 1945 zerstört

34. Wie Anm. 33.
35. Ura, 1891, S. 69 f.
36. KoO-ZSOb.
37. Dins-1897; ZfI, 1914, S. 1089.
38. Lier-1988, S. 166.

Die
Orgelbauanstalt
von
Dinse
Berlin SO.
Dresdenerstr. 12,
gegründet 1839,
empfiehlt sich zur Ausführung von Orgelbauten und verspricht vorzüglichste Arbeit und schnellste Lieferung bei niedrigster Preisberechnung.
Über 300 Werke in allen Provinzen des Staates und im Auslande erbaut.

Nach den Tod von PAUL DINSE (1916) und OSWALD DINSE (1918) übernahm HEINRICH DINSE die Werkstatt in der Dresdener Straße 12.
HEINRICH DINSE (1876-1945), Sohn von OSWALD DINSE, wurde als einziger der Söhne Orgelbauer. Er heiratete eine Tochter des Orgelbaumeisters THEODOR RÜHLMANN aus Zörbig.[39] Heinrich Dinse perfektionierte den Serienbau pneumatisch gesteuerter Orgeln zu Lebzeiten seines Vaters. Nach dem Tode Dinses, der nach 1918 keine größeren Aufträge mehr ausführte, erlosch die Orgelbautradition dieser Berliner Familie.[40]

39. Lier-1988, S. 165.
40. EZA, 14/5186.

FRIEDRICH HERMANN LÜTKEMÜLLER

Unter den märkischen Orgelbauern, die in der zweiten Hälfte des 19. Jahrhunderts Orgeln in und um Berlin bauten, verdient der 1815 in *Papenbruch* bei Wittstock geborene FRIEDRICH HERMANN LÜTKEMÜLLER erwähnt zu werden.[41] Seine Hauptschaffenszeit fällt zwar in die Zeit der Frühromantik, es steht aber in Berlin noch ein Instrument, das erst 1890 erbaut worden ist und klanglich der Hochromantik zuzuordnen ist.
Lütkemüller lernte in den Jahren 1829 bis 1833 den Orgelbau bei JOHANN FRIEDRICH TURLEY.[42] Anschließend arbeitete er 1834 bei CARL AUGUST BUCHHOLZ. Seine eigentliche Ausbildung erhielt er jedoch bei WALCKER in Ludwigsburg.[43] Er selbst schrieb 1843, daß er »bis vor Kurzem in den verschiedenen deutschen Bundesstaaten und angrenzenden Ländern wanderte, die vorzüglichsten Werkstätten der Orgelbauer besuchte und länger und lange Zeit conditionierte: In der letzten Zeit war ich fünf Jahre bei dem berühmten Orgelbauer Walcker in Ludwigsburg bei Stuttgart, in dessen sehr bedeutenden Geschäfte (ich u. a. die großen Orgelwerke für *St. Petersburg* und *Reval* erbauen half) mir jeder Weg zur Ausbildung, besonders als Geschäftsführer geöffnet und ich die beste gründliche Erfahrung in allen Zweigen der Orgelbaukunst sammeln konnte.«[44] Später vermerkte er, daß er erst bei Walcker gelernt habe, sauber und gründlich zu arbeiten.
Nach der langen Zeit (1829-1843) als Lehrling und Geselle namhafter Werkstätten etablierte sich Lütkemüller 1843 in Wittstock.[45] Sein erstes Instrument in *Königsberg* bei Wittstock ist noch erhalten. Bereits 1844 schloß er den Neubauvertrag für seine erste mehrmanualige Orgel für die *St. Marien-Kirche* in *Wittstock.* Dieses Instrument sollte sein größtes Werk werden. Es hatte auf drei Manualen und Pedal 44 klingende Stimmen.[46]
Am 9. 3. 1880 erhielt er ein kaiserliches Patent für die »Einrichtung an Orgeln, mittelst einer Klaviatur zwei Manuale zu spielen.«[47] Mit der Erfindung dieser Doppeltraktur, die das gleichzeitige Spielen zweier Laden von einem Manual aus ermöglichte, gelang es, gewisse Cantus-firmus-Formen und terassendynamische Effekte darstellbar zu machen. In dem nordwestlich von Berlin gelegenen Ort *Marwitz* ist heute noch in der Ev. *Dorfkirche* diese Einrichtung zu sehen.
In Berlin lassen sich mehrere Arbeiten Lütkemüllers nachweisen, so 1859 eine größere Reparatur in der *St. Nikolai-Kirche* in *Spandau*, für die er 1866 einen Neubau-Kostenanschlag lieferte.[48] In der *Dorfkirche Staaken* errichtete er 1861 ein einmanualiges Werk mit Pedal und 7 Registern.[49] In der *Dorfkirche Karow* befindet sich heute die 1890 erbaute Orgel der *Ev. Kirche* zu *Danewitz*, Kreis Bernau.[50]
Bis zu seinem Tode im Jahre 1897 fertigte Lütkemüller weit mehr als 150 meist kleinere Orgeln; vermutlich waren es mehr als 200 Werke. Dank der soliden Ausführung ist der größte Teil seiner Instrumente heute noch erhalten. Lütkemüller blieb zeitlebens der mechanisch gesteuerten Schleiflade treu. Zu seinen bedeutendsten noch erhaltenen Instrumenten zählen neben den zahlreichen einmanualigen Werken in den märkischen Dorfkirchen die beiden Orgeln in *Seehausen* in der Altmark (1867, III+P 44) und im *Dom* zu *Güstrow* (1868, III+P 37).[51]

41. SAP, Rep. 2 A II, Gen. Nr. 1750-1751.
42. Wie Anm. 41.
43. Wie Anm. 41.; OrZ, 1880, S. 29.
44. Wie Anm. 41.
45. Wie Anm. 41.
46. Berg-1989, S. 95.
47. Patentamt Berlin, Klasse 51, Nr. 11708; Pape-1988/2.
48. PfA-SpNi.
49. PfA-Marwitz; PfA-SpNi.
50. PfA-WeKa.
51. Berg-1989, S.95.

Königsberg bei *Wittstock*, Orgel von F. H. LÜTKEMÜLLER, 1844

Berlin, St. Marien-Kirche
Spieltisch von Schlag & Söhne,
Zustand von 1908

Neben den bedeutenden regionalen Werkstätten Sauer und Dinse bauten die Orgelbauanstalt Schlag & Söhne aus Schweidnitz in Schlesien, P. Furtwängler & Hammer aus Hannover, E. F. Walcker aus Ludwigsburg und die Firma Weigle aus dem württembergischen Echterdingen bedeutende Orgeln für Berliner Kirchen. 1910 trat Alexander Schuke aus dem nahe gelegenen Potsdam zum ersten Mal mit einem Neubau auf. Darüberhinaus sind zu erwähnen: Barnim Grüneberg, Stettin; Paul Voelkner, Bromberg, und Gebrüder Walter, Guhrau. Schließlich waren bei Reparaturen Berliner Firmen oder Einzelpersonen tätig, die teilweise aus verwandten Gewerben stammten (z.B. aus dem Drehorgel- oder Harmoniumbau), also nicht unbedingt als Orgelbauer anzusprechen sind.

Den Orgelbauern der Firma Schlag & Söhne kam eine besondere Rolle zu, weil sie nicht nur die viel beachtete Orgel der *Berliner Philharmonie* in der Bernburger Str. erbauten, sondern als erste und am konsequentesten die Wende zur Spätromantik in Berlin vollzogen. Unter Mitwirkung von Otto Dienel bauten Schlag & Söhne 1894 die Wagner-Orgel in *St. Marien* um und versahen die Orgel mit einem neuen Spieltisch.[52] Die *St. Simeon-Kirche* in *Kreuzberg* erhielt 1897/1898 ein dreimanualiges Werk mit Pedal und 43 Registern.[53] Die *Stephanus-Kirche* im *Wedding* bekam 1904 ein Werk dieser Firma, das bis auf die Traktur noch vollständig erhalten ist.[54] 1914 erweiterten sie die Dinse-Orgel der *Luther-Kirche* in *Spandau*.[55] Neben Sauer und Dinse wurde die Firma Schlag & Söhne die bevorzugte Orgelbauwerkstatt Berlins. Sachverständige weisen immer auf die ausgewogen intonierten Einzelstimmen in den Instrumenten dieser Firma hin. Differenzen mit Musikdirektor Irrgang führten dazu, daß diese Werkstatt nach 1914 in Berlin keine weiteren Aufträge mehr erhielt.[56]

P. Furtwängler & Hammer errichteten 1897 in der *Auen-Kirche* zu *Wilmersdorf* ihr erstes Instrument in Berlin mit 40 Registern auf 2 Manualen und Pedal. Bereits 1921/1922 erfolgte durch Furtwängler & Hammer ein Umbau dieser Orgel (III+P 61), der einem Neubau gleich kam.[57] Weitere Instrumente entstanden 1907 in *Kreuzberg, Passions-Kirche* (III+P 42) und 1910 in *Schöneberg, Paul-Gerhardt-Kirche* (III+P 66, elektropneumatische Traktur). Dank der engen Zusammenarbeit mit Christhard Mahrenholz wurde die Firma P. Furtwängler & Hammer später einer der Protagonisten der Orgelbewegung in Berlin.

Die Firma Walcker errichtete 1907 mit der Orgel für die *Heilige-Geist-Kirche* in *Moabit* ein herausragendes Werk, das auch wegen seiner Prospektgestaltung Beachtung fand.[58]

Die Orgelbauwerkstatt Weigle gehörte zu den experimentierfreudigsten Orgelbauanstalten. Sie errichtete in der *Neuköllner Martin-Luther-Kirche* 1909 eine Parabrahm-Orgel.[59] (siehe Einzeldarstellung) Die Orgelbauanstalt G. F. Steinmeyer & Co. aus Oettingen erhielt in den zwanziger Jahren einige interessante Aufträge. Mit dem 1914 für das *Schützenhaus* zu *Meiningen* erbauten Werk, das von Max Reger mitdisponiert wurde (heute *Haselhorst, Weihnachts-Kirche*), besitzt Berlin ein besonderes musikhistorisches Zeugnis dieser Werkstatt.[60]

Die Epoche der Hoch- und Spätromantik war im Orgelbau in Berlin am facettenreichsten vertreten. Die Orgeln der *Kaiser-Wilhelm-Gedächtnis-Kirche*, des *Berliner Doms*, der Neubau der *Berliner Garnisonkirchen-Orgel* und der Umbau der Wagner-Orgel in der *Marien-Kirche* durch Schlag & Söhne waren Instrumente, die zu den fortschrittlichsten und technisch modernsten gehörten. Von seiten der Organisten wurden sie hoch gelobt und gern gespielt. Reimanns Einschätzung der Spätromantik in Auseinandersetzung mit der aufkommenden Orgelbewegung in den 20er Jahren kann als beispielhaft für die Äußerungen der meisten Berliner Organisten angesehen werden.[61]

52. Bär, 1894, S. 504; Sank-1946, S. 13.
53. PfA-KrSi.
54. PfA-WeSt.
55. PfA-SpLu.
56. AKScB.
57. PfA-WiAu.
58. PfA-TiHG.
59. PfA-NkML.
60. PfA-SpWe.

Friedrichshain, Galiläa-Kirche
Orgel von Barnim
Grüneberg, 1910

Der Beginn der Orgelbewegung

Lange vor dem Ende der Spätromantik kündigte sich bereits die nächste Epoche an: Steinmeyer baute 1911 in der Orgel der *Stadtmissions-Kirche*[62] ein Nachthorn 8′ als »getreue Nachbildung« des gleichnamigen Registers in der Silbermann-Orgel zu *St. Thomas, Straßburg*. Superquinte $1\frac{1}{3}$′ und Flageolett 2′ im dritten Manual sollten zusammen die Kopie eines Larigot 2′ aus einer alten Orgel im *Deutschen Museum* in *München* ergeben. Möglicherweise wurden diese Kopien durch Albert Schweitzer angeregt, der 1906 mit seiner Schrift »Deutsche und französische Orgelbaukunst und Orgelkunst« die Ansichten der elsässischen Orgelreformer publiziert hatte.

Ein Echo darauf fand sich jedoch bei den Berliner Dispositionen damals so gut wie gar nicht; selbst die Firma Walcker, die in *St. Reinoldi* in *Dortmund* 1910 eine Synthese von deutschen und französischen Eigenheiten gebaut hatte, ging bei der *Philharmonie-Orgel* von 1912 fast ganz auf den traditionellen deutschen Stil zurück; einzige Ausnahme war die Zungenbatterie im II. Manual (Basson 16′, Trompette harmonique 8′, Oboe 8′, Clairon 4′). Nur bei den Spielhilfen schien es eine gewisse Wirkung gegeben zu haben: der französischen »Introduction Grand Orgue«, mit der man die Register des I. Manuals von ihrem Klavier trennen kann, entsprachen »Leerlauf I. Manual« in der *Paul-Gerhardt-Kirche* 1910 und der *Philharmonie* 1912; die Ladenteilung in tiefere - »fonds« - und höhere Labiale und Zungen - »anches« - findet sich als »Zungen und Mixturen« in den drei Manualen der Philharmonie-Orgel.

In den folgenden Jahren wandelten sich die Ansichten weiterhin: das Begleitschreiben der Firma Schlag & Söhne zu ihrem Umbauvorschlag vom Dezember 1919 für *St. Jacobi, Kreuzberg*, liest sich bereits stellenweise wie ein Programm der Orgelbewegung: »Was uns bei der Ausführung von Orgelbauten leitet, ist die Absicht, zurückzukehren in die Zeit Johann Sebastian Bachs, in der der Orgelbau - in klanglicher Hinsicht - auf höchster Stufe stand. An Werken aus jener Zeit, die noch erhalten sind, haben wird Studien betrieben und beabsichtigen, das Gute zu verwenden und mit den guten Errungenschaften der Neuzeit aufs Vorteilhafteste zu verbinden«[63]. Diese Ansichten breiteten sich in den zwanziger und dreißiger Jahren weiter aus, so daß der Klang der romantischen Instrumente zunehmend negativ beurteilt wurde.

Fritz Heitmann hat einige wesentliche Aspekte der Spätromantik in seinen Betrachtungen zur Berliner Domvesper treffend festgehalten: Die Orgelklangmaterie der Romantik »ist verhältnismäßig eng gelagert; sie bedarf innerhalb des verengten Raumes, um vielfältige Übergänge, Tönungen und Brechungen zu erzielen - soweit sie nicht aufs rein Akustisch-Dynamische tendiert - einer verhältnismäßig großen Zahl von Differenzierungsregistern. Von daher muß das zuweilen ungeheuerliche Anwachsen der Registerzahlen in den repräsentativen Instrumenten jener Zeit verstanden werden. Darin nur eine Bekundung rauschhaften Selbstgefühls aufgrund der schnell angewachsenen technischen Möglichkeiten oder platte Demonstrationslust materiellen Wohlstandes zu sehen, wäre ungerecht. Wenn es den künstlerischen Absichten jener Zeit entsprochen hätte, auch Gemsquinten, Nachthörner, Blockflöten, Rohrpommer und dergleichen zu disponieren, hätte die wilhelminische und viktorianische Epoche in der Erhöhung des Geldbedarfs überhaupt kein Hindernis gesehen. Diese Klangbereiche lagen aber außerhalb jeder Zielsetzung. Die Perspektiven in jener Richtung wieder eröffnet zu haben, die Bemühung um eine alte und ideell viel reichere Klangwelt geistig und technisch vorangetrieben zu haben, das ist das bleibende Verdienst der Orgelbewegung in all ihren Verzweigungen.«[64]

SB/US/UP

61. EZA, 14/5186.
62. Scin-1911.

Albert Schweitzer an der Orgel der *St. Reinholdi-Kirche in Dortmund*

63. PfA-KrJa. Der Dispositionsentwurf ist dann aber, abgesehen von Pedalmixtur und Pedalzungen, doch nicht so fortschrittlich, wie man erwarten könnte (was über die Intonation natürlich nicht viel sagt):
I: 16.8.8.8.8.4.4.4.$2\frac{2}{3}$.2.III-IV.III-V.8
II: 16.8.8.8.8.8.4.4.4.2.1.II.III.III-V.8
III: 16.8.8.8.8.8.8.4.4.4.2.V.8.8.4
Ped: 32.16.16.16.16. $10\frac{2}{3}$.8.8.8.4.4.VII.32.16.8.4.
64. Voge-1963, S.44.

Karow, Dorfkirche
Orgel von Friedrich Hermann Lütkemüller, 1890

Karow
Dorfkirche

Die Kirche stammt im Kern aus den Anfängen des Kirchenbaus in der Mark Brandenburg; sie wurde um 1230 gebaut. Im 19. Jahrhundert erlitt sie zunächst im Inneren durch die Entfernung der Kreuzrippengewölbe aus dem 15. Jahrhundert und nach 1840 durch einen neuen Turm erhebliche Veränderungen. Der durch einen Schüler Friedrich August Stülers in leicht italienisierender Romanik entworfene Turm ist über einer Vorhalle vor dem Westgiebel der Kirche mit ihr verbunden.

Nach dem Neubau des Turmes erhielt die Kirche ihre erste Orgel. Dieses 1856 von Moritz Baumgarten erbaute Werk hatte nur eine kurze Lebenszeit. 1912 wurde es durch eine kleine pneumatische Orgel von Gebr. Dinse abgelöst, die ihren Dienst bis 1981 versah. Angesichts der aussichtslosen Lage, in kurzer Zeit ein neues Instrument zu erwerben, bemühte sich die Gemeinde um ein gutes gebrauchtes Werk; ein solches stand in *Danewitz* zum Verkauf.[1]

Die Gemeinde erwarb dieses 1890 von Friedrich Hermann Lütkemüller, Wittstock, erbaute Werk und stellte es in Eigenarbeit auf.[2] Ulrich Fahlberg aus Eberswalde nahme einige kleine Reparaturen vor;[3] im übrigen ist das Instrument in allen seinen Teilen original erhalten. Nur ein elektrisches Gebläse entbindet die Gemeinde von der Arbeit des Bälgetretens.[4]

Lütkemüller gehört zu den markantesten Persönlichkeiten im deutschen Orgelbau; er baute ausschließlich Schleifladen mit mechanischer Traktur. Über 200 Instrumente muß er erbaut haben; fast alle sind noch erhalten, vor allem die vielen Kleinorgeln, die er an die armen Gemeinden der Mark Brandenburg lieferte. Diese Instrumente sind einmanualig und haben ein selbständiges Pedal. Die Orgel in *Karow* ist ein solches Serieninstrument, das aber von hoher handwerklicher Qualität ist und einen Vergleich mit guten Barockorgeln nicht zu scheuen braucht.[5]

Die Manualladen dieser Orgeln stehen hinter dem Prospekt und sind von G bis gs^{0}, oft auch bis b^{1} oder höher in Terzen aufgebaut. Die Prospekte sind fast immer fünfteilig; in jedem Feld stehen 7 Pfeifen. Die Pedallade steht hinter dem Stimmgang; der Subbaß spricht in der Regel durch einen Schlitz in der Rückwand der Orgel nach hinten. Der Spieltisch befindet sich bei den einmanualigen Instrumenten stets an der Seite. Balg und Schöpfer liegen unter dem Wellenrahmen des Manuals.[6]

Die Register sind auf der Lade immer nach dem selben Schema aufgestellt: Prinzipal 4′ steht vorn, 35 Pfeifen davon im Prospekt, dahinter Gedackt 8′ und dann absteigend alle höheren Register. Hinter Octav 2′ oder Mixtur stehen fast immer noch weitere 8′-Register, in der Regel ein Salicional 8′ und ein Principal 8′. Ein besonderes Kennzeichen dieser Orgeln ist, daß C bis Fs dieser beiden im Baß zusammengeführten Stimmen in das Pedal verführt sind, damit die übrigen Manualregister zum Stimmen leicht erreichbar sind. Sieben Kondukten führen in einer Bohle zu der tiefer liegenden Pedallade; dort stehen sieben offene Holzpfeifen an Stellen, wo die Aufstellung der Pedalregister dies zuläßt.[7]

Die Orgel in Karow ist in gleicher Weise aufgebaut. Zwischen Octav 2′ und Salicional steht ein Register Dolce 8′, das Lütkemüller in einmanualigen Orgeln erst sehr spät baute und dessen Ton einem leisen Salicional entspricht. Der Spieltisch steht an der C-Seite; die Klaviaturen haben weiße Untertasten. Über dem Notenpult sind die Register, beginnend mit einem Zug für die Kalkantenglocke und Praestant 4′ von rechts nach links angeordnet. Die Registerschilder sind aus Porzellan und tragen ein Beschriftung in Fraktur. Das ovale, ebenfalls porzellanene Firmenschild weist das Jahr der Erbauung aus. Die Pedalkoppel ist als Tritt angelegt.[8] UP

1. Vgl. die Angaben im Inventar in diesem Buch.
2. Frdl. Mitt. des Pfarramtes Karow/Buch, 6. 1. 1991.
3. KoO-ZSOb.
4. Aufzeichnung des Verfasser am 6. 1. 1991.
5. Pape-1988/2, S. 84-85.
6. wie Anm. 5.
7. Pape-1988/2, S. 85-86.
8. wie Anm. 4.
9. wie Anm. 4.

Karow, Dorfkirche, vor 1981
Orgel von Moritz Baumgarten, 1856,
Gehäuseteile erhalten

Manual C-f^{3}

Praestant	4′	Metall, C-b^{1} im Prospekt, neu
Gedackt	8′	C-h Holz, Rest Metall
Floete	4′	C-Fs Holz, Rest Metall, C-e^{2} gedeckt, Rest offen konisch
Quinte	2⅔′	Metall, C-g gedeckt, Rest offen zylindrisch
Octav	2′	Metall
Dolce	8′	C-h Holz gedeckt, Rest Metall offen
Salicional	8′	C-H aus Principal, Rest Metall offen
Principal	8′	C- gs Holz, Rest Metall, C-F auf die Pedallade verführt

Pedal C-d^{1}

Subbaß	16′	Holz
Violon	8′	Holz

Schleifladen, mechanische Traktur,
Pedalcoppal, Calcantenglocke[9]

Spandau
St. Nikolai-Kirche

Die 1734 von Joachim Wagner erbaute Orgel erwies sich um 1850 als nicht mehr zeitgemäß. Mehrere Orgelbauer hatten Werk und Klangkonzept stark verändert.[1] Friedrich Hermann Lütkemüller reparierte das Instrument letztmalig 1859 und fügte bei dieser Gelegenheit Violon 16′ dem Pedal hinzu. Bereits wenige Jahre später, am 28. 2. 1866, reichte Lütkemüller einen Neubau-Kostenanschlag für ein dreimanualiges Werk mit 38 klingenden Stimmen ein.[2] Dieser Plan wurde jedoch nicht ausgeführt.

Die Pläne für einen Orgelneubau blieben aber weiterhin aktuell. Der Spandauer Magistrat setzte eine Kommision ein, die einen Rahmenplan entwickeln sollte und sich daraufhin mehrere Orgeln der Firmen Dinse, Sauer und Ladegast ansah.[3] Geplant war von seiten des Magistrats eine repräsentative Orgel, aber ohne Spielhilfen. Die Orgelbaubetriebe wurden um die Abgabe von Neubau-Kostenanschlägen gebeten. Der Vorschlag von Friedrich Ladegast aus Weißenfels vom 16. 6. 1877 erhielt die größte Zustimmung.[4] Ladegast hatte den Bau einer dreimanualigen Orgel mit Pedal und 43 klingenden Stimmen vorgeschlagen. Die Manuale sollten einen Klangumfang von C bis f^3, das Pedal von C bis d^1 haben. Über die Laden schrieb er: »Ob es Schleifen oder Kegelladen werden sollen, bleibt dem resp. Auftraggeber überlassen. Der unterzeichnete, welcher bisher zwar größtentheils Schleifladen, doch öfteres auch Kegelladen in Anwendung brachte, hat sich und zwar auf Grund eingehender Vergleichungen nicht entschließen können den Kegelladen den Vorzug zu geben.«[5] Das dritte Manual sollte als Echowerk eingerichtet werden. Die Orgel sollte 19500 Mark kosten. In dem Nachtrag zu seinem Kostenanschlag führte er weiter aus: »ich habe aus ökonomischen Rücksichten unterlassen die neueren Combinations Einrichtungen in Vorschlag zu bringen, welche von mir schon in mehreren größeren Orgeln unter anderen in Schwerin, Wien und zuletzt in der Paulinenorgel zu Leipzig angebracht und mit so großem Beifall aufgenommen worden sind, weil sie es dem Spielenden ermöglichen auf die leichteste Weise in jedem Augenblicke die allerverschiedensten Klangfarben hervorzubringen.«[6]

Die Kommission entschloß sich, für 1200 Mark die im Nachtrag aufgeführten Kombinations-Einrichtungen bauen zu lassen. Die Disposition sollte um Trompete 8′ und Clairon 4′ erweitert werden und der Violon 16′, den Lütkemüller erst 1859 angefertigt hatte, wiederverwendet werden. Mit allen Änderungen beliefen sich die Kosten auf 21.483 Mark.[7]

1. PfA-SpNi, Schreiben des Kantors Büchmann vom Oktober 1864.
2. PfA-SpNi.
3. PfA-SpNi.
4. PfA-SpNi.
5. PfA-SpNi.
6. PfA-SpNi.
7. PfA-SpNi.

Friedrich Ladegast im Kreise seiner Mitarbeiter (vorn rechts)

Kegelladen versus Schleifladen

Der Magistrat und die Sachverständigen entschieden sich für den Bau von Kegelladen. Der bereits in Süddeutschland durch Walcker eingeführte Bau dieses Ladentyps fand nach 1860 auch im Norden Deutschlands immer mehr Anhänger.[8] Bei den kleineren Berliner und brandenburgischen Orgelbaufirmen war die traditio-

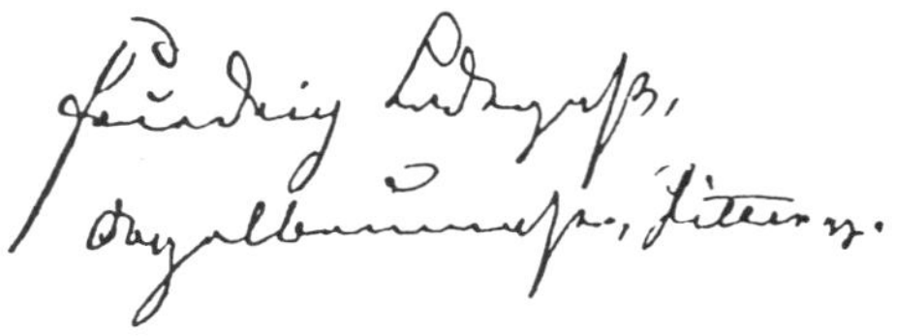

nelle Schleiflade noch über Jahre hinweg der dominierende Ladentyp. Der Ladegast-Schüler ALBERT HOLLENBACH baute sogar bis zu seinem Tode 1904 ausschließlich Schleifladen. Die Firma W. SAUER, Frankfurt/Oder, und die GEBR. DINSE bemühten sich dagegen frühzeitig um eigene Systeme und versuchten, die Nachteile der Schleiflade auszuschalten. In Berlin baute Sauer 1864 seine ersten Kegelladen in der *Christus-Kirche,* und Gebr. Dinse statteten 1879 das Instrument in *Rixdorf, St. Magdalenen,* mit Kegelladen aus.[9]

Friedrich Ladegast, der auch in den achtziger Jahren immer noch ein Protagonist der Schleiflade war und der sich wegen seines Festhaltens an diesem System in der Fachpresse mit Angriffen auseinandersetzen mußte,[10] äußerte gegenüber dem Generalsekretär der »Gesellschaft der Musikfreunde Wien«, LEOPOLD ALEXANDER ZELLNER: »Von den im vergangenen Jahre gelieferten Werken waren zwei mit Kegelladen. In vieler Beziehung sind dieselben leichter herzustellen als Schleifladen. (Dies ganz unter der Hand gesagt.) Das Schleifladensystem wird von den Kegeln nicht verdrängt werden. Da jedoch fast alles kegeltoll ist, so hilft nichts man muß - mit heulen!«[11]

Als Hauptnachteil der Kegelladen sah Ladegast den hohen Windverbrauch und Windverlust an, während er als einen ihrer Vorteile die Möglichkeit, leicht Spielhilfen anzubringen, schätzte. Durchstecher und Heuler in einem ganzen Teilwerk könnten bei der Verwendung von Kegelladen ebenfalls nicht auftreten, andererseits seien die Kegelventile aber nur schwer zugänglich. In der Praxis wandte Ladegast mitunter beide Systeme in einer Orgel an.[12]

Am 12. 11. 1877 wurde der Neubau-Vertrag für die Spandauer Orgel rechtskräftig. Er sah die Fertigstellung der Orgel bis zum 1. Oktober 1879 vor. Ladegast konnte den gesetzten Termin jedoch nicht einhalten, so daß erst am 2. Dezember 1880 die Revision des Orgelwerks durch CARL AUGUST HAUPT erfolgen konnte.[13]

Haupt ging entgegen seiner Gewohnheit, die Spielhilfen bei der Revision der Orgelwerke gar nicht zu berücksichtigen, und entgegen der Devise, was zum Spielen Bachscher Fugen nicht gebraucht werde, sei »in Orgeln überflüßiger Kram«, diesmal auf die neuen Einrichtungen ein.[14] In seinem Gutachten befürwortete er die Kegellade, vor allem wegen der geringeren Kosten bei der Pflege und Reparatur des Werks, zum anderen brachte er Ladegast als Orgelbauerpersönlichkeit eine hohe Wertschätzung entgegen.

In seinem Abnahme-Gutachten beschrieb HAUPT die Orgel wie folgt:

»Sämtliche 45 Stimmen zeigten sich beim Durchgehen derselben Ton für Ton, vollständig vorhanden; die Intonation der jeder Stimme eigentümlichen Klangfarbe entsprechend, gleichmäßig in Tonstärke und präciser Ansprache, meisterhaft durchgeführt. Von ganz besonders schöner Klangwirkung sind die Principal-, die Gamben-Stimmen und die Rohrwerke.

Zeichnet sich das Manual I durch Kraft und Fülle in der Gesamtwirkung aus, so ist das zweite in den Mensuren enger und lieblicher gehalten; das dritte dagegen enthält überwiegend sanfte und liebliche Stimmen, und da das Manual im Schweller liegt, so lassen sich mit diesen schönen Stimmen durch An- und Abschwellen des Tones herrliche Klangwirkungen hervorbringen.

Jedes dieser Manuale bildet, wie es auch sein muß, eine durch Klangfarben und Kraft von den anderen unterschiedene selbständige Orgel und keines dient dem andern bloß zur Ergänzung, wie man es bei älteren Werken so oft findet. Der gewaltigen Kraftentwicklung der 3 Manuale beim Zusammenwirken entspricht ein imposantes mit großer Kraft und Tonfülle ausgestattetes Pedal, welches gleichwohl durch seine reichhaltige Disposition für jede Klangmischung der Manuale, entsprechende Bässe ermöglicht.

Müssen wir hier in Beziehung auf Intonation die Arbeit eines Meisters anerkennen, der seinen bereits erlangten bedeutenden Ruf zu bewähren und zu erweitern strebt,

I. Manual	C-f^3	
Principal	16′	durchweg aus feinem Zinn
Principal	8′	desgleichen
Bordun	16′	Fußton
Viola di Gamba	8′	
Rohrflöte	8′	
Lieblich Flöte	8′	
Octave	4′	
Gemshorn	4′	
Doublette	3′ u. 2′	auf einem Stock
Cimbel 3fach	c^1, g^1, c^2	
Cornett 3-5fach		
Mixtur 4-5fach aus	2′	
Trompet	8′	aufschlagend
II. Manual	C-f^3	
Geigen-Principal	8′	aus feinem Zinn
Quintatön	16′	Fußton
Salicional	8′	
Doppelflöte	8′	
Flaute harmonique	8′	
Octav	4′	
Flauto minor	4′	
Nassat	2⅔′	
Waldflöte	2′	
Progr. harm. 2-4fach		
Oboe	8′	durchschlagend
III. Manual	C-f^3	
Viola d'amour	8′	
Lieblich Gedact	16′	Fußton
Lieblich Gedact	8′	Fußton
Flauto dolce	8′	
Salicional	4′	
Octavflöte	4′	
Piccolo	2′	
Harmonica aeth. 3fach		(im Gambencharakter)
Aeoline	16′	durchschlagend, sanfte Intonation
Pedal	C-d^1	
Principalbaß	16′	Holz
Untersatz	32′	Fußton desgl.
Violon	16′	desgl.
Subbaß	16′	Fußton desgl.
Principal	8′	durchweg von feinem Zinn
Cello	8′	Holz
Baßflöte	8′	Holz
Nassat	5⅓′	Holz
Octavbaß	4′	
Posaune	16′	aufschlagend
Trompet	8′	aufschlagend
Clären	4′	aufschlagend

Kegelladen, mechanische Fraktur, zwei Manualkoppeln, eine Pedalkoppel, vier Sperrventile, Calcantenglocke.[19]

so ist es besonders erfreulich, beim ersten Eintritt in das Innere des Werkes, das schöne Material, sei es Holz oder Zinn anerkennen zu müssen. Das Holz ist von der besten Qualität, und das zu den Pfeifen verwendete Zinn von einer Mischung, wie sie in der neueren Zeit leider nur selten zur Anwendung kommt. Während selbst renommierte Orgelbauer 8 u. 10löthiges Zinn, also im ersteren Falle die Hälfte, im anderen 6 Theile Bleizusatz verwenden, ist hier nur 12 u. 14löthiges Zinn mit 4 und 2 Theilen Bleizusatz verwendet. Hieraus erklärt sich auch der etwas hohe Preis der Orgel. Die größte Pfeife von Principal 16′ wiegt 1 Centner und kostet circa 100 Thaler. Daraus läßt sich nun leicht ermessen, wieviel ein Orgelbauer ersparen und billiger arbeiten kann, wenn er diese tiefen Pfeifen von Holz macht u. sie, statt in den Prospect, in das Innere der Orgel stellt.
Nicht minder erfreulich ist die verständige und zweckmäßige Anlage u. saubere Ausführung der Mechanik, wie überhaupt des gesamten Regierwerks. Dasselbe ist leicht u. ohne Geräusch beweglich, und überall für etwa nothwendige Nachhilfen bei plötzlichem Temperaturwechsel, leicht zugänglich.
Das Gebläse aus 2 doppelt wirkenden Cylinder-Bälgen als Schöpfer und 3 Magazin-Bälgen bestehend, liefert der Orgel einen 35 Grad starken, selbst beim stärksten Spiel vollkommen ausreichenden Wind. Magazine und Windführungen zeigten sich vollkommen luftdicht gearbeitet, da bei stillstehender Orgel ein Zusammensinken des Magazins kaum zu bemerken war.
Betreffend die Windladen, hat Herr Ladegast den Kegelladen vor den früher gebräuchlichen Schleifladen den Vorzug gegeben. Ueber die größere Vorzüglichkeit dieser neueren Windladen vor den älteren sind die Meinungen noch getheilt. So viel ist jedoch richtig, daß gut und sorgfältig gearbeitete Kegelladen doch manche Vorzüge vor den Schleifladen besitzen. Während auf die letzteren nur eine beschränkte Anzahl von Stimmen (höchstens 13) gestellt werden kann, darf bei ersterer diese Zahl weit überschritten werden. Wenn ferner durch irgendwelche Veranlassung ein Heulen entsteht, so braucht bei den Kegelladen nur das betreffende Register abgestoßen zu werden, während bei den Schleifladen in ähnlichem Falle das ganze Manual außer Thätigkeit gesetzt werden muß.
Endlich sind die Kegelladen besonders geeignet für die mechanischen Einrichtungen, vermittelst welcher man verschiedene Registermischungen in allerlei Tonfarben und Tonstärken vom Pianissimo bis zum vollen Werk an- u. abschwellend, schnell hervorrufen, eben so in der leichtesten Weise, durch bloßen Fingerdruck die Manuale an- u. abkoppeln kann. Diese Einrichtungen dürfen jetzt an keiner neuen Orgel fehlen, und sind also ganz zeitgemäß auch hier ausgeführt worden.
Die Wirkung der Orgel ist bei dem sympathischen Klange der zahlreichen schönen sanften Stimmen in der Gesamtheit von [ste]ter Kraft, den Raum der Kirche überall, mehr als genügend ausfüllend. Es konnte demnach dem Herrn Ladegast mit gutem Gewissen das Zeugnis ausgestellt werden, daß er das Werk nicht allein in allen Stükken dem Contract getreu, sondern auch kunstmäßig und meisterhaft ausgeführt habe. So konnte denn die Uebernahme desselben ohne alles Bedenken erfolgen.
Berlin, den 20. December 1880
Director Professor Haupt, Städtischer Orgel-Revisor«[15]
Der Organist zu St. Nikolai, Spandau, berichtete am 3. 6. 1882: »... die Orgel hat sich bisher vorzüglich bewährt.« Allerdings vermerkte er auch, daß die Intonation und Stimmung der Orgel einer Revision durch den Orgelbauer bedürfe. Ladegast stellte 1883 fest, daß der 1859 von Lütkemüller verfertigte Violon 16′ im Pedal vom Holzwurm befallen sei und ausgetauscht werden müsse.[16]
Das Instrument hatte nur eine Lebensdauer von 30 Jahren. Schon 1911 wurde es durch ein 58registriges Werk der Firma W. Sauer ersetzt.[17] Die mechanisch gesteuerte Kegellade erwies sich als eine Übergangskonstruktion auf dem Weg zur Röhrenpneumatik, die sich in Berlin erst nach 1890 durchsetzen konnte.[18] SB

8. Sulz-1975, S. 223. 1864 baute Sauer für die große *St. Marien-Orgel* zu *Bernau* bereits ein Werk mit Kegelladen. Im Katalog der Gebr. Dinse von 1897 ist vermerkt: »Die Windladen werden bei ganz kleinen Instrumenten als Schleifladen, bei größeren als Kegelladen hergestellt.«
9. PfA-KrTh; PfA-NkMa.
10. Ura, 35, 1878, S. 150–152, 176–179.
11. Zitiert nach Busc-1978, S. 74.
12. Busc-1978, S. 73.
13. PfA-SpNi.
14. Hama-1966, 113f.
15. PfA-SpNi.
16. PfA-SpNi.
17. Saue-1913, S. 29.
18. Siehe hierzu Busc-1978, S. 77, 79.
19. PfA-SpNi.

Orgel von W. Sauer, 1911, Gehäuse von 1880

Spandau, St. Nikolai-Kirche
Orgel von Friedrich Ladegast, 1880

Neukölln
Magdalenen-Kirche

Disposition von 1879[1]

Hauptmanual C-f^3

Prinzipal	8′
Bourdon	16′
Gambe	8′
Rohrflöte	8′
Oktave	4′
Spitzflöte	4′
Quinte	2 2/3′
Oktave	2′
Cornett 3fach	
Mixtur 2-4fach	

Pedal C-d^1

Violon	16′
Subbaß	16′
Violon	8′
Baßflöte	8′
Posaune	16′

Obermanual C-f^3

Geigenprinzipal	8′
Salicional	8′
Gedeckt	8′
Fugara	4′
Flöte	4′

Kegelladen, pneumatische Traktur, Manualkoppel, Pedalkoppel

Disposition von 1909[4]

I. Manual C-g^3

Prinzipal	8′
Bordun	16′
Gedackt	8′
Quintatön	8′
Flute harmonique	8′
Gamba	8′
Dolce	8′
Oktave	4′
Rohrflöte	4′
Rauschquinte 2fach	
Cornett 3-4fach	
Trompete	8′

Pedal C-f^1

Prinzipalbaß	16′
Subbaß	16′
Violon	16′
Lieblich Gedackt	16′ Tr.
Oktavbaß	8′
Baßflöte	8′
Fernflöte	8′ Tr.
Posaune	16′

II. Manual (Schwellwerk) C-g^3

Geigenprinzipal	8′
Gedackt	16′
Fernflöte	8′
Spitzflöte	8′
Aeoline	8′
Voix céleste	8′
Fugara	4′
Flauto dolce	4′
Sesquialtera 2fach	
Flautino	2′

Kegelladen, pneumatische Traktur, drei Normalkoppeln, drei Oktavkoppeln OI, OII, UII-I, eine freie Kombination, Walze, Walze ab, Zungen ab, Handregister ab

Bereits zu Beginn des 19. Jahrhunderts verfolgte man Pläne, für die zu eng gewordene *Bethlehems-Kirche* in *Rixdorf* einen Ersatzbau zu schaffen. Die Verhandlungen zogen sich aber bis 1877 hin, ehe mit dem Bau einer neuen Kirche begonnen werden konnte. Der von Kreisbaumeister Bohl aus Teltow entworfene Raum in romanischen Formen präsentiert sich heute noch mit einer sichtbaren hölzernen Dachkonstruktion.

Die Orgel war ein Werk von 1879 mit 20 Registern auf 2 Manualen und Pedal aus der Werkstatt der Gebrüder Dinse, Berlin.[1] Das Gehäuse, das heute noch erhalten ist, besteht aus den traditionellen Elementen Rundtürmen und Flachfeldern und nimmt in seiner Gesamtanordnung Bezug auf die Entwürfe Schinkels, beispielsweise für die *St. Elisabeth-Kirche.* Aber auch der Aufbau der erst 10 Jahre zuvor erbauten Sauer-Orgel in der *St. Thomas-Kirche* in Kreuzberg klingt hier an.

1909/10 baute Fritz Gottlob die Kirche um. Bei dieser Gelegenheit erweiterte die Firma Sauer das Instrument auf 30 Register[2], wobei man nicht nur das Gehäuse, sondern auch die Laden und - wie ein Vergleich der Dispositionen zeigt - wohl auch mehrere alte Register übernahm. Im I. Manual vermehrte man die 8′-Register, und eine bisher nicht vorhandene Zungenstimme kam hinzu; auffälligerweise - für 1909 bezeichnend - entfiel die Mixtur, so daß als einzige gemischte Stimme Cornet 3-4fach übrigblieb. Das II. Manual war ein reines Echowerk gewesen; es wurde durch stärkere Besetzung aufgewertet. Auch Pedal- und Nebenregister wuchsen an Zahl.

1917 zog der Reichsmilitärfiskus die Prospektpfeifen ein. Vor dem zweiten Weltkrieg ersetzte man den fehlenden Prospekt, teilte die Rauschquinte im I. Manual in ihre zwei Einzelreihen, wobei die Quinte auf den Pfeifenstock der Gambe gestellt wurde, vermehrte die Spielhilfen und baute einen Tremulanten für die ganze Orgel ein[3].

Im 2. Weltkrieg gab es Schäden durch Kriegseinwirkungen; danach wurde ein Teil der Pfeifen gestohlen. Erst 1953 und 1955 wurden die Schäden beseitigt: die Firma Walcker führte in zwei Abschnitten eine Generalreparatur mit Umdisposition durch, wobei sie altes Pfeifenmaterial wiederverwendete. Der Klang des Instrumentes ist daher nicht in dem Maße neobarock, wie es die Disposition vermuten läßt.

Nach einer Generalreinigung 1960 waren 1962 wieder umfangreiche Arbeiten notwendig, die hauptsächlich den technischen Teil der Orgel betrafen und die wieder die Firma Walcker übernahm: Einbau eines neuen Ventilators und dreier Bälge, Aufstellung eines neuen freistehenden Spieltisches, Elektrifizierung der bisher pneumatischen Traktur, Ersatz der Zink-Prospektpfeifen durch neue in 60%iger Zinnlegierung sowie Einbau einer neuen Posaune 16′ im Pedal[6].

Die Firma Stephan Orgelbau, Berlin, führte 1974, 1977, 1980, 1984 und 1987 Reinigungen und Instandsetzungen durch, wobei sie 1987 nach der Kirchrenovierung eine neue Zimbel einbauen mußte[7]. Ansonsten blieb die Substanz unverändert, so daß das Instrument heute Material von Dinse (1879), Sauer (1909), Walcker (1953 und 1962) und Stephan (1987) verbindet. US

1. Dins-1897, S. 18.
2. Saue-1929; Falc-1990, S. 212 (also kein reiner Neubau).
3. Zustand 1950, PfA-NkMa; AAscP, Akte Magdalen-Kirche Neukölln
4. Falc-1990, S. 212; PfA-NkMa.
5. Aufzeichung U. Pape 1991.
6. PfA-NkMa.
7. KoW-ZSOb.

Disposition von 1991[5]:

Hauptwerk	C-g^3	2 Kegelladen in 2 Ebenen, Dinse, Erweiterungen durch Sauer
Obere Lade		
Prinzipal	8′	Walcker
Quintadena	16′	Sauer (aus Quintatön 8′)
Gemshorn	8′	Sauer
Quinte	2⅔′	Sauer
Nachthorn	2′	Walcker
Trompete	8′	Walcker
Untere Lade		
Oktave	4′	Sauer
Rohrflöte	8′	Sauer
Koppelflöte	4′	Sauer (fremdes Material)
Mixtur 4-5fach	1⅓′	Walcker
Oktave	2′	Sauer
Zimbel 3fach	½′	Stephan
Schwellwerk	C-g^3	Kegellade, 5 Kanzellen Sauer, 5 Dinse. Schweller stillgelegt
Singend Gedackt	8′	Walcker
Schwiegel	2′	Walcker
Quintadena	8′	Walcker
Prinzipal	4′	Sauer (fremdes Material)
Gedacktflöte	4′	Dinse
Terz	1⅗′	aus Aeoline (Sauer)
Quinte	1⅓′	aus Voix céleste (Sauer)
Rohrschalmei	8′	Walcker
Sifflöte	1′	aus Harm. aeth. (Sauer, fremdes Material)
Scharff 4fach	1′	Walcker
Tremulant		Walcker
Pedal	C-f^1	Kegellade
Prinzipal	16′	Sauer
Oktave	8′	Sauer
Subbaß	16′	Dinse
Mixtur 4fach	4′	Walcker
Pommer	4′	Walcker
Posaune	16′	Walcker
Gedackt	8′	Transmission aus II
Oktavflöte	2′	Transmission aus II

Kegelladen, elektropneumatische Traktur, drei Normalkoppeln, 4 freie Kombinationen, Tutti, Handregister ab, Walze mit Absteller

Prenzlauer Berg, Elisabeth-Stift
Orgel vermutlich von W. SAUER, 1893,
Werk um 1856

Prenzlauer Berg
Elisabeth-Stift

Von den vielen im 19. Jahrhundert in Berlin errichteten mechanischen Orgeln sind nur ganz wenige während des Zweiten Weltkrieges erhalten geblieben. Eins dieser Instrumente ist das kleine Werk im *Elisabeth-Stift*. Kirchner und Bergelt[1] vermuten Wilhelm Sauer als Erbauer, obwohl das Instrument in den bekannten Katalogen dieser Firma nicht verzeichnet ist. Auch Hans-Joachim Falkenberg hatte keine Kenntnis von dieser Orgel, als er seine Sauer-Monographie erarbeitete.[2] Es ist allerdings nicht ausgeschlossen, daß die Gebr. Dinse an der Erbauung beteiligt sind.[3]
Für das Baujahr der Orgel müssen zwei Epochen angenommen werden: die Jahre nach der Stiftsgründung (1856) und der Neubau der Kapelle. Die technische Substanz der Orgel ist sehr solide und weist Merkmale von Carl August Buchholz auf. Sie ist etwa 30 Jahre älter als das Gehäuse. Es fehlen allerdings die für Buchholz typischen Keilschleifen, so daß anzunehmen ist, daß die Buchholz-Schüler Albert Lang oder Ferdinand Dinse das Instrument erbauten. Die Orgel soll von einer preußischen Prinzessin gestiftet und muß zwischen 1856 und 1870 erbaut worden sein.[4]
Im Jahre 1893 erhielt das Elisabeth-Stift eine neue Hauskapelle, deren Einweihung am 19. November stattfand.[5] Bei dieser Gelegenheit wurde eine neue Orgel erbaut, in der die Windladen und Pfeifen wiederverwendet wurden. Das Instrument umfaßt 7 Register auf einem Manual und Pedal mit Schleifladen und mechanischer Traktur. Der Principalchor ist, obwohl das Werk sehr klein ist, vom 8′ bis zum 2′ ausgebaut. Aliquote und Mixturen fehlen. Dem stehen ein Flötenchor mit 8′ und 4′ sowie ein zusätzliches 8′-Register gegenüber. Das Pedal hat nur einen 16′.[6]
Das schlichte klassizistische Gehäuse aus Massivholz hat drei Rundbogenfelder, in denen 11 / 13 / 11 Pfeifen stehen - davon 9 / 12 / 9 klingend. Das Instrument ist seitenspielig. Der Spieltisch ist auf der C-Seite in der für Sauer charakteristischen Pultform an das Gehäuse angesetzt. Das Manual hat weiße Untertasten, die als große Winkel gebaut und direkt mit den horizontal laufenden Abstrakten verbunden sind. Die Registerschilder sind aus Porzellan und tragen Fraktur-Schrift.[7]
Um die Jahrhundertwende, vielleicht auch im Zusammenhang mit dem Aus- und Wiedereinbau der Prospektpfeifen, wurde die Oktave 2′ durch eine Vox celeste 8′ ersetzt. Da diese Stimme doppelt besetzt wurde, mußte noch ein Stock ohne Schleife an die Windlade angebaut werden. Dieser Stock wurde inzwischen entfernt, und die Orgel erklingt wieder mit ihrer ursprünglichen Disposition.[8]

UP

Manual C-f³

Principal	8′	C-Ds gedeckt Holz, E-F offen Holz, c-c¹ Prospekt Zink, cs¹-f³ Zinn innen
Octave	4′	C-f Prospekt Zink, fs-f³ Zinn innen
Flute harm.	8′	C-H aus Gedact, c-d¹ offen, fs¹-f³ überblasend
Gedact	8′	C-H gedackt Kiefer, c-c³ gedackt Zinn, cs³-f³ konisch Zinn
Flauto trav.	4′	C-c² Rohrflöte, cs²-f³ konisch
Octave	2′	neu, Schild ohne Beschriftung

Pedal C-d¹

Subbaß	16′	Holz

Schleifladen, mechanische Traktur, Pedalcoppal, Calcantenglocke, Magazingebläse mit Handbetrieb.[9]

1. KoO-ZSOb; Mitt. von Herrn W. Bergelt, Berlin, 1989.
2. Falk-1990.
3. AAScP, Gutachten vom 8. Juni 1977.
4. KoO-ZSOb.
5. Fest-1981, S. 18 und 74.
6. AAScP, Gutachten vom 8. Juni 1977.
7. Aufzeichnung des Verfassers am 7. 1. 1991.
8. AAScP, Gutachten vom 8. Juni 1977.
9. AAScP, Aufzeichnung vom 2. Oktober 1946; Aufzeichnung des Verfassers am 7. 1. 1991.

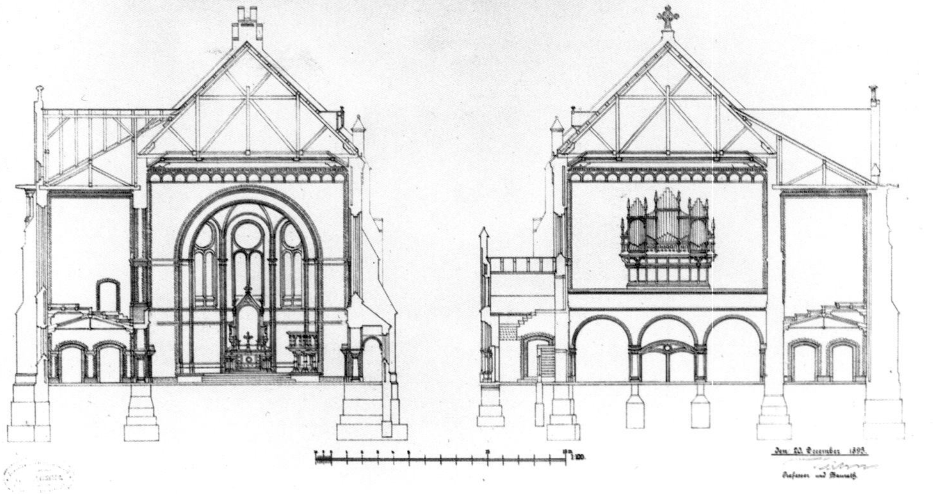

Immanuel-Kirche
Entwurf von B. Kühn, 1893

Disposition von 1914[4]

I. Manual C-f^3

Bordun	16′	
Prinzipal	8′	
Viola di Gamba	8′	
Gedeckt	8′	
Quintatön	8′	
Gemshorn	8′	
Flute harmonique	8′	
Oktave	4′	
Rohrflöte	4′	
Kornett 3-4fach		
Mixtur 4fach		
Trompete	8′	

II. Manual (Schwellwerk) C-f^3, ausgebaut bis c^4

Lieblich Gedackt	16′	
Prinzipal	8′	
Rohrflöte	8′	
Schalmei	8′	labial
Aeoline	8′	
Vox coelestis	8′	
Traversflöte	4′	
Fugara	4′	
Quinte	$2\frac{2}{3}'$	1914
Oktav	2′	1914
Oboe	8′	1914

Pedal C-f^1

Prinzipalbaß	16′	
Violon	16′	
Subbaß	16′	
Lieblich Gedackt	16′	1914, Transmission II
Prinzipal	8′	
Baßflöte	8′	
Posaune	16′	

Kegelladen, pneumatische Traktur, Manualkoppeln II/I, Sub II/I, Super II/I, Pedalkoppeln I-P, II-P, zwei freie Kombinationen, fünf feste Kombinationen, Pianopedal, Zungenabsteller, Walze, Absteller.

Die Kirche entstand 1892/1893 als Filiale der *St. Bartholomäus-Kirchengemeinde* und wurde 1894 zur Kirche einer selbständigen Gemeinde. Der Architekt Bernhard Kühn verwendete Formen des sogenannten Übergangsstils, der sowohl romanische, als auch frühgotische Elemente enthält. Der Saalbau ist stilistisch und in seiner Struktur mit der *Spandauer Luther-Kirche* Fritsches vergleichbar, wenn auch der hiesige Turm an den Campanile von *Sta. Croce* in *Florenz* erinnert, während in Spandau ausschließlich »heimische« Strukturen Verwendung fanden. Die Orgel wurde von Wilhelm Sauer auf der Westempore errichtet und am 21. Oktober 1893 mitsamt der Kirche eingeweiht. Sie besaß 26 Register auf zwei Manualen und Pedal mit pneumatischen Kegelladen. Der freistehende Spieltisch in Pultform wurde so aufgestellt, daß der Organist das Instrument im Rücken hat und ins Kirchenschiff sieht.[1]

Auf Betreiben des Organisten Richard Abel wurde 1914 das Werk durch die Firma Steinmeyer auf 30 Register (davon eine Transmission) erweitert: Das zweite Manual, das bisher nur die 16′-, 8′- und 4′-Lage besaß, wurde um $2\frac{2}{3}'$ und 2′ und um eine »echte« Zunge erweitert; ferner sein leiser 16′ ins Pedal transmittiert. Schließlich wurde der Spieltisch mit neuen Registrierhilfen ausgestattet.[2]

1938 haben sich im Zuge der Orgelbewegung die Ansichten über das Orgelklangideal gewandelt, so daß der neue Organist, Otto Abel (1930-1970 hier tätig) eine Umdisponierung forderte. Ihr wurde zugestimmt. Ein Briefwechsel mit Orgelbaufirmen begann, der jedoch mit Beginn des Zweiten Weltkriegs endete. Weitere Pläne Abels 1953 zur klanglichen Umgestaltung zerschlugen sich.[3]

1981 führte Axel Stüber eine Reinigung und größere Instandsetzung der pneumatischen Traktur durch. Bis heute ist das Instrument in seinem technischen und klanglichen Zustand von 1914 erhalten. Selbst die originale Tretanlage zur stromlosen Winderzeugung findet sich hier noch. US

1. Ura, 52, 1895, S. 86; Berg-1983, S. 513 f.
2. AStOe.
3. PfA-PBIm, Orgelakte.
4. Aufzeichnung Pape, September 1989.

Prenzlauer Berg,
Immanuel-Kirche
Orgel von W. Sauer, 1893

Schöneberg,
Apostel-Paulus-Kirche
Orgel von W. Sauer, 1894

Schöneberg
Apostel-Paulus-Kirche

Franz Schwechten, der bevorzugte Kirchenarchitekt Wilhelms II., fertigte nahezu zeitgleich mit den Plänen für die *Kaiser-Wilhelm-Gedächtnis-Kirche* einen Wettbewerbsentwurf für eine neue Kirche der Schöneberger Gemeinde. Auf dem Prinz-Heinrich-Platz, an der Ecke der Akazien- und der Grunewaldstraße, errichtete man nach seinem favorisierten Vorschlag 1892-1894 eine neugotische Langhausanlage. Erst 1913 wurde die Gemeinde selbstständig. Während die Gesamtstruktur des Bauwerks mit überhöhtem »Westturm« (der hier im Norden steht), mit dreijochigem Langhaus, Querschiff und Fünfachtelchor mit seitlichen Treppentürmen durchaus als selten im Berliner Raum gelten kann, entsprechen seine ornamentalen Details außen und innen eher der gängigen Ausformung der »akademischen Neugotik«, die sich in Berlin mit dem Bau der *Kirche Zum Heiligen Kreuz* und durch deren Architekten Johannes Otzen vielfach durchsetzte.
Der Innenraum bekam dann auch den traditionellen »Westschluß« mit der Orgel- und Chorempore über dem Hauptportal, das nach Durchschreiten des Trichterportals im Hauptturm und der hochwertig gestalteten Turmhalle den Blick in das fast zentral angeordnete Schiff freigab: Die Seitenemporen sind - wie bei den Kirchen Otzens - in der Vierung ausgebogen, wodurch eine starke konzentrierende Raumwirkung auf die Vorchorzone entsteht. Der eindrucksvolle Kalkstein-Retabelaltar ist, wie die schmiedeeisernen Radleuchter, in den 50er Jahren gänzlich verschwunden. Reste der außerordentlichen Mosaiken und Glasmalereien der Ursprungsfenster geben heute nur einen schwachen Eindruck von der ehemaligen Prächtigkeit des Raumgefüges.
Die Orgel wurde 1894 von der Firma Sauer erstellt. Sie besaß 60 Register auf drei Manualen und Pedal mit mechanischen Kegelladen, aber pneumatischem Spieltisch und pneumatischer Traktur.[1] Eine derartige Traktur ist heute noch in der *Kirche am Südstern* in Kreuzberg erhalten.
Die Disposition ist weitgehend zeitüblich, bemerkenswert vielleicht die Zungenbesetzung im Pedal. Ausgesprochen auffällig sind dagegen die reichen schmiedeeisernen Verzierungen des Gehäuses, die sich sogar auch an den Pfeifenenden befanden. Auch in technischer Hinsicht war die Orgel ungewöhnlich: Sie erhielt sechs freie Kombinationen, die als mechanische Setzer angelegt waren. Wohl deswegen war das Instrument schon 1890 auf einer Ausstellung in Frankfurt/Main gezeigt worden.[2] Nähere Angaben über die technische Ausführung sind nicht erhalten.
1944 erlitt die Kirche schwere Bombenschäden. Nach dem Krieg war die Orgel nicht mehr spielbar: vom Gewölbe war der Putz ins Werk gefallen, die kleineren Pfeifen waren gestohlen, Nässe hatte die Windladen beschädigt, die Traktur war verbraucht. Eine Wiederherstellung der gesamten Orgel wäre vom technischen Zustand her möglich gewesen, wurde aber aus klanglich-ästhetischen Gründen abgelehnt.[3] Die Berliner Orgelbauwerkstatt erhielt 1951 den Auftrag, 5 Hauptwerk- und 4 Pedalregister als Anfang einer Umdisposition aufzuarbeiten und spielbar zu machen.[4] Als man ein halbes Jahr später die Arbeiten in Angriff nahm, stellte sich heraus, daß die Laden von I. und II. Manual gerissen, also zunächst einmal unbrauchbar waren. Als Notlösung wurden 10 Register im Schwellwerk und 4 im Pedal ohne wesentliche Klangänderung spielbar gemacht.[5] Damit war der erste Anlauf zu einer Generalreparatur mit Umdisposition gescheitert. Ein weiterer wurde nicht mehr unternommen.
1960 wurde die Orgel abgebaut und 1964 durch ein neues Instrument der Firma E. F. Walcker & Cie., Ludwigsburg, ersetzt. US

1. AKScB, Gutachten vom 15. 6. 1951.
2. Brau-1919.
3. wie Anm. 1.
4. Disposition: HW 8. 8. 4. 2 2/3. 2. Ped: 16. 16. 8. 4.
5. AKScB, Schreiben der Berliner Orgelbauwerkstatt an den Gemeindekirchenrat vom 26. 2. 52.
6. Ura, Jahrgang LII, 1895, S. 6.

Disposition der Orgel der Apostel-Paulus-Kirche, 1894

I. Manual C-f³

Großprinzipal	16′
Gedackt	16′
Prinzipal	8′
Doppelflöte	8′
Flute harmonique	8′
Quintadena	8′
Gedackt	8′
Gemshorn	8′
Viola da Gamba	8′
Oktave	4′
Rohrflöte	4′
Gemshorn	4′
Rauschquinte	2⅔′ + 2′
Mixtur 3-5fach	
Kornett 3-4fach	
Bombarde	16′
Trompete	8′

II. Manual C-f³

Geigenprinzipal	16′
Bordun	16′
Prinzipal	8′
Traversflöte	8′
Spitzflöte	8′
Gedackt	8′
Salizional	8′
Dolce	8′
Oktave	4′
Flauto dolce	4′
Quintatön	4′
Piccolo	2′
Mixtur 4fach	
Kornett 3fach	
Tuba	8′

III. Manual C-f³ (Schwellwerk)

Lieblich Gedackt	16′	
Viola da Gamba	16′	
Principale amabile	8′	
Konzertflöte	8′	
Rohrflöte	8′	
Quintatön	8′	
Lieblich Gedackt	8′	
Aeoline	8′	
Vox coelestis	8′	
Schalmei	8′	labial
Praestant	4′	
Traversflöte	4′	
Viola d'amore	4′	
Flautino	2′	
Harm. aeth. 2-3fach		
Trompette harmonique	8′	

Pedal C-d¹

Untersatz	32′
Prinzipal	16′
Subbaß	16′
Salizional	16′
Violone	16′
Offenbaß	8′
Gedacktflöte	8′
Violoncello	8′
Oktave	4′
Posaune	16′
Trompete	8′
Clairon	4′

Kegelladen, mechanisch-pneumatische Traktur, Manualkoppeln II-I, III-I, III-II, Pedalkoppeln I-P, II-P, III-P, sechs freie Kombinationen, Rollschweller[6]

Charlottenburg, Kaiser-Wilhelm-Gedächtnis-Kirche
Entwurf von
Franz Schwechten

Entwurf von Franz Schwechten

1. ZfI, Jg. 15, 1894/95, S. 937.
2. ZfI, Jg. 19, 1898/99, S. 460f.; Rupp-1929, S. 154.
3. Ura Jg. 4, 1897, S. 43 f.

Entwurf von Franz Schwechten

Charlottenburg
Kaiser-Wilhelm-Gedächtniskirche

Aus Teilen der Parochien der *St. Matthäus-*, der *Charlottenburger Luisen-* und der *Wilmersdorfer Kirchengemeinde* wurde zu Ende des 19. Jahrhunderts eine Gemeinde gegründet, deren neue Kirche zunächst auf dem Wittenbergplatz gebaut werden sollte. Franz Schwechten ging als Sieger aus einem Wettbewerb hervor; sein prämierter Entwurf wurde leicht verändert 1891-1895 auf dem heutigen Breitscheidtplatz, damals Augusta-Victoria-Platz, errichtet.
Die hochromanischen Formen und Strukturen dieses fünftürmigen, kathedralartigen Bauwerks, das mit spitzbehelmtem Fünfachtelchor und Kapellenkranz, Querhaus und Westwerk mit angefügten Treppenapsiden zu den reichst dekorierten und größten Kirchbauten des 19. Jahrhunderts in Deutschland zählte, gaben dem Gotteshaus eine ortsfremde, »exotische« Note. Der überreich ausgestattete Innenraum besaß nur ein Langhausjoch, an das sich die übergroße Vierung und der filigran gegliederte Chor anschlossen. Vor dem »Langhaus« reichte eine hoch ansteigende Sängerempore weit in den Hauptturm hinein, in dem sich die monumentale Orgel befand. Ihr Prospekt war von Schwechten in der für ihn typischen Art mit festem Gehäuse für den gesamten Unterbau und einer dramatisch und rhythmisch wirkungsvoll gegliederten Pfeifenreihe gestaltet. Sehr schlanke Pedaltürme mit renaissancehaftem Zierat standen dabei neben steigenden Reihen, die an barocke Flachfelder erinnern. Der gesamte Prospekt war nach oben hin offen. Allen Teilen gemeinsam waren schmiedeeiserne Zierreifen und Fassungen, die die vermeintlichen Werkteile zusammenfaßten.
Der repräsentative Auftrag ging an die Firma Sauer, Frankfurt/Oder. Sie baute 1891-1895 ihr opus 660 mit zunächst 80 Registern auf drei Manualen und Pedal.[1] Aber schon 1897 wurde die Orgel erweitert: im III. Manual wurden Quintaden 16′ und Vox humana 8′ durch Hohlflöte 8′ und Physharmonika 16′ ersetzt; im Pedal wurden Kontrabaß 32′, Offenbaß 16′ und Oktavbaß 8′ hinzugefügt; ferner wurde - nach dem Vorbild der Stiftskirche Luzern - ein neues Fernwerk gebaut.[2] Aufgestellt wurde es im Turmgeschoß beim Gebläse; von seinem schalldichten Gehäuse führte ein etwa 15 Meter langer Schallkanal zum obersten Teil des Gewölbes über dem Langschiff; dort waren die Mauerteile zwischen den Gewölberippen im Durchmesser von etwa 3 Metern kreisförmig durchbrochen, die Durchbrüche waren mit bronzenem Gitterwerk verziert, und hier trat der Klang aus. Zwei Schweller waren vorhanden: einer zwischen Gehäuse und Schallkanal, der andere zwischen Schallkanal und Mauerdurchbruch.[3] Die Register standen auf hohem Winddruck und waren sehr stark intoniert.[4]
1920 wurde das Instrument durch Sauer noch einmal erweitert, so daß es jetzt 103 Register besaß.[5] Die Tendenz scheint widersprüchlich: im II. Manual wurden eine spätromantische und eine neobarocke Zungenstimme eingebaut; die Änderungen im Pedal und die Erweiterung des Fernwerks entsprechen den Ansichten der Orgelbewegung, während die Erweiterung der Spielhilfen romantische Tendenzen fortsetzt.
In dieser Gestalt spielte die Orgel im Berliner Musikleben bis zu ihrer Zerstörung im Zweiten Weltkrieg eine herausragende Rolle. Ihre Beurteilung ist uneinheitlich; neben sehr positiven Zeugnissen, die uns das Druckblatt der Firma Sauer überliefert, stehen Meinungen, die sie der - erhaltenen - Domorgel unterordnen, wozu auch die Akustik der Kirche beitrug.[6] Immerhin ist ihr Klang auf alten Schallplatten erhalten, so daß man sich heute noch eine eigene Meinung bilden kann. US

4. wie Anm. 2.
5. Druckblatt der Firma Sauer mit der Disposition.
6. Mündliche Mitteilung von Herrn Berthold Schwarz. ALBERT SCHWEITZER schreibt in einem Brief an H. KELLETAT vom 27. 7. 1960: »Was kommt als Orgel in die Kaiser-Wilhelm-Gedächtniskirche? Im Sommer 1899 habe ich dort Prof. Reimann vertreten… Die Sauerorgel war kein Musterinstrument.«

Charlottenburg, Kaiser-Wilhelm-Gedächtnis-Kirche um 1900, 1943 zerstört

Charlottenburg, Kaiser-Wilhelm-Gedächtnis-Kirche
Orgel von Wilhelm Sauer, 1894-95, 1943 zerstört

Disposition von 1895

I. Manual C-g^3

Prinzipal	16′
Bourdon	16′
Prinzipal	8′
Doppelflöte	8′
Geigenprinzipal	8′
Flute harmonique	8′
Viola da Gamba	8′
Gedackt	8′
Gemshorn	8′
Quintaden	8′
Oktave	4′
Spitzflöte	4′
Fugara	4′
Rohrflöte	4′
Rauschquinte	2⅔′+2′
Piccolo	2′
Mixtur 3fach	
Scharf 5fach	
Cornett 3-4fach	
Bombarde	16′
Trompete	8′
Clarine	4′

II. Manual C-g^3

Prinzipal	16′
Gedackt	16′
Prinzipal	8′
Spitzflöte	8′
Salicional	8′
Traversflöte	8′
Rohrflöte	8′
Lieblich Gedackt	8′
Dolce	8′
Oktave	4′
Flute octaviante	4′
Gemshorn	4′
Flauto dolce	4′
Quinte	2⅔′
Oktave	2′
Zartflöte	2′
Mixtur 4fach	
Cornett 3fach	
Tuba	8′
Cor anglais	8′

III. Manual C-g^3 (Schwellwerk)

Lieblich Gedackt	16′
Quintaden	16′
Prinzipal	8′
Konzertflöte	8′
Schalmei	8′
Gedackt	8′
Aeoline	8′
Voix céleste	8′
Quintaden	8′
Prästant	4′
Traversflöte	4′
Quintaden	4′
Viola	4′
Nasard	2⅔′
Flautino	2′
Harm. aeth. 3fach	
Cornett 3fach	
Trompette harm.	8′
Oboe	8′
Vox humana	8′

Pedal C-f^1

Untersatz	32′
Prinzipal	16′
Violon	16′
Subbaß	16′
Salicetbaß	16′
Lieblichgedackt	16′
Quintbaß	10⅔′
Prinzipal	8′
Violoncello	8′
Baßflöte	8′
Dulciana	8′
Gedacktquint	5⅓′
Oktave	4′
Terz	3⅕′
Posaune	16′
Fagott	16′
Trompete	8′
Clarine	4′

Kegelladen, pneumatische Traktur, Manualkoppeln II-I, III-I, III-II, Pedalkoppeln I-P, II-P, II-P, Kollektivkoppel, sechs freie Kombinationen, Tutti, Registerrad (Walze), mit Absteller

IV. Manual Fernwerk, 1897

Quintatön	16′	
Prinzipal	8′	
Spitzflöte	8′	
Bourdon	8′	
Gamba	8′	
Voix céleste	8′	
Oktave	4′	
Spitzflöte	4′	
Trompete	8′	
Vox humana	8′	mit Tremolo

Arbeiten 1920:

I. Manual: + Glockenspiel a-d^3
II. Manual: - Oktave 4′, Quinte 2⅔′; + Klarinette 8′, Krummhorn 8′, Glockenspiel c^1-c^3
III. Manual: + Schwebung III. Manual
IV. Manual: Dispositionsänderung (siehe Disposition Echowerk)
Pedal: - Violon 16′, Gedacktquinte 5⅓′; + Nachthorn 2′, Mixtur 6fach, Glockenspiel C-f^1
Neue Nebenregister: Koppeln: SuperIV, SubIV, SuperIII, SubIII, SuperP; Tutti-Echowerk, Piano-, Forte-, Tutti-Pedal, Manual 16′-Stimmen ab, Rohrwerke ab, Pedalstimmen ab.[7]

IV. Manual Echowerk

Quintatön	16′
Prinzipal	8′
Bourdon	8′
Dulciana	8′
Piffaro	8′
Spitzflöte	8′
Violine	8′
Vox angelica	8′
Dulziana	4′
Spitzflöte	4′
Oktave	4′
Zartquinte	2⅔′
Flautino	2′
Terz	1⅗′
Flageolett	1′
Trompete	8′
Vox humana	8′
Schwebung	(Tremulant)

7. wie Anm. 5.

Kreuzberg, Kirche am Südstern
Orgel von WILHELM SAUER,
1896–97

Kreuzberg
Kirche am Südstern
(Neue Garnisonkirche)

Die großen Garnisonen der Reichshauptstadt wurden nach 1871 vorwiegend im Süden, vor den Toren Berlins kaserniert, in der Nähe des Tempelhofer Feldes, des riesigen Exerzier- und Übungsplatzes, auf dem später der Zentralflughafen gebaut wurde. Vor allem Kreuzberg ist bis heute durch entsprechende Straßennamen und durch die Geschichte der damals vorwiegend von Offizieren und ihren Angehörigen bewohnten Mietshäusern geprägt.

Die *Alte Garnisonkirche Berlins*, in der Nähe von St. Marien gelegen, war zu klein geworden, wenngleich auch in den beiden Kapellen des *Invalidenhauses* im Norden der Stadt katholische und evangelische Militärgottesdienste stattfanden; auch waren die Wege für die außerhalb stationierten Soldaten weit. Wilhelm II. ließ deshalb 1893-1896 in der Achse der Gneisenaustraße und der Hasenheide nach einem Plan des Architekten Rossteuscher eine evangelische »*Neue Garnison-Kirche*« errichten. Derselbe Baumeister plante die *Spandauer Garnisonkirche* in gelben Ziegeln; der Kreuzberger Bau wurde mit Naturstein verkleidet. Auch die in nächster Nähe, in der heutigen Lilienthalstraße zeitgleich gebaute *katholische Garnisonkirche* erhielt Natursteinverkleidungen; während der katholische Bau in romanischen Formen entstand, hielt sich Roßteuscher an westeuropäische - französische und englische - Vorbilder der Gotik.

Die Struktur des Baukörpers zeigt außen die typische Langhausform mit Seiten- und Querschiffen, Westturm und Treppentürmen, Chor und Pastophorien. Der Innenraum hat einen starken zentralen Bezug im weiten Vierungsbereich, wenngleich seine strengen Achsen und der Hochaltar ganz unprotestantisch auch auf gotische, vorreformatorische Vorbilder zurückgehen. Die prächtige Ausmalung,

1. Falk-1990, S. 58 und 177.
2. KOW-ZSOb.
3. PfA-KrJa.
4. Frdl. Mitt. von H. Krause, Berlin.

Disposition 1897

I. Manual C-f3

Laden A (links) und	B (rechts)
Prinzipal	16′
Prinzipal	8′
Lade A (links)	
Bordun	16′
Gemshorn	8′
Gedackt	8′
Oktave	4′
Rohrflöte	4′
Mixtur 3fach	
Bombarde	16′
Lade B (rechts)	
Flute harmonique	8′
Gambe	8′
Quintatön	8′
Spitzflöte	4′
Rauschquinte 2fach	
Cornett 3-4fach	
Tuba	8′

II. Manual (Schwellwerk) C-f3

Lade C (links)		
Geigenprinzipal	16′	
Prinzipal	8′	
Voix céleste	8′	
Aeoline	8′	
Traversflöte	4′	
Viola	4′	
Mixtur 4fach		
Lade D (rechts)		
Gedackt	16′	
Schalmei	8′	labial
Konzertflöte	8′	
Lieblich Gedackt	8′	
Praestant	4′	
Flautino	2′	
Trompete	8′	

Pedal C-d1

Laden E (links) und	F (rechts)
Untersatz	32′
Prinzipal	16′
Lade E (links)	
Violon	16′
Lieblich Gedackt	16′
Gedacktbaß	8′
Trompete	8′
Lade F (rechts)	
Subbaß	16′
Oktavbaß	8′
Violoncello	8′
Posaune	16′

Kegelladen, mechanisch-pneumatische Traktur, zwei Manualkoppeln. Pedalkoppel, Pedaloktavkoppel, 2 freie Kombinationen, Mezzoforte, Forte, Tutti, Walze, Walze ab, Handregister ab. Winddruck 120 mm für die Labialstimmen, 180 mm für die Zungenstimmen.

häufig auf preußische Schlachten und Militärpersönlichkeiten bezugnehmend, ist größtenteils erhalten.

Die Orgel von Wilhelm Sauer, 1896/1897 als opus 710 errichtet, wurde im ersten Geschoß des Hauptturms in ein lichtloses Joch gestellt, erhielt einen zeitgemäßen Prospekt, dessen Unentschlossenheit zwischen vorgetäuschtem Werkaufbau und Anpassung an die Architektur offensichtlich ist; die konstruktiv vollkommen unabhängigen, vorgestellten Fassaden des ungedeckten Gehäuses, zu weiten Teilen mit stummen Pfeifen versehen, die lediglich aus oben und unten offenen, bronzierten Rohren bestehen, erwecken dennoch den Eindruck angemessener, geschlossener Gestaltung.

Das Instrument erhielt 40 Register auf zwei Manualen und Pedal. Ungewöhnlich für Sauer ist der hohe Winddruck für die Zungen;[1] auch deren Disposition mit Bombarde 16′ und Tuba 8′ auf dem I. und Trompete 8′ auf dem II. Manual bei nur 40 Stimmen weicht vom Üblichen ab. Das mag auf die besondere Zusammensetzung der Gottesdienstgemeinde zurückzuführen sein. Für die heutige Zeit stellt auch die Traktur eine Besonderheit dar: Die Tonventile der Kegelladen sind durch Abstrakten und Stecherleisten mechanisch untereinander verbunden; für jeden Ton liegt unter den Laden ein kleiner Balg, der über ein Relais vom Spieltisch pneumatisch gesteuert wird. Also eine Art Barkerhebel, wobei aber der Balg erst unter der Lade und nicht direkt am Spieltisch sitzt und die Verbindung Spieltisch-Orgel noch pneumatisch ist. Diese Technik wurde von Sauer öfter angewendet, ist aber nur selten erhalten.

Am 1. 3. 1905 spielte auf dieser Orgel Karl Fischer die Uraufführung der Variationen und Fuge über ein Originalthema op. 73 von Max Reger.[2]

Das Gebläse besaß ursprünglich 4 Schöpfbälge für 2 Kalkanten (2 Bälge sind heute noch vorhanden). 1911 wurde in *St. Jacobi* angefragt, welche Erfahrungen dort mit dem elektrischen Gebläse gemacht wurden; man bekomme im nächsten Monat einen Anschluß an das Lichtnetz.[3] Damals wird also das elektrische Gebläse aufgestellt worden sein.

1917 wurden die Prospektpfeifen an den Reichsmilitärfiskus abgeliefert und später in Zink ersetzt.

Den Zweiten Weltkrieg überstand die Orgel fast ganz ohne Schäden, nicht aber die folgende Zeit. Ein Teil der Pfeifen wurde gestohlen. Die Kirche war Staatseigentum und die Benutzer wechselten: Melanchthon-Gemeinde, Stadtmission, serbisch-orthodoxe Gemeinde. Außerdem galten romantische Orgeln als »schlecht«, und so hatten auch weniger kompetente Personen keine Scheu, die Disposition nach ihren Vorstellungen und Fähigkeiten umzugestalten. So erhielt das Instrument vorübergehend ein Brustwerk, das in einem eigenen Gehäuse vor der Orgel Aufstellung fand. Bei Bauarbeiten wurde keine Rücksicht genommen: als über der Orgel der Putz abgeschlagen wurde, wurden die Pfeifen weder entfernt noch abgedeckt; Schutt und Gerüstteile fielen in das Instrument.

1981 wurde das Gebäude von einer Freikirche erworben. Die Orgel war ein unspielbarer Torso; der Winddruck war auf 80/120 mm herabgesetzt und ein großer Teil der Register entfernt oder umgearbeitet worden. Laden, Traktur, Bälge, Windversorgung und Spieltisch waren erhalten (allerdings sind im Spieltisch alle Registerklappen neu). Für eine Restaurierung fehlten die Mittel, aber die Orgel wurde gebraucht. So trug man in Eigenarbeit Pfeifen und Laden ab, entfernte den Schutt, reparierte kleine Schäden, brachte den Winddruck auf die ursprüngliche Höhe, stellte Pfeifen um und kaufte von der *Ev. Kirche* in *Frankfurt-Schwanheim* 12 Register einer Weigle-Orgel von 1928, um sie hier zu verwenden. Mittlerweile (1990) ist die Orgel durch Eigeninitiative der Gemeinde mit einem Teil der Register wieder spielbar. Der Endzustand soll sich wieder dem ursprünglichen annähern, wird aber nicht ganz identisch mit ihm sein.[4] US

Befund 1990

Die Werke stehen in der Reihenfolge Hauptwerk - Pedal - Schwellwerk hintereinander. Jedes Werk hat zwei Kegelladen, die nebeneinander stehen und deren Wellen durch Abstrakten miteinander verbunden sind.
Die folgenden Aufzeichnungen verdeutlichen, wie desolat der Zustand zur Zeit ist. Da ständig an der Orgel Veränderungen vorgenommen werden, ist nicht auszuschließen, daß sich der Zustand bis zur Veröffentlichung bereits wieder geändert hat.

Hauptwerk

Laden A (links) und	B (rechts)	
Principal	16′	auf beiden Laden, in C- und Cs-Seite geteilt, zum Teil im Prospekt (Zink)
Principal	8′	auf beiden Laden, in C- und Cs-Seite geteilt
Lade A (links)		
leere Kanzelle		früher Bordun 16′
Spitzflöte	8′	alt
Singend Gedackt	8′	alt
Octave	4′	alt, Beschriftung Praestant 4′
Spitzgamba	8′	versetzt (Diskant z.T. Rohrflöte).
Mixtur 3fach	2′	alt
leere Kanzelle		früher Bombarde 16′
Lade B (rechts)		
leere Kanzelle		mit Resten eines abgeschnittenen konischen Registers
Rohrflöte	4′	alt, f^2-f^3 fehlen
Waldflöte	2′	aus Cornett 3fach
Oktave	2′	aus Terzian 2fach, neuer
leere Kanzelle		
Quinte	1 1/3′	aus Mixtur
Trompete	8′	alt

Schwellwerk

Lade C (links)		
leere Kanzelle		
Oktave	1′	
Schwebung	4′	aus Voix celeste 8′, Bärte fehlen
Salcional	8′	aus Aeoline 8′, unvollständig, um 6 HT erweitert
Flöte	4′	aus Bordun 16′
Oktave	2′	aus Viola 4′, abgeschnitten
Scharff 4fach	1′	unvollständig, neuer
Lade D (rechts)		
Gedackt	16′	C-h^0 Holz, C-f^0 mit Bärten, ab c^1 aus Quintatön 8′, Metall
Spitzflöte	2′	C-g^0 abgeschnitte Schalmei 8′ (trichterförmig), Streichbärte entfernt), Rest Mixturpfeifen oder Salicional 8′, abgeschnitten
Oktave	4′	alt, Beschriftung Oktave 4′, teilweise fremde Pfeifen
Grob Gedackt	8′	alt, C-H Holz, Rest Metall, Beschriftung Liebl. Gedackt
Prinzipal	4′	z.T. alt (I), z.T. Prinzipal 8′ (versetzt)
Quinte	1 1/3′	Mixtur-Pfeifen
leere Kanzelle		Zunge, Block erhalten, die obersten 12 Pfeifen labial

Pedal

Laden E (links) und	F (rechts)	
Untersatz	32′	alt, Holz, C-H Affen-Quinte (16′ mit aufgesetzter Quinte), Rest gedeckt, auf beiden Laden, in C- und Cs-Seite geteilt
Prinzipal	16′	alt, Holz, offen, auf beiden Laden, in C- und Cs-Seite geteilt
Lade E (links)		
Gedeckt	16′	alt, Holz
Oktavbaß	8′	alt, Holz, mit Streichbärten, einzelne Pfeifen ersetzt
Flachflöte	2′	neuer (nicht gestempelt), Metall, gezeichnet Blockflöte 2′
Posaune	16′	alt, C-H Holzbecher
Lade F (rechts)		
Gedacktpommer	8′	alt, Holz
Flöte	2′	Chor aus Cornett
Mixtur 4fach		alte Pfeifen, zwei Chöre aus Mixtur, einer aus Cornett, einer neuer
Trompete	8′	alt, Metallbecher

Laden, Bälge, Windversorgung original, Pneumatik weitgehend original, aber ergänzt.

Pfeifen des Untersatz 32′

Mechanische Kegellade mit pneumatischem Vorgelege

Magazinierte Pfeifen, 1990

Berlin, Dom
um 1910

Berlin-Mitte
Dom

Der alte Dom war 1893 gesprengt worden. Julius und Otto Raschdorff hatten einen Neubau entworfen, dessen Verwirklichung den etwa 60 Jahre währenden Entscheidungsprozeß über den Neubau der Berliner Hauptkirche beendete. Der »Petersdom des Nordens« mit seiner riesigen Zentralkuppel und den vier begleitenden Kuppeltürmen, seiner Unterteilung in Fest- und Predigtkirche, Tauf- und Traukirche sowie Gruft- und Denkmalkirche, mit seiner Höhe von 115 Metern und ebensolcher Länge zitierte im wesentlichen die italienische Hochrenaissance. In der Gruft befinden sich seitdem die Mehrzahl der Sarkophage ehemals regierender Hohenzollernfürsten und ihrer Familien. Am 27. Februar 1905 wurde der Dom in Gegenwart der kaiserlichen Familie und zahlreicher Ehrengäste eingeweiht.

Von Anfang an stieß der Bau mit seinem übermäßigen Schmuck und seiner unruhigen äußeren Gestalt auf Kritik. Seine gewaltige Baumasse beherrscht nicht nur den Lustgarten und seine Umgebung, sondern bestimmt auch, ähnlich dem »Roten Rathaus«, den Charakter des Bildes der Berliner Innnestadt. Bezugnehmend auf eine Äußerung Cornelius Gurlitts schrieb der Theologe Friedrich Spitta nach der Einweihung: »Damals konnte man nur hoffen, das Unheil abzuwenden. Es erweckt traurige Gefühle und doch auch wieder Hoffnungen, daß dasjenige, das der berühmte Kunsthistoriker damals aussprach, jetzt in aller Munde ist.« Auch das Ziel, einen protestantischen Dom zu verwirklichen, kritisierten Teologen als verfehlt. Friedrich Naumann formulierte unzweideutig: »Es ist in der Gründungszeit des Deutschen Reiches endgültig nicht gelungen, einen maßgeblichen, musterhaft wirkenden protestantischen Kirchenbau zu schaffen. Vielleicht liegt der Grund sehr tief, nämlich darin, daß die Prunkkirche überhaupt unprotestantisch wirkt. In der Festpredigt von Konsistorialrat Kritzinger heißt es: ›Das ist der Brunnen, den die Fürsten gegraben haben.‹ Ja, so ist es: eine Fürstenkirche, ein Raum, wo man Gott in Uniformen ehrt.«

Nach dem Zweiten Weltkrieg, der 1944 und 1945 außen und innen schwere Beschädigungen hinterließ, entschied man sich, Fassaden, Kuppeltürme sowie die Hauptkuppel in einigen Details vereinfacht wiederherzustellen. Bemerkenswert ist, daß eine radikale Vereinfachung der Kuppelabschlüsse und der Fassaden durch einen Umbau bereits 1919 der Architekt German Bestelmeyer vorgeschlagen hatte.
Die Orgel, eine Stiftung des Fürsten Henckel zu Donnersmarck, erstellte 1904 für 100.000 Mark der »königlich preussische Hoforgelbaumeister und akademische Künstler« Wilhelm Sauer, der auch schon das repräsentative Instrument der *Kaiser-Wilhelm-Gedächtnis-Kirche* gebaut hatte. Mit 113 Registern auf 4 Manualen und Pedal war die Domorgel damals die größte Deutschlands.
Der historistischen Architektur des Doms entsprechend entwarf Raschdorff einen Prospekt aus traditionellen Elementen in allerdings nicht traditioneller Anordnung; darüber hinaus wird das Rückpositiv wieder aufgenommen, das Sauer seit der *Kreuzberger St. Thomas-Orgel* 1869 nicht mehr verwendet hatte. Der Historismus betrifft aber nur das Gehäuse, nicht die Funktion: das Rückpositiv ist nicht mehr Gegenwerk zum Hauptwerk, sondern soll mit seinen fünf Grundstimmen hauptsächlich der »Sängerbegleitung« dienen. Diese Zweckbestimmung war sicher mehr ein Rechtfertigungsversuch für eine architektonische Idee, denn das Rückpositiv spricht direkt in die Kirche, ein Sänger hört es nicht unbedingt besser als die hoch hinter ihm stehende Hauptorgel.

Charlottenburg, Kaiser-Wilhelm-Gedächtnis-Kirche, Orgel von Wilhelm Sauer, 1894-95

Zum Hauptgehäuse heißt es in einem zeitgenössischen Bericht: »Der grosse Prospekt, der die ganze nördliche Seite des Querschiffes der Kirche einnimmt, birgt die übrigen 108 Stimmen. Beide bilden eine hervorragende Zierde der grossen und schön ausgestatteten Predigtkirche. Zwischen der Haupt- und Vororgel steht das Spielpult, von dem aus die 113 Stimmen regiert werden und an dem sich der terassenförmige [sic], für den Domchor bestimmte Sängerraum anschließt. / In einem kleinen Zwischenraum seitlich der grossen Hauptorgel ist ein Hochdruckventilator mit einem 10 Pferde starken Elektromotor aufgestellt, der das grosse Werk mit komprimierter Luft versorgt.«[1]
Die Disposition ist unverkennbar zeittypisch,[2] dank der Größe der Orgel kommen aber auch die Aliquote und Zungen nicht zu kurz, und die Klangkronen (I: Scharff, III: Mixtur, IV: Harmonia aetherea) reichen bis zum 1′, im II. Manual die Mixtur bis zum $^2/_3$′ und die Cymbel sogar bis zum $^1/_2$′. Der Klang kann damit eine für romantische Orgeln nicht selbstverständliche Helligkeit aufweisen, wie man heute noch auf jüngst veröffentlichten Rundfunkaufnahmen hören kann.[3]
Emile Rupp chrakterisiert Sauers Einstellung zum Klangaufbau, die sich auch bei der Berliner Dom-Orgel bestätigt, mit den folgenden Worten: »Für Sauer wie für Ladegast und Eberhard Friedrich Walcker war der harmonische Aufbau der Orgeldisposition etwas Historischgewordenes; diese Meister wußten, daß man ohne schwere Beeinträchtigung der historisch und musikalisch gewordenen Eigenart des königlichen Instrumentes nicht einen oder den anderen Komplex nach Willkür reduzieren oder ausmerzen könne ... So enthalten die Dispositionen Sauers in wohltuender Regelmäßigkeit, genau wie diejenigen seines Lehrmeisters Cavaillé, als unveräußerlichen Kern die obertonreiche alte Kirchenorgel der Silbermann-Epoche, umrankt von orchestralen Charakterstimmen und potenziert durch gutgebaute, stimmhaltige Rohrwerke. Eine Eigentümlichkeit der Sauerschen Werke ist die Betonung der Streicherfamilie, sei es durch Verwendung engerer Mensuren ..., sei es durch zahlreichere Disposition dieser Stimmen als sonst üblich.«[4]
1917 erhielt der Reichsmilitärfiskus auch hier die Prospektpfeifen; 1928 baute man Ersatzpfeifen ein.
Am 1. Mai 1932 übernahm Fritz Heitmann die Stelle des Domorganisten. Auf seine Veranlassung hin erweiterte man 1934 das Pedal um eine Mixtur, legte Violon 16′ still und baute unter Mitarbeit von Hans Henny Jahnn das Rückpositiv um.

1. DIZ, Jg. 6, 1904/05, S. 143.
2. Wie Anm. 1.
3. Die Sauerorgel im Berliner Dom. Fritz Heitmann spielt Werke von Bach, Reger und Grabner. (Historische Aufnahmen von 1940 und 1944.) Eterna 822 982, 1987.
4. Rupp-1929, S. 150-151.

Berlin, Dom
Orgel von W. Sauer, 1904-1905
Zustand vor 1940

Eine Pedalkoppel IV/P und ein Absteller für die 16′-Register in den Manualen wurden eingefügt. Das III. und IV. Manual erhielten je einen Tremulanten.[5]
Beim Umbau des Rückpositivs übernahm man die vorhandenen Laden und konnte daher nicht mehr als 5 Register unterbringen. So stellte man die Stimmen auf, die bisher im III. Manual fehlten: neben einem Gedackt 8′ eine barocke Zunge und die hohen Fußlagen. Ein klassisches Rückpositiv als Gegenwerk zum Hauptwerk konnte so natürlich nicht entstehen, aber der Orgel wurden neue Soloregistrierungen zur Verfügung gestellt. Flötenprinzipal 8′ im Prospekt blieb stehen, wurde aber stumm.
Richard Voge schreibt in seiner Heitmann-Biographie zur Dispositionsänderung: »Welche Intentionen sprechen nun aus der Neudisposition des Rückpositivs? Am stärksten das Bestreben die Electo-Funktion zu erweitern. Dies tut sich kund nicht nur durch die Sifflöte 1′, sondern ebenso durch die fünffache Zimbel und das Gedackt 8′ ... Vielleicht hätte er [Heitmann] auch gern noch eine Quinte $1^1/_3$′ gehabt; noch wichtiger aber muß ihm der Schritt zum Organo Variano erschienen sein, wo nun mit Tertian 2fach und Krummhorn 8′ sowohl die Skala der reinen Farbwerte wie auch die echt barocken Canto-Solo-Möglichkeiten eine Erweiterung erfahren konnten.«[6]
Die anderen Manualwerke blieben von Umbauten verschont, denn für Heitmann bildeten Reger und manche »wertvollen Modernen« einen wesentlichen Teil des Orgelrepertoires, und sie wären auf einer Orgel, die sich an den Dispositionen der Alten orientiert, nicht darstellbar: »Es ist ein Irrtum zu glauben, daß etwa Reger auf einer Silbermann- oder Schnitger-Orgel in seinen wesentlichen Werken auch nur eine annähernd angemessene Darstellung erfahren könnte, weil die extremere Disponierung dieser Werke, die dem Vortrag der alten Meister zugute kommt, die Regersche Art des Musizierens auf die Dauer geradezu unanhörbar machen würde«.[7] So blieben dem Instrument tiefergreifende Eingriffe erspart.
1944 wurde der Dom durch Brandbomben stark beschädigt, wobei auch die Laterne über der Hauptkuppel herabstürzte; die Orgel blieb aber vom Schlimmsten verschont, da sie unter einem Mauerbogen stand. Nach dem Krieg wurde etwa ein Drittel der Pfeifen gestohlen, und durch das offene Dach drang Regenwasser ein. Immerhin konnte 1954 die Kuppel geschlossen werden.

Fritz Heitmann

Bereits 1952 hatte Fritz Heitmann zusammen mit Hans-Joachim Schuke einen weitreichenden Umbau der Orgel entworfen, der den Wandel des Zeitgeistes deutlich zeigt: Gehäuse, Gebläse, Gerüstwerk und ein Teil der Holzpfeifen sollten beibehalten werden. Auf Schleifladen mit mechanischer Spiel- und elektrischer Registertraktur sollten bei 5 Manualen und Pedal 94 Register im neobarocken Stil disponiert werden[8]: kein einziger Streicher mehr, keine romantische Zunge, die Aequallage nicht stärker besetzt als bei Schnitger, das »modernste« Register eine Unda maris à la Silbermann.
Der Plan kam nicht zur Ausführung, die Orgel blieb wie der Dom beschädigt und unbenutzbar stehen. Erst 1975 begann die Restaurierung des Gebäudes - für die Orgel ein glücklicher Umstand, denn die Anschauungen über die klanglichen Konzepte im Orgelbau hatten sich mittlerweile gewandelt: man sah die Berliner Domorgel nun als ein historisches Denkmal hohen Ranges an, das auf alle Fälle erhalten werden soll. Welch ein bemerkenswerter Zufall, daß gerade diese Orgel, die 1905 als die »vermutlich erhabenste Schöpfung des genialen, kunstfrohen und dabei unentwegt bescheidenen Meisters Wilhelm Sauer« bezeichnet worden ist,[9] so gut wie nicht verändert wurde und die Folgen des Zweiten Weltkrieges in wesentlichen Teilen überstanden hat. Zur Zeit (Anfang 1991) ist die Orgel abgebaut und befindet sich zur Restaurierung in den Werkstätten der Frankfurter Orgelbaufirma. So wird in absehbarer Zeit die größte Sauer-Orgel wieder den Ruhm ihres Erbauers verkünden. UP/US

5. Falc-1990, S. 273.
6. Voge-1963, S. 46.
7. Fritz Heitmann, Zum Orgelproblem der Gegenwart, Jahrbuch der Staatl. Akademie für Kirchen- und Schulmusik 1928/29; Nachdruck in: Voge-1963, S. 126.
8. Fisc-1961. Dort auch der Dispositions-Vorschlag.
9. DIZ, Jg. 6, 1904/05, S. 146.

Disposition von 1904[2]

I. Manual C-a^3

Prinzipal	16′	C-F Holz, Rest Metall (85 %)
Majorbaß	16′	C-f^1 Holz, Rest Metall
Prinzipal	8′	C-E Holz, Rest Metall (85 %)
Doppelflöte	8′	C-h^0 Holz, Rest Metall
Prinzipal amabile	8′	C-H Holz, Rest Metall
Flute harmonique	8′	C-h^0 Holz, Rest Metall
Viola di Gamba	8′	Metall (87,5 %)
Bordun	8′	C-f^1 Holz, Rest Metall
Gemshorn	8′	C-H Holz, Rest Metall
Quintatön	8′	
Harmonika	8′	C-H Holz, Rest Metall
Gedacktquinte	5⅓′	
Oktave	4′	
Flute octaviante	4′	C-H Holz, Rest Metall
Fugara	4′	
Rohrflöte	4′	
Oktave	2′	
Rauschquinte 2fach	2⅔′	
Große Cymbel 3fach	3⅕′	
Scharf 3-5fach	2′	
Cornett 3-4fach	2⅔′	
Bombarde	16′	C-H Holzbecher
Trompete	8′	
Clairon	4′	

II. Manual C-a^3

Prinzipal	16′	C-E Holz, Rest Metall (85 %)
Quintatön	16′	C-H Holz, Rest Metall
Prinzipal	8′	C-Ds Holz, Rest Metall (85 %)
Doppelflöte	8′	C-h^0 Holz, Rest Metall
Geigenprincipal	8	C-H Holz, Rest Metall
Spitzflöte	8′	C-H Holz, Rest Metall
Salicional	8′	C-H Holz, Rest Metall
Soloflöte	8′	c^0-h^1 Holz, Rest Metall
Dulciana	8′	C-H Holz, Rest Metall
Rohrflöte	8′	C-H Holz, Rest Metall
Oktave	4′	
Spitzflöte	4′	
Salicional	4′	
Flauto dolce	4′	
Quinte	2⅔′	
Piccolo	2′	
Mixtur 4fach	2′	
Cymbel 3fach	2′	
Cornett 3fach	2⅔′	
Tuba	8′	
Klarinette	8′	

III. Manual Schwellwerk, C-a^3

Salicional	16′	C-h^0 Holz, Rest Metall
Bordun	16′	C-f^1 Holz, Rest Metall
Prinzipal	8′	C-H Holz, Rest Metall
Hohlflöte	8′	c^0-h^1 Holz, Rest Metall
Gemshorn	8′	C-H Holz, Rest Metall
Schalmei	8′	C-H Holz, Rest Metall
Konzertflöte	8′	C-h^1 Holz, Rest Metall
Dolce	8′	
Gedackt	8′	C-f^0 Holz, Rest Metall
Unda maris	8′	
Oktave	4′	
Gemshorn	4′	
Quintatön	4′	
Traversflöte	4′	C-H Holz, Rest Metall
Nasard	2⅔′	
Waldflöte	2′	
Terz	1⅗′	
Mixtur 3fach	2′	
Trompete	8′	
Cor anglais	8′	
Glockenspiel		

IV. Manual Schwellwerk, C-a^3

Lieblich Gedackt	16′	C-f^1 Holz, Rest Metall
Prinzipal	8′	C-H Holz, Rest Metall
Traversflöte	8′	c^0-h^0 Holz, Rest Metall
Spitzflöte	8′	C-H Holz, Rest Metall
Lieblich Gedackt	8′	C-f^0 Holz, Rest Metall
Quintatön	8′	
Aeoline	8′	
Voix céleste	8′	
Prästant	4′	
Fernflöte	4′	C-h^0 Holz, Rest Metall
Violini	4′	
Gemshornquinte	2⅔′	
Flautino	2′	
Harmonia aeth. 3fach	2′	
Trompete	8′	
Oboe	8′	
Vox humana	8′	

Pedal C-f^1

Prinzipal	32′	Holz
Untersatz	32′	Holz
Prinzipal	16′	C-A Holz, Rest Metall (85 %)
Offenbaß	16′	Holz
Violon	16′	Holz
Subbaß	16′	Holz
Gemshorn	16′	Holz
Lieblich Gedackt	16′	Holz
Quintbaß	10⅔′	Holz
Prinzipal	8′	C-D Holz, Rest Metall (85 %)
Flötenbaß	8′	Holz
Violoncello	8′	C-H Holz, Rest Metall
Gedackt	8′	Holz
Dulciana	8′	C-H Holz, Rest Metall
Quinte	5⅓′	
Oktave	4′	
Terz	3⅕′	
Quinte	2⅔′	
Septime	2²⁄₇′	
Oktave	2′	
Kontraposaune	32′	Holzbecher
Posaune	16′	C-f^0 Holzbecher
Fagott	16′	C-f^0 Holzbecher
Trompete	8′	
Clairon	4′	

Rückpositiv (vom III. Manual aus gespielt)

Flötenprinzipal	8′	C-H Holz, Rest Metall (85 %)
Flöte	8′	C-H Holz, Rest Metall
Gedackt	8′	C-H Holz, Rest Metall
Dulciana	8′	C-H Holz, Rest Metall
Zartflöte	4′	C-H Holz, Rest Metall

Kegelladen, pneumatische Traktur, sechs Manualkoppeln II/I, III/I, IV/I, III/II, IV/II, IV/III, drei Pedalkoppeln I/P, II/P, III/P, drei freie Kombinationen, Forte, Tutti, Rohrwerke an, Registerschweller, Absteller für Handregistrierung, Absteller für Rohrwerke, Absteller für Registerschweller, Piano-Pedal, Mezzoforte-Pedal, Jalousieschweller III. Manual, Jalousieschweller IV. Manual, Tremolo Vox humana, Windanzeiger.

Metall ohne Prozentangabe enthält 75 % Zinn. Register ohne Materialangabe sind aus Metall (75 % Zinn).

Umbau Rückpositiv 1934

Gedackt	8′
Terzian 2fach	
Sifflöte	1′
Zimbel 3fach	
Krummhorn	8′

Wedding, Stephanus-Kirche
Orgel von Schlag & Söhne,
1904

Wedding
Stephanus-Kirche

Wedding, Stephanus-Kirche
Orgel von Schlag & Söhne, 1904

Die St. Pauls-Kirchengemeinde bekam 1902-1904 eine zweite Kirche, deren Sprengel 1905 selbständig wurde. Die *Stephanus-Kirche* wurde nach Plänen von Bürkner in schlichten neugotischen Formen errichtet, wobei ihre Baustruktur und ihre Ornamentik stark an die zeitgleichen Bauten der Architekten Dinklage und Paulus erinnern. Vor allem die Ecklösung mit dem in die Baugruppe integrierten Pfarr- und Gemeindehaus, der stadtbildprägende Turm in den beiden kreuzenden Straßenfluchten und das trotz Langhauscharakter innen fast zentral wirkende Schiff der Kirche stellen den Entwurf in den zeitgenössischen Zusammenhang der ersten Dekade unseres Jahrhunderts.

Der mit opulenter Flächenornamentik versehene Innenraum ist dreiseitig von Emporen umgeben, deren mittlere rückseitig durch die Orgel abgeschlossen ist; das Instrument wurde, nicht als eingenständiger Körper erfaßbar, in das über der Eingangshalle liegende, geschlossene Joch unter drei gedrückten Spitzbögen eingepaßt und mit einem reich gegliederten, aber flächigen Prospekt geschlossen. Errichtet wurde es 1902-1904 als opus 681 von der Firma Schlag & Söhne, Schweidnitz/Schlesien. Vorher war es auf der Ausstellung für Handwerk und Kunstgewerbe in Breslau gezeigt worden. Man darf also annehmen, daß beim Bau mit besonderer Sorgfalt vorgegangen wurde.[1]

Daß uns von den ohnehin nur vier Berliner Orgeln dieser Firma gerade dieses Instrument erhalten geblieben ist, ist als besonderer Glücksfall zu betrachten. Der Vergleich mit den heute noch erhaltenen Orgeln aus der Werkstatt Wilhelm Sauers ist recht aufschlußreich, war doch die Firma aus Schweidnitz bekannt durch die klangliche Schönheit ihrer Instrumente. Dagegen war sie wohl nicht so zuverlässig hinsichtlich ihrer Pneumatik.

1. Lued-1982, S. 37.

Nach den beiden repräsentativen Aufträgen für die Berliner Philharmonie (1888) und den Umbau der Marien-Orgel (1892-1894) fällt das Werk für die Stephanus-Kirche eher an das Ende der Blütezeit der Werkstatt. Diese Periode deckt sich mit dem Wirken Oskar Schlags (1848-1918), dem Sohn des Firmengründers Christian Gottlob (1803-1889), der die Firma zusammen mit seinem Bruder Theodor führte. Wenn er auch als Gründer des Vereins deutscher Orgelbaumeister im Bereich technischer Konstruktionen führend war, so müssen Klangaufbau und Intonation seine eigentliche Leidenschaft gewesen sein. Die Stephanus-Orgel ist ein Musterbeispiel für die Qualität sensibler Einzelstimmen und deren optimale Verschmelzung. Nur Mixtur und Posaune dominieren in ihrer Weise und geben dem Tutti die nötige Helligkeit und Stärke.

»Die Solostimmen und vollends die ganz unterschiedlichen Flöten zeigen eine Intonation, die wirklich als inspiriert bezeichnet werden darf, wenngleich insbesondere die zwei durchschlagenden Rohrwerke einem völlig anderen Klangstil angehören als dem unseren. Es sind alle Hauptfarben der romantischen Klangwelt vorhanden, ungewöhnlich bleibt dazu die Doppelflöte, deren Timbre dem einer echten Panflöte ähnlich ist, eine Seltenheit unter den Orgelregistern. Man darf sich nicht scheuen, diese Solostimmen zu kombinieren, was nicht zuletzt aus dynamischen Gründen zu empfehlen ist. ... Der Übergang von Flöten zu Prinzipalen ist bei der Stephanusorgel sehr überzeugend, was die dynamische Einrichtung eines jeden Stückes erheblich erleichtert.«[2]

2. wie Anm. 1, S. 38.

Den Zweiten Weltkrieg überstand das Instrument mit Feuchtigkeitsschäden wegen fehlender Kirchenfenster. Es entsprach aber den Idealen der Orgelbewegung in keiner Weise, so daß es 1951 in einem Gutachten Karl Schukes hieß: »In klanglicher Hinsicht ist die Orgel ein Kind ihrer Zeit - einer Zeit der gefühlsmäßigen Romantik, so daß es nur schwer möglich ist, die heutige polyphone Kirchenmusik und die klassische Orgelliteratur stilgemäß darauf wiederzugeben. Doch wird man aus finanziellen Gründen vorläufig auf eine klangliche Neugestaltung .... verzichten müssen.«[3] So führte die Firma Schuke 1951 nur Reparaturen durch.

3. AKScB.

Der Orgelsachverständige Paul Hammermeister gestand der Orgel 1954 »saubere handwerkliche und materialmäßig einwandfreie Arbeit« zu. Auf eine Umdisponierung sei bei der notwendigen Instandsetzung verzichtet worden, »da das Werk als dauerhaftes Denkmal noch weitere Jahrzehnte überstehen wird«.[4]

4. Hamm-1954.

Dagegen stellte ein Gutachten von 1963 mit orgelbewegt getrübtem Urteilsvermögen fest: »Jedwede Orgelliteratur läßt sich weder technisch noch klanglich darstellen.« Erhaltung und Pflege lohnten sich vornehmlich nur »aus Gründen der Denkmalspflege«. Es sollte zwar die »klangliche Substanz nicht verändert werden«, für »die praktische Brauchbarkeit der Orgel wären aber kleine klangliche Besserungen unumgänglich«, d. h. drei Register sollten ausgetauscht, eines umgestellt und die Klangkronen umintoniert werden.[5]

5. AKScB.

Demgegenüber schlug die Firma Karl Schuke vor, die Originalsubstanz unangetastet zu lassen; sie arbeitete 1964 einen Kostenvoranschlag für den zusätzlichen Einbau von 10 Registern aus. Ausgeführt wurde 1970-1971 dann aber nur eine Elektrifizierung der mittlerweile unbrauchbar gewordenen pneumatischen Traktur mit neuem Spieltisch. Dabei wurde auf die festen Kombinationen (außer Tutti) und das Pianopedal verzichtet, jedoch eine zweite freie Kombination und eine Superoktavkoppel III/P hinzugefügt. Der alte Spieltisch blieb auf der Orgelempore erhalten. 1989 wurden von der Berliner Orgelbauwerkstatt Karl Schuke die Zungen überholt. Seitdem erstrahlt das Instrument, das von allen Berliner Orgeln aus dieser Zeit vielleicht die beste Intonation aufweist, wieder im alten klanglichen Glanz. Natürlich ist es, wie Karl Schuke 1951 feststellte, ein Kind seiner Zeit - aber diese Zeit hat Farben hervorgebracht, die es davor und danach nicht mehr gab. Daß dafür andere Farben fehlen, nehmen wir heute wieder gerne in Kauf. US

I. Manual C-f^3

Principal	16′	C-f^1 im Prospekt
Principal	8′	C-h^0 im Prospekt
Hohlflöte	8′	C-h^1 Holz
Gemshorn	8′	C-H Holz
Gambe	8′	
Doppelflöte	8′	gedeckt, C-h^1 Holz
Offenflöte	4′	C-fs^2 Holz
Octave	4′	
Rauschquinte	2⅔′ + 2′	
Mixtur 3-4fach		C 1⅗′ 1⅓′ 1′
		c 2′ 1⅗′ 1⅓′ 1′
		fs^2 4′ 3⅕′ 2⅔′ 2′
Kornett 3fach		C 1⅗′
		G 2⅔′ 1⅗′
		c 4′ 2⅔′ 1⅗′
Trompete	8′	aufschlagend

II. Manual (Schwellwerk) C-f^3

Principal	8′	C-H Holz
Bordun	16′	C-f^1 Holz
Portunalflöte	8′	C-h^1 Holz, offen
Salizional	8′	
Quintatön	8′	C-H Holz
Principal	4′	
Rohrflöte	4′	Innenröhrchen, ab fs^2 konisch
Piccolo	2′	
Progr. Harm. 2-3fach		C 2⅔′ 2′
		g^0 4′ 2⅔′ 2′
Klarinette	8′	durchschlagend

III. Manual C-f^3 (Schwellwerk)

Flötenprincipal	8′	C-H Holz
Gedackt	16′	C-f^1 Holz
Aeoline	8′	
Vox coelestis	8′	ab c^0
Lieblich Gedackt	8′	C-f^0 Holz
Traversflöte	4′	C-e^0 Holz, f^0-f^1 Holz überblasend, ab fs^2 Metall überblasend
Fugara	4′	
Harm. aeth. 2-3fach		C 2⅔′ 2′
		g 4′ 2⅔′ 2′
Vox humana	8′	durchschlagend, gedeckt, mit Seitenlöchern

Tremulant Vox humana

Pedal C-f^1

Principalbaß	16′	Holz, Rollbärte
Violon	16′	Holz, Rollbärte
Subbaß	16′	Holz
Lieblich Gedackt	16′	Transmission aus III
Octavbaß	8′	Holz
Violoncello	8′	Zink
Quinte	10⅔′	Holz, gedeckt
Baßflöte	8′	Holz, gedeckt
Aeoline	8′	Transmission aus III
Posaune	16′	aufschlagend, Holzbecher

Membranladen, pneumatische Traktur, drei Manualkoppeln, drei Pedalkoppeln, eine freie Kombination, feste Kombinationen: p, mf, f, Tutti, Auslöser, Walze mit Absteller, Pianopedal, Rohrwerkabsteller.

Spielhilfen im neuen Spieltisch: drei Manualkoppeln, drei Pedalkoppeln, Superoktavkoppel III-P, zwei freie Kombinationen, Tutti, Walze mit Absteller

Wedding, Stephanus-Kirche
Alter Spieltisch von 1904

Kreuzberg, Tabor-Kirche
Orgel von GEBR. DINSE,
1904-05

Kreuzberg
Tabor-Kirche

Baurat Schwartzkopff plante den Neubau einer Kirche der Emmaus-Kirchengemeinde, die 1903-1905 gebaut und unter Bürkner fertiggestellt wurde. Als atypischer Fall des ansonsten charakteristischen Straßenfront-Kirchenbaus im Berlin nach 1900 steht die *Tabor-Kirche* am Ende der Wrangelstraße, die ihr Turm, asymmetrisch angeordnet, städtebaulich beherrscht. Die Integration von Pfarr- und Gemeindehaus war im ersten Jahrzehnt unseres Jahrhunderts bei Berliner Kirchbauten üblich; die »Tabor-Lösung« ist als die Straßenfrontvariante der Straßenecklösung der zeitgleichen *Stephanus-Kirche* Bürkners anzusehen.
Der zentral strukturierte, gerichtet möblierte Innenraum der Kirche ist dreiseitig mit Emporen umgeben. Auf der Portalseite trägt die Westempore die Orgel, ein Instrument der Gebrüder Dinse von 1905. Es erhielt ein neugotisches Gehäuse mit drei Rundtürmen und drei Giebeln über Spitzbogenöffnungen, das die Tischlerei Grün & Hettwig, Gneisenaustraße, für 2000 Mark lieferte. Ihre 40 Register auf drei Manualen und Pedal sind im Kostenanschlag vom 17. 10. 1904 genau beschrieben.[1]

1. Alle vorangehenden Angaben zur Orgel: PfA-KrTa.

Das Werk erhält: / Drei Manuale zu 56 Tasten, / ein Pedal zu 30 Tasten, / 40 klingende Stimmen, / 7 Koppelungen, / 7 Kombinationszüge, / einen Tonschweller für das dritte Manual und einen Rollschweller zum ganzen Werke.

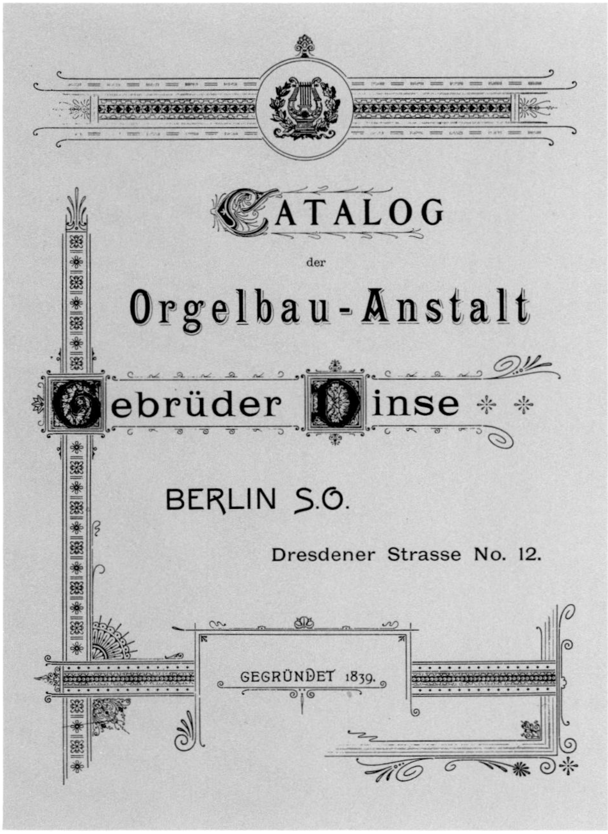

Katalog von Gebr. Dinse, 1897

Disposition:

I. Hauptmanual:
1. Prinzipal 16 Fuß. Die tiefe Oktave aus Holz, gedeckt, von c an offen aus 14lötg. Zinn. Die größeren Zinnpfeifen erhalten eine vorzüglich saubere Politur nebst aufgeworfenen Labien und werden in den Prospekt gestellt. Material 280 M, Arbeit 250 M.
2. Trompete 16 Fuß. Zungen, Löffel und Krücken von Messing, Köpfe aus Blei, Aufsätze aus 14lötg. Zinn. Material 250 M, Arbeit 200 M.
3. Prinzipal 8 Fuß. Ganz aus 14lötg. Zinn, die größeren Pfeifen im Prospekt. Material 250 M, Arbeit 200 M.
4. Viola di Gamba 8 Fuß, die tiefe Oktave aus verzinntem Zink, von c an aus 14lötg. Zinn. Material 90 M, Arbeit 90 M.
5. Doppelflöte 8 Fuß, ganz aus Holz, im Diskant aus Ahorn, von f an mit doppelten Labien. Material 70 M, Arbeit 70 M.
6. Gemshorn 8 Fuß. Die tiefe Oktave aus Holz, von c an aus 14lötg. Zinn. Material 80 M, Arbeit 80 M.
7. Bourdon 8 Fuß. Die tiefe Oktave aus Holz, von c an aus 12lötg. Zinn. Material 50 M, Arbeit 70 M.
8. Trompete 8 Fuß. Material und Arbeit wie bei No 2. Material 140 M, Arbeit 160 M.
9. Oktave 4 Fuß, aus 14lötg. Zinn. Material 60 M, Arbeit 70 M.
10. Gemshorn 4 Fuß, ebenso. Material 70 M, Arbeit 60 M.
11. Rauschquinte $2\frac{2}{3}$-2 Fuß. 112 Pfeifen aus 14lötg. Zinn. Material 65 M, Arbeit 85 M.
12. Cornett 3fach auf g einsetzend mit g d h 4′, $2\frac{2}{3}$′, 2′. 111 Pfeifen aus 14lötg. Zinn. Material 60 M, Arbeit 60 M.
13. Mixtur 3-5fach. Auf C steht c g c 2′, $1\frac{1}{3}$′, 1′; auf G tritt $2\frac{2}{3}$′, auf g noch 4′ hinzu, und so durchgehend. 254 Pfeifen aus 14lötg. Zinn. Material 100 M, Arbeit 100 M.

II. Obermanual:
14. Prinzipal 8 Fuß. Die tiefe Oktave aus Holz, von c an aus 14lötg. Zinn. Material 80 M, Arbeit 100 M.
15. Bourdon 16 Fuß, von C-h aus Holz, von c^1 an aus 12lötg. Zinn. Material 70 M, Arbeit 80 M.
16. Salizional 8 Fuß. Die tiefe Oktave aus verzinntem Zink, von c an aus 14lötg. Zinn. Material 90 M, Arbeit 80 M.
17. Rohrflöte 8 Fuß. Die tiefe Oktave aus Holz, von c an aus 12lötg. Zinn. Material 60 M, Arbeit 60 M.
18. Konzertflöte 8 Fuß, aus Holz, im Diskant aus Ahorn. Material 70 M, Arbeit 80 M.
19. Klarinette 8 Fuß, mit einschlagenden Zungen, Material wie bei No 2. Material 140 M, Arbeit 160 M.
20. Oktave 4 Fuß, aus 14lötg. Zinn. Material 60 M, Arbeit 60 M.
21. Rohrflöte 4 Fuß, ebenso. Material 40 M, Arbeit 50 M.
22. Progressio harmonica 2-4fach. Auf C steht G c $2\frac{2}{3}$′, 2′, auf c tritt 4′, auf c^1 noch $5\frac{1}{3}$′ hinzu. 188 Pfeifen aus 14lötg. Zinn. Material 90 M, Arbeit 90 M.

III. Fernwerk (d. h. Schwellwerk):
23. Prinzipal 8 Fuß. Die tiefe Oktave aus Holz, ab c aus 14lötg. Zinn. Material 80 M, Arbeit 100 M.
24. Viola di Gamba 16 Fuß. Die tiefe Oktave aus Holz gedeckt, von c-h aus verzinntem Zink, von c^1 an aus 14lötg. Zinn. Material 120 M, Arbeit 100 M.
25. Aeoline 8 Fuß. Die tiefe Oktave aus verzinntem Zink, von c an aus 14lötg. Zinn. Material 70 M, Arbeit 90 M.
26. Vox coelestis 8 Fuß, aus 14lötg. Zinn. Material 40 M, Arbeit 60 M.
27. Schalmey 8 Fuß. Die tiefe Oktave aus verzinntem Zink, von c an aus 14lötg. Zinn. Material 90 M, Arbeit 90 M.
28. Gedeckt 8 Fuß. Die tiefe Oktave aus Holz, von c an aus 12lötg. Zinn. Material 55 M, Arbeit 60 M.
29. Oboe 8 Fuß. Material wie No 2. Material 140 M, Arbeit 160 M.
30. Fugara 4 Fuß, aus 14lötg. Zinn. Material 50 M, Arbeit 60 M.
31. Flauto traverso 4 Fuß, ebenso. Material 50 M, Arbeit 60 M.

2. AKScB.
3. Eine vollständig erhaltene, allerdings kleinere Dinse-Orgel (II+P 19) steht in der Dorfkirche Berlin-Rosenthal.

IV. Pedal:
32. Contrabaß aus Kiefernholz, weiter Mensur. Material 120 M, Arbeit 130 M.
33. Violon 16 Fuß, ebenso. Material 110 M, Arbeit 120 M.
34. Subbaß 16 Fuß, ebenso. Material 70 M, Arbeit 80 M.
35. Lieblich Gedeckt 16 Fuß, ebenso. Material 60 M, Arbeit 70 M.
36. Posaune 16 Fuß. Zungen, Krücken und Löffel aus Messing, Körper aus Holz. Material 140 M, Arbeit 160 M.
37. Prinzipal 8 Fuß, aus verzinntem Zink. Material 70 M, Arbeit 70 M.
38. Violoncello 8 Fuß, desgleichen. Material 60 M, Arbeit 70 M.
39. Baßflöte 8 Fuß, aus Holz. Material 40 M, Arbeit 40 M.
40. Trompete 8 Fuß, Material wie bei No 2. Material 100 M, Arbeit 110 M.

V. Nebenregister:
1. Glocke 10 M. / 2. Manualkoppel II zu I. 30 M. / 3. Manualkoppel III zu I. 30 M. / 4. Manualkoppel III zu II. 30 M. / 5. Pedalkoppel zum I. Manual. 25 M. / 6. Pedalkoppel zum II. Manual. 25 M. / 7. Pedalkoppel zum III. Manual. 25 M. / 8. Manualkoppel vom I. Manual nach der tiefen Oktave des zweiten. 30 M.

VI. Kombinationen:
Piano. 20 M. / Mezzoforte. 20 M. / Forte. 20 M. / Tutti mit den Koppeln 20 M. / Freie Kombination I. 100 M. / Freie Kombination II. 100 M.

1917 wurden die Prospektpfeifen abgeliefert. 1922 baute die Firma W. SAUER, die die Orgel schon 1921 gereinigt hatte, 59 sprechende und 10 stumme Ersatzpfeifen ein. Ab 1925 übernahm DINSE die Pflege der Orgel, ab 1938 wieder Sauer. Den Zweiten Weltkrieg überstanden Kirche und Orgel ohne große Schäden; erste notwendige Reparaturen führte KARL FUCHS, Berlin, 1948 durch. 1950 gab er einen Kostenvoranschlag für Reinigung und Umdisponierung ab, der aber offensichtlich nicht ausgeführt wurde.

KARL SCHUKE äußerte 1958 in einem Gutachten,[2] die Orgel sei solide gebaut und im großen und ganzen in gutem Zustand. Allerdings hätten in den letzten 10 Jahren »laienhafte Eingriffe« stattgefunden, »die bis an das Pfuschertum grenzen« und 12 Register in allen Manualen »total verdorben« hätten. Der Organist hatte versucht, in Eigenarbeit die Umdisponierung nachzuholen, die 1950 nicht stattgefunden hatte.

1958-1960 wurd das Instrument durch die Berliner Orgelbauwerkstatt KARL SCHUKE wiederhergestellt, was aber zu einem Umbau im Sinne der Orgelbewegung geriet; für eine Restaurierung des Zustandes von 1905 war damals die Zeit noch nicht reif, und als ein Denkmal (wie die Orgel der Weihnachts-Kirche Haselhorst 1961) wurde das Instrument nicht angesehen. 23 von 40 Registern wurden mit Pfeifen aus Beständen von Karl Schuke, unter anderem aus der Sauer-Orgel der Hochschule der Künste, neu disponiert. Puristisch ging man dabei aber auch nicht vor: So paßt etwa die neue, streichende leise Dulciana im III. Manual sehr gut zu den alten Dinseschen Stimmen. Während also hier romantische Zungen und Grundstimmen aus verschiedenen Epochen neben neobarocken Registern stehen, blieben Gehäuse, Spieltisch, pneumatische Traktur und Kegelladen unverändert.

Eine Reparatur durch die Orgelbauwerkstatt KARL SCHUKE erfolgte 1971. 1987 wurde wegen des Ausbaus des Turms zu einer Wohnung die originale Gebläseanlage durch ein neues, in der Orgel aufgestelltes Gebläse, ersetzt. Sonst hat sich nichts geändert, so daß es sich hier um eine in Teilen original erhaltene Dinse-Orgel in einer Berliner evangelischen Kirche handelt.[3] US

Disposition von 1990

I. Manual C-g^3

Prinzipal	16′	alt
Prinzipal	8′	alt
Gemshorn	8	alt
Gedackt	8′	alt
Oktave	4′	alt
Gedacktflöte	4′	neu
Rohrnasat	2⅔′	neu
Oktave	2′	neu
Kleinflöte	2′	neu
Rauschquinte 2fach		alt
Mixtur 5fach		neu
Trompete	16′	alt
Trompete	8′	alt

II. Manual C-g^3

Bordun	16′	alt
Prinzipal	8′	alt
Quintadena	8′	neu
Prinzipal	4′	alt
Blockflöte	4′	neu
Oktave	2′	neu
Sesquialtera 2fach		neu
Scharff 4fach		neu
Krummhorn	8′	neu

III. Manual C-g^3 (Schwellwerk)

Gedackt	8′	alt
Dulciana	8′	neu
Violflöte	4′	neu
Nachthorn	4′	neu
Quintflöte	2⅔′	neu
Waldflöte	2′	neu
Terzian 2fach		neu
Cymbel 3fach		neu
Vox humana	8′	neu

Pedal C-f^1

Prinzipal	16′	alt
Subbaß	16′	alt
Oktave	8′	alt
Baßflöte	8′	alt
Oktave	4′	neu
Bauernflöte	2′	neu
Mixtur 5fach		neu
Posaune	16′	alt
Trompete	8′	neu

Kegelladen, pneumatische Traktur, drei Manualkoppeln, drei Pedalkoppeln, Superoktavkoppel II-I, Rollschweller, 6 feste und 2 freie Kombinationen.

1. PfA-TiHG.
2. PfA-TiHG.
3. AKScB.

Moabit, Heilige-Geist-Kirche
Orgel von E. F. Walcker & Cie., 1906

Moabit
Heilige-Geist-Kirche

Die Architekten Dinklage und Paulus schufen den Entwurf für eine neue Kirche der *St. Johannis-Kirchengemeinde* in *Moabit*, der 1905-1906 auf einem spitzwinkeligen Grundstück auf der Ecke der Birken- mit der Perleberger Straße verwirklicht wurde. Diese Architekten können als »Spezialisten« für die Errichtung von Kirchbauten der ersten Dekade unseres Jahrhunderts auf schwierigen Berliner Straßenflucht- und -eckgrundstücken gelten.
Die *Heilige-Geist-Kirche*, deren Gemeinde 1907 selbständig wurde, zeigt einfache neugotische Details auf einer höchst originellen Baustruktur: ein fünfeckiger Grundriß mit einem halb eingestellten, stark überhöhten Turm an der Straßenecke umgreifen einen spannungsreichen, sternförmig überwölbten Zentralraum. Der anstelle der in den übrigen Jochen vorhandenen Emporen im inneren Joch, dem Turm gegenüber, eingestellte Retabelaltar ist mit der ebenfalls neugotisch dekorierten Orgel überbaut.
Die Firma Walcker baute das Instrument 1906; 39 Register und 2 Transmissionen stehen auf drei Manualen und Pedal hinter einem klar gegliederten, aber flächenhaften Prospekt. Die ausgeführte Disposition ist ganz zeittypisch, ohne jede Besonderheit; eine vom Orgelbauer vorgesehene Sexquialtera $2^2/_3'$ + $1^3/_5'$ für das III. Manual wurde aufgrund eines Gutachtens des Musikdirektors Kruckowz und des Gemeindeorganisten Balcke nicht gebaut.
1914 schlug Walcker einen Einbau von weiteren Sub- und Superoktavkoppeln vor, den man aber nicht ausführen ließ.[1] Erst 1935 wurde eine Reparatur durchgeführt. Bei dieser Gelegenheit wurde Cello 8′ im Pedal durch Oktave 2′ ersetzt.
Kriegsschäden - Schäden durch Bomben- und Granatsplitter, durch Feuchtigkeit, durch herabgefallenen Putz, entwendete Pfeifen - wurden durch die Berliner Orgelbauwerkstatt 1952 beseitigt.[2]
1957 äußert sich Karl Schuke zu dem Instrument (mit bemerkenswerter Unabhängigkeit vom Zeitgeist): »Es lohnt sich, für diese erstaunlich gut erhaltene Orgel, die ein Denkmal ihrer Epoche ist, eine gute Pflege aufzuwenden«. Die Orgel wurde gereinigt.
1962 ist die Pneumatik verbraucht und die Orgel nicht mehr spielbar. Karl Schuke empfiehlt dem Orgelsachverständigen eine Reparatur, »da es gewiß im Interesse nicht nur der Kirchenmusik, sondern auch des Orgelbaus liegt, daß einige Werke aus der Hochblüte der Romantik erhalten bleiben, die ohne Veränderung bis zum heutigen Tag den Krieg überdauert haben.« »Wir haben in Berlin nur noch wenige Orgeln aus der Jahrhundertwende, die erhaltenswert erscheinen«. Andernfalls »ist in absehbarer Zeit ein Neubau notwendig, den ich aus o. a. Gründen bedauern würde.«[3]
1962/1963 wurde daraufhin das Instrument renoviert, die Traktur elektrifiziert und ein neuer Spieltisch seitlich aufgestellt, wobei auch die Spielhilfen geändert wurden. Auf die festen Kombinationen wurde verzichtet.
1980 erfolgten eine Generalreinigung und 1985 eine Teilreinigung. So versieht die älteste Walcker-Orgel Berlins weiterhin ihren Dienst. US

I. Manual C-g^3

Bordun	16′	
Prinzipal	8′	
Hohlflöte	8′	
Gemshorn	8′	
Bordun	8′	
Viola di Gamba	8′	
Dolce	8′	
Oktave	4′	
Rohrflöte	4′	
Oktave	2′	
Cornett 3-5fach		
Mixtur 4fach	2⅔′	
Trompete	8′	

II. Manual C-g^3

Prinzipal	8′	
Salicional	8′	
Konzertflöte	8′	
Quintatön	8′	
Prinzipal	4′	
Flauto dolce	4′	
Rauschquinte 2fach		
Flautino	2′	
Oboe	8′	aufschlagend

III. Manual C-g^3 (Schwellwerk)

Lieblich Gedackt	16′	
Geigenprinzipal	8′	
Spitzflöte	8′	
Lieblich Gedackt	8′	
Aeoline	8′	
Vox coelestis	8′	
Fugara	4′	
Traversflöte	4′	
Piccolo	2′	
Klarinette	8′	durchschlagend

Pedal C-f^1

Prinzipalbaß	16′	
Violonbaß	16′	
Subbaß	16′	
Gedacktbaß	16′	Transmission aus III
Oktavbaß	8′	
Cello	8′	
Sanftbaß	8′	Transmission aus III
Oktave	4′	
Posaunenbaß	16′	

Kegelladen, pneumatische Traktur, Manualkoppeln II-I, III-I, III-II, Super III, Pedalkoppeln, eine freie Kombination, feste Kombinationen: mf, Tutti, Rollschweller[1]

Wilmersdorf, Auen-Kirche
Orgel von P. Furtwängler & Hammer, 1897

Wilmersdorf
Auen-Kirche

Wilmersdorf hatte, wie die meisten Dörfer des Berliner Raumes, bereits seit dem hohen Mittelalter eine Dorfkirche. Ein schlichter Saalbau mit Westturm ersetzte sie nach 1766; die Vorgängerin war bei einem Dorfbrand zerstört worden. Südlich der Dorfaue, auf der diese barocke und die mittelalterliche Dorfkirche zuvor gestanden hatten, wurde 1895-1897 nach Plänen von Max Spitta eine neugotische »Zweitkirche« errichtet, wie es in diesen Jahren an vielen Orten - wie *Wedding* und *Lichterfelde* - in unmittelbarer Nachbarschaft zur alten Kirche geschah. Spittas Kirchbau vereint unter einem Satteldach das Langhaus mit schmalen Seitenschiffen, deren drei Joche durch quergestellte Dachsättel markiert sind. Der eingezogene Fünfachtelchor und der seitlich neben der Portalfront im Norden angeordnete, mit dem Küsterhaus zu einer Baugruppe vereinte Turm geben der Anlage eine ungewöhnliche Struktur, wenngleich nach allgemeiner Ansicht der Entwurf auch im Inneren im Detail als nicht ganz überzeugend eingestuft wird. Der Orgelprospekt, den Spitta wie bei seinen anderen Kirchbauten selbst detaillierte, läßt ebenfalls entwurfliche Unsicherheiten erkennen; insbesondere entsprechen die Proportionen nicht den Idealen neugotischer Architektur: das aufstrebende Element der Gotik fehlt. Seine Hauptteile, in einfacher Manier unter je einem Giebel mit pfeifengefüllten Spitzbogenfeldern ohne Tiefenstaffelung nebeneinandergestellt, hätten ebenso bereits fünfzig Jahre zuvor geschaffen worden sein können.

Die Orgel wurde als eine Stiftung des Gutsbesitzers Christian Blisse 1897 von der Firma P. Furtwängler & Hammer, Hannover, errichtet. Sie war die erste Orgel dieser Firma in Berlin und besaß 2 Manuale und Pedal mit pneumatischen Kegelladen und 40 Registern laut Kostenvoranschlag,[1] was aber bei der Ausführung offensichtlich auf 41 Stimmen erhöht wurde.[2] Der Spieltisch stand unmittelbar am Gehäuse.[3]

1906 wurde ein elektrisches Gebläse eingebaut;[5] 1917 wurden die Prospektpfeifen abgeliefert.

1921 genügte die Größe der Orgel den Ansprüchen nicht mehr; es wurde ein Neubau mit 62 Registern (davon 3 Transmissionen) auf 3 Manualen und Pedal durch P. Furtwängler & Hammer beschlossen; von der alten Orgel wurden Gebläse, Prospekt und ein Teil der Pfeifen übernommen, und der Spieltisch wurde an die Emporenbrüstung gerückt.[6] Die Disposition entwarf der Organist der Kirche, Rudolf Meimberg.

1. AHaH, Disposition zu den Arbeiten an der Orgel für die Kirche zu Dt. Wilmersdorf 1897.
2. AHaH, Akte 359, Kostenanschlag zur Reinigung vom 26. 1. 1914.
3. Rudolf Barkow, Die Orgel der Auenkirche in Berlin-Wilmersdorf, in: ZfI, Jg. 49, Nr. 17, vom 1. 6. 1929.
4. wie Anm. 1 und 3.
5. AHaH, Orgelakte 359.
6. wie Anm. 3.

Auch in den folgenden Jahren sorgte der rührige Organist dafür, daß die Orgel umgebaut und erweitert wurde. Die dahinterstehenden Ansichten sind aber 1928 noch nicht allgemein anerkannt, denn der Umbau wird in einem Zeitschriftenartikel folgendermaßen gerechtfertigt:[8] zum I. Manual: »Man erkennt einen ›erschreckenden‹ Mangel an 8'-Stimmen und ist geneigt, sogleich das Urteil ›Schreiorgel‹ zu fällen. Allein infolge richtiger Mensuren reichen die wenigen 8'-Stimmen vollständig aus ...« Und zum II. Manual: »Wie im Hauptwerk, so sind auch hier nur wenige 8'-Stimmen vorhanden; trotzdem ist von unangenehmer Obertönigkeit nichts zu spüren.«
Den Zweiten Weltkrieg überstand die Orgel mit etlichen Schäden.[9] 1949 führte Karl Fuchs Reparaturen durch, wobei im II. Manual Gedeckt 8' und Mixtur 3-4fach statt alter Register eingebaut wurden.[10]

Mit dem Klang der Orgel war man aber Ende der Fünfziger Jahre nicht mehr zufrieden, und als ein Gegenstand eigenen Rechtes, der in seiner besonderen Beschaffenheit zu respektieren ist, wurde sie nicht angesehen.[11] So führte die Firma Noeske einen weitgehenden Umbau aus, der 1961 zum Abschluß kam. Die Laden wurden beibehalten, die Traktur elektrifiziert, ein neuer fahrbarer Spieltisch aufgestellt; etwa 37 Register wurden umgearbeitet übernommen, ein neues Manual (Positiv) mit 11 Registern und eigenem kleinen Spieltisch mit mechanischer Traktur hinzugefügt. Das Werk war damit eines der größten Berlins, und zahlreiche Konzerte und Rundfunkaufnahmen fanden hier statt.
1984-1986 erfolgten weitere Reparaturen und Umbauten. Schadhafte Windkanäle und Laden wurden erneuert, Register ausgetauscht und ein neuer Prospekt eingebaut, wobei die Disposition wieder mehr ihrem romantischen Ursprung angenähert wurde.
Diese Tendenz wird gegenwärtig verstärkt fortgeführt, denn 1990–1991 wurden folgende Arbeiten ausgeführt: im III. Manual Einbau von Bordun 16' und Clarinette 8' statt Trichterregal 8', im IV. Manual Unda maris 8' statt Oktave 1', Salicet 4' statt Zimbel, Quinte 2⅔' statt Quinte 1⅓', Progressiv harmonica 2' 3-4fach statt Scharff, Fagott 16' statt Dulzian 16'.[14] US

Disposition von 1897[4]

I.Manual C-f^3

Prinzipal	16'	
Bordun	16'	
Major Prinzipal	8'	
Gambe	8'	
Hohlflöte	8'	
Gemshorn	8'	
Dolce	8'	
Oktave	4'	
Rohrflöte	4'	
Viola	4'	
Quinte	2⅔' + Oktave 2'	
Cornett 3-4fach	2⅔'	
Mixtur 3-5fach	2'	
Tuba	16'	
Trompete	8'	

II.Manual C-f^3 (Schwellwerk)

Salicet	16'	
Lieblich Gedackt	16'	
Minor Prinzipal	8'	
Flute harmonique	8'	
Salicional	8'	
Quintatön	8'	
Gedeckt	8'	
Aeoline	8'	
Vox coelestis	8'	
Fugara	4'	
Zartflöte	4'	
Flöte	2'	ab H überblasend mit doppelten Labien
Harm. aeth. 3-4fach	2⅔'	
Oboe	8'	
Vox humana	8'	
Tremulant Vox humana		

Pedal C-d^1

Prinzipalbaß	16'
Violonbaß	16'
Subbaß	16'
Gedecktbaß	16'
Quintbaß	10⅔'
Oktavbaß	8'
Cello	8'
Baßflöte	8'
Oktave	4'
Posaune	16'
Fagott	8'

Kegelladen, pneumatische Traktur, Manualkoppeln II-I, II-P, Pedalkoppel I-P, Melodiekoppel I, Baßkoppel II-I, Generalkoppel, eine freie Kombination, fünf feste Kombinationen, Rohrwerkabsteller, Registerschweller mit Vorbereitung

7. AHaH, Akte 359, Disposition vom 8. 6. 1921.
8. wie Anm. 3.
9. PfA-WiAu, Befund vom 26. 7. 1947 im Kostenanschlag Karl Fuchs.
10. KoW-ZSOb.

11. Im Programm zur Orgelweihe am 2. 12. 1961 schreibt der Organist Werner Ingo Schmidt, die treibende Kraft hinter dem Umbau: »Vor einigen Jahren schon, als Herr Noeske in unserem Jugendchor mitsang, hat er versuchsweise einige Register ›umintoniert‹, d. h. ihnen durch Veränderung der Pfeifenschnitte eine bessere, mischungsfähigere Klangfarbe zu geben versucht… Der Erfolg, der allerdings langwierige und intensive Arbeit voraussetzte, war so überzeugend, daß Herr Noeske im Laufe der Zeit alle die Register umformte, deren Erhaltung sich lohnte.«

Disposition von 1921[7]

I. Manual C-a^3

Prinzipal	16′	E-b Prospekt neu, sonst alt
Major Prinzipal	8′	C-gis Prospekt neu, sonst alt
Gamba	8′	C-H neu, sonst alt
Hohlflöte	8′	alt
Gemshorn	8′	alt
Dolce	8′	neu
Oktave	4′	alt
Rohrflöte	4′	alt
Oktave	2′	alt
Terz	1 3/5′	aus Cornett
Cornett 3-4fach	2 2/3′	alt
Mixtur 3-5fach	2′	alt
Tuba	16′	alt
Trompete	8′	alt

Pedal C-f^1

Kontrabaß	32′	neu, C-H akustisch aus 16′+ 10 2/3′
Untersatz	32′	neu, c-f^1 Transmission aus Subbaß 16′
Prinzipalbaß	16′	alt
Violon	16′	alt
Subbaß	16′	alt
Zartbaß	16′	alt
Salicetbaß	16′	neu, Transmission aus III
Gedecktbaß	16′	neu, Transmission aus III
Oktavbaß	8′	alt
Cello	8′	neu
Baßflöte	8′	alt
Oktav	4′	alt
Posaune	16′	alt
Fagottbaß	16′	neu, Transmission aus III
Trompete	8′	neu

Taschenladen, pneumatische Traktur, Manualkoppeln II-I, III-I, III-II, Pedalkoppeln I-P, II-P, III-P, Superoktavkoppeln II, II-I, III, III-II, III-I durchgeführt bis a^4; II-P, Suboktavkoppeln III-I, III-II, II-I, III, zwei freie Kombinationen, Walze, Walze allein, Pedal I, II und III, Absteller für Walze, automatische Pedalumschaltung, Tutti, Pedal-Tutti, Pedal-Forte

II. Manual C-a^3 (Schwellwerk)

Bordun	16′	alt
Minor Prinzipal	8′	alt
Viola	8′	C-H neu, sonst alt aus Viola 4′
Salicional	8′	C-H neu, sonst alt
Portunalflöte	8′	C-H neu, sonst alt aus Zartflöte 4′
Unda maris	8′	neu
Prestant	4′	neu
Flauto traverso	4′	neu
Salicet	4′	alt aus Dolce 8′
Zartflöte	2′	neu
Sesquialtera 2fach		neu 2 2/3′ + 1 3/5′
Harmonica aetherea 4-3fach		neu, C 2 2/3′, 2′, 1 3/5′, 1 1/7′, c^2 - 1 1/7′
Klarinette	8′	neu
Englisch Horn	8′	neu
Vox humana	8′	alt, erhält eigenen Schwellkasten
Echo-Bordun	8′	neu, kommmt in denselben Schwellkasten
		Tremulant für Vox humana

III. Manual C-a^3 (Schwellwerk)

Salicet	16′	alt
Gedeckt	16′	alt
Hornprinzipal	8	neu
Portunalflöte	8′	C-f^3 alt
Violine	8′	neu
Harmonieflöte	8′	alt
Lieblich Gedeckt	8′	alt
Quintatön	8′	alt
Aeoline	8′	alt
Vox coelestis	8′	alt
Fugara	4′	alt
Flauto dolce	4′	neu
Quinte	2 2/3′	alt
Flautino	2′	neu
Progressio 2-4fach		neu, C 2 2/3′2′, c + 4′, c^1 + 5 1/3′
Fagott	16′	neu
Oboe	8′	alt

Arbeiten 1924

I. Manual: + Trompete 4, Einbau neuer Pfeifen mit weiterer Mensur in die Mixtur ab c^1; Pedal: Fis-H Kontrabaß 32′ neue Pfeifen zusätzlich zum akustischen 32′; neue Superoktavkoppel für I. Manual und Pedal; neues elektrisches Gebläse.

Arbeiten 1928:

I. Manual: + Nachthorn 4′, Zimbel 5fach 2′ repetierend); - Gamba 8′, Tuba 16′
II. Manual: + Schweizerpfeife 4′, Blockflöte 2′, Sifflöte 1′, Klarinette 4′; - Flauto traverso 4′, Salicet 4′, Zartflöte 2′, Klarinette 8′
III. Manual: + Kupferflöte 4′, Salicet 4′ (aus II), - Violine 8′, Flauto dolce 4′
Pedal: + Rauschpfeife 3fach; - Cello 8′

Disposition von 1961[12]

II. Manual C-a³ Hauptwerk

Prinzipal	16′	
Oktave	8′	
Holzflöte	8′	
Gemshorn	8′	
Oktave	4′	
Nachthorn	4′	
Quinte	$2\frac{2}{3}'$	
Oktave	2′	
Feldpfeife	2′	
Terz	$1\frac{3}{5}'$	
Aliquot 2-3f		
Mixtur I 5-7fach	$1\frac{1}{3}'$	
Mixtur II 3-5fach	$\frac{2}{3}'$	
Trompete	16′	vakant
Trompete	8′	
Trompete	4′	

Pedal C-f¹

Prinzipal	32′	
Untersatz	32′	
Oktave	16′	
Engprinzipal	16′	
Weidenpfeife	16′	Transmission IV
Subbaß	16′	
Zartbaß	16′	Transmission IV
Oktave	8′	
Baßflöte	8′	
Engflöte	8′	
Oktave	4′	
Rohrpommer	4′	
Hohlflöte	2′	
Rauschpfeife 3-4fach	$2\frac{2}{3}'$	
Mixtur 3-4fach	1′	
Posaune	16′	
Fagott	16′	Transmission
Trompete	8′	
Schalmei	4′	
Kornett	2′	

Taschenladen, elektropn. Traktur, Manualkoppeln IV-I, III-I, IV-II, III-II, I-II, IV-III, Pedalkoppeln I-P, II-P, III-P, IV-P, vier freie Kombinationen, eine freie Pedalkombination, Rollschweller

I. Manual C-a³ Positiv

Holzgedackt	8′	
Spillpfeife	4′	
Quintade	4′	
Prinzipal	2′	
Quinte	$1\frac{1}{3}'$	
Terz	$\frac{4}{5}'$	
Septime	$\frac{4}{7}'$	
Scharf 4-5fach	$\frac{2}{3}'$	
Zimbel 3fach	$\frac{1}{4}'$	
Rankett	16′	
Krummhorn	8′	
Tremulant		

III. Manual C-a³ Schwellwerk I

Spitzgamba	16′	
Gedackt	8′	
Quintade	8′	
Schwebung 2fach	8′	
Weitprinzipal	4′	
Rohrflöte	4′	
Nassat	$2\frac{2}{3}'$	
Oktave	2′	
Blockflöte	2′	
Sesquialtera 2fach	$2\frac{2}{3}' + 1\frac{3}{5}'$	
Oberton 2fach	$1\frac{1}{7}' + \frac{8}{9}'$	
Mixtur 5-6fach	1′	
Zimbel 3fach	$\frac{1}{3}'$	vakant
Trichterregal	8′	
Tremulant		

IV. Manual Schwellwerk II C-a³

Salizional	16′	
Gedackt	16′	
Prinzipal	8′	
Weidenpfeife	8′	
Rohrflöte	8′	
Oktave	4′	
Kupferflöte	4′	
Oktave	2′	
Waldflöte	2′	
Quinte	$1\frac{1}{3}'$	Vorabzug von Terzian
Terzian 2fach		
Oktävlein	1′	Vorabzug von Scharff
Scharf 3-4fach	1′	
Zimbel 2-3fach	$\frac{1}{2}'$	
Dulzian	16′	
Oboe	8′	

12. PfA-WiAu, Programm zur Orgelweihe am 2. 12. 1961.

13. KoW-ZSOb: Inventarisierung der Orgelbauwerkstatt Rotenburg vom Juli 1986 und Disposition 1989. Offensichtliche Irrtümer bei den Jahreszahlen wurden stillschweigend korrigiert, einige Jahreszahlen sind aber auch fraglich. Ein weiteres Problem: 1961 sollen etwa 37 Register umintoniert übernommen worden sein, 1986 sind etwa 45 Register ganz oder teilweise älter als 1961.

14. Mitt. von Herrn J. Strodthoff, Juni 1990.

Disposition von 1991

II. Manual C-a^3

Hauptwerk, Taschenlade 1921, Kegellade und Schleiflade 1986

Principal	16′	C-H und c^1-a^3 1897/1921, c-h Prospekt 1986
Octave	8′	1986
Hohlflöte	8′	1897
Gemshorn	8′	1897
Viola di Gamba	8′	1986
Octave	4′	1986
Nachthorn	4′	1928
Flaut travers	4′	1921 [?], C-H 1986
Quinte	2 2/3′	1986
Octave	2′	C-H 1921 [aus Mixtur?], sonst 1986
Cornett 5fach	8′	ab g, z.T. 1897, sonst 1986
Mixtur I 5-7fach	1 1/3′	1961, Diskant 1986 um 8′-Chor ergänzt
Mixtur II 4-5fach	1′	1961, Baß 1986 um 4. Chor ergänzt
Trompete	16′	vakat
Trompete	8′	1961
Trompete	4′	1961

Pedal C-f^1

Taschenlade 1921, Teilerneuerung 1986

Principal	32′	z. T. akustisch; 1921/1924
Untersatz	32′	1921, z.T. Transmission Subbaß
Octave	16′	1897
Violon	16′	1897
Salizet	16′	Transmission IV
Subbaß	16′	1897
Zartbaß	16′	Transmission IV
Octave	8′	1897
Baßflöte	8′	1897
Cello	8′	1921 [?, 1928 entfernt]
Octave	4′	1897
Hohlflöte	4′	1961, aber aus altem Bestand
Octave	2′	1921 [?]
Rauschpfeife 3-4fach	2 2/3′	1928
Mixtur 3-4fach	1′	1961/1921
Posaune	16′	Kehlen und Zungen 1961, sonst 1897
Fagott	16′	Transmission IV
Trompete	8′	1986 aus vorhandenem Bestand
Schalmei	4′	1986
Cornett	2′	1961 aus vorhandenem Bestand

Taschenladen, elektropneumatische Traktur, Manualkoppeln IV-I, III-I, IV-II, III-II, I-II, IV-III, Super II, Pedalkoppeln I-P, II-P, III-P, IV-P, vier freie Kombinationen, eine freie Pedalkombination, Organo pleno, Tutti, Einzelzungenabsteller, Walze, Walze ab

I. Manual C-a^3

Positiv, Schleiflade 1961

Holzgedackt	8′	1961
Rohrflöte	4′	1986
Quintade	4′	1961
Principal	2′	1961
Quinte	1 1/3′	1961
Terz	4/5′	1961
Septime	4/7′	1961
Scharf 4-5fach	2/3′	1961
Zimbel 3fach	1/4′	1961
Rankett	16′	z.T. 1922 [?], sonst 1961
Krummhorn	8′	1961
Tremulant		1961

III. Manual C-a^3

Schwellwerk I, Taschenlade 1921

Bordun	16′	1991
Spitzgamba	8′	1921, 1986 ergänzt
Gedackt	8′	1897
Quintade	8′	1991
Dolce	8′	1921
Vox coelestis	8′	1921 [?], 1986 ergänzt
Principal	4′	1921
Rohrflöte	4′	1897
Nasat	2 2/3′	1921 [aus Harmonica aetherea?]
Octave	2′	1897, 1986 ergänzt
Blockflöte	2′	1928
Sifflöte	1′	1928
Sesquialtera 2fach		Transmission Nasat + 1 3/5′ von 1921
Mixtur 5-6fach	1′	1961
Klarinette	8′	1991
Tremulant		1961/1986

IV. Manual C-a^3

Schwellwerk II, Taschenlade 1921

Salizional	16′	1897
Liebl. Gedackt	16′	1897
Principal	8′	1921
Salizional	8′	1921
Unda maris	8′	1991
Rohrflöte	8′	1921
Octave	4′	1921/1961
Flauto amabile	4′	1928
Flauto dolce	4′	1991
Octave	2′	1921/1961
Flautino	2′	1921
Quinte	2 2/3′	1921/1991
Terz	1 3/5′	1991
Progr. harm. 3-5fach	2′	1921/1991
Fagott	16′	1991
Oboe	8′	1961

1. Scmi-1933, S. 5.
2. AHaH, Akte 597, Gutachten vom 27. 5. 1912.
3. PfA-KrPa.
4. PfA-KrPa, 50 Jahre Passionskirche, Berlin, 1958.
5. AHaH, Akte 597, AKScB.

Kreuzberg, Passions-Kirche
Orgel von P. Furtwängler & Hammer, 1907
1957 beseitigt

Kreuzberg
Passions-Kirche

Die *Kreuzberger Kirchengemeinde »Zum heiligen Kreuz«*, südlich des Landwehrkanals, wuchs nach der Jahrhundertwende auf 120.000 Seelen. Eine Teilung des Sprengels war unvermeidlich. Nachdem im Osten die *Melanchthon-Gemeinde* entstanden war, wurde auch der Süden - wenngleich erst 3 Jahre nach Fertigstellung der Kirche, 1908 - selbständig.
1905 legte man den Grundstein für das neue Gotteshaus. Architekt Astfalck legte seinem Entwurf romanische Formen und Baustrukturen zugrunde; der Einfluß des Jugendstils ist hingegen bei zahlreichen Einzelornamenten, vor allem bei den fast gotisierenden Formsteinen an Gewänden und Brüstungen, sowie an Austattungsteilen unverkennbar. Der mächtige Schalenleuchter - aus der Berliner Mosaikfabrik Puhl & Wagner - im Zentralgewölbe des ebenfalls zentral angelegten, aber axial gerichtet möblierten Raumes ist bemerkenswertes Zeugnis dieser gelungenen Stilmischung. Ein überraschend niedriger Altar mit zeitgenössischem Kruzifixus, seitlicher Kanzel und Taufe ist vor der Orgelempore angeordnet, die, den Seiten- und der Portalempore in ihren Dimensionen und in der Höhe entsprechend, die Gleichseitigkeit des quadratischen Kirchengrundrisses unterstreicht. 1906 entschied man über den Namen *»Passions-Kirche«*; am 2. 1. 1908 fand die Einweihung statt.[1]
Die Orgel, eine Stiftung der Frau des Brauereibesitzers Habel, wurde von der Firma P. Furtwängler & Hammer, Hannover, 1907 gebaut. Bemerkenswert ist ihre Aufstellung über dem Altar; während die axiale Orientierung von Kanzelaltar mit der Orgel darüber als in der Emporenbrüstung stehendes Werk im 18. Jahrhundert in Preußen häufig war, stand hier die Orgel zurückgesetzt auf der Empore oberhalb des Retabelaltars. Das Gehäuse prononcierte durch seine kubische Geschlossenheit noch den gewaltigen Bogen über der Altar- und Orgelchor-Konche, die den übrigen drei Apsiden entspricht.
Otto Wangemann erstellte 1912 ein Gutachten über die Orgel. Er äußerte sich sehr lobend über das Instrument und stellt lediglich fest, daß der Platz für den Aufbau der Orgel »klein und beschränkt« sei, »so daß das Werk leider mit viel Mühe sehr eng zusammengebaut werden mußte«.[2] Vor Mitte der zwanziger Jahre wurde das Pedal um Harmonikabaß 16′ und Oktave 4′ erweitert. Ab 1936 betreute Karl Fuchs für die Firma Emil Hammer das Instrument. Ein neues Gebläse wurde 1938 eingebaut.
Im Zweiten Weltkrieg führten das fehlende Rückfenster und zahlreiche Löcher im Gewölbe zu Wasserschäden. Reparaturen durch Karl Fuchs fanden 1945 und 1948 statt. Anfang der fünfziger Jahre wurden von verschiedenen Orgelbauern Kostenvoranschläge für eine Generalreparatur und einen Umbau eingeholt.[3] Man rechnete mit Kosten von etwa 15.000 DM. Der Orgelsachverständige riet jedoch zu einem Neubau, da auch eine gründliche Reparatur einschließlich Umdisponierung keine Garantie dafür biete, daß alle technischen und klanglichen Erwartungen erfüllt würden. So beschloß man 1956 einen Neubau durch die Berliner Orgelbauwerkstatt. Anfang Oktober 1957 wurde die alte Orgel abgebrochen, im Dezember die neue eingeweiht.[4] US

I. Manual C-g^3

Prinzipal	16′	
Major Prinzipal	8′	
Gamba	8′	
Doppelflöte	8′	
Bordun	8′	
Oktave	4′	
Gemshorn	4′	
Quinte	2⅔′	
Oktave	2′	
Rauschquinte	2⅔′ + 2′	
Cornett 3fach	2⅔′	
Mixtur 3fach	2′	
Trompete	8′	aufschlagend

II. Manual C-g^3

Bordun	16′	
Minor Prinzipal	8′	
Harmonieflöte	8′	Diskant überblasend
Gedacktflöte	8′	
Salicional	8′	
Prinzipal	4′	
Dolceflöte	4′	
Progressio 2-3fach		C 2⅔′ 2′
		c 4′ 2⅔′ 2′
Klarinette	8′	durchschlagend

III. Manual (Echowerk = Schwellwerk) C-g^3

Lieblich Gedackt	16′	
Geigenprinzipal	8′	
Viola	8′	
Quintatön	8′	
Oboe	8′	labial, Kollektivzug Quintatön und Viola
Aeoline	8′	
Vox coelestis	8′	
Fugara	4′	
Konzertflöte	4′	überblasend

Pedal C-f^1

Kontrabaß	16′	
Violonbaß	16′	
Subbaß	16′	
Gedecktbaß	16′	Transmission
Prinzipalbaß	8′	
Cello	8′	
Flötenbaß	8′	Transmission
Posaune	16′	aufschlagend

Kegelladen in I, Taschenladen in II und III, pneumatische Traktur, Manualkoppeln II/I, III/I, III/II, Pedalkoppeln I/P, II/P, III/P, Super I, Sub III, Sub III/I, eine freie Kombination, fünf feste Kombinationen, veränderbar, Walze, Rohrwerke ab, Kollektivpedal (freie Kombinationen im Pedal)[5]

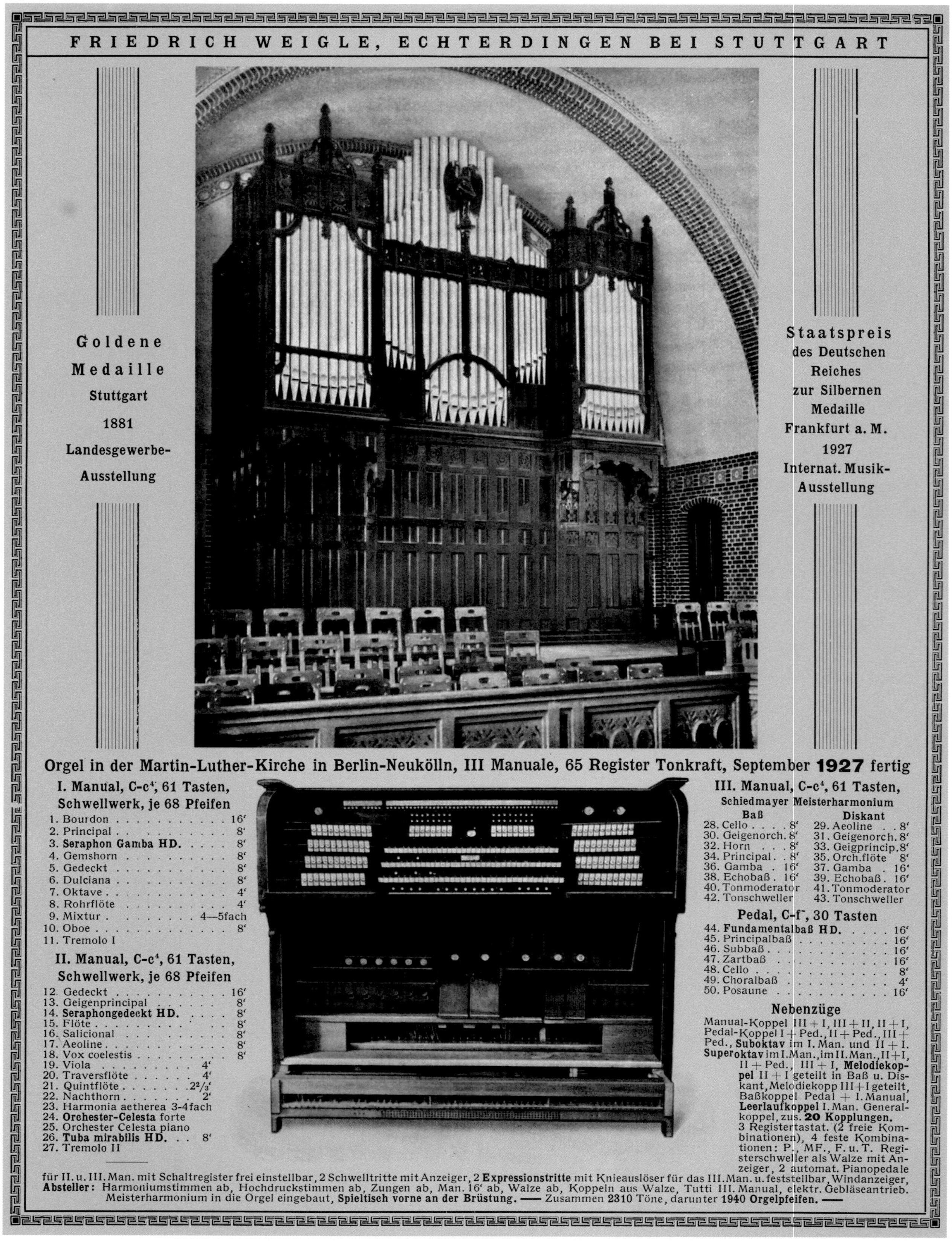

Werbeblatt der Firma FRIEDRICH WEIGLE, Orgel der *Martin-Luther-Kirche* nach dem Umbau 1927

Neukölln
Martin-Luther-Kirche

Die Neuköllner - ehemals Rixdorfer - Altstadt expandierte nach der Jahrhundertwende derart, daß nach der *Magdalenen-* und der *Genezareth-Kirche* der Bau weiterer Kirchen erforderlich wurde. 1908-1909 und 1912-1913 schuf Fritz Gottlob zwei Straßenfrontkirchen anstelle einer zunächst geplanten großen Platzkirche. Die ältere von beiden wurde als *Martin-Luther-Kirche* in Verbindung mit einem Gemeinde- und Pfarrhaus mit Glockenturm in der Straßenfront und einem nahezu zentral strukturierten Kirchsaal dahinter - ähnlich der jüngeren *Nikodemus-Kirche* - angelegt. Die Architekturformen des sogenannten »Übergangsstils« zwischen der Romanik und der Gotik setzten auch im Inneren und bei den Inventaren die Akzente. Einem hohen Retabelaltar mit Ölbild gegenüber war die Orgelempore angeordnet, die in der Tiefe bereits in das Gemeindehaus übergriff. Der Orgelprospekt verband verhaltene, nahezu englisch wirkende Ornamentik der Neugotik mit einer eher strengen, kubischen Gesamtform des Gehäuses, dessen drei Hauptteile, ohne wesentliche Reliefstruktur und beinahe schrankartig, nur durch eine flachbogige, nicht überdeckte Pfeifenreihe im Mittelfeld übersteigert wurden.

Dieses Instrument wurde 1909 von der Firma Weigle erstellt. Es war in mancher Hinsicht eine Besonderheit, was auf seinen Schöpfer, den Berliner Organisten Paul Schmidt, zurückgeht. Schmidt strebte eine »höhere Einheit« zwischen Harmonium und Orgel an, ein Gedanke, der damals näher lag als heute, denn schließlich verwendeten beide Instrumente durchschlagende Zungenstimmen, und auch im Klang waren sie sich näher als heute. In Anlehnung an die »Geheimlehre der Inder« nannte er sein System »Parabrahm«. Dabei soll aber nicht etwa ein Tasteninstrument das Orchester imitieren, sondern die Orgelkunst soll auf eine höhere Stufe gehoben werden, indem ihr neue Ausdrucksmittel zur Verfügung gestellt werden.[1]

Diese Ideen wurden erstmals beim Bau einer Orgel für die neue evangelische Kirche in *Eichwalde* (südöstlich von Berlin) erprobt; dieses Instrument ist unverändert erhalten.

Ausführende Firmen waren - in Eichwalde wie in Neukölln - Schiedmayer für das Harmonium des III. Manuals und Weigle für die Orgel. So weisen die Instrumente zunächst einmal charakteristische spätromantische Tendenzen auf:

1. Henn-1913.

Disposition von 1909

I. Manual	C-c4	(Schwellwerk)
Prinzipal	8′	Hochdruck
Seraphon-Gamba	8′	Hochdruck
Gedeckt	8′	
Oktave	4′	
II. Manual	C-c4	(Schwellwerk)
Seraphon Gedeckt	8′	Hochdruck
Salicional	8′	
Flöte	8′	
Tuba mirabilis	8′	Hochdruck
Orchester-Celesta forte		
Orchester-Celesta piano		
III. Manual	C-c4	Harmonium mit Baß-Diskant-Teilung
Baß	*Diskant*	
Cello 8′	Aeoline 8′	
Geigenorchester 8′	Geigenorchester 8′	
Horn 8′	Geigenprinzipal 8′	
Prinzipal 8′	Orchesterflöte 8′	
Gamba 16′	Gamba 16′	
Echobaß 16′	Echobaß 16′	
Tonmoderator	Tonmoderator	
Tonschweller	Tonschweller	
Pedal	C-f1	
Fundamentalbaß	16′	Hochdruck
Prinzipalbaß	16′	Hochdruck
Subbaß	16′	

Membranladen, pneumatische Traktur, Manualkoppeln III/I, III/II, II/I, Pedalkoppeln I/P, II/P, III/P, Suboktavkoppeln I, II/I, Superoktavkoppeln I, II/I, III/I, Melodiekopppel II/I, geteilt in Baß und Diskant, Melodiekoppel III/I, geteilt, Baßkoppel P/I, Registerschweller als Walze mit Anzeiger, 2 Schwelltritte, 2 Expressionstritte mit Knieauslöser für das III. Manual und auf verschiedenen Stellungen feststellbar, Druckknopf Tutti III, Druckknopf Tutti ganzes Werk.
Der Spieltisch stand quer zur Orgel; er enthielt auch die Harmoniumstimmen.

- um die Lautstärke möglichst weitgehend ändern zu können, werden beide Manuale in einen Schwellkasten gestellt, und für das Harmonium des III. Manuals steht der Winddruckschweller zur Verfügung.
- um mit möglichst wenig Registern (d. h. Kosten) eine große dynamische Bandbreite zu erzielen, werden
  a) Hochdruck- (Seraphon-) Register eingesetzt, die besonders laut klingen, d. h. in Verbindung mit einem wirksamen Schweller besonders modulationsfähig sind
  b) statt 16′-, 4′- und 2′-Registern Sub-und Superoktavkoppeln gebaut
  c) in Neukölln geteilte Melodiekoppeln statt Soloregister mit charakteristischen Farben auf besonderen Manualen eingesetzt
  d) mittelstarke Begleitstimmen durch das Harmonium ersetzt.

Darüberhinaus besaß die Neuköllner Orgel aber noch weitere Besonderheiten: zunächst das vom Harmonium bekannte Prolongement, dann aber auch den »doppelten Tastenfall«, bei dem durch tieferes Drücken der Taste weitere Register hinzutreten, so daß man - mit einiger Übung - beliebige, auch Mittelstimmen, hervorheben kann.[2] Schmidts Ziel war es, »ein System zu schaffen, das den Spieler instand setzt, unter vollständiger Ausnutzung der menschlichen Muskulatur eine, dem augenblicklichen Willen des Spielers entsprechende, polychrome und polydynamische Wirkung zu erzielen.«[3] Er selbst soll sein System meisterhaft beherrscht und bei seinen Konzerten entsprechenden Erfolg gehabt haben.
Zeitgenössische Urteile, die die Firma in einem Werbeblatt veröffentlicht, sind - wie nicht anders zu erwarten - überschwenglich positiv; lediglich in einem Gutachten des Professors Oskar Fleischer vom Königlichen Konservatorium Charlottenburg klingen kritische Untertöne mit, wenn es heißt: »Die musikalische Leistungsfähigkeit der Orgel ist in Anbetracht ihres Preises und Umfanges eine beachtenswerte.« Und: »Auf Grund dieses ganzen Befundes stehe ich nicht an, das eigenartige Orgelwerk als ein wohlgelungenes zu bezeichnen, wie es bei dem vorliegenden Aufwande schwerlich besser zu verlangen sein dürfte.«[4]
Dennoch kam man wohl im Lauf der Zeit zu der Meinung, daß der Aufwand zu gering war, denn 1927 wurde die Orgel umgebaut und erweitert, wobei sich die ausgeführten Arbeiten zum guten Teil als Kritik am bisherigen Zustand auffassen lassen. Es wurden durchgeführt:
- Mildere Intonation und Umarbeitung der Hochdruckstimmen, Verminderung des Winddrucks,
- Einbau von Zwischenapparaten zur Milderung des Anschlags der Pneumatik,
- neuer Registerschweller mit Absteller für die Harmoniumstimmen,
- Ausbau der Pfeifen für die Oktavkoppeln auf je 68 Töne,
- Einbau von 2 freien und 4 festen Kombinationen (p, mf, f, Tutti).

Ferner wurde die Disposition erweitert, wofür die Schwellkästen für beide Manuale wie das ganze Gehäuse vergrößert werden mußten. Ferner wurde die ganze Orgel um 60 cm nach vorne gerückt und in den Spieltisch ein neues III. Manual und eine neue Pedalklaviatur (doppelt geschweift) eingebaut.[5]
Damit näherte sich das Instrument wieder mehr der Tradition an, so daß Walter Supper, der 1940 den Zustand von 1909 als »Tiefstand des Orgelbaues« bezeichnet hatte, jetzt immerhin von »brauchbar« sprach.[6]
Den Zweiten Weltkrieg überstand die Orgel nicht; 1944 verbrannte sie mit der Kirche. Aber selbst wenn sie den Krieg überdauert hätte: Die Orgelbewegung hätte dieses Opus wohl kaum unangetastet gelassen. Dagegen hat das Schwesterinstrument in *Eichwalde* die wechselnden Zeitläufe überdauert, und hier läßt sich eine klare Vorstellung davon gewinnen, wie die Orgel der Martin-Luther-Kirche geklungen haben muß; so läßt sich der Verlust der umgebauten Neuköllner Parabrahm-Orgel wohl verschmerzen.[7]
US

2. Nähere technische Einzelheiten sind leider nicht bekannt.
3. wie Anm. 1.
4. Werbeblatt der Firma Weigle.
5. wie Anm. 4.
6. Supp-1940, S. 91.
7. Eine dritte Parabrahm-Orgel (III/61) wurde 1914 für die evangelische *Liebfrauenkirche* in *Liegnitz*/Schlesien gebaut (Werbeblatt der Firma Weigle); sie war wohl das letzte Instrument dieser Art.

Disposition von 1927

I. Manual C-c^4 (Schwellwerk)

Bordun	16′	
Prinzipal	8′	Hochdruck
Seraphon-Gamba	8′	Hochdruck
Gedeckt	8′	
Gemshorn	8′	
Dulciana	8′	
Oktave	4′	
Rohrflöte	4′	
Mixtur 4-5fach		
Oboe	8′	
Tremolo		

II.Manual C-c^4 (Schwellwerk)

Gedeckt	16′	
Geigenprinzipal	8′	
Seraphon Gedeckt	8′	Hochdruck
Salicional	8′	
Flöte	8′	
Aeoline	8′	
Vox coelestis	8′	
Viola	4′	
Traversflöte	4′	
Quintflöte	2⅔′	
Nachthorn	2′	
Harm. aeth. 3-4fach		
Tuba mirabilis	8′	Hochdruck
Orchester-Celesta forte		
Orchester-Celesta piano		
Tremolo		

III. Manual C-c^4 Harmonium mit Baß-Diskant-Teilung

Baß	*Diskant*
Cello 8′	Aeoline 8′
Geigenorchester 8′	Geigenorchester 8′
Horn 8′	Geigenprinzipal 8′
Prinzipal 8′	Orchesterflöte 8′
Gamba 16′	Gamba 16′
Echobaß 16′	Echobaß 16′
Tonmoderator	Tonmoderator
Tonschweller	Tonschweller

Pedal C-f^1

Fundamentalbaß	16′	Hochdruck
Prinzipalbaß	16′	Hochdruck
Subbaß	16′	
Zartbaß	16	
Cello	8′	
Choralbaß	4′	
Posaune	16′	

Membranladen, pneumatische Traktur, Manualkoppeln III/I, III/II, II/I, Pedalkoppeln I/P, II/P, III/P, Suboktavkoppeln I, II/I, Superoktavkoppeln I, II/I, II, III/I, II/P, Melodiekopppel II/I, geteilt in Baß und Diskant, Melodiekoppel III/I, geteilt, Baßkoppel P/I, Leerlaufkoppel I, Generalkoppel, Automatisches Pianopedal mit Schaltregistern für II, dito für III, Registerschweller als Walze mit Anzeiger, 2 Schwelltritte, 2 Expressionstritte mit Knieauslöser für das III. Manual und auf verschiedenen Stellungen feststellbar, Druckknopf Tutti III, Druckknopf Tutti ganzes Werk, Absteller: Walze ab (an Stelle einer Handregisterabstellung), Koppeln aus Walze, Zungen ab, Harmoniumstimmen ab, Hochdruckregister ab, Manual 16′ ab.

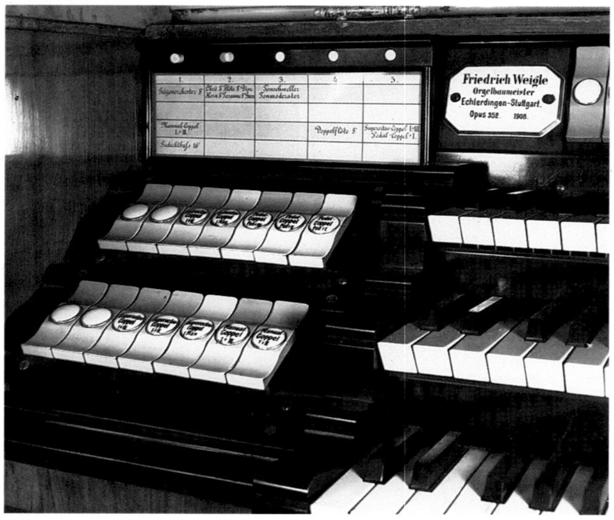

Eichwalde
Orgel von FRIEDRICH WEIGLE, 1908

Eichwalde, Ev. Kirche

Parabrahm-Orgel von Weigle und Schiedmayer, 1908, op. 352

I. Manual	C-c^4	(Schwellwerk, hinten)
Doppelflöte	8′	
Seraphongamba	8′	
Seraphonprincipal	8′	
Octave	4′	
Quinte	2⅔′	
II. Manual	C-c^4	(Schwellwerk, vorn)
Seraphongedackt	8′	
Tuba mirabilis	8′	
III. Manual	C-c^4	Harmonium mit Baß-Diskant-Teilung
Baß	Diskant	
Violoncello 8′	Violine 8′	
Geigenorchester 8′	Geigenorchester 8′	
Horn 8′	Oboe 8′	
Posaune 8′	Flöte 8′	
Violon 16′	Gamba 16′	
Echobaß 16′	Vox humana 16′	
Tonmoderator	Tonmoderator	
Tonschweller	Tonschweller	
Forte Fixe	Forte Fixe	
Pedal	C-f^1	links von den Manualladen
Gedacktbaß	16′	
Prinzipalbaß	16′	
Baß-Tuba	16′	Zinkbecher

Membranladen, pneumatische Traktur, Manualkoppeln II/I, III/I, Pedalkoppeln I/P, II/P, III/P, Suboktavkoppeln I, II/I, Superoktavkoppeln I, II/I, III/I, ff mit Auslöser, Tutti, Registerschweller als Tritt mit Anzeiger, 2 Schwelltritte. Tutti III. Manual
Der Spieltisch steht quer zur Orgel; er enthält auch die Harmoniumstimmen.
Winddruck 340 mm WS
Drei Firmen-Schilder, das mittlere »Type Schiedmayer-Weigle Orgel«[8]

8. Aufzeichnung Pape, September 1989.

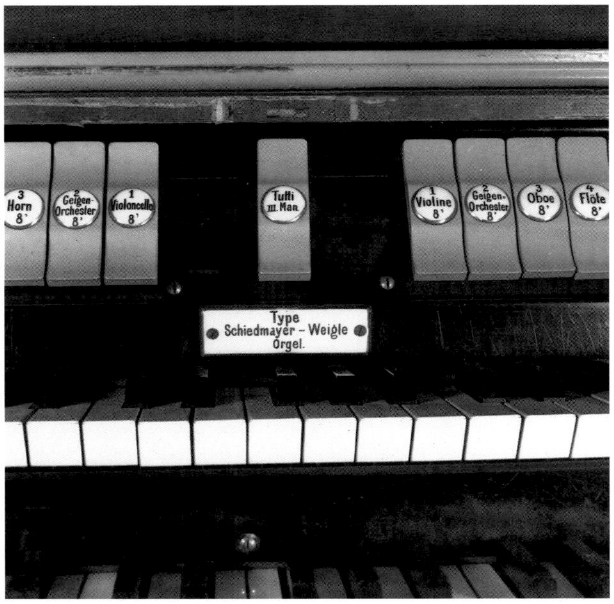

Haselhorst, Weihnachts-Kirche
Orgel von G. F. Steinmeyer & Co., 1913

Haselhorst
Weihnachts-Kirche

Die Orgel in Meiningen

1913 sollte für den *Schützenhaussaal* in *Meiningen*, in dem Max Reger mit der herzoglichen Hofkapelle konzertierte, eine Orgel beschafft werden. Reger wünschte aus aufführungspraktischen Gründen einen fahrbaren Spieltisch, der damals nur von der Firma Steinmeyer geliefert wurde. Er nahm also Verbindung mit Steinmeyer auf und bestellte auf einer Postkarte die Orgel: »Im Auftrage seiner Hoheit des Herzogs Georg von Sachsen-Meiningen bestelle ich hiermit eine Orgel für 20.000 RM für den neuen Schützenhaussaal in Meiningen. Ich darf Sie wohl bitten, mir balde Disposition der Orgel zu senden u. mir überhaupt genau zu schreiben, wie die Orgel werden soll.«[1]

Bald darauf fuhr Kommerzienrat Johannes Steinmeyer nach Meiningen und verhandelte mündlich mit Reger. Dabei wurde auch die Disposition aufgestellt. Vermutlich entwarf Steinmeyer die Disposition, und Reger machte Änderungsvorschläge. Was allerdings im einzelnen auf wen zurückgeht, läßt sich heute mangels Unterlagen nicht mehr feststellen. Nur eine nachträglich aufgeschriebene Erzählung Steinmeyers von seinen Gesprächen mit Reger ist uns überliefert: »Als die Disposition festgelegt war - Preis RM 20.000. - äußerte Reger: Wir müssen noch ein Quintatön 8′ im 2. Manual haben. Darauf Herr Steinmeyer: Der Preis darf RM 20.000.- nicht überschreiten, welches Register wollen Sie, Herr Generalmusikdirektor, dafür weglassen? Regers Antwort: Das weiß ich auch nicht, denn die Disposition ist gut. Das Register Quintatön wurde dann doch nachbestellt.«[2]

Der damalige Assistent Regers, Prof. Dr. H. Poppen, war beim Dispositionsentwurf ebenfalls beteiligt.[3] Ein Brief Regers an Steinmeyer vom 1. 5. 1913 zeigt, daß auch Steinmeyer noch nachträglich Änderungsvorschläge machte: »Ich bin auch damit einverstanden, wenn sie ins 2. Manual eine kleine 3fache Mixtur 2′ bringen (statt Sesquialtera). Auch bin ich damit einverstanden, wenn Sie im 3. Manual statt des Lieblichgedeckt ein Nachthorn bringen.«[4]

Das Instrument wurde dann auf Kosten des Herzogs als Eigentum der Schützengesellschaft Meiningen[5] im Februar 1914 aufgestellt. Karl Straube spielte am 19. April das Einweihungskonzert.[6] Aber die Orgel stand unter keinem guten Stern; unerwartete Ereignisse folgten Schlag auf Schlag: Schon im März 1914 mußte Reger krankheitshalber nach Meran reisen, und am 6. April reichte er von dort sein Entlassungsgesuch ein. Herzog Georg starb am 26. Juni 1914; Reger spielte bei der Trauerfeier auf der Orgel 3 Choralvorspiele von Bach (Herzlich tut mich verlangen; Ich ruf zu dir, Herr Jesu Christ; O Mensch, bewein dein Sünde groß), ein Largo F-Dur für Violine mit Orgelbegleitung op. 93 und ein wohl improvisiertes Nachspiel.[7] Und am 1. August 1914 begann der Erste Weltkrieg, und die Orgel wurde fortan nicht mehr benutzt.

Das Instrument wurde also für Reger gebaut, und wenn auch seine Vorstellungen von einer Orgel anscheinend nicht so detailliert waren, daß der Bau vollständig auf ihn zurückzuführen wäre, so war er doch immerhin beteiligt und mit dem Instrument auch sehr zufrieden. Auffälligerweise entspricht die Orgel nicht durchgängig den zeitgenössischen romantischen Gepflogenheiten: Zwar sind,

I. Manual C-c⁴

Rohrflöte 16′
Prinzipal 8′
Viola di Gamba 8′
Doppelgedackt 8′
Gemshorn 8′
Oktave 4′
Rohrflöte 4′
Quinte 2⅔′
Oktave 2′
Mixtur 4fach 1⅓′
Trompete 8′

II. Manual C-c⁴

Geigenprinzipal 8′
Konzertflöte 8′
Quintatön 8′
Bourdon 8′
Dulziana 8′
Hohlflöte 4′
Violine 4′
Flautino 2′
Mixtur 3fach 2′
Oboe 8′

III. Manual C-c⁴ (Schwellwerk)

Stillgedeckt 16′
Hornprinzipal 8′
Jubalflöte 8′
Nachthorn 8′
Echogamba 8′
Salizional 8′
Vox coelestis 8′ ab c
Prästant 4′
Fernflöte 4′
Nazard 2⅔′
Blockflöte 2′
Terz 1⅗′
Progr. harm. 3-4fach 2⅔′
Tuba 8′
Tremolo

Pedal C-f¹

Kontrabaß 16′
Subbaß 16′
Zartbaß 16′ Transmission aus III
Quintbaß 10⅔′
Oktavbaß 8′
Violoncello 8′
Gedecktbaß 8′ Transmission aus III
Choralbaß 4′
Posaune 16′
Baßtrompete 8′ Transmission aus I

Taschenladen, elektropneumatische Traktur, Manualkoppeln II-I, III-I, III-II, Pedalkoppeln I-P, II-P, III-P, Super- und Suboktavkoppel III, Leerlaufkoppel I, zwei freie Kombinationen, Pianopedal II, Pianopedal III, Generaltutti, Walze, Zungenabsteller.

1. AStOe, 20. 3. 1913.
2. AStOe, Korrespondenz Regers mit Steinmeyer.
3. wie Anm. 2.
4. wie Anm. 2.
5. PfA-SpWe, Brief der Schützengesellschaft vom 9. 11. 1937.
6. Busc-1988, S. 25 f.
7. PfA-SpWe, undatierter Text der Organistin Dr. Thekla Schneider [1950er Jahre].

wie bei größeren damaligen Orgeln üblich, auf jedem Manual Zunge und Mixtur vorhanden, auch der 4′ im Pedal war nicht unüblich, aber es fehlt ein labialer 16′ im II. Manual, das III. Manual ist in einzelnen Registern (z. B. Zunge) und im Tutti lauter als das II., und das zerlegte Kornett im III. Manual ist wohl auf den Einfluß der elsässischen Orgelreform zurückzuführen.

Die Orgel in der Weihnachtskirche

Die heutige *Weihnachts-Kirche* war ursprünglich ein Gemeindesaal, der auch gottesdienstlich genutzt wurde. Die gesamte bauliche Anlage mit Turm, Pfarrwohnung und einigen Gemeinderäumen war 1934/1935 von Erich Bohne für die sogenannte *»Reichsforschungssiedlung«* errichtet worden. Bis 1938 handelte es sich um eine Filiale der *St. Nikolai-Kirchengemeinde*.

1937 erhielt die Gemeinde, die eine Orgel suchte, einen Hinweis auf die »Max-Reger-Orgel«. Sie erwarb das Instrument für 8.500 RM und brachte noch einmal etwa 10.000 RM für Abbau, Reinigung, Transport, Reparatur, Wiederaufstellung und einen neuen Prospekt auf.[8] Aufgestellt wurde das Instrument nicht auf der Orgelempore, sondern auf der Bühne, und die Orgelempore wurde bestuhlt: Der Gemeindesaal war der einzige große Raum in *Haselhorst*, und man wollte verhindern, daß die Nationalsozialisten ihn für ihre Partei- und Propagandaveranstaltungen nutzten.[9]

Max Reger

Das Instrument erhielt einen flächigen, stummen Prospekt aus stichbogig ansteigenden Prinzipalpfeifen; eine für die 30er Jahre typische, aber architektonisch wenig anspruchsvolle Lösung. Steinmeyer führte die Arbeiten durch. Er schlug als »Verbesserung« auch eine Koppel Super I-P vor, weil das Pedal etwas »klein« sei,[10] aber der Vorschlag wurde nicht ausgeführt. Am 31. Oktober 1937 wurde die Orgel erneut eingeweiht.

Der Zweite Weltkrieg verursachte Feuchtigkeitsschäden wegen fehlender Fenster und mangelnder Pflege; außerdem machte sich das Alter der Taschenladen bemerkbar. Orgelbaumeister Johannes Graf führte 1952 und 1954 Reparaturen durch (u. a. Neubeledern der Taschen im I. Manual)[11] Fortgesetzte Störungen im alten Spieltisch machten dessen Überholung erforderlich; Steinmeyer gab 1956 einen Kostenvoranschlag ab;[12] 1959 schlug Karl Schuke vor, einen neuen Spieltisch anzuschaffen, statt den alten zu überholen. 1961/1962 erfolgte dann doch eine Reparatur.[13]

1961 war eine Dispositionsänderung im Sinne der Orgelbewegung beabsichtigt; einige Register sollten durch zeitgemäßere ersetzt werden. Während der zu Rate gezogene Fritz Stein nichts dagegen einzuwenden hatte, plädierten Karl Schuke und der Orgelsachverständige Paul Hammermeister für Erweiterung statt Austausch. Man brachte die neuen Registerzüge schon im Spieltisch an - sie sind heute noch vorhanden -, während die Arbeiten in der Orgel noch aufgeschoben wurden. Denn 1963 plante man einen Umbau des Gemeindesaals zu einem größeren Kirchraum, der dann 1965/1966 auch ausgeführt wurde. Aus Sorge um den Erhalt der Orgel wurde zunächst erwogen, sie zu verkaufen. Sie blieb dann aber doch am alten Platz; lediglich der stumme Prospekt von 1937 wurde aus stilistischen Gründen entfernt und durch ein Holzgitterwerk ersetzt,[11] so daß die Orgel nicht mehr sichtbar ist.

Beim Umbau änderte sich durch Wegfall von Holzverkleidungen die Akustik des Raumes;[14] das Instrument klingt jetzt sehr kräftig. Nach den Bauarbeiten am Kirchraum wurde die Orgel generalrepariert. Im Zuge dieser Arbeiten versetzte man 1966 den Spieltisch auf eine neue Empore; ansonsten ist das Instrument völlig unverändert erhalten, so daß man heute in Berlin vom selben Spieltisch dieselbe Orgel spielen kann wie Max Reger 1914 in Meiningen. US

8. PfA-SpWe, Kostenberechnung der Firma Steinmeyer zum neuen Prospekt vom 4. 10. 1937.
9. Geme-1985, S. 8.
10. PfA-SpWe, Brief Steinmeyers vom 23. 9. 1937.
11. Pf-SpWe, Kostenvoranschläge und Mitteilungen 1952 und 1954.
12. Pfarrarchiv, Angebot vom 17. 3. 1956.
13. AKScB.
14. Frdl. Mitt. von Herrn Herbert Wolf.

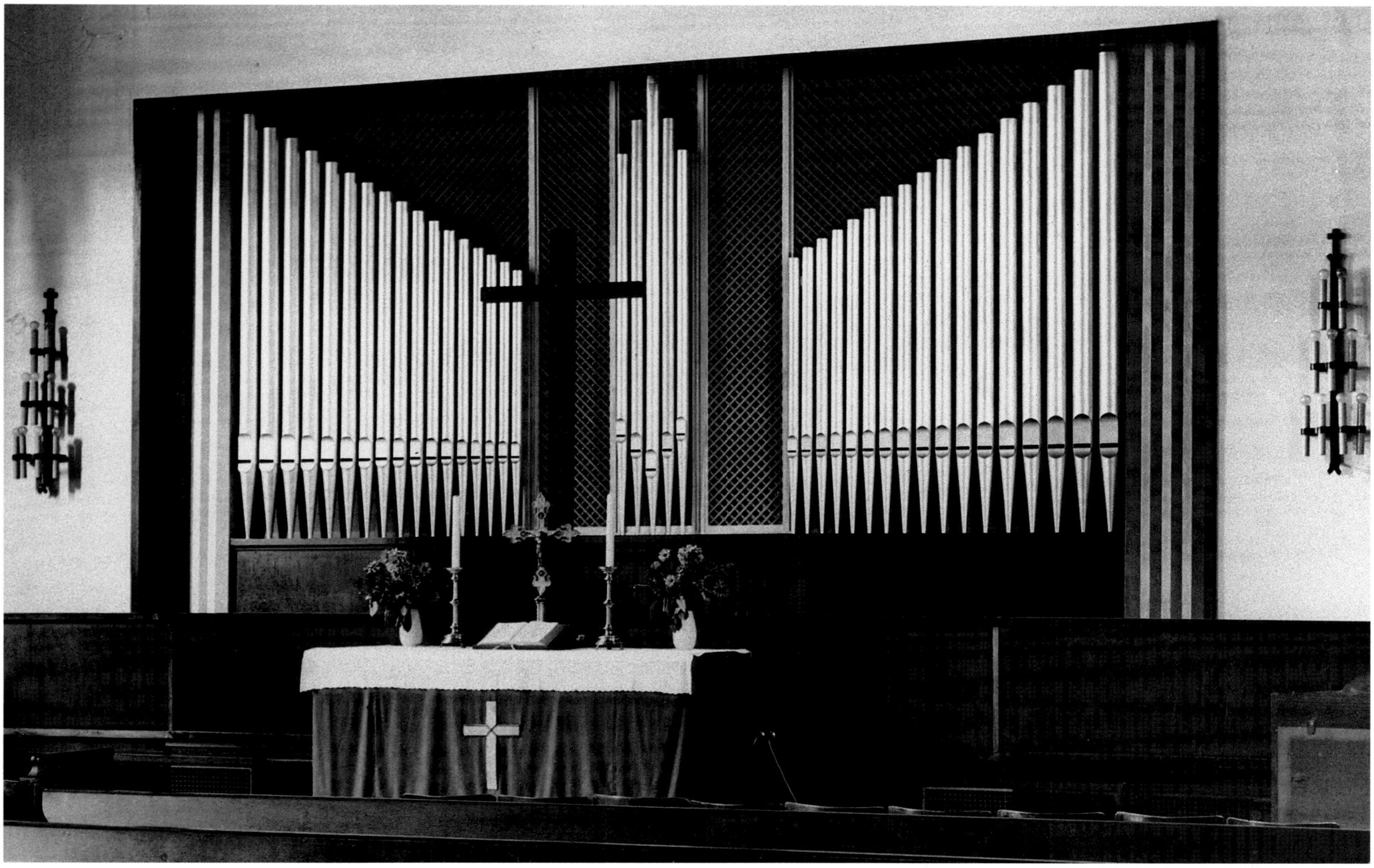

Haselhorst, Weihnachts-Kirche
Orgel von G. F. Steinmeyer & Co., 1913,
Zustand nach 1937 (oben),
Zustand nach 1966 (rechts),
Spieltisch (links)